Les barons du gaullisme

Pierre Manenti

Les barons du gaullisme

PASSÉS/COMPOSÉS

ISBN : 979-1-0404-0251-0
Dépôt légal – 1re édition : janvier 2024

170 bis, boulevard du Montparnasse, 75680 Paris cedex 14

Sommaire

Introduction

C'est à Paris, boulevard Saint-Germain, dans le très chic VIIe arrondissement, plus précisément au numéro 217 de la rue, que débute notre histoire. L'adresse abrite en effet l'hôtel de Varengeville, un édifice construit en 1704 par la veuve d'un ambassadeur du roi de France à Venise. Successivement propriété du maréchal de Villars, de la comtesse de Rupelmonde, du comte de Guerchy puis du père de Talleyrand, le lieu est devenu le domicile du neurologue Charcot en 1884. Situé à quelques pas du 5, rue de Solférino, siège historique du parti gaulliste, l'hôtel de Varengeville a ensuite accueilli la Banque de l'Algérie à la fin du XIXe siècle, avant de devenir le siège de la Maison de l'Amérique latine, une institution créée à la Libération, en 1946, pour accompagner et soutenir les échanges culturels, diplomatiques et économiques entre les deux continents. Qui aurait pu, alors, se douter qu'il deviendrait un haut lieu du pouvoir gaulliste et le cercle de réunion de ses plus puissantes personnalités ?

C'est que, pendant trente ans, ses salons ont été le lieu des agapes secrètes des grands pontes du régime. Jacques Chaban-Delmas, Michel Debré, Jacques Foccart, Roger Frey et tant d'autres s'y retrouvaient en effet régulièrement, à l'occasion de ce qu'on a appelé « les déjeuners des barons ». Ils y fomentaient de mauvais coups et y menaient d'intenses tractations politiques. Une histoire malheureusement oubliée des habitués comme des touristes, qui profitent aujourd'hui encore de ce lieu bucolique et de ses délices culinaires.

Avant toute chose, de quoi parle-t-on ? Dans l'histoire de la droite française, les barons du gaullisme désignent un groupe informel de cinq personnalités politiques considérées comme le premier cercle du général Charles de Gaulle, autrement dit ses soutiens les plus fervents : Jacques Chaban-Delmas, Michel Debré, Jacques Foccart, Roger Frey et Olivier Guichard. Avec les années, ce cercle s'est élargi à d'autres représentants de la famille gaulliste, compte tenu de leurs rôles auprès du Général, comme Jacques Baumel, Albin Chalandon, Maurice Couve de Murville, Yves Guéna, Pierre Lefranc, André Malraux, Pierre Messmer, Gaston Palewski, Alain Peyrefitte ou encore Georges Pompidou. La liste précise des barons est en fait très variable en fonction des auteurs comme des historiens. Tous s'entendent néanmoins sur le noyau central des cinq premiers barons, que Jacques Chaban-Delmas présente comme des « chevaliers de la Table ronde, unis par un idéal commun, menant ensemble leur quête d'amour [pour la France] et d'aventures[1] ».

Ces cinq hommes ont été tout à la fois des ambassadeurs, des conseillers de l'ombre, des négociateurs habiles, des figures parlementaires et politiques, enfin des stratèges de la vie du gaullisme, chargés aussi bien des basses œuvres que de la définition des grandes orientations. Bien loin, donc, de Lancelot, Galaad et Perceval ! Leur rôle précis est l'objet de nombreuses théories, plus ou moins fantasques, qui entourent ce petit groupe d'un parfum de mystère. Leurs déjeuners réguliers à la Maison de l'Amérique latine, pratique mise en œuvre à partir de 1955, ont d'ailleurs contribué à les désigner comme les ordonnateurs véritables du gaullisme. Une légende qu'ils ont eux-mêmes entretenue, évoquant des réunions lors desquelles les arbitrages étaient rendus et les grandes décisions prises...

Les piliers du gaullisme

De 1947 aux années 1990, les barons ont été les animateurs et les bâtisseurs patients des structures politiques du gaullisme. Ils ont ainsi traversé une grande partie de l'histoire de la Cinquième

République, y laissant une empreinte profonde et pourtant trop peu étudiée. En outre, après la disparition du Général en 1970, leur statut les a imposés en légataires de fait, chargés de veiller sur la mémoire et le patrimoine du gaullisme. La création de l'Institut Charles-de-Gaulle en 1971 et l'érection de la Croix de Lorraine à Colombey-les-Deux-Églises en 1972 ont pleinement participé à cette dynamique.

Face aux initiatives multiples de récupération de l'héritage gaulliste – en premier lieu avec la création du Rassemblement pour la République (RPR) de Jacques Chirac en 1976 –, c'est aux barons qu'est revenue la tâche immense de définir le gaullisme, tâche (hélas) encore inachevée aujourd'hui. Ce statut de mémorialistes n'a pas été sans agacer leurs contemporains et concurrents. Les barons ont en effet dû affronter toutes sortes de menaces extérieures : adversaires acharnés et résolus du général de Gaulle sous la Quatrième puis la Cinquième République, critiques de leur système jusqu'au sein de la famille gaulliste puis chiraquienne, accusateurs de leur passéisme à partir des années 1970 et de la transformation de la droite française sous l'impulsion d'un courant plus libéral, etc.

Tout l'intérêt de cette histoire des barons réside donc dans l'étude des fantasmes et légendes dont ils ont su habilement s'entourer pour susciter la crainte et le respect chez leurs interlocuteurs, amis comme ennemis. Comment ne pas évoquer, ici, le mythe entourant Jacques Foccart, père de la Françafrique, au croisement de l'ancien empire colonial, des services de renseignement et des contrats pétroliers, et en même temps officier de liaison entre le Général et le parti gaulliste entre 1958 et 1969 ? Au fond, les questions sont nombreuses. Quel a été le rôle des barons dans l'aventure du Rassemblement du peuple français (RPF), dans la séquence de retour au pouvoir du Général en 1958, puis dans l'exercice des responsabilités nationales ? Ont-ils été des alliés ou des adversaires de Georges Pompidou, Valéry Giscard d'Estaing puis Jacques Chirac ? Plus généralement, sont-ils un système organisé au sein du gaullisme, la coalition de quelques intérêts individuels ou la simple réunion de personnalités aux positions divergentes ?

D'ailleurs, sont-ils une organisation propre au gaullisme ou un système existant dans d'autres partis politiques modernes[2] ?

Autant d'interrogations qui cachent, en fait, des sujets hautement polémiques, voire parfois sulfureux. Les barons ont-ils accéléré la mise en sommeil du RPF en 1953-1955 pour éloigner et protéger leur chef, opposé à toute compromission avec le système de la Quatrième République ? Sont-ils responsables des événements d'Algérie française de mai 1958 ? Comment ont-ils perçu la crise de mai 1968 et ont-ils concouru à « mettre le vieux au placard[3] » en 1969 ? Comment, aussi, ont-ils vécu l'échec de Jacques Chaban-Delmas en 1974 et la chiraquisation progressive du parti gaulliste ? Ont-ils, enfin, été tentés de pactiser avec Valéry Giscard d'Estaing pour se maintenir au pouvoir après 1974 ? Compagnons de route du Général, conseillers du prince, méharistes pendant la traversée du désert puis seigneurs du gaullisme à son apogée, enfin thuriféraires d'une grandeur passée et révolue après sa disparition, ce livre se penche sur leur formation, leur engagement et leur place dans la vie, l'héritage et la survie du gaullisme.

De quoi baron est-il le nom ?

Dans le système féodal français, le baron désigne un noble dont le fief, la baronnie, a été concédé directement par le suzerain en échange de son allégeance et de ses services. La maison de Montmorency se présente ainsi souvent comme celle des premiers barons de France, avec une titulature remontant au XIIIe siècle. Aboli par la Révolution, ce titre nobiliaire est rétabli sous le Premier Empire, au début du XIXe siècle, sous condition de revenus importants. De nombreux généraux d'Empire ont d'ailleurs acquis cette dignité moyennant finance, comme d'Aboville, Gougeon, Levasseur ou encore Noirot. Dans la seconde moitié du XIXe siècle, le terme est conséquemment devenu synonyme d'homme puissant en raison de sa richesse. L'écrivain et homme politique Louis Reybaud l'emploie d'ailleurs dans ce sens dans son roman *Jérôme Paturot, à la recherche d'une position sociale* (1846), en laissant son principal protagoniste se présenter comme « un des hauts barons du commerce de détail et de demi-gros ».

Au début du XXe siècle, avec l'établissement durable de la République et le rejet de la monarchie, ce titre n'était cependant guère plus porté que comme un signe d'apparat. Le verbe « baronner » apparaît même en 1905 pour désigner le compère d'un camelot ou d'un escroc qui arnaque le chaland en lui faisant croire que la marchandise proposée vaut la dépense. Les mécaniques parlementaires de la Troisième République nourrissent parallèlement l'émergence de baronnies politiques, sorte de terres seigneuriales où un grand élu, député ou sénateur, par ailleurs souvent conseiller général et maire, règne en maître absolu. C'est Jules Ferry et Jules Méline dans les Vosges, Alexandre Ribot dans le Pas-de-Calais, Raymond Poincaré dans la Meuse, etc.

La série télévisée française *Baron noir* d'Éric Benzekri et Jean-Baptiste Delafon, diffusée entre 2016 et 2020, a d'ailleurs repris à son compte cette image du baron à mi-chemin entre pouvoir, corruption, manipulation et trahison, avec un héros qui passe du détournement de fonds à une candidature à l'élection présidentielle. Tout désigne donc le baron comme un personnage certes doté d'un grand sens politique mais généralement peu recommandable ! L'usage politique du terme de « baron » mêle ainsi à la fois une ascendance nobiliaire prestigieuse, pour désigner le groupe des fidèles les plus proches du suzerain, mais aussi une dimension douteuse, obscure, nébuleuse, qui fait que le baron tient tantôt du « cabinet noir[4] », tantôt du courtisan au propos flatteur mais peu sincère.

La naissance des barons du gaullisme

L'expression de « barons du gaullisme » apparaît pour la première fois en 1963, dans un article de *France Observateur* (aujourd'hui *L'Obs*), sous la plume du journaliste Jean Daniel. Elle désigne alors un groupe de cinq hommes politiques, considérés comme les hiérarques du régime gaulliste et ses donneurs d'ordres. D'autres expressions l'ont toutefois précédée, comme celle des « petits barons[5] » de la république gaullienne, choisie par le journaliste Pierre Viansson-Ponté, chef du service politique du *Monde*, en juillet 1959.

L'utilisation du mot de « baron » sous la plume de ces deux journalistes tient au regard d'une partie du monde politique et de la presse de l'époque sur les institutions de la Cinquième République. Pour beaucoup de commentateurs, le général de Gaulle a en effet une pratique monarchique du pouvoir et s'est entouré d'une cour de sujets serviles. Dès juin 1958, le démocrate-chrétien Pierre-Henri Teitgen, député Mouvement républicain populaire (MRP) d'Ille-et-Vilaine et ministre de la Quatrième République, demande ainsi au Général de rappeler ses troupes à l'ordre, « comme autrefois le roi [...] à ramener les barons à l'obéissance[6] ».

À l'été 1960, *Le Canard enchaîné* crée même une rubrique pour critiquer cette pratique monarchique du pouvoir. Intitulée « La Cour » et rédigée dans un style emprunté au chroniqueur Saint-Simon, elle offre à Roger Fressoz (*alias* André Ribaud) de quoi moquer les grands personnages du régime sous les traits de nobles français[7]. Le président de la République y est dépeint dans l'habit du monarque Louis XIV, Debré en Monsieur-le-Prince-qui-nous-gouverne, Chaban-Delmas en duc d'Aquitaine, etc. Personne n'est épargné et le grand-public s'amuse de ces comparaisons croquignolesques, qui suggèrent aussi la possibilité d'une révolution à venir pour chasser les barons du pouvoir.

En avril 1962, à la suite de la démission de Debré et lors des débats parlementaires sur le programme de gouvernement de son successeur, Georges Pompidou, le député indépendant Jean Legendre évoque encore « le règne des barons[8] », dont il craint l'avènement dans cette période de transition. Après la dissolution de l'Assemblée nationale et le vote du référendum sur l'élection du président de la République au suffrage universel direct en octobre 1962, Pompidou est chargé de former un second gouvernement, remaniant son équipe ministérielle. La presse s'interroge alors logiquement sur la garde rapprochée du Général et les nouveaux hommes du régime. Qui sont ces fameux barons, survivants de toutes les crises de la jeune république, présentés comme ses marionnettistes ? *France Observateur* en relève cinq.

Les premiers barons

Pour Jean Daniel, cinq hommes forment en effet ce cercle des barons en 1963 : Chaban-Delmas, Debré, Foccart, Frey et Guichard. Bien qu'absent de cet article, un sixième personnage appartient pourtant à cette catégorie et s'avère essentiel dans l'appréhension du petit groupe : Gaston Palewski. Ces six barons ont un trait commun : leur fidélité sans faille au général de Gaulle depuis vingt ans, dans la guerre puis dans l'aventure politique du gaullisme d'opposition et de régime. Tous les six sont pourtant profondément différents.

Quatre l'ont suivi dans la résistance (Chaban-Delmas, Debré, Frey, Palewski), tandis que l'un, bien que résistant en Mayenne puis plus tard homme du renseignement à la Libération, a eu des liens avec l'organisation allemande Todt (Foccart), et que l'autre, trop jeune pour combattre, n'a pu que s'engager dans les armées françaises à la fin de la guerre (Guichard). Le combat n'est donc ni leur Valmy ni leur Austerlitz, même si l'engagement résistant a longtemps été une lettre de noblesse essentielle dans la famille gaulliste. À l'été 1963, commentant la parution d'un annuaire du gaullisme, Maurice Duverger écrit ainsi :

> L'aristocratie gaullienne est née à Londres ou dans la clandestinité entre 1940 et 1944. Les Compagnons de la Libération y font figure de princes de sang [mais] aux côtés de cette noblesse d'épée, les nécessités du règne ont obligé à développer une noblesse de robe[9].

Sur le plan politique, un seul des six barons s'est présenté au scrutin des Français en 1946 (Chaban-Delmas, élu député radical de Gironde), mais tous les six débutent réellement leur carrière en 1947, plus précisément en avril, lorsque depuis Strasbourg, le général de Gaulle crée son tout premier parti. C'est l'aventure du RPF, ni de droite, ni de gauche, mais au-dessus des partis traditionnels. Chacun y joue alors un rôle particulier, contribuant à accompagner le Général dans son « gaullisme d'opposition[10] » à la IVe République.

Le gaullisme d'opposition

C'est qu'après avoir été le défenseur de la mécanisation des armées dans les années 1930, puis l'homme de la résistance dans les années 1940, de Gaulle quitte le pouvoir en janvier 1946, en désaccord avec les communistes et les socialistes sur la définition des institutions républicaines. À Bayeux en 1946, puis à Épinal en 1947, il présente ce que doit être, selon lui, la Quatrième République à bâtir : un régime présidentiel qui mette à bas le système des partis dans lequel le pouvoir est détenu par « le premier marchand de vin venu que la politique a changé en député[11] ». Or, cette fois-ci, les Français ne le suivent pas et votent en faveur de la république parlementaire.

Tout au long de la période 1946-1958, Chaban-Delmas, Debré, Foccart, Frey, Guichard et Palewski contribuent en conséquence à animer et structurer le parti gaulliste dans l'opposition, en d'autres mots à accompagner le général de Gaulle dans ses déplacements et prises de position face à cette république honnie. En l'absence du chef, ils donnent les consignes, tiennent la ligne politique, animent le groupe des élus locaux et nationaux, mais l'invitent aussi parfois à modérer son propos et s'ouvrir à la négociation, lorsque le naturel de leur meneur tendrait plutôt à ne faire aucune concession. De ce point de vue, les barons connaissent alors des divergences entre jeu parlementaire (Chaban-Delmas, Frey, Palewski) et rejet catégorique des institutions (Debré, Foccart, Guichard). De Gaulle, lui, est inflexible. Il refuse toute compromission avec la Quatrième République et se révèle parfois un homme cruel avec ses troupes lorsqu'elles expriment des désaccords, comme en janvier 1952, lorsqu'il brime publiquement Jacques Soustelle, pourtant l'un de ses plus proches conseillers et le secrétaire général du RPF, au point de le laisser au bord des larmes, après l'avoir accusé d'être « allé à la soupe[12] » en négociant une entrée des gaullistes au gouvernement.

Malgré l'écrasante victoire du RPF aux municipales de 1947 puis son succès relatif aux législatives de 1951, le mouvement est en situation d'isolement politique en raison de l'obstination du Général. Cette opposition de principe provoque alors une première rupture avec ses cadres. En mars 1952, la scission d'une partie des députés gaullistes, décidés à voter l'investiture d'Antoine Pinay, enfonce le clou et divise les rangs. De rage, le Général ordonne leur exclusion. Le tiers de l'effectif du groupe parlementaire rompt bientôt, mettant fin, dans des circonstances dramatiques, à cette première aventure politique. Avec la mise en sommeil du RPF en 1953-1955, les barons connaissent des trajectoires diverses, mais ils œuvrent tous à la survie du gaullisme sans de Gaulle, soit dans des partis (comme les Républicains sociaux de Chaban-Delmas, Frey et Palewski), soit dans des journaux (comme le *Courrier de la colère* de Debré). Ils deviennent ainsi les points de repère d'une galaxie en déshérence.

Alors que le Général se retire à Colombey-les-Deux-Églises pour écrire ses *Mémoires de guerre*, les barons sont ses derniers relais avec le monde politique parisien pendant cette traversée du désert (notamment Foccart et Guichard). C'est cette fidélité dans l'adversité qui explique, pour beaucoup de choses, leur statut d'hiérarques à l'heure des honneurs. Les barons prennent alors une habitude importante pour la suite de leur parcours. À partir de 1955, tous les mercredis midi, ils se retrouvent désormais à la Maison de l'Amérique latine et partagent un déjeuner amical et politique. Ils en garderont ensuite l'habitude, dans un format mensuel ou bimensuel, tout au long des trois décennies suivantes.

Robert Poujade, secrétaire général de l'Union pour la défense de la République (UDR) de 1968 à 1971, puis ministre de Georges Pompidou, commente ainsi leurs agapes :

> C'était en effet l'époque, qui ne devait plus durer très longtemps, où le cercle des barons comptait encore dans la vie du gaullisme. Les journalistes avaient ainsi baptisé, en souvenir des romans de la Table

> ronde, ou des pairs médiévaux du royaume de France, un groupe d'hommes jouissant tous d'une proximité ancienne avec le Général, de titres souvent éclatants de résistance, et liés par de longues habitudes, des ambitions partagées, quand elles n'étaient pas concurrentes, des amitiés intermittentes mais jamais rompues.
> Ils [...] formaient un club puissant, une sorte de synarchie de copains, pas toujours dépourvus d'arrière-pensées. [...] Ils se réunissaient discrètement dans des déjeuners réguliers, où ils se concertaient, se renseignaient, s'évaluaient et s'efforçaient de planifier l'avenir d'un commun accord, dans la fidélité à leur inspirateur[13].

À compter de 1958, les barons s'imposent donc à la fois comme les hommes qui peuvent parler *au nom* du Général - ce qui est important quand on sait qu'il refusait d'utiliser le téléphone[14] ! - et comme les hommes qui peuvent parler *au* Général, c'est-à-dire lui dire ses vérités, lui tenir tête, voire parfois lui faire entendre raison. En 1958, pendant la crise du mois de mai, ils profitent d'ailleurs de cette notoriété et de cette proximité avec leur chef pour jouer un rôle déterminant dans son retour au pouvoir. C'est notamment le cas de Guichard, son chef de cabinet pendant la traversée du désert et l'interlocuteur privilégié des officiers d'Algérie française, dont le rôle a été décisif dans l'avènement de la Cinquième République.

Du pouvoir à l'après-gaullisme

À partir de 1958-1959, les barons triomphent : Debré, père de la constitution de la Cinquième République, est appelé à Matignon, Chaban-Delmas à la présidence de l'Assemblée nationale, Foccart et Guichard à l'Élysée, le premier pour faire le lien avec les anciennes colonies de l'Empire, le second avec l'écosystème politique, enfin Frey à la tête du nouveau parti gaulliste, l'Union pour la nouvelle république (UNR). Cependant, les années passant, ce premier cercle se rétrécit parfois. Gaston Palewski, qui a connu de Gaulle dans les années 1930 puis a été son directeur de cabinet de 1942 à 1946, n'est ainsi plus considéré comme un baron en 1963, ce qui s'explique notamment par son éloignement du pouvoir - de 1957 à 1962, il est en effet ambassadeur extraordinaire à Rome. De même, certaines personnalités centrales dans l'aventure du gaullisme d'opposition, comme Jacques Soustelle et Louis Terrenoire, secrétaires généraux successifs du RPF, ou encore André Diethelm, président du groupe parlementaire à l'Assemblée nationale et au Conseil de la République, ont été effacées de la mémoire gaulliste, au point d'appartenir à une catégorie des barons oubliés. Nous en expliquerons les raisons.

À l'inverse, dans les années 1960-1970, les barons accueillent de nouveaux notables à leur table, comme les Premiers ministres du général de Gaulle : Georges Pompidou et Maurice Couve de Murville, aux affaires respectivement de 1962 à 1968 et de 1968 à 1969. Par leurs fonctions, ils ont en effet été les premiers hommes de la république gaullienne, tout en étant extérieurs au cercle des barons. Ils parlent certes avec une légitimité évidente, mais la brouille de Pompidou avec le Général en 1968 puis son élection à l'Élysée en 1969 le tiennent à l'écart de ce cénacle, dont il est pourtant un invité régulier... mais simplement à titre honorifique. Quant à Couve de Murville, s'il tient une place importante dans la vie politique du gaullisme après son passage à Matignon, il est cependant considéré avec dédain par les barons[15]. Ces derniers ne lui pardonnent en effet pas son ralliement sur le tard. Pompidou et Couve de Murville sont par la suite rejoints par Pierre Messmer, Premier ministre de Pompidou de 1972 à 1974 et personnalité incontournable de l'après-gaullisme. Sa participation à la création du club Présence et action du gaullisme (PAG) et sa défense d'une certaine orthodoxie après la disparition du Général en font un des hérauts du gaullisme après de Gaulle dans les années 1970-1980.

De manière générale, la table des barons s'ouvre à de nombreuses personnalités gaullistes après 1958, un second cercle de « baronets[16] » : Albin Chalandon, banquier de Marcel Dassault, trésorier puis secrétaire général du parti en 1959 ; Jacques Baumel, un autre historique de l'aventure, lui aussi à la tête du parti de 1962 à 1967 ; ou encore Robert Poujade, nommé secrétaire général du parti en 1968, à l'issue d'un compromis entre les barons et Pompidou. En outre, dans leur exercice du pouvoir, les barons organisent un réseau de relais politiques, où chacun convie ses proches et ses vassaux pour influencer la vie du gaullisme : Christian Fouchet (Palewski), André Fanton, Christian La Malène et Yves Guéna (Debré), Pierre Lefranc (Foccart), Alexandre Sanguinetti (Frey) ou encore René Ribière (Guichard).

Au printemps 1969, dans sa présentation des hiérarques du régime, au moment de la transition entre le général de Gaulle et Georges Pompidou, la journaliste Michèle Cotta évoque ainsi sept barons du gaullisme, cinq des six fondateurs de ce petit cercle (moins Palewski, à cette date président du Conseil constitutionnel, donc retiré du jeu politique) mais également Albin Chalandon et Yves Guéna, deux jeunes pousses du parti et en même temps déjà députés et ministres[17]. En 1970, après la disparition du Général, et surtout en 1974, après l'élection de Valéry Giscard d'Estaing à l'Élysée et la trahison de Jacques Chirac, les barons s'investissent en légataires de la mémoire gaulliste. Leur système n'est plus seulement une table des cinq ou six pères fondateurs du gaullisme politique, c'est le club des défenseurs d'une certaine vision du gaullisme, ce qui explique la présence, à leurs côtés, des anciens Premiers ministres. Des gardiens du temple et des mémorialistes vont en conséquence se joindre à eux : Pierre Lefranc, parfois présenté comme un fils caché du Général[18], fondateur de l'Institut Charles-de-Gaulle en 1971 ; André Malraux, ministre de la Culture au style si flamboyant ; ainsi qu'Alain Peyrefitte, ancien ministre de l'Information, scribe pointilleux de la république gaullienne et par ailleurs secrétaire général du parti gaulliste en 1972-1973. Ces nouveaux venus sont évidemment considérés avec méfiance.

La petite histoire des barons du gaullisme, de ses six membres fondateurs au club de ses nombreux légataires, éclaire donc la grande histoire de la droite française sous un nouveau regard. Elle met en évidence leur rôle dans la vie du gaullisme et dans sa survivance. Elle contribue aussi à la réflexion sur la captation de l'héritage gaulliste après 1970 et tente en conséquence de revenir sur certaines des légendes les plus tenaces de la Cinquième République !

PARTIE I

Le club des six

La mythologie gaulliste place, bien évidemment, le général de Gaulle au sommet du mont Olympe. C'est Zeus incontesté et terrifiant, allant de par le monde pour s'impliquer dans le sort des mortels. Pourtant, comme dans le panthéon des dieux grecs, la galaxie du gaullisme est composée d'une foule de dieux et demi-dieux insolents. Autour du Général, les barons forment ainsi une phalange, une assemblée de frères, conseillers du prince autant que guerriers au service de son action ; et comme dans la mythologie grecque, ces barons guerroient entre eux pour les faveurs du roi, fomentent de mauvais coups, nouent et dénouent des alliances, parfois difficiles à suivre.

La première partie de ce livre sera en conséquence consacrée aux portraits des six premiers barons. Elle suivra un ordre chronologique, de manière à ce que chaque portrait réponde au précédent et raconte une page supplémentaire de l'histoire du gaullisme. Elle débutera donc, naturellement, avec Gaston Palewski, premier d'entre eux et directeur de cabinet du général de Gaulle pendant la guerre.

Suivront les portraits de Michel Debré et Jacques Chaban-Delmas, figures de la résistance mais aussi protagonistes de la naissance du gaullisme politique, au Conseil de la République pour le premier, à l'Assemblée nationale pour le second. Ce sont les pères du gaullisme parlementaire et des réseaux de la Quatrième République.

Viendront ensuite les portraits de Roger Frey et Jacques Foccart, à la fois acteurs du gaullisme d'opposition de la Quatrième République, notamment au sein du Rassemblement du peuple français (RPF), mais surtout soutiers du régime et animateurs de ses réseaux occultes, au sein de la police ou du renseignement, sous la Cinquième République.

Enfin, le portrait d'Olivier Guichard, plus jeune des barons et en même temps personnalité centrale du retour au pouvoir du Général en 1958, conclura cette première partie. C'est la porte ouverte sur l'après-gaullisme, dont il est à la fois un des principaux représentants et un grand sacrifié... mais commençons d'abord par le commencement !

CHAPITRE 1

Gaston Palewski, le doyen

S'il est un homme à avoir cru en de Gaulle avant tous les autres, c'est bien Gaston Palewski. « Premier baron du gaullisme », suivant la formule de son biographe, Jacques Bernot, il est aussi de ceux qui ont eu une vie politique avant et en dehors du gaullisme, ce qui rend son portrait à la fois difficile mais passionnant. Palewski, c'est d'abord une gueule, un « solide gaillard aux moustaches[1] », toujours bien habillé en tailleur de Savile Row, un homme « exsudant la confiance en soi, le magnétisme et une jovialité contagieuse[2] », charme essentiel dans l'appréhension et la compréhension du personnage. Premier directeur des Affaires politiques de la France Libre en 1940, puis directeur de cabinet du général de Gaulle de 1942 à 1946, c'est l'homme qui, après la guerre, refuse tous les postes qu'on lui propose pour rester au plus près de celui qu'il admire, qu'il a servi avec passion et qu'il suit désormais dans l'aventure politique du Rassemblement du peuple français (RPF). Palewski, c'est aussi le député RPF, tombeur des communistes à Saint-Denis en 1951, le ministre gaulliste de la Quatrième République, figure de l'ouverture en 1955-1956, l'ambassadeur talentueux à Rome en 1957, puis le ministre du général de Gaulle, revenu aux côtés de son chef en 1962, et bien entendu le président du Conseil constitutionnel, garant de l'esprit de la Constitution, de 1965 à 1974.

C'est, en résumé, l'homme de la fidélité à toute épreuve, l'incarnation d'un gaullisme inflexible et un baron historique, qui a aidé le Général à porter sur les fonts baptismaux la république gaullienne, jouant un rôle crucial dans la construction du gaullisme politique. Quant à savoir si ce pionnier a su en être l'animateur et le défenseur, c'est tout l'enjeu de ce premier chapitre sur les traces de cet incroyable personnage.

L'École de la discipline et du mérite

Gaston Palewski naît le 20 mars 1901, à Paris. Son père, Maurice Palewski, d'origine polonaise, est diplômé de l'École centrale des arts et manufactures et enchaîne alors les petits emplois : dessinateur de brevets d'invention, ingénieur dans une sucrerie, employé à la Compagnie du gaz de Paris puis adjoint au directeur d'une usine près de Tours[3]. Élève au collège Rollin de Paris, Gaston suit les traces de son frère Jean-Paul (de trois ans son aîné), puis rejoint le lycée Michelet à Vanves. Dans les années 1910, le père se passionne pour l'industrie aéronautique et fonde même une petite entreprise dans le secteur des vernis protecteurs pour les toiles d'avion. Ses deux fils, les yeux émerveillés, viennent alors l'observer sur les salons où se bouscule le gratin de l'armée et des inventeurs français. Pour Gaston, ces jeunes années sont surtout placées sous le sceau de la fascination pour les militaires, ainsi devant la marche rythmée d'un régiment de cuirassiers patrouillant aux portes de son école : « Je vois encore l'enfant que j'étais, allant en classe, son cartable sous le bras, et regardant, devant le lycée, tout un escadron de cuirassiers dont l'acier luisait au soleil, prêt à rétablir l'ordre[4]. »

En 1916, en pleine Première Guerre mondiale, Jean-Paul rejoint Saint-Cyr puis s'engage comme volontaire. Parti pour Verdun en 1917, au sein du 70ᵉ régiment d'infanterie, il fait la fierté de la famille et suscite l'admiration autant que la jalousie de son cadet. En 1918, à peine l'armistice conclu, ce frère part pour la Pologne, avec le 2ᵉ régiment de chasseurs de l'armée polonaise, pour se battre contre l'Union soviétique. Il en revient avec la médaille de l'indépendance polonaise et la croix de guerre polonaise, qu'il affiche aux côtés de la Légion d'honneur reçue pour son combat sous l'uniforme français.

En 1919, rentré en France, Jean-Paul emmène son frère Gaston en Angleterre, à Oxford, puis en Pologne, sur la terre de leurs ancêtres. En 1922, les deux frères séjournent également à l'abbaye de Pontigny, en Bourgogne, épreuve mystique qui suscite leur conversion au catholicisme, sous l'influence du père jésuite Henri Brémond. En 1923, Gaston effectue son service militaire au sein du 69e régiment d'infanterie, comme aspirant à Saint-Cyr. Son séjour militaire est cependant marqué par la contestation et le rejet de l'autorité, qui le conduisent à inventer une fausse maladie pour échapper à ses obligations :

> Il en conçoit une forme de dépression nerveuse. On l'envoie à l'infirmerie. Il s'y ennuie au point d'affabuler devant le médecin : il prétend voir le mur de sa chambre s'avancer vers lui à certains moments ! Son compte est bon : il est transféré à l'hôpital militaire du Val-de-Grâce. Là, Gaston négocie et obtient de pouvoir rentrer chez ses parents, ce qu'il fait. À peine rentré, il part se promener, le sourire aux lèvres, cependant que le Val-de-Grâce lui dépêche un médecin pour achever de l'examiner. Celui-ci ne trouve personne que Jean-Paul, en permission de retour de Pologne. Ire du médecin : « Comment ? On me dit qu'il est agité et dangereux ! » Rire de Jean-Paul qui tente de s'entremettre. Peine perdue : Gaston est renvoyé à l'école d'où il sortira en mai 1924, avec le seul grade de sergent. L'autorité militaire pousse encore la rigueur à le faire affecter, à compter de juin, au 1er régiment de zouaves à Casablanca, au Maroc : une unité où l'on ne badine pas avec la discipline[5].

Hubert Lyautey, le premier chef

En dépit de cette menace, Gaston Palewski vit un service militaire tranquille au Maroc, grâce à l'affection que lui porte son chef, le colonel Pompée, auquel il fait lire *ses* romans, en fait production d'un des hommes de la troupe… Fin 1924, par l'entremise d'un cousin maternel, Marcel Diamant-Berger, il est muté comme attaché au cabinet du maréchal Hubert Lyautey, résident général au Maroc.

Sous-lieutenant des chasseurs à cheval, ce cousin a été fait prisonnier par les Allemands pendant la Première Guerre mondiale et a été détenu au fort bavarois d'Ingolstadt, dont il a essayé de s'évader en compagnie d'un certain capitaine… Charles de Gaulle, alors considéré comme un véritable « professeur d'évasion[6] ». Après la guerre, il est devenu commandant du peloton d'escorte personnelle du résident général au Maroc, c'est-à-dire du maréchal Lyautey. Las de la vie militaire, il donne cependant sa démission de l'armée pour se lancer dans l'industrie, suggérant le nom de son cousin à son ancien chef.

Personnage secondaire de l'entourage du maréchal Lyautey, Palewski n'en profite pas moins pour nourrir son carnet d'adresses et joue même un rôle modeste dans la course à la direction de la résidence générale du Maroc à l'été 1925, dans laquelle le maréchal Philippe Pétain, héros de Verdun, est en lice[7]. En vain, en octobre, Lyautey démissionne et rentre à Paris, avec l'ensemble de son équipe. Or Palewski n'appartient pas au premier cercle du maréchal et se retrouve donc désœuvré. Refusant de passer les concours du Quai d'Orsay, il devient éditeur dans une modeste maison, avant de rejoindre la Société d'études et d'informations économiques, émanation du Comité des Forges des Schneider et Wendel, puis la rédaction du *Bulletin quotidien*.

Entre 1925 et 1928, il fréquente donc le grand-monde parisien : artistes, banquiers, diplomates, écrivains, militaires et, bien sûr, élus nationaux et locaux, dont il chronique les aventures dans sa gazette. Ces mondanités l'amènent notamment à sympathiser avec Claude-Joseph Gignoux, rédacteur en chef de *La Journée industrielle*, journal des grands patrons français. Ancien conseiller de Raymond Poincaré, Gignoux est aussi maire de Saint-Jean-le-Puy et devient député de la Loire en 1928. Il propose alors à Palewski de devenir le secrétaire général de son groupe parlementaire, l'Alliance démocratique, un rassemblement d'élus de centre-droit.

L'Alliance démocratique est à l'époque présidée par André Maginot, ancien ministre de la Guerre, des Colonies et des Pensions. Chef de la majorité poincariste, il retourne au gouvernement en novembre 1928 comme ministre des Colonies puis comme ministre de la Guerre, défendant sa théorie de la fortification permanente, à laquelle il attachera son nom. À la Chambre des députés, il laisse en conséquence la présidence de son groupe à Paul Reynaud, avocat, président du conseil général des Basses-Alpes, bref député du département après-guerre, élu à Paris lors des législatives de 1928. Sans le savoir, Palewski s'apprête à trouver là son mentor pour les années à venir.

Paul Reynaud, le partenaire

Collaborateur parlementaire de Reynaud, Palewski accompagne son député et président lors des débats budgétaires de l'année 1929. La notoriété de son nouveau chef le conduit à être nommé ministre des Finances en mars 1930, dans le gouvernement d'André Tardieu. Son jeune collaborateur découvre en conséquence les décors somptueux de la rue de Rivoli. En janvier 1931, Reynaud est nommé ministre des Colonies, dans le gouvernement de Pierre Laval. Palewski ayant donné satisfaction, il est promu chargé de mission auprès du ministre et suit notamment le dossier de l'Exposition coloniale de mai 1931, dont le commissaire n'est autre que le maréchal Lyautey, qu'il retrouve avec nostalgie mais surtout plaisir !

À l'été 1931, il assiste encore à l'élection du président de la République à Versailles (Paul Doumer) puis, en septembre, il embarque avec son ministre à destination de l'Indochine, pour un grand voyage qui le conforte dans l'idée que la colonie est sur le point d'exploser. En février 1932, Reynaud devient garde des Sceaux du gouvernement Tardieu et, en prime, vice-président du Conseil des ministres. Palewski suit son mentor, cette fois comme chef de cabinet, et s'impose dans le petit monde parisien : acquisition d'un appartement rue Bonaparte, achats de tableaux multiples, dîners et réceptions somptueux, etc. Ses fonctions ministérielles lui permettent également d'entrer au salon de la journaliste Marie-Louise Bousquet, où se réunissent les artistes en vue, comme Aldous Huxley et Pablo Picasso. Aux élections législatives de 1932,

Reynaud est réélu mais renvoyé dans l'opposition parlementaire, tandis que Pierre-Étienne Flandin, lui aussi ministre de Tardieu et Laval, prend la présidence de l'Alliance démocratique. C'est une période de vaches maigres pour Palewski, d'autant que deux hauts fonctionnaires viennent bientôt entourer Reynaud et le concurrencer : Dominique Leca, un inspecteur des Finances ayant servi auprès de Jacques Rueff à Londres, et Yves Bouthillier, lui aussi inspecteur des Finances, chef de cabinet de Reynaud puis Flandin aux Finances entre 1930 et 1932.

En août 1933, Palewski dit adieu, avec beaucoup de chagrin, à l'abbé Brémond, son père spirituel qui l'avait converti au catholicisme, puis, en juillet 1934, au maréchal Lyautey, qui l'avait guidé dans ses premiers pas politiques. Cependant, la lecture d'un extrait de l'essai *Vers l'armée de métier*, reproduit dans la revue *Le Temps*, l'intrigue et lui redonne même de l'espoir. L'auteur, un certain colonel Charles de Gaulle, présenté comme « un drôle de type[8] », veut rencontrer Reynaud. Palewski est décidé à l'aider et s'en fait l'ambassadeur.

Charles de Gaulle, l'homme de l'action

Le colonel de Gaulle et Palewski se rencontrent ainsi pour la toute première fois le 5 décembre 1934 et nouent, dès cet instant, une relation de confiance et d'estime réciproques. Leur conversation évoque le bon souvenir de Marcel Diamant-Berger, compagnon d'évasion d'Ingolstadt pendant la Première Guerre mondiale, mais aussi l'état dramatique des armées françaises. Dès cette date, Palewski devient un moine-soldat du colonel de Gaulle et le porte-parole de ses théories militaires :

> J'étais décidé à mettre désormais tout ce que je pouvais posséder d'influence ou de relations au service des projets de cet homme. [...] Tout ce qu'il disait était d'une originalité, d'une force incomparables. [...] J'entre totalement dans sa croisade, car c'est à un croisé, à un prêcheur, qu'il me fait alors penser[9].

De 1935 à 1938, Reynaud et Palewski se font donc les relais au Parlement des idées du colonel de Gaulle en faveur de la création d'un corps cuirassé de blindés. En avril 1938, Reynaud revient au gouvernement comme garde des Sceaux d'Édouard Daladier, avec Palewski comme directeur de cabinet. Quelques mois plus tard, en novembre, Reynaud retourne aux Finances, emportant Palewski dans ses valises. Au lendemain des accords de Munich, les deux hommes fantasment alors l'idée d'un grand gouvernement d'union nationale « de Thorez à Marin[10] », réunissant tous les opposants au nazisme... mais l'obstination de Flandin, partisan de la paix en Europe en échange de quelques concessions à l'Allemagne, mine le projet.

Au cabinet ministériel, Palewski retrouve de vieux compagnons de route comme Leca (devenu chef de cabinet) et Bouthillier (nommé secrétaire général du ministère), mais fait aussi de nouvelles rencontres, ainsi un jeune conseiller d'État du nom de Michel Debré, bientôt figure centrale du gaullisme. En novembre 1938, inquiet des proportions prises par la guerre d'Espagne, Palewski obtient de son ministre la délégation de signature pour les dossiers relevant de la responsabilité des Douanes. Dans la plus grande discrétion, il supervise les envois d'armes au-delà de la frontière des Pyrénées et tente, avec un succès discutable, d'aider les forces républicaines espagnoles.

Le 21 mars 1940, alors que la guerre gronde en Europe, Reynaud devient président du Conseil des ministres, mais Palewski n'est déjà plus là. Fin 1939-début 1940, il a en effet subi un feu nourri d'opposants, critiques de son emprise sur le ministre et de son esprit va-t'en-guerre. Ceux-ci se partagent le butin après son départ : Leca est promu directeur de cabinet du président du Conseil, Bouthillier est nommé ministre des Finances, et Hélène de Portes, maîtresse de Reynaud, reste la seule intrigante à ses côtés. Tandis que Jean-Paul Palewski reprend du service comme adjudant au sein du 117e régiment d'infanterie, son frère est nommé sous-lieutenant dans la 34e escadre de l'armée de l'air. Si son départ du cabinet le ronge encore, il reste cependant en contact étroit avec le président du Conseil et lui souffle même le nom du colonel de Gaulle pour intégrer son gouvernement, ceci sans succès[11]. Début juin 1940, en pleine déroute militaire, Reynaud nomme finalement de Gaulle au gouvernement comme sous-secrétaire d'État à la Guerre et, d'après l'intéressé, propose les Finances à Palewski. Il est cependant trop tard. Après le repli du gouvernement à Bordeaux, le désarroi est total.

L'ÉPREUVE DU FEU

Tandis que le général de Gaulle se rend à Londres afin de tenter de négocier une union franco-britannique et la poursuite de la guerre, Palewski lui écrit pour lui dire sa disponibilité, ainsi que celle de ses avions de chasse de la 34e escadre. L'ordre tombe cependant de partir pour l'Afrique du Nord afin d'y poursuivre le combat et de bombarder le sud de l'Italie, mais Palewski n'exclut pas l'idée de rejoindre l'Angleterre plus tard[12]. À l'aéroport de Mérignac, d'où il part pour l'Afrique, le jeune sous-lieutenant croise son beau-frère, Christian Fouchet, élève-officier à l'École de l'air, qu'il avise de la situation dramatique du front et de son choix de continuer le combat depuis l'étranger[13]. Les deux hommes se connaissent bien et se font confiance. En 1931, Jean-Paul Palewski a en effet épousé sa sœur, Anne-Marie Fouchet. Les liens familiaux, renforcés par les épreuves de la guerre, seront bientôt une unité de combat politique autour du général de Gaulle pour les deux familles. Convaincu, Fouchet part donc pour l'Angleterre, Palewski pour le Maroc, tandis que le soir du 16 juin, Reynaud démissionne pour laisser la place au maréchal Pétain à la présidence du Conseil.

La France s'engage alors sur le chemin de la capitulation, au grand dam des partisans de la poursuite du combat. Palewski, lui, achève sa route en Tunisie, où le résident général Marcel Peyrouton ne sait que lui répondre lorsqu'il l'interroge sur la marche à suivre. L'ex-directeur de cabinet de Reynaud rejoint donc Alger et le général Charles Noguès pour prendre ses ordres. À peine arrivé, il apprend toutefois que la guerre est terminée et que l'armée française vient de signer sa reddition. Démobilisé, il se rend à Meknès pour consulter Georges Mandel, ministre de l'Intérieur de Reynaud, puis à Rabat, où il apprend la mort de Marcel Fouchet, le frère aîné de Christian, et l'emprisonnement de son propre frère, Jean-Paul. Il y entend surtout l'appel du 18 juin du général de Gaulle. Informé de son souhait de rallier Londres, le Général lui répond par un télégramme du 28 juin : « Venez me rejoindre le plus vite possible[14] ! »

L'attaque de la flotte française par les Anglais à Mers-el-Kébir, les 3-6 juillet 1940, le décide à quitter l'Afrique du Nord au plus vite. L'heure n'est plus aux atermoiements. Il se rend donc à Tanger, puis Lisbonne, enfin Londres... où il apprend que de Gaulle vient malheureusement de partir pour Dakar ! Reçu par le Premier ministre Winston Churchill, il est interrogé sur la possibilité de rallier l'ancien président du Conseil Camille Chautemps, alors à Lisbonne, mais s'y oppose fermement et promeut plutôt de Gaulle, seul capable à ses yeux d'unir autour de lui tous les Français. Au directeur des Affaires politiques du *Foreign Office*, sir Holme Sargent, qui le reçoit quelques jours plus tard, il fait entendre le même discours, devenant ainsi un des premiers ambassadeurs du gaullisme dans la capitale britannique[15]. Le Général et son entourage lui en sauront très longtemps gré. À l'été 1940, le ralliement de nombreuses colonies françaises contribue parallèlement à sa promotion auprès des Anglais et si l'expédition de Dakar des 23-25 septembre est un échec, elle permet néanmoins à de Gaulle de devenir le chef des Français qui refusent la défaite[16]. Churchill le reconnaît d'ailleurs très vite comme tel et en fait son partenaire dans la guerre.

Le 18 novembre 1940, alors que la France Libre est en proie aux divisions internes, Palewski rencontre enfin le Général et lui dit son dévouement le plus total dans sa nouvelle mission. Le 11 décembre suivant, l'homme du 18 Juin lui confie en conséquence la direction des Affaires politiques de son embryon de gouvernement. Chargé de développer les réseaux de résistance en métropole et dans l'Empire, Palewski prend prétexte de ses fonctions pour rencontrer de nombreux officiels étrangers dans la capitale britannique - ce qui contribue à installer l'organisation du général de Gaulle comme un État en guerre. Dès cette période, il fréquente ainsi Desmond Morton, l'assistant personnel de Churchill, sir John Anderson, secrétaire d'État à l'Intérieur, lord Halifax, secrétaire d'État aux Affaires étrangères, mais aussi Ivan Maïski, l'ambassadeur soviétique à Londres ; bref, le grand-monde londonien.

En février 1941, le diplomate Maurice Dejean, ancien chef de cabinet de Daladier aux Affaires étrangères, rejoint Londres et la France Libre. Le général de Gaulle lui confie presque immédiatement les missions de Palewski, avec la charge d'organiser les réseaux de propagande et de résistance dans les territoires occupés. Pour expliquer son remplacement, Palewski dira plus tard que, fatigué des intrigues londoniennes, il avait demandé à partir au front, ce que le Général ne pouvait pas lui refuser. Peut-être faut-il aussi voir dans ce départ précipité la conséquence des critiques formulées à l'encontre de son entrisme dans la société britannique et du temps passé dans la demeure de grandes dames de la haute société...

Direction l'Afrique orientale

En mars 1941, Palewski est donc nommé délégué de la France Libre en Afrique orientale et part pour Aden, au Yémen. Promu lieutenant-colonel, il tente d'organiser la résistance française en Afrique de l'Est, alors que Vichy garde le contrôle étroit de Djibouti. Grâce au renfort d'un bataillon de marche venu de Syrie à l'été 1941, il tente plusieurs actions de guerre psychologique auprès de ses compatriotes français vichystes et contribue à l'établissement d'un comité de la France Libre au Kenya voisin, mais le combat est vain. Dans sa mission de voix de la France Libre en Afrique, Palewski réalise surtout l'importance de défendre les intérêts français face à l'appétit féroce de la puissance britannique - ce sera notamment le cas dans le dossier du chemin de fer d'Addis-Abeba à Djibouti[17]. En France métropolitaine, son implication militaire et politique auprès du général de Gaulle lui vaut le séquestre de ses biens (sauvés *in extremis* par son frère, libéré de son camp de prisonniers en 1941). Il est en effet devenu le symbole de cette France qui résiste et le régime de Vichy est déterminé à l'abattre.

En septembre 1942, Palewski revient à Londres sans réelle victoire à son actif mais avec la réputation d'avoir défendu courageusement les possessions françaises en Afrique. Le Général lui en est reconnaissant et l'en félicite. Il rêve d'une ambassade, cependant que le chef de la France Libre préfère lui offrir la direction de son cabinet, au terme d'une course dans laquelle il coiffe sur le poteau Georges Boris, directeur de cabinet de Léon Blum avant guerre, et Pierre Brossolette, animateur du réseau de résistance du Musée de l'Homme. Conciliant quand de Gaulle est furibond, il devient très vite l'interlocuteur privilégié des puissances étrangères et l'organisateur d'une France Libre devenue « une société de cour et d'intrigues[18] ». Les deux hommes entretiennent en conséquence une solide amitié, ponctuée par leurs déjeuners à l'hôtel Connors ou leurs marches le long de Piccadilly Street et St. James's Street.

À l'automne 1942, le directeur de cabinet du Général débute une relation passionnelle avec la romancière britannique Nancy Mitford – dont l'une des sœurs, veuve de l'héritier des bières Guinness, a épousé le fasciste anglais Oswald Mosley, et l'autre s'est engagée dans la guerre d'Espagne au sein des Brigades internationales. Leur idylle secrète durera trente ans ! Son aventure lui ouvre les portes des plus grands palais d'Angleterre, où il brille par son charisme et son éloquence, mais il est rapidement emporté dans de nouvelles batailles. Il est ainsi aux côtés du Général à Casablanca en janvier 1943, puis à Alger en mai suivant, lorsque la France Libre y prend ses quartiers. Il y retrouve d'ailleurs un cousin, Maurice Diamant-Berger, désormais connu sous le nom d'André Gillois, qui anime l'émission « Honneur et Patrie » sur les ondes radiophoniques de la BBC et remplace Maurice Schumann comme porte-parole de la France Libre dans les mois suivants. Le destin des deux cousins les liera encore pour longtemps.

À Alger, il est aussi à la tête d'une petite équipe de fidèles du Général : Geoffroy Chodron de Courcel, l'aide de camp parti avec lui en juin 1940 ; Élisabeth de Miribel, la fidèle secrétaire qui a tapé l'appel du 18 juin ; mais également l'ethnologue Jacques Soustelle, chargé de l'organisation des comités de la France Libre dans l'Empire, devenu commissaire à l'Information du gouvernement en exil. En octobre 1943, l'union des généraux Giraud et de Gaulle donne naissance au Comité français de libération nationale (CFLN). Dans l'administration de cette France combattante, Palewski accueille de nombreux hauts fonctionnaires, comme Maurice Couve de Murville, mais découvre en même temps un adversaire féroce en la personne de Louis Joxe. Ancien collaborateur de Pierre Cot, ministre de l'Air, ce jeune agrégé d'histoire est en effet nommé secrétaire général du CFLN à l'automne 1943. Journaliste au sein de l'agence Havas, il avait été limogé par le régime de Vichy pour ses sympathies républicaines et enseignait au Centre d'études politiques et administratives d'Alger. La rivalité entre les deux hommes est forte dès l'origine, mais c'est Palewski qui reste le responsable des relations politiques auprès du général de Gaulle – même s'il frôle parfois l'incident diplomatique, comme lorsqu'il tente de séduire l'épouse de Duff Cooper, l'agent de liaison britannique entre Londres et la France Libre d'Alger. Sa marque de fabrique !

Palewski est encore à Marrakech avec le Général, en janvier 1944, lors de sa rencontre avec Churchill, mais las, il demande à nouveau une ambassade à l'étranger. Celle de la France Libre en Union soviétique lui plairait bien. Pierre Cot et Edgar Faure sont aussi sur les rangs. Ce sera finalement le général Catroux qui partira pour Moscou, au désespoir de tous. En juin suivant, Palewski rentre avec le général de Gaulle à Londres, où l'équipe française apprend l'imminence du débarquement des Alliés en Normandie. Dans l'urgence, il cherche le compromis avec son chef, qui, furieux d'avoir été tenu à l'écart des préparatifs, refuse de s'exprimer à la radio pour soutenir l'opération. Il le fera finalement dans la fin de journée du 6 juin, grâce à l'intervention de son entourage. Le 14 juin, Palewski franchit la Manche à bord de *La Combattante* et pose enfin le pied en France, à Courseulles. Accueilli par les évêques de Bayeux et de Lisieux, il comprend que la partie est sur le point d'être gagnée et encourage le Général à nommer le premier préfet de la France libérée. Ce sera Pierre de Chevigné, ancien chef de la Mission militaire française à Washington. Avec l'esprit de séduction qu'on lui connaît, il cueille une rose à son arrivée à Bayeux et, s'envolant pour Alger le 16 juin, l'offre à la douce

Élisabeth de Miribel. Elle la gardera, non sans émotion, toute sa vie durant. Le courage et le charme auront ainsi été les constantes de son engagement combattant pendant ces quatre années au service de la France Libre.

La rue Saint-Dominique

Après un court séjour aux États-Unis en juillet 1944, Palewski arrive à Paris en août suivant. Le général de Gaulle et les équipes du Gouvernement provisoire de la République française (GPRF) s'installent alors à l'hôtel de Brienne, siège du ministère des Armées, afin de montrer aux Français que la guerre se poursuit. Palewski y conserve ses fonctions de directeur de cabinet, tandis que Joxe installe le secrétariat général du gouvernement à Matignon, séparation géographique qui nourrit rapidement les tensions entre les deux hommes et leurs entourages[19]. C'est toutefois Palewski qui s'impose comme l'homme indispensable du dispositif parisien, grâce à la confiance du chef de la France Libre. Son bureau est, d'après le mot de Claude Mauriac, « le saint des saints[20] ». Il engage deux adjoints, René Brouillet et Louis Vallon, multiplie les recrutements et fait passer tous les dossiers à sa relecture.

L'équipe est progressivement rejointe par Michel Debré (qu'il a connu chez Reynaud et qui lui suggère le nom de Brouillet, rencontré au Comité général d'études en 1943), Georges Pompidou (recommandé, lui, par Brouillet), Jean Donnedieu de Vabres, etc. Palewski profite aussi de ses fonctions pour rappeler de vieux camarades, comme Roger Giron, collaborateur de Reynaud avant guerre, nommé chef du service parlementaire du GPRF. Par l'entremise du général Édouard Corniglion-Molinier, il accueille enfin Claude Guy, futur aide de camp du Général, et André Malraux, aventurier, écrivain et désormais barde du gaullisme.

Dès cette époque, Palewski apparaît donc comme l'organisateur de la galaxie gaulliste et comme la tête chercheuse de jeunes talents (bien que d'autres canaux existent comme Brouillet, Debré et Vallon). Peut-on déjà parler de « baron » ? Le journaliste Pierre Viansson-Ponté évoque en tout cas une sorte de « gaullisme préhistorique[21] » pour qualifier la séquence 1944-1946. Palewski effectue en même temps un « retour aux mondanités[22] » parisiennes, fréquentant les dîners de Marie-Blanche de Polignac, ainsi que les soirées de Duff Cooper, désormais ambassadeur de Grande-Bretagne en France. Il doit aussi compter sur Nancy Mitford, venue le rejoindre à Paris et qui lui dédicace son roman *La Poursuite de l'amour* (1945).

À l'époque, Palewski tient une place centrale dans l'architecture gouvernementale, relisant toutes les décisions publiques comme privées, préemptant toute correspondance, décidant qui doit (ou ne doit pas) rencontrer le général de Gaulle, lequel lui fait une confiance aveugle sur tous les sujets... mais s'agace régulièrement du récit de ses soirées galantes. En janvier 1946, en désaccord avec la nouvelle majorité parlementaire sur son projet de référendum constitutionnel, le Général démissionne avec fracas. Palewski, à qui il promet une nomination au Conseil d'État ou dans une ambassade, refuse devant le grand nombre de compagnons de guerre restés sans récompense. Décision courageuse pour celui qui se retrouve en conséquence sans emploi. Devant le cabinet du GPRF, réuni une ultime fois, il fait ses adieux, tout en demandant à chacun de garder le contact en cas de retour de bonne fortune. Pompidou, resté le dernier, lui sert énergiquement la main en lui disant : « Vous voyez, nous n'avons pas toujours été d'accord, mais je veux que sachiez que vous pouvez compter sur moi[23]. » Il le pourra en effet.

Le premier de ses pairs

Pour vivre dans le Paris des restrictions d'après guerre, Palewski est obligé d'accepter un emploi de pigiste, à *Freeworld* d'abord, à *Paris-Presse* ensuite. Il profite néanmoins de la vie de salon et des générosités des princesses d'Arenberg et de Ligne-La Trémoïlle, qui lui permettent de continuer à mener grand train malgré ses déboires financiers. Quai Branly, dans un bureau qu'il loue pour conserver les archives du Général, Palewski réunit de temps à autre les anciens du CFLN et du GPRF : Malraux, Mauriac, Miribel, etc. Pompidou évoque ces réunions dans ses Mémoires, mentionnant également la participation de Burin des Roziers, Guy et Vallon[24].

À l'hiver 1946, le général de Gaulle fait part de son projet de création d'un parti politique à Palewski. Celui-ci s'enquiert, en janvier suivant, de l'avis des Américains, qui lui font savoir leur opposition à un gouvernement français sous domination communiste et, en conséquence, leur intérêt très vif pour les projets du Général[25]. Des propos évidemment relayés auprès de son chef. Il est encore autour du Général, en février 1947, lorsque celui-ci réunit son premier cercle pour préparer l'annonce du lancement de son mouvement. Soustelle, ministre du CFLN, du GPRF et bref député de Mayenne après guerre, en sera le secrétaire général, Malraux s'occupera de la propagande et Palewski des relations avec la presse.

D'après les Mémoires de Claude Guy, c'est Palewski qui souffle, toujours en février 1947, l'idée d'association capital-travail au général de Gaulle au titre des grandes orientations de son action[26]. À Oxford, en novembre 1941, le Général a en effet posé les bases d'un gaullisme social, discours rassembleur qu'il adresse à la classe ouvrière en ces temps de reconstruction du pays[27]. L'ancien directeur de cabinet l'encourage à poursuivre sur cette ligne en dénonçant l'exploitation de l'homme par l'homme, la division patrons-ouvriers, la fracture sociale. Il veut refonder la nation par le partage. Étonnant quand on connaît son parcours, mais brillant quand on étudie la sociologie future du parti.

En mars 1947, alors que l'annonce de la création du parti gaulliste se précise, c'est encore Palewski, dont chacun connaît maintenant l'entregent, qui est chargé de se faire l'intermédiaire entre le général de Gaulle, reclus à Colombey-les-Deux-Églises, et Paul Ramadier, président du Conseil des ministres. Il s'en tiendra à donner la ligne directe du Général en Haute-Marne ! Le 7 avril 1947, à Strasbourg, le Général se jette enfin à l'eau. Derrière lui, sur le balcon de l'hôtel de ville, Charles Frey, le maire de Strasbourg, mais aussi Capitant, Malraux, Michelet, Soustelle, Vallon... et, bien sûr, Palewski. L'état-major du parti gaulliste s'y dessine et l'ancien directeur de cabinet y tient véritablement la place de baron. Le 29 mai 1947, les statuts du Rassemblement du peuple français (RPF) sont déposés en préfecture. Les sept signataires sont le général de Gaulle, Malraux, Soustelle, Palewski, ainsi que Gilbert Renault (dit colonel Rémy), Léon Mazeaud et Louis-Pasteur Vallery-Radot[28]. C'est la mue de l'administrateur en politique.

Installé au 81, rue Taitbout, dans le IXe arrondissement de Paris, le RPF déménage à l'été 1947 pour prendre ses locaux au 5, rue de Solférino, dans le VIIe arrondissement. Il ne les quittera plus et la Fondation Charles-de-Gaulle y tient aujourd'hui encore cette grande maison du gaullisme. En octobre, le parti tient son premier succès électoral avec une large victoire aux élections municipales mais, contrairement à son frère – Jean-Paul Palewski est élu député de Seine-et-Oise en 1945, réélu en juin puis novembre 1946, sous les couleurs du Mouvement républicain populaire (MRP) –, Gaston ne souhaite pas se présenter aux élections. Ce n'est pas étrange quand on regarde le profil des autres signataires des statuts du RPF. Un seul a, à l'époque, affronté le suffrage des Français (Soustelle), ce qui lui permet donc de jouer un rôle central dans l'organisation du parti, comme secrétaire général. À la cour du Général, il n'y a finalement que lui pour lui faire de l'ombre.

En novembre 1947, Palewski essaye de se faire l'entremetteur entre le RPF et Reynaud, tandis que son frère tente de faire la passerelle entre le RPF et les démocrates-chrétiens du MRP. Double échec : Reynaud n'est pas convaincu et le MRP exclut Jean-Paul, au terme d'une division interne qui voit le départ de Jacques Furaud, Edmond Michelet et Louis Terrenoire. Le 28 novembre 1947, le drame national de la mort du maréchal Leclerc, disparu dans un accident d'avion, bouleverse la Nation, le gaullisme et la famille Palewski. Le colonel Paul Fouchet, frère aîné de Christian et beau-frère de Jean-Paul, disparaît en effet dans le même accident...

En janvier 1948, à Saint-Étienne, le général de Gaulle annonce sa théorie de l'association capital-travail puis fonde l'Action ouvrière, une organisation syndicale confiée à Jacques Baumel[29]. Désormais, le RPF a son antenne sociale pour promouvoir la bonne parole dans les usines. Le pari est réussi pour Palewski. Il est d'ailleurs présent aux assises nationales du RPF de Marseille, en avril 1948, et y contribue, dans un discours enflammé, à tisser le lien entre les combattants de la France Libre et les militants du RPF, unis dans « un 18 Juin qui recommence[30] » et une quête de grandeur commune. Il s'impose ainsi progressivement comme une figure publique du mouvement.

En juillet 1948, il endosse aussi le costume de gros bras lors de l'incident de Longwy - qui voit s'opposer communistes et gaullistes lors d'une séance de cinéma en Meurthe-et-Moselle[31]. Performance militante largement relayée dans la presse nationale du RPF et grâce à laquelle le directeur de cabinet prend désormais les atours de fantassin zélé du Général. Lorsque de Gaulle hésite ou s'interroge sur la pertinence d'avoir créé un parti, il est toujours au premier rang pour lui remonter le moral et l'encourager à poursuivre le combat. Claude Guy écrit ainsi au début de l'année 1949 : « Je ne vois guère que Palewski pour procurer [à de Gaulle] l'idée d'une complète résolution morale[32]. »

Le gaullisme, combien de divisions ?

Si Palewski est au premier rang de l'aventure gaulliste (comme organisateur, comme porte-parole et comme militant), il n'est cependant pas seul autour du Général. Soustelle lui a en effet grillé la politesse à la tête du secrétariat général du RPF, tandis que le Conseil de direction du parti compte douze membres, parmi lesquels quelques sommités aux intérêts concurrents[33]. En 1948, le général de Gaulle fait pourtant miroiter à Palewski la possibilité de lui offrir le Quai d'Orsay dans un futur gouvernement, mais la réorganisation des instances dirigeantes du RPF l'amène à trouver deux adversaires féroces sur sa route en matière de maîtrise des dossiers diplomatiques. Le premier, le général Pierre Guillain de Bénouville, ancien Camelot du roi puis résistant, est le responsable des Affaires étrangères et de la Défense nationale du RPF.

Le second, Léon Noël, conseiller d'État, directeur de cabinet de Flandin puis Laval dans les années 1930, ancien ambassadeur de France à Varsovie, est le président de la commission des Affaires étrangères du parti[34]. Palewski n'a donc qu'à bien se tenir !

En janvier 1948, pour contrebalancer le poids de ces deux adversaires, Palewski crée sa propre instance de réflexion au service du général de Gaulle : le Comité national d'études (CNE). Réuni au 22, place Vendôme, le Comité déménage rapidement au 69, rue de l'Université, pour se rapprocher du siège du RPF et éviter l'attention des Renseignements généraux. S'y retrouve l'intégralité de l'entourage gaulliste de Palewski : Pompidou, à qui il confie le secrétariat général, Debré, Vallon, mais aussi Raymond Aron, chef de cabinet de Malraux, et Albin Chalandon, qui complètent le cénacle. Le groupe remet un premier ensemble de conclusions au Général le 30 mars 1948[35]. C'est fort de ces contributions diverses que Palewski intervient aux assises nationales du RPF de Marseille, en avril 1948, pour débattre de la reconstruction économique et sociale du continent européen… et esquisser le projet d'une fédération européenne des nations hier ennemies.

En avril 1948, afin de poursuivre la structuration de son écurie, Palewski recommande Pompidou comme chef de cabinet du Général, après l'avoir fait lanterner pendant plusieurs mois[36]. L'intéressé lui en sera très longtemps reconnaissant, tout en prenant rapidement sa propre indépendance. D'autant que le général de Gaulle s'agace, au même moment, des libéralités de Palewski et s'en ouvre à Claude Guy : « Comment gouvernerais-je avec de tels hommes ? Dès notre arrivée au pouvoir, ils me trahiront[37]. » Puis : « Car enfin, j'aime beaucoup Palewski, mais Palewski est en dehors, Palewski s'occupe de lui, d'une commission d'études en dehors et à côté du RPF[38]. »

En juillet 1949, Palewski comprend que sa guerre interne avec Soustelle ne lui rend pas service et décide donc d'arrondir les angles. Du reste, en octobre, comme pour l'éloigner, le général de Gaulle le nomme délégué régional du RPF et l'envoie en mission dans le Sud-Ouest, pour sillonner un territoire couvrant l'Ariège, le Gers, la Haute-Garonne, les Hautes-Pyrénées, le Tarn et le Tarn-et-Garonne[39]. Il y déploie une énergie phénoménale au service de l'implantation locale du RPF, ce qui lui vaut d'être plusieurs fois pris à partie physiquement par ses détracteurs communistes, au point de finir à l'hôpital, où le Général vient à son chevet. Son féal a bien guerroyé et il semble important de lui rendre grâce. De Gaulle décide parallèlement de rendre visite à la mère de Palewski pour la féliciter du courage de son fils, visite à l'issue de laquelle Mme de Gaulle dira : « C'est une belle famille, une très bonne famille[40]. » Un brevet de respectabilité à nul autre pareil dans l'univers gaulliste ! Toutefois, en décembre 1949, fatigué de battre la campagne occitane et las de ses querelles sans fin avec Soustelle, Palewski décide de prendre du champ avec la vie du parti. Il a en effet le sentiment que le Général s'entête dans une certaine idée de son retour au pouvoir, qui empêche des compromis politiques lors des élections intermédiaires. Il est encore présent aux assises nationales du RPF de Paris, en juin 1950, dont il assure le discours de clôture[41], puis au Conseil national de Bois-Colombes en octobre suivant, mais sa contribution relève désormais plus des tribunes (en mars sur l'Indochine, en mai sur l'Europe, en octobre sur le réarmement de l'Allemagne) que du militantisme[42].

Le député de Saint-Denis

Au printemps 1951, le général de Gaulle demande brusquement à Palewski de se présenter aux élections législatives à Saint-Denis, en plein cœur du fief communiste francilien, alors tenu par Jacques Duclos et Charles Tillon. L'ex-directeur de cabinet aurait préféré la Sarthe, mais la décision du Général est irrévocable et prend l'allure d'une forme de test de sa fidélité[43]. En juin, la liste de Palewski emporte finalement deux sièges, ce qui lui vaut de faire son entrée à l'Assemblée nationale. Il y choisit la commission des Affaires étrangères – sûrement avec la vieille promesse du Général encore en tête ! –, réclame un débat sur la construction européenne et s'oppose vigoureusement aux projets d'armée européenne. Son dynamisme le conduit à la vice-présidence du groupe gaulliste, présidé par Soustelle. Avec 121 députés sur 627, le RPF dispose d'une vraie force dans le jeu politique national mais, en même temps, d'une puissance trop faible pour gouverner autrement que par une coalition. Ce à quoi le général de Gaulle se refuse obstinément...

En décembre 1951, opposé au plan européen de Robert Schuman, père de la Communauté européenne du charbon et de l'acier, mais résolu à proposer une solution alternative en matière de construction européenne, Palewski dépose une proposition de résolution avec son collègue Raymond Triboulet, visant à instituer une confédération européenne[44]. Dans leur projet, chaque pays déléguerait une part de sa souveraineté à la confédération, chargée de l'organisation générale de la défense et des problèmes de sécurité en Europe, de l'action commune dans les domaines économiques et sociaux, enfin du développement de la coopération culturelle et scientifique. Palewski propose en outre que ce schéma organisationnel fasse l'objet d'un référendum européen et qu'une assemblée européenne soit ensuite élue directement par les peuples concernés, afin de lui soumettre une constitution confédérale et sa ratification. Un projet précurseur pour l'époque ! Cette « charte du gaullisme européen[45] » trouve ses origines dans le congrès de La Haye de mai 1948, où siégeaient déjà les gaullistes Capitant, Chaban-Delmas, Michelet, Triboulet et Terrenoire, et dans l'Assemblée consultative du Conseil de l'Europe d'août 1949, où l'on retrouve Triboulet, cosignataire de la résolution de Palewski en 1951, même si le général de Gaulle n'y voit alors qu'une « fiction de plus[46] ».

En janvier 1952, fidèle à la ligne du parti, Palewski s'abstient lors de l'investiture du gouvernement d'Edgar Faure, de même qu'en mars, lors de l'investiture d'Antoine Pinay. Toutefois, au printemps, vingt-sept députés RPF rompent avec la doctrine du parti et accordent leur confiance à Pinay afin d'« éviter la politique du pire[47] ». C'est un petit séisme politique. Furieux, le général de Gaulle réclame leur exclusion. Quelques mois plus tôt, au tout début de l'année 1952, après que Soustelle avait été reçu à l'Élysée pour considérer la participation des gaullistes dans un gouvernement, le Général s'en était d'ailleurs pris publiquement à son secrétaire général, l'accusant de trahir l'esprit du gaullisme pour quelques postes ministériels, au point de le laisser le visage en larmes devant le Conseil de direction du parti[48].

Il faut dire que le général de Gaulle avait laissé éclater sa colère :

> Il fallait que [Soustelle] aille bavasser devant les micros, faire la journée des chevaux de bois, discourir sur les objectifs du Rassemblement ! Quel sous-secrétariat d'État m'offrira Monsieur le président du Conseil ? Les Beaux-Arts ? Les Sports ? L'Éducation nationale peut-être[49] ?

Palewski, qu'une vieille jalousie oppose à Soustelle depuis la création du RPF, en vient pourtant à le défendre auprès du Général, de même que Debré. Non seulement le secrétaire général a été fidèle à la consigne du chef de parti, mais, en plus, la participation des gaullistes à un gouvernement de coalition est la seule manière de s'emparer du pouvoir sans attendre les législatives de 1956. Face à la colère du Général, les vingt-sept députés dissidents, menés par Édouard Barrachin, lui écrivent fin mai 1952 pour expliquer leur choix tactique et leur désir de le voir revenir au pouvoir à travers une coalition parlementaire[50]. Ils sont finalement quarante-et-un députés à signer ce courrier, soit le tiers du groupe gaulliste à l'Assemblée nationale. Début juillet 1952, au Conseil national du RPF de Saint-Maur, le Général tranche néanmoins en leur défaveur : les vingt-sept dissidents sont exclus du parti. Palewski, lui, droit dans ses bottes, fait un exposé sur la situation de l'Union française et de l'Europe occidentale en pleine guerre froide, en décalage complet avec cette crise interne au parti.

La rupture entre le général de Gaulle et les gaullistes modérés est consommée quelques semaines plus tard : quarante-cinq députés RPF quittent en effet le parti et le groupe parlementaire de Soustelle[51]. Pour Palewski, cette division du camp gaulliste est totalement imputable au secrétaire général, qui a créé « des structures trop contraignantes et un appareil trop rigide[52] ». La flèche est décochée. S'il est initialement partisan de la participation du RPF à une coalition parlementaire et à un gouvernement, l'obstination du Général le convainc cependant d'abandonner cette ligne. Mieux, la disgrâce de Soustelle lui permet d'envisager l'élimination d'un rival dérangeant et une réorganisation interne du parti, de laquelle il demeurerait comme le seul baron[53].

L'HOMME DU RASSEMBLEMENT

Face à l'explosion du groupe gaulliste à l'Assemblée nationale, désormais flanqué d'une Action républicaine et sociale, regroupant les gaullistes dissidents de Barrachin, Palewski fait figure de pilier historique, avec son engagement dans l'aventure de la France Libre, mais son silence pendant la crise de mars 1952 le place cependant au second plan de la conduite des affaires du parti. Le 10 septembre, présidant une réunion du Conseil de direction du RPF à la Porte Dauphine, de Gaulle lui assène ainsi : « Puisque Debré n'est pas là, parlez-nous donc de politique étrangère[54]. » Devant l'émotion du malheureux, qui se sent reclassé au rang des seconds couteaux, le Général fait amende honorable et refuse de le faire remplacer en Conseil de direction par Léon Noël, alors même qu'il est absent pour raison de déplacement à l'étranger.

En octobre 1952, Soustelle, qui a déjà laissé le secrétariat général du RPF à Louis Terrenoire après son élection à l'Assemblée nationale, abandonne la présidence du groupe parlementaire. Palewski croit son heure enfin arrivée, mais les appétits sont féroces. Léon Noël, le diplomate ennemi, est le favori - c'est lui qui, à Saint-Maur, s'est opposé aux gaullistes dissidents, prenant d'ailleurs la parole à la place de Soustelle[55]. De dépit, Palewski propose donc le nom du général Pierre Koenig sous forme de compromis. Héros de Bir Hakeim et El Alamein, commandant en chef de la zone d'occupation française en Allemagne, il est député du Bas-Rhin et président de la commission de la Défense nationale. Il se dispute par ailleurs régulièrement avec le général de Bénouville pour la tutelle des questions militaires au sein du RPF, ce qui arrange bien les affaires de Palewski. Toutefois, Koenig refuse la proposition pour conserver la présidence de sa commission, les deux postes étant exclusifs. Palewski suggère en conséquence le nom d'André Diethelm, inspecteur des Finances, directeur de cabinet de Mandel avant la guerre, prétendument sur sa recommandation[56]. Commissaire du CFLN puis ministre du GPRF, il a été élu député des Vosges à l'Assemblée constituante, puis sénateur, enfin député de Seine-et-Oise. En août 1951, Diethelm et Palewski se sont rendus ensemble à Colombey-les-Deux-Églises pour convaincre le Général de laisser les députés RPF libres de leurs votes lors du débat sur la question scolaire[57]. Il sait donc qu'il peut compter sur lui en ami et en allié en matière de gestion du groupe. Le 10 octobre 1952, Diethelm est finalement élu par quarante-sept voix sur cinquante-neuf, maintenant Palewski dans ses fonctions de vice-président ! En novembre suivant, Palewski remplace en conséquence Diethelm à la vice-présidence de l'Assemblée nationale, représentant la tendance conciliatrice et modérée au sein du groupe gaulliste. Le tour de force est réussi. Il s'est imposé en véritable baron de la famille gaulliste au Parlement. S'est-il cependant créé un nouveau rival en érigeant Diethelm à la tête du groupe ? Gravement malade et fragilisé par le scandale des piastres[58], il ne sera jamais vraiment un adversaire farouche ; quant à Noël, le candidat malheureux, il prend progressivement ses distances avec ses fonctions de parlementaire suite à son échec.

En décembre 1952, Pinay perd la confiance de l'Assemblée nationale et Vincent Auriol, président de la République, envisage de solliciter Soustelle pour former un gouvernement d'union nationale. Convoqué à l'Élysée, il en informe le général de Gaulle, qui ne s'oppose pas, cette fois, à ce qu'il s'y rende mais se garde bien de lui donner son accord formel. Soustelle engage donc des concertations avec les démocrates-chrétiens, les socialistes, les radicaux, mais abandonne finalement la partie le 28 décembre. En janvier 1953, une majorité des membres du groupe RPF vote en conséquence la confiance au radical René Mayer sous la forme d'un soutien vigilant – Palewski, lui, s'abstient –, ce qui fait naître des tensions entre les modérés et les radicaux du parti gaulliste sur la ligne à tenir[59]. En colère contre ce ralliement des députés RPF à Mayer et certainement contre la résurrection politique de Soustelle, Palewski se dit profondément « triste[60] » de voir l'ambition politique du gaullisme dévorée par les intérêts particuliers de quelques-uns. Ou plutôt, plus machiavéliquement, profondément déçu de ne pas être le chef désigné de ce courant. En avril 1953, le parti subit en outre un sérieux revers aux élections municipales, ce qui le fragilise tant au niveau local qu'au niveau national. Tant et si bien que le 7 mai suivant, le général de Gaulle rend leur liberté d'action aux parlementaires gaullistes, fatigué des guerres intestines.

À la tête des vestiges du parti, le secrétaire général Louis Terrenoire annonce sa volonté de revenir à un gaullisme plus orthodoxe. Désormais, les députés RPF se séparent entre membres de l'Action républicaine et sociale (ARS) de Barrachin et membres de l'Union des républicains d'action sociale (URAS) de Chaban-Delmas, qui succède à Diethelm. Les soixante-dix-sept rescapés de la crise de 1952 s'inscrivent au sein de l'URAS, mais le groupe gaulliste semble en déshérence faute de direction politique. À Pompidou qui l'interroge sur la possible entrée dans un gouvernement de gaullistes comme Palewski ou Soustelle, le général de Gaulle répond, abattu et laconique :

> Je ne les empêche[rai] pas. S'ils viennent me dire : me l'interdisez-vous, je leur dirai : pas du tout, c'est votre affaire, entre vous et votre conscience. [...] Après, ce sera fini. C'est-à-dire qu'ils seront, pour moi, comme Bidault ou autres[61].

En juin 1953, tandis que l'URAS soutient majoritairement le gouvernement de Joseph Laniel, Palewski s'abstient de nouveau, prenant une place encore plus marginale dans le groupe gaulliste. Certes, il intervient en septembre pour s'opposer à tout réarmement allemand, mais son étoile politique faiblit. C'est sûrement dans ce positionnement particulier qu'il faut chercher l'explication de sa décoration comme commandeur de la Légion d'honneur, en décembre 1953, lors d'une cérémonie qui réunit Thierry d'Argenlieu, qui le décore, mais aussi Chaban-Delmas, Corniglion-Molinier, Malraux, Soustelle, Pompidou et d'autres caciques du gaullisme, tous à ses côtés pour cette célébration de son parcours.

Parlementaire prolixe – il dépose trois propositions de loi, sept propositions de résolution et intervient plus de cinquante fois en séance pendant son mandat –, il prend de la hauteur avec ses fonctions de vice-président de l'Assemblée nationale, conduisant une délégation parlementaire en Turquie et présidant de très nombreuses séances (quatre-vingt-deux entre 1952 et 1956). Joue-t-il un rôle dans l'élection présidentielle de 1953 ? Son biographe Jacques Bernot et ses archives n'en disent rien. Plusieurs gaullistes sont alors entrés dans le gouvernement Laniel comme Barrachin (ARS) ou Corniglion-Molinier (URAS), mais leur poids politique est limité. Or, en décembre 1953, Auriol ne renouvelle pas son mandat de président de la République. Pour lui succéder, les gaullistes pensent d'abord au général Koenig, qu'ils avaient imaginé porter à la présidence du groupe RPF en 1952, mais de Gaulle s'y oppose[62]. Ils désignent donc Paul-Jacques Kalb, sénateur RPF du Bas-Rhin (élu en 1948, réélu en 1952), membre du Conseil de direction du parti, lequel se retire après n'avoir réuni que 115 voix au premier tour du scrutin. Soutien de la candidature du général Koenig, un rival qu'il pense peu dangereux car malléable, Palewski annonce finalement que son vote ne pourra aller qu'à un homme « décidé à une politique de redressement[63] » ! Déterminé à quitter l'ombre dans laquelle il se tapit depuis plusieurs mois, sa prise de position audacieuse est une main tendue aux gaullistes modérés et une manière de marquer son intérêt pour une future coalition gouvernementale.

À LA DÉRIVE

Après avoir voté en faveur de Pierre Mendès France lors de sa tentative d'investiture à la présidence du Conseil en juin 1953, Palewski lui accorde de nouveau sa confiance le 17 juin 1954. Cette fois, pour de bon. De nouveau, des gaullistes figurent dans le gouvernement comme Chaban-Delmas, Fouchet ou le général Koenig pour l'URAS. Comment comprendre l'absence de Palewski dans cette équipe ministérielle malgré sa sortie publique de décembre 1953 en faveur d'un gouvernement de coalition ? S'adressant aux députés gaullistes, il a bien tenté d'en être le berger dans un Parlement introuvable au cours des mois précédents :

> S'ils se dispersaient dans les autres groupes, s'ils oubliaient cet alliage du national et du social qui constitue leur caractéristique, leur raison d'être et leur foi, nous irions inéluctablement à la politique droite contre gauche, c'est-à-dire la politique des deux blocs[64].

Il paye certainement sa position radicale dans le dossier indochinois, en pleine débâcle militaire. En avril 1954, il a en effet posé le maintien de la présence française en Indochine comme préalable à toute négociation avec les indépendantistes avant, en mai, de se désoler des « décombres d'une politique extérieure[65] », imputable au gouvernement en place. Chantre de Mendès France et de son « équipe de salut public[66] », il est aussi l'une des voix fortes de l'opposition au traité instituant la Communauté européenne de défense (CED) en juin 1954, ce qui en fait une personnalité clivante dans le cadre de l'élaboration d'une coalition gouvernementale. Mendès France ne l'a certes pas choisi, mais il n'en ménage pas moins son soutien au gouvernement, comme en juillet 1954, lorsqu'il lui fait publiquement part de la solidarité des députés URAS au lendemain d'un discours sur la politique indochinoise. Faut-il aussi deviner, derrière l'absence de Palewski dans le gouvernement Mendès France, la main du général de Gaulle ? À Soustelle, auquel on proposait le ministère des Affaires marocaines et tunisiennes, le Général a en effet opposé un « non » résolu, autorisant néanmoins l'entrée de quatre autres ministres gaullistes, jugés de plus petit calibre[67]. En d'autres mots, le statut de baron n'est-il pas, dans la séquence 1953-1954, un frein à l'ascension politique de Palewski ? Après avoir écarté ses rivaux (Bénouville, Noël, Soustelle), encouragé des meneurs moins farouches (Diethelm, Koenig), il reste en effet enfermé dans un tête-à-tête solitaire avec Terrenoire, secrétaire général du RPF, sans que l'un ou l'autre ne s'impose comme l'homme central du parti.

Fin 1954, Palewski quitte la commission des Affaires étrangères pour rejoindre celle du Travail et des Affaires sociales, abandonnant l'ambition du Quai d'Orsay. Début janvier 1955, il est le candidat des gaullistes à la présidence de l'Assemblée nationale... mais ne parvient même pas à réunir l'intégralité des voix de son propre groupe et se retire après avoir recueilli à peine soixante-dix suffrages au premier tour. En février suivant, la composition du gouvernement Faure change toutefois la donne. Palewski y est nommé ministre délégué à la présidence du Conseil au titre des gaullistes de l'URAS. Les généraux Corniglion-Molinier et Koenig, ainsi que Triboulet sont également de la partie. Pourquoi la situation de février 1955 est-elle différente de celle de juin 1954 ? D'abord, entre-temps, le général de Gaulle a pris du champ. En 1954, à Koenig qui l'interrogeait sur sa potentielle entrée au gouvernement, il répondait : « Koenig, je ne vous demande pas de ne pas être ministre, mais je ne vous demande pas de l'être[68]. » Réponse ambiguë interprétée comme un feu vert par l'intéressé, ce qui n'était pourtant pas l'intention initiale. Le même de Gaulle fait savoir, dans un communiqué du 22 juin 1954, qu'il « ne prend aucune part à aucune de[s] combinaisons [du régime][69] ». Toutefois, en privé, il reconnaît que Mendès France s'en sort bien, au point de le rencontrer secrètement à l'hôtel Lapérouse, en octobre 1954. Il n'y a donc plus d'opposition formelle à une participation gaulliste aux gouvernements de la Quatrième République.

En décembre 1954, de Gaulle annonce cependant la mise en sommeil officielle du RPF – lors du vote de confiance de Mendès France, cinquante-neuf députés URAS ont voté pour et quatorze se sont abstenus, preuve du délitement intégral du parti. Au lendemain de l'investiture du président du Conseil, Chaban-Delmas et Frey réunissent donc les derniers députés gaullistes à l'Assemblée nationale au sein du groupe des Républicains sociaux. Lorsque Faure propose à Palewski d'entrer au gouvernement en février 1955, il n'y a de fait plus de barrière à sa participation à une coalition gouvernementale. De même, il y a fort à parier, bien que les archives n'en gardent pas trace, qu'il a usé de la même ambiguïté vis-à-vis du général de Gaulle que celle dont avait usée le général Koenig en 1954. *Audaces fortuna juvat.* En prime, quelques jours auparavant, en janvier 1955, Soustelle a été nommé gouverneur d'Algérie française, prenant donc ses distances avec l'aventure gaulliste sur le déclin. Palewski ne prend ainsi pas, ou peu, de risque de s'exposer politiquement puisque son vieil adversaire a suivi le même chemin de coopération avec le gouvernement. La question, à ce stade, est de savoir s'il existe encore des barons en 1955 et s'ils sont mobilisés par le régime à des postes clés (comme Soustelle en Algérie ou Palewski dans le gouvernement Faure) ou si le délitement du gaullisme, avec la mise en sommeil du RPF, ne marque pas, par mimétisme, une mise en sommeil des barons...

Monsieur Atome

Dans ses Mémoires, Palewski présente son entrée au gouvernement comme une aventure « à titre personnel[70] ». Dans le gouvernement Faure, son champ de compétences couvre alors la Défense, le Sahara et l'Énergie nucléaire. Il prend pour directeur de cabinet le diplomate Jean-Marc Boegner, ancien du GPRF, futur conseiller diplomatique du général de Gaulle, président du Conseil des ministres, puis de Jacques Chirac, Premier ministre de Mitterrand. Son énergie déployée dans le secteur nucléaire lui vaut rapidement le surnom de « M. Atome », mais ses rapports avec la galaxie gaulliste ne sont pas au beau fixe. Protocolairement, les dossiers du général Koenig, ministre de la Défense nationale et des Forces armées, sont en effet sous la tutelle de Palewski, ce qui génère des tensions entre les deux hommes. Observateur de leur bisbille, l'ambassadeur britannique en France Gladwyn Jebb écrit ainsi : « Le tandem Koenig-Palewski est réduit à pédaler dans des directions opposées, avec des résultats fâcheux[71]. » Pourtant, Koenig comme Palewski sont des partisans du lancement d'un programme atomique français... La querelle est donc essentiellement politique.

Dans son aventure ministérielle, Palewski prend surtout soin de traiter la nouvelle génération gaulliste : Foccart, le spécialiste des territoires ultramarins, devenu secrétaire général du RPF en décembre 1954 – il était l'adjoint de Terrenoire depuis novembre 1953 –, Guichard, le chef de cabinet du général de Gaulle et son confident pendant la traversée du désert, qu'il fait nommer comme chargé de communication au Commissariat à l'énergie atomique (CEA), etc. En 1955, justement et on y reviendra, Guichard organise pour la première fois les fameux déjeuners du mercredi, où se retrouvent Chaban-Delmas (président du groupe à l'Assemblée nationale), Debré (président du groupe au Conseil de la République), Foccart (secrétaire général du parti), Frey (trésorier du parti) et quelques autres compagnons de route du gaullisme[72]. Palewski y fait des apparitions épisodiques, mais davantage comme figure historique que comme personnalité centrale des débats politiques du moment.

Ses fonctions ministérielles l'amènent pourtant à échanger régulièrement avec René Coty, élu président de la République en janvier 1954, lequel lui dit son souhait sincère de faire appel, en temps voulu, au général de Gaulle[73]. Propos qu'il s'empresse donc de rapporter à Colombey-les-Deux-Églises auprès de son vieux chef, attentif mais peu convaincu. En octobre 1955, l'aventure ministérielle s'arrête cependant net pour les ministres gaullistes, y compris pour « M. Atome ». En effet, en désaccord avec la politique marocaine de Faure, Koenig, Palewski et Triboulet démissionnent brutalement du gouvernement. Ils pensent être en capacité de faire pression. Le retour au pouvoir du Général leur paraît proche. Palewski veut y croire, même si de Gaulle a formellement démissionné du RPF à la mi-septembre 1955. En mai 1956, tandis que son ancien chef publie le second tome de ses *Mémoires de guerre*, l'ex-ministre invite encore au rassemblement derrière l'homme du 18 Juin :

> Les *Mémoires* du général de Gaulle comportent à la fois un rappel et un avertissement. Puisse leur publication susciter chez tous les éléments valables du pays, dans une unité renouvelant l'accord inoubliable de la résistance, la volonté d'action immédiate pour rechercher en commun, autour de celui qui incarne toujours la renaissance du pays et de la République, les moyens du redressement national[74].

Candidat à sa succession en janvier 1956, Palewski est sèchement battu par les communistes lors des législatives, ce qui l'amène, pendant un bref moment, à reprendre des activités journalistiques. À l'automne, il demande au général de Gaulle de l'aider à obtenir une ambassade, celle des Nations unis s'étant libérée[75]. En dépit de l'opposition du ministre socialiste Christian Pineau, une solution alternative est trouvée : Palewski sera nommé ambassadeur de France à Rome en août 1957. C'est le début d'une nouvelle carrière.

Depuis la Rome éternelle

Le séjour italien de Palewski contribue à l'éloigner des affaires politiques françaises et de la vie du gaullisme. C'est ainsi depuis Rome qu'il apprend le retour au pouvoir du Général, en mai 1958, et s'en désole d'ailleurs dans une lettre qu'il lui écrit[76]. Il se promet alors de revenir au plus vite en France, sans que ses compagnons de route ne l'en pressent. Pour commémorer le centenaire des batailles de Magenta et de Solférino, le Général se rend en Italie du 23 au 26 juin 1959, renouant avec son ancien compère. Le voyage est « triomphal et enthousiaste[77] », et de Gaulle, par courrier du 12 juillet, félicite Palewski de l'organisation réussie de son déplacement. C'est un retour en grâce... mais pas encore le rappel à Paris.

En avril 1962, Pompidou, devenu Premier ministre au lendemain des accords d'Évian et de la démission de Debré, appelle Palewski pour lui proposer d'intégrer son gouvernement. Il en fait alors l'un des cinq ministres d'État, avec Joxe et Malraux, chargé de la Recherche scientifique et des Questions atomiques, ce qui lui permet de retrouver une certaine proximité avec le Général. À l'été 1962, après l'attentat du Petit-Clamart, il encourage d'ailleurs son chef à engager le référendum sur l'élection du président de la République au suffrage universel et, en septembre, lorsque le président du Sénat parle de « forfaiture », il fait partie des quelques proches réunis autour du Président pour évaluer la gravité de la situation. En même temps, Palewski est au premier plan des discussions franco-algériennes sur l'utilisation des bases militaires françaises dans le Sahara. Les accords d'Évian ont en effet prévu que les armées tricolores puissent en faire libre usage pendant cinq années, mais la situation est instable après l'accident nucléaire occasionné par l'essai Beryl (1er mai 1962), lors duquel le ministre est irradié. C'est le grand retour de « M. Atome », fondateur du Centre d'expérimentation atomique en 1963, négociateur de la vente d'une centrale nucléaire française aux Espagnols la même année, puis organisateur de l'essai de Mururoa en 1964. Il s'affirme comme un ministre prolixe sur l'ensemble de son périmètre d'action : espace, informatique, connaissance et maîtrise des océans, etc !

A-t-il pour autant recouvré son statut de baron au sein de la famille gaulliste ? Rien ne le laisse penser. Il n'est pas l'invité régulier des déjeuners des barons de Chaban-Delmas à l'Assemblée nationale ; il n'est pas non plus membre des instances de l'Union pour la nouvelle république (UNR), le nouveau parti gaulliste. En février 1965, il est même remercié du gouvernement, à l'occasion d'un remaniement technique, et son maroquin est confié au député Yvon Bourges, ancien résistant, administrateur colonial, directeur de cabinet de Frey, ministre de l'Intérieur. C'est une déconvenue sévère. De Gaulle souhaite néanmoins que Palewski soit bien « traité » et nommé président du Conseil constitutionnel, en remplacement de... Léon Noël, l'ancien ambassadeur et cadre du RPF, député de l'Yonne, entré dans cette instance en 1959. Il arrive en effet au terme de son mandat et a émis de sérieux doutes sur la constitutionnalité de la réforme de 1962 relative à l'élection du président de la République au suffrage universel. S'il a, *a posteriori*, encensé le choix de son successeur, Noël tient à l'époque des propos beaucoup plus amers et moins amènes, peut-être en écho à leurs disputes passées[78].

Le sage de la rue de Montpensier

Palewski devient donc président du Conseil constitutionnel le 23 février 1965. Sa nomination est prestigieuse mais cependant vécue comme une mise à l'écart des affaires politiques : Pompidou y voit l'occasion de le placer sur une voie de garage, tandis que Chaban-Delmas jubile de se séparer d'« un snob[79] ». Bien que neutralisé, il garde néanmoins un œil attentif sur les dossiers nationaux. Il encourage notamment son ancien conseiller parlementaire, Robert Grossmann, à fonder l'Union des jeunes pour le progrès (UJP), un collectif de jeunes gaullistes construit en opposition aux Cadets gaullistes, la mouvance jeune de l'UNR[80]. Sa revanche contre les nouveaux barons (Chaban-Delmas et Frey) ? C'est en tout cas l'appréciation qu'ils en font.

Le 29 juin 1965, le Général le convie à un dîner avec Debré, Malraux et Pompidou pour évoquer la question de sa candidature à l'élection présidentielle de décembre. Il est donc encore dans les petits papiers du président de la République à cette date et joue un rôle important dans la vie institutionnelle du gaullisme. De fait, son rôle constitutionnel l'amène à créer une nouvelle proximité avec le Général et, légitimement, à assister à la cérémonie de passation de janvier 1966. Ce n'est plus un baron au sens politique du terme, c'est un archevêque du gaullisme, indispensable dans le fonctionnement du régime, intrigant omniprésent, sans être pourtant au carrefour de toutes les décisions.

Observateur distant de la crise de mai 1968 et du référendum de 1969, Palewski est par la suite amené à jouer un rôle loin d'être anecdotique dans l'organisation de l'intérim présidentiel. À mi-chemin entre mauvaise farce et pied-de-nez, il fait prévenir Alain Poher, alors président du Sénat, de la validation constitutionnelle de ses nouvelles fonctions présidentielles dix minutes après en avoir fait la déclaration publique. Furieux, le nouveau président se promet de le convoquer formellement dans son bureau dès son arrivée à l'Élysée, ce qu'il ne fera finalement pas pour ménager ses opposants dans la période. En 1969, Palewski officie encore lors de la cérémonie d'investiture de Pompidou, élu président de la République, avant, en 1970, de siéger dans les premiers rangs, à côté de Malraux, pour la messe d'enterrement du général de Gaulle. Pierre Lefranc, témoin de la scène, le distingue alors des barons pour le classer plutôt au rang des « compagnons d'une longue route[81] ». En février 1971, il fait également partie des membres fondateurs de l'Institut Charles-de-Gaulle, temple de la mémoire gaulliste, installé au 5, rue de Solférino. Le Général a lui-même fixé la liste de ses mémorialistes : Chodron de Courcel, Lefranc, Malraux... et, bien sûr, Palewski ! C'est une consécration de sa place dans la famille gaulliste.

Derniers adieux

En 1974, la mort de Pompidou et Fouchet affecte particulièrement Palewski. Un froid funèbre le saisit à l'annonce de leur disparition. Il quitte ses fonctions de président du Conseil constitutionnel en avril de la même année, laissant à Roger Frey, son successeur, le soin d'arbitrer l'élection présidentielle du mois de mai puis d'investir Valéry Giscard d'Estaing, nouveau président de la République. Pour sa part, après avoir soutenu Chaban-Delmas au premier tour, il prend position en faveur de Giscard d'Estaing au second, saluant le candidat de « la cité de l'avenir[82] » face à la menace socialo-communiste. Pour autant, il ne peut que se désoler de la disparition progressive du gaullisme sous son mandat présidentiel. Devenu directeur de la *Revue des Deux Mondes*, il écrit notamment le 18 décembre 1974 : « Le gaullisme est absent de tout cela. Nous regrettons que ce soit à nous, qui sommes éloignés de toute constellation politique, qu'il revienne de le dire[83]. »

Pour le journaliste Pierre Viansson-Ponté, le début du septennat giscardien signe ainsi la fin des barons, battus ou disparus au gré des élections. Il ne reste guère plus que des « compagnons adoubés » du gaullisme, chevaliers et « hommes de pied », loin de l'époque du « paléo-gaullisme » et des héros qui « avaient conquis leur dignité en guerroyant sur les champs de bataille de la France Libre et de la Résistance »[84]. Après le départ de Jacques Chirac de Matignon en août 1976, Palewski promet certes d'être un observateur vigilant, avec Debré et Messmer, de la majorité présidentielle et de l'avenir du gaullisme, mais la disparition de son frère signe, pour lui, le crépuscule de son existence. Il sent, plus que jamais, que la fin est proche. Les élections législatives de 1978 lui donnent toutefois le sentiment d'un sursaut et il veut croire que le gaullisme est de retour à droite, notamment au sein du Rassemblement pour la République (RPR) de Chirac, ce qui lui vaut l'hostilité farouche des gaullistes de gauche, en tête desquels Jean Charbonnel, qui s'indignent de sa compromission.

Silencieux pendant la campagne présidentielle de 1981, il prend de la hauteur, dans un pur esprit gaulliste, en contribuant à créer les clubs Libertés en 1983, association d'échanges sur les problèmes du pays, réunissant des personnalités de gauche et de droite, indépendamment de leurs étiquettes politiques. Ce sera l'un de ses derniers engagements publics. Il s'éteint finalement le 3 septembre 1984, au château du Marais, dans l'Essonne, lui le gaulliste historique, le gardien du secret du roi pendant si longtemps, le premier des barons du gaullisme. Avec lui, une page se tourne : celle des années de la France Libre, du CFLN, du GPRF, du RPF. L'ombre du général de Gaulle cesse lentement mais sûrement de s'étendre sur la Cinquième République. Est-elle disparue pour autant ? Pas encore.

*

Au regard de sa vie et de son engagement, il est indiscutable de dire que Gaston Palewski a été le premier des barons du gaullisme : baron à Londres, à la cour de la France Libre, auréolé de son parcours chez Lyautey et Reynaud ; baron à Alger puis à Paris, dans l'aventure du CFLN et du GPRF ; baron encore au sein du RPF, dans sa querelle avec Soustelle puis Noël, rue de Solférino, mais aussi à l'Assemblée nationale. A-t-il été le seul baron du temps du RPF ? Non, Soustelle ou Diethelm ont tenu des places identiques mais la compromission des uns (notamment, pour Soustelle, dans la guerre d'Algérie) et la disparition précoce des autres (comme Diethelm) fait que Palewski a été le seul des barons du RPF à s'inscrire dans la durée et à revenir sous la Cinquième République.

Malgré sa parenthèse romaine, il a en effet accompli son grand retour politique en 1962, comme ministre de Pompidou. Personnalité périphérique du système des nouveaux barons (Chaban-Delmas, Debré, Foccart, Frey, Guichard), il tient davantage le rôle de gardien du temple que celui de stratège du régime, ce qui conduit à son entrée au Conseil constitutionnel en 1965 (en remplacement de Noël). Son positionnement en 1974 (suite à la trahison de Chirac), en 1976-1978 (face à la création du RPR), et son absence de positionnement en 1981 (lors de la confrontation Chirac-Debré-Giscard d'Estaing) disent beaucoup du sentiment de disparition du gaullisme qu'éprouvent les anciens du RPF. Reste à savoir si ses cadets, pour certains ses adversaires, ont vécu la séquence de la même manière. Dans une conférence à la Sorbonne, le 19 janvier 1984, Debré rendait hommage à Palewski en célébrant « le premier des gaullistes par l'ancienneté[85] ». C'est assurément cette qualité de doyen qui lui confère le statut de baron, mais c'est cette même caractéristique qui explique qu'après 1956-1957, les rivalités avec une génération plus jeune l'ont progressivement marginalisé dans les arcanes du pouvoir gaulliste.

CHAPITRE 2

Michel Debré, l'architecte

Si Gaston Palewski tient le rôle de doyen et de *primus inter pares*, Michel Debré est certainement l'homme de la constance et de la fidélité à toute épreuve. Pour plusieurs générations, il fut en effet le bras droit du général de Gaulle, l'une des éminences grises du gaullisme et le gardien du temple après la disparition de l'ancien président de la République. Maître des requêtes au Conseil d'État et collaborateur de cabinet ministériel avant guerre, il résiste et contribue à l'action du général de Gaulle à partir de 1943. Commissaire de la République à Angers puis chargé de mission au sein du Gouvernement provisoire de la République française (GPRF), il est l'homme des grandes réformes, l'inspirateur de l'École nationale d'administration et le penseur d'un nouveau régime constitutionnel.

Candidat malheureux sous l'étiquette radicale aux élections législatives de 1946 en Indre-et-Loire, il participe ensuite à l'aventure du Rassemblement du peuple français (RPF) à partir de 1947, siégeant comme sénateur gaulliste d'Indre-et-Loire en 1948 puis comme conseiller général du même département en 1951. Garde des Sceaux du Général en juin 1958, il est l'un des pères de la constitution de la Cinquième République et devient, en conséquence, Premier ministre en janvier 1959. Après sa démission en 1962, pour cause de désaccord dans le dossier algérien, il devient député de La Réunion en 1963 et maire d'Amboise en 1966. Redevenu ministre du Général la même année, il est encore ministre de Georges Pompidou de 1969 à 1973, dans les gouvernements de Jacques Chaban-Delmas et Pierre Messmer, puis député européen en 1979 et candidat à l'élection présidentielle en 1981, défiant Jacques Chirac et Marie-France

Garaud au sein de sa propre famille politique, au nom d'une certaine vision du gaullisme.

Pendant toute son existence, Michel Debré a donc été un fidèle collaborateur et partenaire du Général, mais aussi un homme soucieux de défendre son héritage. C'est à ce double titre, de grand chambellan du régime et de continuateur de l'action gaulliste, qu'il a acquis le titre de baron.

L'HÉRITAGE FAMILIAL

Michel Debré est né le 15 janvier 1912, dans le VIIe arrondissement de Paris. Premier d'une fratrie de trois enfants, il est le fils de Robert Debré, l'un des fondateurs de la pédiatrie moderne, alors interne aux hôpitaux de Paris, et de Jeanne Debat-Ponsan, l'une des trois premières femmes médecins françaises, également interne aux hôpitaux de Paris. Son grand-père maternel, le peintre Édouard Debat-Ponsan, élève de Cabanel, fut combattant de la guerre de 1870 et était un dreyfusard résolu, ayant vendu son tableau *La Vérité sortant du puits* (1898) afin d'aider Émile Zola dans sa lutte pour la réhabilitation du capitaine. Son oncle maternel, Jacques Debat-Ponsan, également peintre, a d'ailleurs été grand prix de Rome en 1912, au moment de la naissance de Michel.

De l'autre côté de la famille, son grand-père paternel, Simon Debré, fut successivement rabbin de Sedan puis de Neuilly-sur-Seine. Jean-Louis Debré, fils de Michel, rappelle d'ailleurs que c'est Anschel Moyse, son lointain ancêtre, maire de Westhoffen, qui choisit le nom d'Anselme Debré (d'abord orthographié Déprès) en octobre 1808, lorsqu'un décret impérial imposa aux juifs de prendre un nom de famille à consonance française[1].

L'enfance de Michel Debré est évidemment marquée par la Première Guerre mondiale, avec un père au front, ce qui l'amène à grandir à Nazelles, en Indre-et-Loire, chez ses grands-parents maternels[2]. Après des études au lycée Montaigne puis au lycée Louis-le-Grand à Paris, il entre à la faculté de droit, rue Cujas, enfin à l'École libre des sciences politiques. En 1931, il fait son service militaire à l'École de cavalerie de Saumur puis au 11e régiment de cuirassés de Paris, où il acquiert la conviction de l'impérieux devoir de défense de la patrie - sans doute hérité de sa famille paternelle, exilée d'Alsace après la défaite de 1870. Revenu à la vie civile, il prépare puis soutient une thèse de doctorat sur l'artisanat. En 1934, après avoir soutenu sa thèse avec brio, il entre au Conseil d'État, faisant le choix de la haute fonction publique. Il n'en oublie pas pour autant son amour des lettres, ainsi en fondant la compagnie de théâtre Eugène-Labiche en 1935, où il rencontre sa future épouse Anne-Marie Lemaresquier, fille d'un célèbre architecte de l'entre-deux-guerres, ou en publiant un condensé de sa thèse dans la revue *L'Homme nouveau* en 1936[3].

Le haut fonctionnaire

Reçu major au concours du Conseil d'État, Debré intègre rapidement de nombreuses instances publiques comme la commission d'études pour l'adaptation de la législation douanière puis la commission de révision douanière, le comité d'enquête sur la production ou encore le comité dit de la hache, chargé de réduire les dépenses publiques[4]. Tant et si bien qu'en mars 1936, Jules Jeanneney, président du Sénat, lui propose, sans succès, d'intégrer son cabinet[5]. En juin 1936, il refuse à nouveau d'entrer en cabinet, malgré la proposition du radical Marc Rucart, garde des Sceaux, affirmant ne se retrouver ni « dans la politique économique du Front populaire », ni de manière générale dans la classe politique dont il regrette « les insuffisances »[6]. Comme Gaston Palewski, c'est Munich, en 1938, qui le conduit à franchir le pas.

En novembre 1938, il intègre en effet le cabinet de Paul Reynaud, ministre des Finances, à l'époque dirigé par un certain Palewski, avec le titre de chargé de mission auprès du ministre[7]. Aux côtés d'Alfred Sauvy, il contribue notamment à mettre fin à la semaine de quarante heures, instituée par le Front populaire, suscitant alors et pour longtemps une féroce hostilité des syndicats[8]. C'est chez Reynaud, en mars 1939, qu'il entend parler pour la première fois du colonel de Gaulle, lorsque Palewski lui transmet, parce qu'il sait partager certaines de ses convictions, une lettre de l'intéressé sur la nécessité d'accélérer la création de divisions blindées et mobiles[9].

En septembre 1939, l'appel du devoir conduit Debré à quitter le cabinet ministériel pour rejoindre les rangs de l'armée. Instructeur des élèves officiers de Rambouillet, il est mobilisé sur le front en mai 1940, plus précisément à l'état-major de la 240e division légère d'infanterie. Fait prisonnier à Artenay, dans le Loiret, le 16 juin, il passe deux mois en détention mais parvient à s'évader le 2 septembre et à se faire démobiliser en zone libre, rejoignant alors le Conseil d'État, replié à Royat, près de Clermont-Ferrand. En mars 1941, détaché par le Conseil d'État au Maroc pour une mission de surveillance des prix, il tente de prendre contact avec la résistance. Il dirige alors le cabinet d'Emmanuel Mönick, secrétaire général du protectorat français, inspecteur des Finances et ancien attaché financier à l'ambassade de France à Washington, dont les contacts américains servent à exfiltrer des juifs français vers les États-Unis et préparer secrètement le débarquement allié en Afrique du Nord. Mönick ouvre ainsi les portes de la résistance à son jeune directeur de cabinet.

De retour en France métropolitaine en novembre 1941, Debré entretient désormais une « double vie[10] » entre fonction publique et résistance, avant d'entrer pleinement dans la clandestinité en 1943. Sous le nom de code de Fontevrault puis de François Jacquier, il participe au mouvement Ceux de la Résistance (CDR), organisé par Jacques Lecompte-Boinet et Pierre Arrighi[11]. À l'été 1943, par l'intermédiaire d'André Parodi, collègue du Conseil d'État qu'il a connu avant-guerre, Debré intègre le Comité général d'études (CGE), organe de réflexion de la résistance sur les cadres, institutions, orientations et structures de la France pour l'après-guerre. Il s'y fait rapidement remarquer par la qualité de ses réflexions et sa rapidité d'écriture.

Dans la foulée, en juillet 1943, à la demande de Lecompte-Boinet, il est nommé responsable d'une commission des désignations administratives. À ce titre, il est notamment chargé de dresser une liste des futurs préfets de la Libération, mission dont il s'acquitte avec diplomatie et énergie. La liste en question est bientôt envoyée au Comité français de libération nationale (CFLN), installé par le général de Gaulle à Alger. Reconnu pour son rapport sur l'avenir des institutions, rédigé entre mai et septembre 1943 pour le compte du CGE, et pour son travail sur les préfets de la Libération, Debré est nommé commissaire de la République à Angers en août 1944.

Collaborateur du Général

Avec la libération d'Angers le 10 août 1944, le général de Gaulle a en effet souhaité qu'un préfet soit rapidement nommé sur place pour organiser le retour à la légalité républicaine. Michel Debré, que le Général considère comme « l'un des siens[12] », remplace en conséquence Charles Donati, représentant du régime de Vichy, qui quitte ses fonctions sans résistance. Les missions du commissaire de la République sont diverses : suivi de la relance économique, de la situation financière du territoire, contrôle des écoles et de la presse, relations avec les réseaux de résistance et le clergé, et, bien sûr, autorité sur la police et la justice. Il reste en poste dans le Maine-et-Loire pendant plusieurs mois, jusqu'au 8 avril 1945, accueillant même une visite officielle du Général.

Palewski, directeur de cabinet du général de Gaulle, président du GPRF, lui demande alors de rejoindre la petite équipe gaulliste qu'il est en train de constituer avec René Brouillet et Louis Vallon, ses deux adjoints, rue Saint-Dominique[13]. Debré s'y impose, en quelques semaines, comme un véritable couteau-suisse. Depuis de nombreuses années, il réfléchit en effet à la réforme de l'État et des institutions républicaines. À la fin des années 1930, il avait déjà rédigé un manuscrit intitulé *La Réforme administrative, économique et financière de la France* (1937), ainsi qu'une *Théorie expérimentale de l'État moderne* (1938). De nombreux fascicules sur l'administration, l'économie, l'urbanisme fournissent d'ailleurs ses archives personnelles[14].

Pendant la guerre, en particulier pendant son séjour auprès de Mönick au Maroc, il s'était à nouveau interrogé sur les *Principes d'une organisation politique* (1941), somme de réflexions qu'il publie dans les *Cahiers politiques* du CGE à partir de 1944, sous la forme d'articles sur la réforme des finances locales, de la presse, de la profession médicale et même de la lutte contre l'alcoolisme et du partage de la valeur, parmi les grandes questions sociales et sociétales dont il s'empare[15]. C'est pendant cette période, alors que le général de Gaulle entend non seulement libérer la France mais aussi refonder la République, que Debré écrit son premier projet de *Constitution démocratique avec contrôle du Parlement* (1944), son plus ancien essai de révision constitutionnelle[16].

Toutefois, avant de lui demander de toucher à la Constitution et aux institutions républicaines, le général de Gaulle et Palewski le chargent d'abord de dossiers techniques, parmi lesquels la politique des réparations de guerre, l'enseignement de la médecine, la situation de l'Afrique du Nord, etc. La qualité de ses travaux l'amène cependant rapidement à plancher sur des dossiers plus sensibles comme la réforme électorale (situation ultramarine, droit de vote des militaires, modes de scrutin) puis la réforme constitutionnelle. Il élabore ainsi plusieurs projets à destination du Général, mais il suit surtout, à partir de décembre 1945, les travaux de la commission parlementaire dédiée, matrice de la Quatrième République.

En outre, Debré encourage le chef du gouvernement provisoire à créer une école de l'administration française, la future École nationale d'administration (ENA), finalement mise sur pied le 9 octobre 1945[17]. Pendant un bref moment, à l'automne, c'est même le jeune maître des requêtes du Conseil d'État qui en assure la direction, avant d'y faire nommer un ami de la résistance, Henri Bourdeau de Fontenay. Hélas, on l'a dit, en janvier 1946, le général de Gaulle démissionne de ses fonctions et signe la fin de l'aventure politique pour la petite équipe gaulliste du GPRF. Debré est alors successivement envoyé aux États-Unis pour des négociations sur le réseau des liaisons aériennes (mars-avril) puis en Tunisie pour étudier l'avenir du protectorat français (juin), mais l'action politique lui manque.

Naissance d'un homme politique

En novembre 1946, il se présente aux élections législatives en Indre-et-Loire sous les couleurs de l'Union démocratique et socialiste de la résistance (UDSR), un grand mouvement travailliste où siègent alors le Français Libre Jacques Soustelle, élu dans la Mayenne, mais aussi d'anciens compagnons de CDR comme Jacques Lecompte-Boinet et Léo Hamon[18]. Les élections législatives de 1946 sont toutefois un échec pour Debré et pour son parti, qui perd dix sièges. Le 4 janvier 1947, il prend donc la tête de la Mission de coordination des études pour le rattachement économique de la Sarre. Occupé par les armées françaises depuis la fin de la guerre, le territoire allemand doit en effet intégrer l'économie française et faire l'objet d'une organisation institutionnelle ! Identifié en haut lieu en raison de la qualité de son analyse de la situation marocaine, Debré l'est encore pour ses nombreuses propositions sur l'avenir de la Sarre qu'il adresse tantôt au gouverneur, Gilbert Grandval (ancien du réseau CDR), tantôt au commandant en chef de la zone française d'occupation, le général Pierre Koenig, tantôt encore aux ministres du gouvernement (Georges Bidault, ministre des Affaires étrangères, Paul Coste-Floret, ministre de la Guerre)[19]. En novembre 1947, dans le prolongement de ses fonctions internationales – la Sarre devient alors un protectorat français –, Debré est nommé secrétaire général du Commissariat aux affaires allemandes et autrichiennes (avec l'appui de Bidault). Son activité foisonnante en fait l'un des grands diplomates du début de la Quatrième République, en cheville avec de nombreux ministres et députés.

Parallèlement, en janvier 1947, Jacques Baumel (camarade de l'UDSR) lui apprend l'imminence de la création d'un parti gaulliste. En février, à l'invitation de Palewski, il rejoint donc le général de Gaulle avec Malraux et Soustelle pour imaginer les contours du RPF et ses thèmes de combat. Contre les tenants d'un grand mouvement populaire, il soutient plutôt l'idée du ralliement de figures républicaines, ainsi Georges Bidault, René Mayer, René Pleven ou Pierre-Henri Teitgen[20]. Le Général s'y refuse cependant, sans pour autant fermer la porte définitivement à une alliance future. Debré s'évertue dès lors à lui soumettre des idées pour façonner la ligne de son parti. Il rédige en conséquence une série de notes sur la réforme de la constitution, la réorganisation de l'administration, la situation des syndicats, la réforme de la fiscalité, l'organisation de l'office français de radiodiffusion, de l'agriculture, de la production industrielle, etc. Il planche également sur un *Programme immédiat et ses premiers prolongements* afin de prévoir les premières actions à mener en cas de retour au pouvoir[21]. En septembre 1947, il est encore à la manœuvre derrière la brochure *Que fera le général de Gaulle s'il revient au pouvoir ?*, texte d'une vingtaine de pages reposant sur trois piliers : la refonte du modèle républicain, une gestion d'urgence du pays avec des réformes de court terme, enfin une rénovation en profondeur de ses institutions[22].

En octobre 1947, il intègre le Comité national d'études de Palewski, avec Raymond Aron, Albin Chalandon, André Diethelm et Louis Vallon. Il y travaille sur la réforme constitutionnelle et électorale, ce qui l'amène, le 13 mars 1948, à adresser lui-même une lettre au Général, sous la forme d'un avant-projet de loi de réforme de redressement du pays[23]. Le document tient lieu de véritable supplique, son auteur implorant littéralement le général de Gaulle de revenir au pouvoir :

> Plus les jours s'écoulent et plus votre retour me paraît s'imposer promptement. Tout se pourrit : la monnaie, l'État, l'esprit public. Reviendrez-vous à temps ? Faut-il vraiment attendre le tumulte ou que d'événements malheureux ou répétés arrive d'elle-même la carence du pouvoir[24] ?

À son fidèle aide de camp, Claude Guy, le Général confie en retour :

> Je sais qu'il y a les Debré et que les Debré vous disent : « Oh ! Mon général, n'attendez pas trop longtemps ! Chaque heure qui passe

est perdue pour notre sécurité, pour le Rhin, pour l'Empire, pour le redressement moral et matériel de la jeunesse et que sais-je encore ? » À quoi je réponds : « Je n'y puis rien... » Si j'acceptais la transaction où les partis espèrent me réduire, alors j'aurais le choix entre deux solutions périlleuses. Première solution : laisser faire, couvrir la marchandise. [...] Autre solution : ne pas laisser faire. Mais alors, je vais tout droit au coup d'État. Claude Mauriac est un bourgeois ! Debré est un bourgeois ! Ces bourgeois cherchent tous, voyez-vous, aux dépens de l'essentiel, à apaiser leur inquiétude et à calmer leur effroi[25].

Éminence grise du gaullisme, Debré n'est donc pas à l'époque un chef politique au sens où il n'appartient ni au Comité de direction du RPF, ni au cercle des élus du parti. S'il y a lieu de parler d'« architecte du général de Gaulle », pour reprendre la formule de son biographe Patrick Samuel, il n'est pas encore question de « baron », comme le prouve l'appréciation que porte alors son chef sur lui. En 1948, en désaccord avec la politique allemande du gouvernement, il démissionne de ses fonctions diplomatiques au Commissariat général des affaires allemandes et autrichiennes et se présente aux élections sénatoriales de novembre en Indre-et-Loire. Il y mène la liste sénatoriale du RPF et remporte haut la main les deux sièges du département. L'acolyte de cette aventure est le médecin Joseph Leccia, d'origine corse, 1er adjoint du maire de Tours et délégué départemental du RPF. Le maître des requêtes va désormais pouvoir goûter aux délices et poisons de la Quatrième République et user de sa tribune pour dénoncer le régime honni.

Le sénateur

À son arrivée au Conseil de la République, il n'existe pas encore de groupe RPF et le général de Gaulle s'oppose même à ce qu'il en soit créé un - préférant voir ses élus siéger dans les groupes existants et y faire vivre le gaullisme de l'intérieur. Debré s'inscrit donc au Rassemblement des gauches républicaines (RGR), coalition de sept formations politiques, parmi lesquelles l'UDSR. Son élection est un accélérateur de sa carrière. Les 20-22 mai 1949, il est ainsi l'un des orateurs du Conseil national du RPF, à Vincennes, où il disserte sur la politique à mener à l'égard de l'Allemagne, avec l'expérience de son passage au Commissariat général des affaires allemandes et autrichiennes[26]. De même, en juin 1950, il intervient aux assises nationales du RPF de Paris sur le thème de la réforme administrative[27]. Quant à elle, sa production législative est tout simplement gargantuesque : proposition de loi sur le renouvellement des membres de l'Assemblée nationale (janvier 1949), sur le soutien au secteur agricole (avril 1949), sur l'organisation des pouvoirs publics (décembre 1949), sur le statut des anciens comptoirs français en Inde (mars 1950), sur la révision du règlement intérieur du Conseil de la République (juin 1950), sur la réforme du baccalauréat (octobre 1950) ou encore sur le statut des membres du Conseil économique (décembre 1950).

En août 1951, à la création du groupe RPF au Conseil de la République, il rejoint évidemment les troupes de Paul-Jacques Kalb, sénateur du Haut-Rhin et président du groupe[28]. En octobre 1951, il se présente également aux élections cantonales dans le canton d'Amboise. Il s'empare, à cette occasion, du siège d'Émile Gounin, maire radical d'Amboise, tandis que le RPF double son nombre de conseillers généraux au niveau national (80 en 1949, 150 au terme de l'élection de 1951). Son départ du groupe RGR pour le groupe RPF est néanmoins un échec politique pour Debré. Avec son compère Jacques Chaban-Delmas, ils avaient en effet tenté d'éviter l'éviction des gaullistes du groupe radical en mars 1951 :

> Nous sommes ici un certain nombre d'hommes entrés au parti au soir de la clandestinité. Nous restons radicaux. Mais quelle hypocrisie de dire que le régime que vous voyez aujourd'hui est la véritable démocratie, le véritable régime parlementaire. Quant au parti unique... Rien, absolument rien, n'autorise dans la doctrine du Rassemblement [du peuple français] ou dans les discours du général de Gaulle à dire que le RPF soit pour le parti unique[29].

En mai 1952, à l'occasion des élections sénatoriales, Debré s'engage avec force dans la campagne d'Edmond Michelet (qu'il a rencontré dans la résistance), député MRP puis RPF de Corrèze de 1945 à 1951, ministre des Armées du général de Gaulle de 1945 à 1946, battu lors des législatives de 1951[30]. Entré au Conseil de direction du RPF en 1949, Michelet ne l'oubliera pas et lui doit pour partie sa victoire aux sénatoriales. L'activité parlementaire de touche-à-tout de Debré l'amène parallèlement à s'exprimer sur l'avenir de la Sarre (février 1951), le soutien à la construction de logements (mars 1951), la création de facultés ouvrières (septembre 1951), le statut des fonctionnaires puis la création d'une armée européenne (février 1952), enfin les prémices de la construction européenne (mars-mai 1952)[31].

Membre de la commission des Affaires étrangères, il multiplie également les interventions sur la situation de la France en Afrique noire, au Maroc, en Tunisie - dossier qu'il suit avec Christian Fouchet, beau-frère de Palewski, et le capitaine Yves Perrussel, représentant du RPF en Tunisie[32] –, enfin l'Indochine, plongée dans une guerre de décolonisation. Hostile à la loi sur les apparentements de 1951, il entre, à force d'efforts, au Conseil de direction du RPF en janvier 1952[33]. La situation est alors dramatique : en avril, vingt-sept rebelles ont voté la confiance à Pinay, avant d'être exclus du parti en juillet et d'amener à la démission de Soustelle de la présidence du groupe parlementaire à l'Assemblée nationale en octobre.

L'écho de la crise d'avril se fait également ressentir au Sénat où, en juin 1952, Kalb, pourtant membre du Comité de direction du RPF, est remplacé à la présidence du groupe par Francis Le Basser, sénateur RPF de la Mayenne (élu en 1948) et figure des débats européens de la période 1951-1952. Debré lui a-t-il fait la courte échelle ? Les archives des trois hommes n'en gardent pas trace... Toutefois, en décembre 1952, lorsque Soustelle est pressenti pour former un gouvernement, la délégation RPF chargée de le rencontrer comprend Terrenoire (secrétaire général du parti), Diethelm (président du groupe RPF à l'Assemblée nationale), le général Koenig (président de la commission de la Défense à l'Assemblée nationale)... et Debré, chargé de représenter Le Basser (président du groupe RPF au Conseil de la République) !

Rivalités naissantes

L'intronisation de Debré au sein des instances dirigeantes du RPF lui donne l'occasion de prendre davantage de place dans la vie du gaullisme. Aux assises nationales de Paris de novembre 1952, il fait ainsi un brillant discours sur l'avenir de l'Europe[34]. Au Conseil national du RPF de mars 1953, il est encore à la tribune pour présenter la position du parti contre le projet d'armée européenne. Quelle place occupe-t-il alors dans l'écosystème gaulliste ? On sait d'abord le lien de confiance qui le lie à Le Basser, président du groupe RPF au Conseil de la République, qui en fait son bras droit. De même, on ne peut que rappeler l'amitié ancienne avec Palewski, directeur de cabinet de Reynaud avant guerre, lequel entretient chez Debré une méfiance tenace à l'égard de Soustelle, jugé responsable de la crise interne de 1952. À cela s'ajoute enfin un lien particulier avec le général Koenig, qu'il a connu pendant la séquence sarroise. Élu député en 1951, devenu président de la commission de la Défense, Koenig s'est imposé comme l'une des grandes figures du combat contre la Communauté européenne de défense (CED) à l'Assemblée nationale. Tenant un discours identique au Conseil de la République, Debré lui est donc forcément sympathique[35]. En 1952, on l'a dit, le général Koenig manque de peu d'emporter la présidence du groupe RPF à l'Assemblée nationale – finalement prise par Diethelm, pour le bonheur de Palewski, qui le remplace à la vice-présidence du palais Bourbon. À l'automne 1953, lorsque le général Koenig s'interroge sur une possible candidature à l'élection présidentielle de décembre, c'est à Debré qu'il demande d'aller consulter le général de Gaulle à Colombey-les-Deux-Églises[36] ! Le Général choisit néanmoins Kalb, ancien président du groupe gaulliste au Conseil de la République, pour représenter le RPF à l'élection présidentielle. En conséquence, Debré reprend tranquillement la route du Parlement pour y déposer de nouvelles propositions de loi et interpeller le gouvernement : réforme du scrutin municipal (mars 1953), politique française en Indochine (juillet 1953), réforme de la fonction publique (décembre 1953), participation à l'Organisation mondiale de la santé (juillet 1954), situation de l'Algérie[37] (novembre 1954), etc.

Relativement discret au moment de la création de l'Union républicaine et d'action sociale (URAS) en mai 1953, placée sous la houlette de Chaban-Delmas, il soutient néanmoins sa transformation sous le nom de Centre national des Républicains sociaux (CNRS) en juin 1954. En décembre suivant, il prête d'ailleurs main-forte à Palewski et Soustelle pour organiser le mouvement et sa représentation territoriale. Pris par son combat européen au Conseil de la République, il reste néanmoins un acteur périphérique de la vie du gaullisme pendant toute la période 1953-1955. Toutefois, en juillet 1955, il cosigne un texte avec Michelet, dans le journal officiel des Républicains sociaux, sur l'évolution nécessaire du gaullisme, au lendemain du départ de son chef et à l'annonce de la mise en sommeil du parti.

C'est qu'en juin 1955, Debré a été réélu sénateur d'Indre-et-Loire dès le premier tour et, en juillet, il a été porté à la présidence du groupe des Républicains sociaux au Sénat (à la suite de Le Basser). Sa hauteur de vue et son refus de toute compromission dans la séquence précédente - notamment dans l'organisation de l'URAS et du CNRS - lui ont permis d'accéder à des fonctions prestigieuses au Parlement, lesquelles le forcent néanmoins à s'intéresser davantage à la vie partisane du gaullisme. Désormais, son activité est quasi exclusivement internationale : interventions sur l'avenir du Cambodge (octobre 1955), sur la politique européenne (novembre 1955), sur l'abandon du Maroc et de la Tunisie (juin 1956), sur les traités atomiques (juillet 1956), etc.

En octobre 1955, il est reçu à l'Élysée par le président René Coty, avec Jacques Chaban-Delmas et Raymond Schmittlein (député RPF de Belfort, ministre de Laniel et de Mendès France)[38]. Représentant de l'aile modérée des gaullistes, il fait alliance, à partir de cette date, avec Chaban-Delmas pour inventer le gaullisme sans de Gaulle, notamment au sein du CNRS. En novembre 1955, au congrès d'Asnières des Républicains sociaux, il siège ainsi aux côtés du Bordelais pour organiser ce néogaullisme, libre d'agir en l'absence de Soustelle, alors gouverneur général de l'Algérie française, et de Palewski, neutralisé par ses fonctions au sein du gouvernement. Se rêve-t-il déjà en baron du gaullisme, supplantant ses aînés ? Pas encore, mais, en janvier 1956, Debré change radicalement de posture et rallie Soustelle lors du comité national des Républicains sociaux du Musée social. Les deux hommes réclament en effet que le parti se tienne au-dessus de la mêlée et ne soutienne plus les gouvernements en raison de la crise algérienne. Une crise de conscience ? Ensemble, Debré et Soustelle fondent l'Union pour le salut et le renouveau de l'Algérie française (USRAF) en avril 1956, avec le soutien de quatre anciens gouverneurs généraux d'Algérie : Roger Léonard, Marcel-Edmond Naegelen, Georges Le Beau et Maurice Viollette. Le dossier algérien devient ainsi une ligne de division au sein des Républicains sociaux.

Debré hésite pourtant encore. C'est que la présidence du groupe au Conseil de la République lui impose parfois des compromis politiques. En octobre 1956, la radicalité de ses positions sur la situation algérienne conduit même au départ de deux sénateurs (Jacques Debû-Bridel et Henry Torrès, tous les deux de futurs gaullistes de gauche[39]). En février 1957, au congrès des Républicains sociaux de Bordeaux, il s'alarme encore de l'abandon de l'Algérie française par les gouvernements successifs, estimant qu'elle irait demain vers « un protectorat américain puis vers l'anarchie[40] », si la France ne travaillait pas à lui assurer un destin commun. À Bordeaux, la verve de son discours l'amène à être applaudi par l'ensemble des congressistes, y compris les figures les plus modérées du parti, pourtant favorables à un compromis gouvernemental, comme Roger Frey (secrétaire général du parti) ou Raymond Triboulet (ancien ministre de Faure, député du Calvados).

Peut-on désormais parler de « baron » ? Certainement. Debré est en effet un collaborateur historique du général de Gaulle, un élu respecté et le président du groupe des Républicains sociaux au Conseil de la République depuis plusieurs années. Son combat contre la CED lui a permis d'acquérir une surface médiatique et l'estime de nombreux gaullistes, y compris du Général lui-même. C'est donc une figure établie du parti, dont la parole est écoutée, même si sa position dans le dossier algérien en fait une personnalité clivante (comme Soustelle).

S'il est un baron, il le prouve surtout par sa fidélité constante au Général, pourtant reclus à Colombey-les-Deux-Églises et plongé dans la rédaction de ses *Mémoires*. Le 15 juin 1957, au moment de la parution du second tome, il s'en fait ainsi le thuriféraire dans *Le Monde* :

> Le général de Gaulle est républicain et démocrate. Il a même représenté plus que quiconque la République et la démocratie en un temps où ni l'une, ni l'autre n'avaient tant de défenseurs. [...] Mais il n'est pas favorable à cet ensemble de règles et de mœurs qui, sous le nom hypocrite d'« institutions républicaines », enferment la nation dans un extraordinaire lacis de privilèges et de droits acquis, où s'éparpillent jusqu'à y disparaître les responsabilités et les charges d'un pouvoir agonisant, expression caricaturale d'une souveraineté nationale désormais bafouée. Le retour du Général, c'est la fin de la plupart de ces règles, de ces mœurs, de ces privilèges, de ces droits acquis, de cette caricature du pouvoir et de la souveraineté : les ultras du régime, usurpant le mot de République, ne le veulent pas[41].

Un homme en colère

La radicalité de la position de Debré, tant vis-à-vis de la Quatrième République que vis-à-vis des velléités d'indépendance de l'Algérie française, tient lieu de ligne de démarcation interne au parti gaulliste à partir du début de l'année 1956, avec en miroir l'attitude modérée de Chaban-Delmas. Quand le premier voue le régime aux gémonies, dénonçant l'abandon du Maroc, de la Tunisie et bientôt de l'Algérie, le second cherche à peser de l'intérieur, en intégrant les gouvernements successifs, notamment celui de Guy Mollet de février 1956 à mai 1957, dans lequel il est ministre d'État.

À Lyon, en octobre 1957, lors du banquet des Républicains sociaux, Debré explose :

> Le système se sert du courant réformateur qui traverse le pays pour essayer, non de redresser la France, mais de sauver les apparences et donner une piqûre au régime. La politique du pire n'est pas celle qui veut le gouvernement de salut public mais celle qui cherche avant tout le salut du système. On n'a pas le droit de confier l'indispensable gouvernement de salut public à ceux qui ont travaillé depuis dix ans à l'effondrement du pays[42].

Quelques jours plus tard, il publie le pamphlet *Ces princes qui nous gouvernent*, dont la sortie coïncide peu ou prou avec le retour de Chaban-Delmas au gouvernement (cette fois comme ministre de la Défense nationale et des Forces armées dans le gouvernement de Félix Gaillard). Face aux petits arrangements politiques et à la trahison des gaullistes modérés, Debré se vit comme « le premier d'entre les militants[43] » et le dernier défenseur d'une forme d'orthodoxie gaulliste, dans la tradition du refus de toute compromission avec la Quatrième République, tel qu'édicté par le général de Gaulle.

En novembre 1957, il lance le journal *Le Courrier de la colère*, hebdomadaire consacré à la critique du régime et à la défense de l'Algérie française. Tribune en faveur d'un retour au pouvoir du Général, *Le Courrier de la colère* devient rapidement le point de ralliement de nombreux gaullistes : Maxime Blocq-Mascart, conseiller d'État et membre du réseau CDR, l'ancien ambassadeur Léon Noël, ennemi intime de Palewski, le colonel Pierre Battesti, etc. Le journal sert également de tribune à la branche anticommuniste du gaullisme. Il accueille ainsi Jean-Baptiste Biaggi, fondateur des Volontaires pour l'Union française (VUF), véritable « phalange gaulliste[44] », et Jean Mauricheau-Beaupré, un proche de Jacques Foccart et une future figure de la Françafrique sous la Cinquième République.

À travers cette expérience journalistique, Debré devient le point gravitationnel de tout un univers en déshérence. Une génération entière vient en effet faire ses armes et forger son militantisme gaulliste dans son journal : André Fanton, Christian de La Malène, François Missoffe, etc.[45]. Comme Palewski au temps du GPRF, il est un organisateur du système gaulliste, ce qui justifie définitivement, à partir de cette époque, son titre de baron. Le 26 novembre 1957, à l'occasion d'un rassemblement des Républicains sociaux dans le Centre-Ouest, il affirme encore :

> Il n'y a pas de pitié pour les nations qui s'abandonnent. Nous sommes l'homme malade dont tous les pays cherchent à se partager la dépouille. Tout l'avenir est fonction du courage qu'auront nos dirigeants pour réviser les structures gouvernementales[46].

Le 24 décembre 1957, dans *Le Courrier de la colère*, il enfonce le clou pour dénoncer un régime sur le déclin :

> La conviction est faite qu'il existe un vrai complot quand on voit sur quelle pente notre affreuse diplomatie s'est laissé glisser ces temps derniers. [...] Il faut mettre fin à cette sorte de trahison permanente (répétons le mot, car il est exact !) à laquelle se livrent certains milieux officiels, qui trouvent, tant au ministère des Affaires étrangères qu'au ministère des Finances, de curieuses et indignes complicités[47].

Ces appels au retour du général de Gaulle sont ainsi monnaie courante : tribune dans *Carrefour* (1er mars), demande d'un gouvernement exceptionnel dirigé par le Général dans *Le Courrier de la colère* (4 mars), tribune dans *Le Monde* sur les « raisons de la colère » et le déclin de la puissance française (8 mars), mais aussi fronde contre Chaban-Delmas, avec le soutien de Frey, au sein des Républicains sociaux (12 mars), etc. Au Conseil national des Républicains sociaux de Saint-Mandé, le 24 mars 1958, Debré renouvelle en effet sa charge contre Chaban-Delmas, cette fois avec le soutien de Soustelle. La chute du gouvernement Gaillard le 15 avril et l'investiture d'un gouvernement Pflimlin le 13 mai, suivies de la mise en place d'un Comité de salut public insurrectionnel à Alger, précipitent cependant les événements. Le 28 avril, dans son bureau au Conseil de la République, Debré réunit en urgence les barons (Foccart, Frey, Guichard, Soustelle, mais pas Chaban-Delmas, membre du gouvernement Gaillard) pour entendre Léon Delbecque, délégué de la puissante fédération RPF du Nord, chef de cabinet de Chaban-Delmas en 1957, discrètement envoyé en Algérie en 1958.

Retour aux responsabilités

Le 15 mai 1958, le général de Gaulle se dit prêt à assumer les pouvoirs de la République, conduisant à la démission du gouvernement Pflimlin, puis à l'appel du président Coty au plus illustre des Français, le 29 mai. La machine se met en branle et, le 1er juin, le Général forme le dernier gouvernement de la Quatrième République, obtenant la confiance de l'Assemblée nationale. Debré n'a pas ménagé ses efforts en faveur du retour au pouvoir du Général, tant au sein de son *Courrier de la colère* (qui titrait « SOS de Gaulle » le 8 mai), qu'au Conseil de la République, tout en souffrant d'une très douloureuse sciatique, qui l'a cloué au lit pendant les jours les plus tendus de la séquence[48]. Dans ce contexte, il a notamment suivi l'émergence de l'Association nationale pour l'appel au général de Gaulle dans le respect de la légalité républicaine (AN), créée par Pierre Lefranc, le 25 mai 1958.

Dès la fin mai 1958, l'AN devient le point de ralliement des gaullistes, en agrégeant le Comité ouvrier pour le soutien de l'action du général de Gaulle d'Albert Marcenet et Yvon Morandat, et le Comité républicain pour l'appel au général de Gaulle de Jean Sainteny, Henry Torrès, le sénateur dissident de 1956, Jean de Lipkowski, Jacques Mercier, Maurice André-Gillois, le cousin de Palewski, Lucien Rachet et Philippe Dechartre. Le 1er juin, Debré est nommé garde des Sceaux du gouvernement du Général, avec la charge d'établir une nouvelle constitution. Tient-il sa place au seul mérite de sa « colère » contre la Quatrième République ou a-t-il fait plus encore pendant la crise de mai 1958 ? Contre l'avis de son biographe, Patrick Samuel, l'historienne Georgette Elgey le place au cœur du retour au pouvoir du général de Gaulle. Le 27 mai, il correspond en effet avec Soustelle, qui est à Alger avec les généraux Salan, Massu et Jouhaud, pour envisager l'hypothèse dans laquelle le général de Gaulle n'obtiendrait pas l'investiture du Parlement ou celle dans laquelle un coup de force communiste serait tenté et nécessiterait en conséquence le recours à l'armée pour pacifier la situation[49]. La mobilisation de la force militaire est ainsi envisagée et même fortement suggérée. Quelques jours plus tard, alors qu'il est reçu par le Général en train de former son gouvernement, Debré, auquel est proposée la réforme des institutions, demande à être nommé au ministère de la Justice, ce qu'il obtient[50]. Il est d'ailleurs le seul des six barons à intégrer le gouvernement de juin 1958.

Artisan habile de la rédaction d'une nouvelle constitution en lien avec les milieux parlementaires, Debré reste aussi attentif à l'organisation de sa famille politique. Le 27 juin 1958, lors du comité directeur de l'AN, il envoie Christian de La Malène et Jean Mamert pour le représenter personnellement, ainsi qu'André Fanton et Jean Mauricheau-Beaupré pour parler au nom du *Courrier de la colère* (devenu *Courrier de la nation* en juillet). En septembre 1958, le référendum constitutionnel obtient une majorité de « oui » - Debré sera désormais et pour toujours le père de la Constitution de la Cinquième République. Le 1er octobre, lorsque Soustelle organise, à la demande du général de Gaulle, la fédération de l'ensemble des organisations gaullistes au sein d'un seul et unique parti, Albin Chalandon, Edmond Michelet et Michel Debré sont les trois personnalités associées à titre individuel au titre de leur contribution personnelle au gaullisme[51]. C'est cependant Roger Frey qui est chargé de l'organisation du parti, dit Union pour la nouvelle république (UNR), peut-être parce qu'il était, jusqu'à peu encore, le secrétaire général des Républicains sociaux. Pour sa part, Debré se consacre en priorité à la bonne tenue de son ministère, refusant même de se présenter aux élections législatives de novembre suivant, alors qu'un siège lui était pourtant proposé en Indre-et-Loire et semblait tout à fait gagnable.

Fin 1958, le Général se projette dans l'avenir et sait pouvoir compter sur Debré. En janvier 1959, il le nomme donc Premier ministre du nouveau régime et premier titulaire de la fonction. Son mandat de trois ans est marqué par de nombreuses réformes en matière de politique éducative (création des collèges et lycées agricoles), médicale (création des CHU, réforme de l'enseignement médical), scientifique (création du CNES), etc. Pour autant, Debré a-t-il saisi l'occasion de ses fonctions pour s'imposer comme un baron du gaullisme, voire comme le seul baron au sein de sa famille politique ? Ses relations avec l'AN en mai-juin 1958 puis avec l'UNR en octobre-novembre suivant sont timides et ne reflètent pas l'importance qu'il a prise à la suite de sa nomination à Matignon.

Le général de Gaulle le laisse pourtant assez libre dans la composition du gouvernement de 1959, à trois exceptions près (Couve de Murville, Guillaumat et Malraux) et une recommandation (écarter Soustelle)[52]. Il a donc toutes les cartes en main pour s'imposer dans la famille gaulliste. Debré décide pourtant de ne pas suivre le conseil du Général en maintenant Soustelle, camarade de combat en faveur de l'Algérie française, au sein du gouvernement. Sa nomination comme ministre délégué chargé du Sahara, des Départements et Territoires d'Outremer, et de l'Énergie atomique n'est cependant pas sans causer de problème[53].

Observateurs attentifs de l'ascension du sénateur d'Indre-et-Loire, les autres barons ne sont pas restés inactifs dans la période, profitant des hésitations de Debré pour s'imposer dans leurs rôles respectifs : Chaban-Delmas est devenu président de l'Assemblée nationale (novembre 1958) ; Frey, patron du parti gaulliste (octobre 1958) et ministre de l'Information (janvier 1959) ; enfin, Foccart et Guichard ont suivi leur chef à Matignon (juin 1958) puis à l'Élysée (janvier 1959). Seul Palewski, en poste en Italie, manque donc à l'appel. Qu'importe. Debré s'entoure d'une équipe de fidèles pour organiser Matignon et le nouveau régime : Pierre Racine (ami de trente ans, passé par un groupe de travail gaulliste de Gilbert Grandval en 1956), comme directeur de cabinet ; Yves Guéna, son adjoint ; Jean Mamert, comme chef de cabinet ; ainsi que Michel Sans, Arlette de La Loyère, Jean Bergonier, Christian de La Malène, etc. C'est aussi l'époque où il recrute le mystérieux Constantin Melnik, rencontré au groupe RGR, au Conseil de la

République, à la fin des années 1940[54]. L'« empereur Constantin », chargé des services secrets et de la police, homme des basses œuvres et des mystères. C'est enfin la rencontre avec Pierre Mazeaud, qui donne des cours particuliers à un de ses fils puis devient son collaborateur, député, ministre et finalement président du Conseil constitutionnel[55].

La guerre des princes

Puisqu'il ne s'est pas imposé comme l'homme unique du parti – mais le général de Gaulle l'aurait-il laissé faire ? –, Debré doit donc composer avec les grands seigneurs du gaullisme, à la fois vieux caciques du RPF (Le Basser, Noël, Soustelle, Terrenoire) et jeunes barons (Chaban-Delmas, Foccart, Frey, Guichard), en quête d'une place dans le nouvel écosystème. Certains sont écartés, comme Francis Le Basser, remplacé par Jean Bertaud à la présidence du groupe UNR au Sénat en 1959, ou Léon Noël, nommé président du Conseil constitutionnel en mars 1959, à titre de neutralisation politique[56]. D'autres trouvent leur place dans le nouveau régime comme Louis Terrenoire, devenu président du groupe UNR à l'Assemblée nationale en 1959[57]. En outre, le Premier ministre doit faire avec Georges Pompidou, chef de cabinet du Général à l'époque du RPF et l'homme auquel il doit sa nomination au gouvernement en 1958, avec la charge de rédiger la constitution[58]. C'est encore Pompidou qui annonce à Debré, fin 1958, que le Général va le nommer à Matignon en janvier 1959 et, s'il retourne aux affaires bancaires, il n'en demeure pas moins une pièce essentielle des cercles du pouvoir gaulliste[59].

Le 6 février 1959, lors du comité central de l'UNR, Frey abandonne brutalement ses fonctions de secrétaire général du parti, le général de Gaulle estimant qu'elles sont incompatibles avec celles de ministre (ce qui vaut aussi pour Debré). Le banquier Albin Chalandon, ancien du Comité national d'études de Palewski et trésorier du parti, est donc désigné, d'abord de manière intérimaire puis de manière permanente, pour lui succéder[60]. Le parti se déchire cependant sur la question algérienne et Debré, en décalage avec le Général sur cette question, est fragilisé au sein du gouvernement et de l'UNR. En novembre 1960, le ministre Louis Joxe est ainsi chargé du dossier algérien, ce qui est une première forme de dessaisissement du Premier ministre.

En novembre 1959, Chalandon doit quitter précipitamment le secrétariat général du parti gaulliste après l'offensive des défenseurs de l'Algérie française (Delbecque et Soustelle). Le sénateur Jacques Richard, qui lui succède, ne fait pas l'affaire et, aux assises de Strasbourg de mars 1961, le député Roger Dusseaulx est choisi pour lui succéder. C'est la valse des prétendants ! Debré a pourtant tenté la médiation à plus d'une reprise, notamment en se rendant au comité central de l'UNR du 10 février 1960, en correspondant régulièrement avec Soustelle entre février et avril 1960, et en tentant même de piloter la création d'un mouvement gaulliste en Algérie (confié au député André Roulland), mais l'activisme du Premier ministre a affaibli le secrétaire général du parti et provoqué sa démission en 1961.

La succession de Richard est l'occasion d'une des rares interventions directes de Debré dans la conduite des affaires du parti. Il se rend en effet en personne au comité central de l'UNR, le 28 mars 1961, et demande un vote de confiance sur le choix de Dusseaulx, ce qu'il obtient[61]. Agit-il parce qu'il sent que le parti échappe à tout contrôle ou parce qu'il y voit un point d'appui pour tenir face à de Gaulle et Joxe sur la question algérienne ? Mystère. S'il est un spectateur discret des évolutions de la direction du parti, Debré s'investit davantage dans la vie du gouvernement et du Parlement, où il fait et défait les équilibres. C'est un chef affirmé, qui décoche parfois des flèches terribles lorsqu'il estime que la situation échappe à ses ministres.

En désaccord avec la politique du Général, il défend l'organisation d'élections législatives anticipées après le référendum d'avril 1962 sur l'indépendance de l'Algérie, sans succès. Le 14 avril, il remet donc sa démission au président de la République, lequel nomme Pompidou pour lui succéder à Matignon[62]. La séquence est l'occasion de prouver que si les barons sont en lutte permanente, ils savent aussi faire preuve de solidarité entre eux en certaines occasions. Le 9 janvier 1962, lorsque le Général évoque avec Debré la question de son successeur, ce dernier fait en effet état de sa préférence pour Chaban-Delmas, au détriment de Couve, Joxe et Pompidou[63]. De même, en mars 1962, lorsque Debré débat de la succession de Jean Morin, délégué général en Algérie, avec le Général, il impose Christian Fouchet, beau-frère de Palewski, alors que le nom du général Billotte avait d'abord été évoqué avec conviction et persuasion[64].

Le bretteur de La Réunion

Quelques semaines plus tard, l'attentat du Petit-Clamart du 22 août 1962 force le général de Gaulle à accélérer son agenda politique et, sur la recommandation de Palewski, revenu au sein du gouvernement comme ministre d'État, à organiser un référendum sur l'élection du président de la République au suffrage universel. Le Général dissout donc l'Assemblée nationale, le 9 octobre 1962, et organise la tenue d'élections législatives pour la fin du mois de novembre, afin de donner une nouvelle légitimité au gouvernement de Pompidou. L'ancien Premier ministre Debré prend la direction de la campagne, avec Pierre Racine, Michel Herson et Michel Sans dans son équipe.

Dusseaulx (secrétaire général de l'UNR), Baumel (son adjoint), Chalandon et Richard (tous les deux anciens secrétaires généraux du parti), et Terrenoire (ancien président du groupe UNR à l'Assemblée nationale et ancien secrétaire général du RPF) sont ses interlocuteurs au sein de la famille gaulliste pour procéder au choix des candidats. Guéna, son ancien directeur de cabinet adjoint, est son ambassadeur auprès des gaullistes de gauche de l'Union démocratique du travail (UDT)[65]. En effet, depuis 1959, sous l'impulsion de René Capitant, Jacques Debû-Bridel et Louis Vallon, l'aile gauche du parti s'est structurée au sein d'un mouvement défendant l'association capital-travail et la dimension progressiste du gaullisme.

Observateur timoré pendant la séquence 1959-1962, Debré agit désormais en véritable chef de guerre et ceci tout au long de la campagne législative d'octobre-novembre 1962. Sa gestion discrète des affaires partisanes pendant son passage à Matignon doit donc être analysée au regard de l'importance qu'il donnait à sa fonction de Premier ministre, laquelle l'empêchait de se mêler de la tambouille politicienne. Revenu à des fonctions moins prestigieuses, il veut montrer son investissement total dans la campagne. Sa prise de risque n'est néanmoins pas couronnée de succès : sur le plan national, il est enfermé dans un duel à trois avec Foccart, spécialiste de la carte électorale à l'Élysée, et Baumel, promu secrétaire général du parti gaulliste en décembre 1962 ; tandis que sur le plan local, sa défaite en Indre-et-Loire, face à un candidat radical, le laisse étourdi quelques semaines.

En mai 1963, candidat à une élection législative partielle à La Réunion, il est élu au premier tour face au communiste Paul Vergès et y établit donc son nouveau fief. Une pétition est alors lancée pour en faire le nouveau secrétaire général du parti, mais Baumel a réussi le tour de force de réunir l'UNR gaulliste et la turbulente aile gauche de l'UDT[66]. Il n'est donc plus si facilement déboulonnable. La pétition ne prend pas, même si Debré s'impose, jour après jour, comme une figure incontournable, participant au congrès national d'Asnières (19 mai 1963), au déjeuner d'études de l'UNR-UDT sur la Cinquième République (9 juillet 1963), aux assises nationales de Nice (22-24 novembre 1963) puis aux assises départementales de la Moselle (1er février 1964) et de la Dordogne (14 février 1965).

Avec la mise en ballottage du général de Gaulle lors du premier tour de la présidentielle de décembre 1965, il pense pouvoir faire son grand retour sur la scène nationale. Il n'est d'ailleurs pas complètement sorti du jeu politique : à Noël 1964, Guichard est venu l'interroger (pour le compte de Pompidou) sur ses intentions si le Général venait à ne pas se présenter ; puis en juin 1965, il participe au dîner, déjà évoqué, autour du président de la République avec Malraux, Palewski et Pompidou. Même s'il n'est pas nommé Premier ministre au lendemain de la présidentielle de 1965, Debré accepte néanmoins le ministère de l'Économie et des Finances en janvier 1966 (sur proposition de Guichard, envoyé par Pompidou[67]), ce qui le conduit à une très intense activité en matière de politique monétaire, réforme bancaire et fiscale, politique des prix, des revenus, de l'industrie, etc.

La sortie de sa traversée du désert l'invite parallèlement à être plus prudent sur son implication dans la vie interne du parti. Il ne veut pas commettre la même erreur que pendant son passage à Matignon. De juillet à novembre 1966, il s'impose en conséquence comme un des acteurs principaux du Comité d'action pour la Cinquième République, structure chargée de préparer les élections législatives de mars 1967[68]. Ces dernières sont un échec pour l'UNR-UDT (qui perd trente sièges), ce qui conforte Debré dans l'idée que ses successeurs, Pompidou à Matignon et Baumel à la tête du parti, ne sont pas à la hauteur[69]. Il convainc donc le général de Gaulle de le laisser prendre un grand nombre d'ordonnances pour réformer l'économie et la société. Toutefois, en mai 1968, Debré, comme le général de Gaulle, est en décalage avec le mouvement social et sociétal. Il refuse la posture de compromis et de négociation de Pompidou, ce qui l'amène à être écarté des accords de Grenelle, au point de démissionner brutalement pour manifester son mécontentement[70]. C'est l'épreuve de force avec le Premier ministre.

L'homme des transitions

Pompidou comprend très vite qu'il doit rassembler pour surmonter l'épreuve de mai, ce qui veut dire proposer une paix des braves à Debré. Le 31 du mois, les portefeuilles de Couve de Murville et de Debré sont donc échangés. Nouveau ministre des Affaires étrangères, l'ancien Premier ministre s'impose presque naturellement dans ce rôle, y compris lorsque Couve de Murville accède à Matignon en juillet[71]. Il sera désormais la voix internationale du général de Gaulle. L'ancienneté de sa relation avec l'homme du 18 Juin en fait surtout un conciliateur. Ainsi, le 12 mars 1969, le Général le prie d'assister au dîner de réconciliation qu'il organise avec Pompidou, au lendemain de l'annonce de sa potentielle candidature à la présidence de la République. Debré et Pompidou se sont d'ailleurs eux-mêmes réconciliés lorsque Guichard lui a appris la campagne de calomnies menée à l'encontre de Claude Pompidou dans le cadre de l'affaire Marković[72].

Parallèlement, Debré continue de creuser son sillon au sein de la famille gaulliste et se rêve même en possible successeur du Général. Après tout, de Gaulle n'a-t-il pas dit à Peyrefitte, « en 1962, je ne voyais que lui, après moi, qui puisse tenir la barre[73] » ? Ne confie-t-il pas encore à Fouchet, en privé, avoir choisi Pompidou comme Premier ministre « pour manœuvrer » et parce qu'il avait besoin d'« un arrangeur »[74] ? Cependant, Debré se trompe sur son rôle. Si le Général l'a certes reçu personnellement le 15 mars 1967, pour échanger sur la composition du gouvernement et l'avenir de certains de ses membres (comme Frey ou Joxe), il sait, au lendemain de la crise de mai 1968, que Pompidou est le candidat le plus probable à sa succession, quand Debré reste l'homme d'une seule tendance du parti[75].

L'entretien de Debré avec le Général du 31 mai 1968 scelle définitivement l'idée qu'il ne redeviendra pas Premier ministre, ce qu'il espérait pourtant en 1966, en 1967 et encore en 1968. Il se résigne donc à accepter le Quai d'Orsay mais « s'y morfond[76] » et s'en plaint auprès de Foccart, qu'il interroge à plusieurs reprises sur la question de l'avenir du gaullisme. De toute manière, l'échec du référendum sur la participation et la régionalisation du printemps 1969 précipite la chute du Général et la question de sa succession. Le 28 avril 1969, Pompidou retrouve donc les barons à déjeuner pour évoquer sa candidature et les rallier à sa personne. Autour de la table, Chaban-Delmas, Debré, Foccart, Frey, Guichard, mais aussi Henri Rey (président du groupe UNR puis UDR de 1963 à 1970) et Robert Poujade (secrétaire général de l'UD-V^{e} puis de l'UDR depuis janvier 1968). Les sept hommes conviennent de soutenir Pompidou, mais sa capacité à défendre l'héritage gaulliste interroge les plus anciens. Debré est inquiet.

Le 8 mai 1969, avec Joxe et Messmer, il lance en conséquence l'association Présence du gaullisme, instituée en comité de défense du gaullisme historique. Jacques Vendroux, beau-frère du Général et opposant à la candidature de Pompidou à la présidentielle – il encourage d'ailleurs le gaulliste de gauche René Capitant à s'y présenter ! – propose alors qu'une amicale parlementaire soit créée pour s'adosser à l'association. Après avoir obtenu l'accord du Général, l'amicale Présence et action du gaullisme (PAG) est créée et absorbe rapidement l'association politique. Hubert Germain, ancien de Bir Hakeim, que les Français connaissent désormais comme le dernier des Compagnons de la Libération, en prend la direction, afin de défendre fidèlement l'esprit du gaullisme.

Toutefois, dès le 20 juin, Chaban-Delmas, nouveau Premier ministre de Pompidou, fait entrer Debré au gouvernement, avec le titre de ministre d'État, ministre de la Défense nationale. C'est le début du ralliement des barons. « Michou la colère », comme l'a renommé *Le Canard enchaîné*, décide donc de se désolidariser de PAG et de rejoindre l'aventure du pompidolisme. Ses relations avec Chaban-Delmas sont néanmoins orageuses, car il ne croit pas à sa théorie de la Nouvelle société[77]. À l'été 1971, le manifeste de cinq présidents de commissions à l'Assemblée nationale signe le début d'une fronde à l'encontre du Premier ministre. Au Conseil national de l'UDR du 25 juin 1971, Debré parle même d'une « crise d'identité » au sein du parti. Au sein des barons, il devient alors l'ardent militant de l'élimination politique de Chaban-Delmas et recommande à Foccart d'organiser des élections législatives anticipées (sans attendre 1973) afin de former une nouvelle majorité présidentielle[78]. En juillet 1972, la formation du gouvernement Messmer, un des fondateurs de PAG, récompense les barons anti-Chaban : Debré est maintenu dans ses fonctions, Guichard devient ministre de l'Équipement, du Logement et de l'Aménagement du Territoire. Quant au chabaniste Frey, pourtant ministre d'État, il est écarté des affaires.

La croisade anticentriste

Face à la montée en puissance des centristes, Debré sonne surtout l'hallali pour rappeler la place centrale de l'UDR au sein de la majorité présidentielle : ainsi au congrès de Dijon de l'été 1971, en assurant que le parti gaulliste est « la majorité dans la majorité[79] », ou encore au printemps 1973, en s'insurgeant contre les velléités de la Fédération nationale des républicains indépendants (FNRI) de Giscard d'Estaing d'imposer ses candidats aux législatives. En avril 1973, le couperet tombe. Pompidou ne veut pas de division au sein de sa majorité, car il a besoin des républicains indépendants. Debré est donc écarté du gouvernement et remplacé par Robert Galley, gendre de feu le général Leclerc. En conséquence, l'ancien Premier ministre décide de tourner son regard vers le parti et de s'y imposer comme nouveau secrétaire général. Refus net de Pompidou, malgré le soutien de plusieurs fédérations départementales. En octobre 1973, Alexandre Sanguinetti, candidat de l'Élysée, s'empare finalement du parti face à André Fanton, candidat de Debré, mais il faut trois tours de vote pour départager les deux candidats et le secrétariat général n'est remporté que par cinquante-huit voix contre cinquante-six[80]. Courant octobre, Debré tente bien l'apaisement en s'abstenant sur la réforme constitutionnelle, alors que Couve de Murville et Fouchet votent contre, mais la guerre avec Pompidou est déclarée. En novembre suivant, lors des assises de Nantes de l'UDR, les barons confirment leur retour politique : Chaban-Delmas y est pressenti pour représenter le parti gaulliste lors d'une prochaine élection présidentielle, tandis que Debré est érigé en conscience et gardien du gaullisme. « Un tandem de circonstance[81] », qui parvient même à écarter des proches de Pompidou lors du comité central de l'UDR du 23 décembre suivant (Jacques Chirac et Jean-Philippe Lecat). Debré ne retient plus ses coups et dénonce « une entreprise de désarticulation de l'UDR[82] » fomentée à l'Élysée par le clan Pompidou (Pierre Juillet et Marie-France Garaud, les « Affreux »). De son côté, Pompidou étudie bien la possibilité de nommer Debré au Conseil constitutionnel - pour s'en débarrasser, comme Palewski en 1965 -, mais l'ancien Premier ministre refuse net pour rester au Parlement et dans le jeu politique.

Après la mort de Pompidou, en avril 1974, Debré se range rapidement derrière la candidature de Chaban-Delmas, qui lui paraît le candidat le plus légitime pour représenter le camp gaulliste. Soutien fidèle au premier tour, il se rallie à Chirac et Giscard d'Estaing au second, certainement guidé par une forme de pragmatisme et d'inquiétude vis-à-vis de la possibilité d'une victoire de la gauche. Dans la foulée, le 25 mai 1974, Foccart réunit les barons (Chaban-Delmas, Debré, Frey, Guichard) pour décider de leur positionnement vis-à-vis du nouvel exécutif[83]. Les cinq hommes s'entendent pour soutenir l'idée d'une présidence de l'UDR, qui permettrait de tenir tête au Premier ministre. Guichard est pressenti pour l'occuper, mais Debré veut aussi donner des gages à Chirac. Illustration de sa volonté de ne pas mettre tous ses œufs dans le même panier ? Contrepoids à la montée en puissance de Guichard ? Il approuve, en tout cas, les termes de la discussion de politique générale de Chirac, le 6 juin suivant. Au comité central de l'UDR du 9 juin, il se fait toutefois le défenseur d'une certaine orthodoxie gaulliste face à la dérive du parti vers un magma centriste. Le 12 décembre, alors que les barons se retrouvent autour de Frey (nouveau président du Conseil constitutionnel, nommé à la suite de Palewski), Chirac s'invite au dîner... et leur annonce sa candidature face à Guichard[84] ! Stupeur de l'ensemble des présents, y compris du principal intéressé, qui décide en conséquence de retirer sa candidature. Le coup de force a réussi et Chirac enterre les vieux barons, un à un sortis du circuit, à l'image de Frey neutralisé au Conseil constitutionnel ou de Foccart remplacé par Journiac, son adjoint historique, à la cellule africaine de l'Élysée.

Au début du septennat giscardien, Debré se démarque surtout par des positions très conservatrices au Parlement : opposition à la loi Veil sur l'IVG (novembre 1974), abstention lors du vote sur le divorce par consentement mutuel (juin 1975), puis retour au combat contre l'Europe fédérale, même s'il approuve la loi sur l'élection des représentants de l'Assemblée des Communautés européennes au suffrage universel (juin 1977). En janvier 1977, il crée d'ailleurs le Comité pour l'indépendance et l'unité de la France (CUIF), plateforme de dénonciation de la diplomatie giscardienne et resucée de son combat anti-européen. Le comité réunit un large panel de personnalités, des gaullistes (Burin des Roziers, Sanguinetti) jusqu'aux socialistes (Chevènement). Il devient ainsi l'homme et l'incarnation du souverainisme français. Lors des journées parlementaires du RPR de Biarritz, en septembre 1978, il plaide en faveur d'un vote de censure à l'encontre du gouvernement de Raymond Barre pour dénoncer sa diplomatie européenne[85]. L'appel de Cochin de Chirac du 6 décembre 1978 réunit alors les deux hommes dans un combat commun contre le « parti de l'étranger » ; la dénonciation et la détestation des centristes giscardiens deviennent, de fait, une unité de rassemblement[86]. Les européennes de 1979 sont pourtant le théâtre d'affrontements sanglants entre les barons. Chaban-Delmas et Guichard s'insurgent du combat anti-européen de Debré, tandis que le comité central du RPR du 10 février 1979 donne tout pouvoir au tandem Chirac-Debré pour constituer une liste, qui prend le nom de Défense des intérêts de la France en Europe (DIFE) et refuse « l'affaiblissement des nations[87] ».

Un nouvel espoir

Le combat de 1979 et l'obtention de quinze sièges au Parlement européen finissent de convaincre Debré qu'il a encore un rôle à jouer dans la famille gaulliste. En conséquence, en juin 1980, il prend la décision de se présenter à l'élection présidentielle de 1981 et prône la constitution d'un grand gouvernement « de salut public, de Rocard à Chevènement, et même des deux, jusqu'à Fourcade et pourquoi pas Jean-Luc Lagardère, qui a fait ses preuves dans le domaine industriel[88] ». Après avoir été le défenseur gaulliste de l'Europe des nations, il tente de réussir le grand rassemblement, ni de droite, ni de gauche, si ardemment souhaité par le Général.

Sa candidature, initialement soutenue par la vieille garde du gaullisme (Boissieu, Lefranc, Miribel, Vallon, Terrenoire) est rapidement ralliée par de nombreux ministres gaullistes (Couve de Murville, Charbonnel, Foyer, Grandval, Guéna, Sanguinetti).

Les barons y trouvent même l'occasion de s'y réconcilier avec Debré, qui reçoit le soutien de Chaban-Delmas puis de Guichard, pourtant ses opposants pendant la campagne des européennes de 1979[89]. Toutefois, certains soutiens historiques ne croient pas à son combat et manquent à l'appel, comme Foccart ou Fanton, son fidèle allié depuis de nombreuses années dans les combats au sein du parti. La campagne présidentielle de 1981, aux airs surannés, est finalement un échec et Debré ne recueille que 1,66 % des voix au premier tour. C'est la fin de son combat politique, même s'il est réélu en 1981[90] et en 1986[91] lors des législatives, car sa défaite est telle qu'il ne pèse plus au sein du parti chiraquien. Son entrée à l'Académie française, en 1988, lui apporte « une forme de réconciliation, un peu de bonheur après la souffrance intense de la présidentielle[92] ». Il ne se représente d'ailleurs pas aux législatives de 1988, est battu à la mairie d'Amboise en 1989 et quitte définitivement la vie politique en 1992, s'éteignant à Montlouis-sur-Loire, le 2 août 1996.

*

Si Michel Debré fait partie du club des barons du gaullisme, il y tient cependant une place particulière. Particulière d'abord par l'ancienneté de ses rapports avec la galaxie gaulliste : collaborateur de Reynaud et Palewski avant guerre, commissaire de la République à la Libération, collaborateur du général de Gaulle au GPRF. Particulière ensuite par son ascension politique : l'élection sénatoriale en 1948, l'entrée au Conseil de direction du RPF en 1952, la présidence du groupe des Républicains sociaux au Conseil de la République en 1955. Année après année, il gagne en notabilité et en respectabilité au sein de la famille gaulliste, récompense d'un travail de longue haleine.

S'il rejoint l'initiative des barons de Guichard dès 1955 et devient une force centrifuge du gaullisme avec son *Courrier de la colère*, c'est Pompidou qui lui met le pied à l'étrier en 1958 et le recommande comme premier titulaire des fonctions de Premier ministre en 1959. Pour autant, là encore, la place de baron n'est pas une évidence et l'idée même qu'il se fait de ses fonctions l'empêche de s'imposer dans la vie du parti jusqu'en 1962.

Sa réelle implication dans les coulisses du gaullisme date donc des législatives de 1962 et l'amène à revenir au gouvernement en 1966, à s'imposer quand Pompidou est remercié en 1968 et à être maintenu en poste en 1969, après l'élection présidentielle. Son départ forcé en 1973, loin de constituer une simple mise à l'écart, est le prélude d'un retour des barons en force d'opposition à Pompidou. Habile, il ménage Chirac en 1974, au lendemain de l'élection présidentielle de Giscard d'Estaing, et fait alliance avec lui en 1979, à l'occasion des élections européennes, ce qui lui permet de se lancer sur son propre nom, en 1980, en vue de l'élection présidentielle de 1981. Son échec marque cependant le crépuscule des barons qui, sans la main sur le parti, ne sont plus que les vestiges d'une époque révolue.

Le cas de Debré interroge ainsi, en miroir, celui d'un autre baron : Jacques Chaban-Delmas. Son opposant sur l'Algérie française en 1956-1958, son interlocuteur comme président de l'Assemblée nationale en 1958-1962, mais aussi un candidat, comme lui, à la présidentielle de 1974.

CHAPITRE 3

Jacques Chaban-Delmas, le fauve

Dans le cercle restreint des barons, le nom de Jacques Chaban-Delmas résonne, après celui de Michel Debré, comme une évidence. Journaliste avant guerre, résistant au sein de l'Organisation civile et militaire (OCM) sous le nom de code de « Chaban », nommé à 29 ans délégué militaire national et plus jeune général depuis l'Empire, il est l'un des principaux acteurs de la libération de Paris, aux côtés du général Leclerc. Collaborateur ministériel d'André Diethelm, Jacques Soustelle puis André Malraux au Gouvernement provisoire de la République française (GPRF), il entre en politique en se présentant lors des législatives de 1946, en Gironde, puis participe à la création du Rassemblement du peuple français (RPF) en 1947. Réélu en 1951, il fonde et préside l'Union des républicains d'action sociale (URAS) en 1953 puis le Centre national des républicains sociaux (CNRS) en 1955, ce qui amène cette figure du gaullisme parlementaire à participer à trois gouvernements de la Quatrième République entre 1954 et 1958.

Ardent partisan du retour au pouvoir du Général, il devient président de l'Assemblée nationale en décembre 1958, fonction à laquelle il est réélu en 1962, 1967 et 1968. Sous son influence, l'hôtel de Lassay devient une forteresse du gaullisme, tout en lui permettant d'entretenir des relations étroites avec des figures de la résistance et de la Quatrième République, ainsi qu'avec de grands chefs d'entreprise, lors des célèbres « déjeuners des Fauves[1] ». Sa stature de grand élu local comme son rôle de gaulliste d'ouverture dans la vie politique nationale conduisent Georges Pompidou à le nommer Premier ministre après l'élection présidentielle de 1969, mais son projet de Nouvelle société braque une partie de la droite et conduit le président de la République à lui demander sa démission en 1972.

Candidat malheureux à la présidence de l'Assemblée nationale en 1973, il se présente à l'élection présidentielle de 1974 mais manque l'accès au second tour à la suite de la trahison de quarante-trois députés et ministres gaullistes emmenés par Jacques Chirac et ralliés à Valéry Giscard d'Estaing. Redevenu président de l'Assemblée nationale en 1978, à la suite d'un renversement d'alliances, soutien de Debré lors de la présidentielle de 1981, il perd le Perchoir au moment de l'arrivée de la gauche au pouvoir mais le retrouve à l'heure de la cohabitation, en 1986. Après avoir soutenu Chirac en 1995, il se retire progressivement de la vie politique.

Ce spécialiste des couloirs et des secrets du palais Bourbon tient donc un double rôle dans l'univers des barons : c'est l'homme des compromis et des négociations, qui a fait « la traversée du désert d'oasis en oasis[2] », selon le mot perfide du général de Gaulle ; mais c'est aussi l'homme indispensable des réseaux d'élus pendant la séquence 1953-1958 et la caution historique au moment de l'élection présidentielle de 1969.

L'enfant de Paris

Jacques Delmas est né le 7 mars 1915 au 76, boulevard de l'Hôpital, à Paris. Son père, Pierre, est ingénieur-conseil chez Delahaye, célèbre constructeur d'automobiles de luxe ; tandis que sa mère, Georgette Barrouin, est professeur de musique. Les parents se séparent en 1927 et Georgette se remarie alors avec Maurice Legendre, ancien pilote de chasse pendant la guerre, devenu marchand de meubles, qui prend le jeune garçon sous son aile et l'élève comme son propre fils. Élève turbulent au lycée Lakanal de Sceaux, Jacques étudie à la faculté de droit de Paris, rue Cujas, puis entre à l'École libre des sciences politiques – en même temps que Michel Debré et Jean-Marcel Jeanneney, qu'il ne fréquente pourtant pas. En 1933, par souci d'indépendance vis-à-vis de sa mère et de son beau-père, et pour financer ses études, il travaille comme stagiaire à *L'Information économique et financière* de Léon Chavenon, un journal boursier et financier, ce qui lui permet de suivre une licence en droit puis un diplôme d'études supérieures. Son adolescence est marquée par quelques figures tutélaires, comme Henri Noël, ami de son père ayant fait carrière dans les douanes chinoises après avoir vécu en Extrême-Orient[3] ; ou encore Georges Roumilhac, son professeur à Sciences Po, inspecteur des Finances, ancien attaché financier à Rome, qui l'encourage à passer le concours de l'Inspection[4].

En 1939, il épouse Odile Hamelin, la fille du fondateur de *L'Intransigeant*, grand quotidien d'opinion de droite[5]. Ses années journalistiques l'amènent à rencontrer Fernand de Brinon, chroniqueur pour les dossiers internationaux et future personnalité du régime de Vichy, qu'il « déteste[6] » mais dont il observe aussi l'influence sur certains milieux politiques. Après avoir fait son service militaire au sein du 37e régiment d'infanterie sous les ordres du colonel Groussard, il sort major de la promotion des élèves officiers de réserve de Saint-Cyr en mars 1939. Déjà, perce sous sa cuirasse son profil de charmeur, de séducteur et de sportif, qui feront plus tard sa légende.

Avec la déclaration de la guerre de mai 1940, il abandonne brutalement ses études et l'idée d'un doctorat en droit étant appelé comme sous-lieutenant dans le 75e bataillon alpin de forteresse, dans le massif de l'Authion, près de Nice. Il y est rapidement rejoint par son épouse et leur première fille. Démobilisé en juin après l'armistice, il cherche à rejoindre Londres après avoir entendu l'appel du général de Gaulle. Sur la recommandation du colonel Groussard, il est cependant mis en contact avec le réseau de résistance Hector, où il prend le nom de code de Lakanal, avec la charge de structurer un noyau militaire de résistance à Paris[7]. Ses compagnons d'armes, futures figures de la Quatrième République, s'appellent Maurice Bourgès-Maunoury et Félix Gaillard.

Contractuel au ministère de la Production industrielle à partir de juin 1941, il tente et réussit, après avoir été le premier des « non-reçus »[8], le concours de l'inspection des Finances en 1943.

À cette époque, pour assurer sa couverture, il change de nom de code et prend le pseudonyme de « Chaban », emprunté à un château de Dordogne, qu'il accolera à son patronyme après la guerre[9]. En mai 1943, il prend le risque de se dévoiler à l'adjoint de son chef de service (André Fayol) afin d'être libre de ses mouvements[10]. Il fournit alors de nombreux renseignements économiques à la France Libre par l'intermédiaire de Raymond Panié, lui aussi inspecteur des Finances et chef de service au ministère de la Production industrielle.

À l'été 1943, il est nommé membre de la délégation militaire nationale du Comité français de libération nationale (CFLN) auprès de Louis Mangin. Il l'assiste en conséquence dans ses contacts avec les délégués militaires régionaux comme Maurice Bourgès-Maunoury à Lyon, Paul Leistenschneider à Montpellier et Toulouse, ou encore André Boulloche à Paris, dont il devient ensuite l'adjoint. En février 1944, il est également nommé membre du Comité financier de la résistance (Cofi) de Jacques Bingen et Georges Bidault, structure de financement de l'armée des ombres, où il fréquente François Bloch-Lainé, René Courtin, Michel Debré, mais aussi Pierre Guillain de Bénouville. Il sert alors de responsable à la coordination entre le haut commandement interallié du général Pierre Koenig et les Forces françaises de l'intérieur (FFI).

En mai 1944, il est finalement choisi comme délégué militaire national (en remplacement de Bourgès-Maunoury, qui a lui-même succédé à Mangin), ce qui l'amène à quitter périodiquement la France métropolitaine pour Londres en juillet et en août, afin de rendre compte des capacités militaires de la résistance intérieure[11]. Il prend pour adjoint Lorrain Cruse, un camarade de préparation du concours de l'Inspection. Acteur de l'insurrection parisienne d'août 1944, qu'il a pourtant l'ordre d'empêcher en attendant la libération par les armées alliées, il contribue à sauver Paris des flammes, accueille le général Leclerc puis rencontre le général de Gaulle pour la toute première fois le 25 août 1944, en gare de Montparnasse[12]. Sa présentation lui vaut « une poignée de main forte - deux fois forte[13] » et trois mots pour l'éternité : « C'est bien, Chaban[14]. » Nommé général de brigade, dans la même promotion que son ami Guillain de Bénouville, il se voit proposer de poursuivre sa mission auprès d'André Diethelm, ministre de la Guerre. « Ayant trop participé à l'action pour être confiné à des tâches de cabinet[15] », il n'a cependant de cesse d'essayer de s'en échapper.

Les cabinets de la Libération

Au cabinet de Diethelm, ministre de la Guerre, Chaban-Delmas se lie d'amitié avec Jacques Richard, aide de camp du ministre et futur secrétaire général du parti gaulliste[16]. Dans l'équipe ministérielle, le jeune général de brigade est notamment chargé de l'amalgame entre les forces armées régulières et les FFI, ainsi que de l'inspection mobile des armées. Il y fréquente le colonel Paul Ély, « un authentique colonel face au général de fortune[17] » qu'il estime être. Ély a été son adjoint puis son successeur aux fonctions de délégué militaire national pendant la guerre. Il est alors directeur adjoint des FFI au ministère de la Guerre et sera le futur chef d'état-major du général de Gaulle de 1959 à 1961, au début de la Cinquième République. L'estime des deux hommes est réciproque. Lorsque Ély a été envoyé en France métropolitaine par Alger pour remplacer Chaban-Delmas en 1944, il a accepté de n'être que son second, reconnaissant sa meilleure connaissance du terrain et sa maîtrise plus affirmée des réseaux de résistance, ce qui a profondément lié les deux hommes.

Pour justifier son choix, Ély écrit ainsi à ses supérieurs hiérarchiques :

> Jeune, mais de classe, [Chaban-Delmas] sait se placer au point d'observation correspondant aux fonctions de délégué du pouvoir central. A réussi auprès de tous ici, non parce qu'il s'incline devant [les] personnes, mais parce [qu'il] domine les problèmes[18].

Le 18 juillet 1945, Chaban-Delmas est nommé secrétaire général du ministère de l'Information, sous l'autorité d'un certain... Jacques

Soustelle, qui occupait déjà ces fonctions à Londres, en 1942, avec la charge des émissions de la France Libre comme Honneur et Patrie, Radio Beyrouth, Radio Brazzaville ou encore Radio Papeete. Cette nomination fait suite à un faux départ au printemps 1945. Pierre-Henri Teitgen, prédécesseur de Soustelle, l'avait en effet nommé directeur général de la Radiodiffusion française, mais il avait oublié d'en prévenir Diethelm, son ministre de tutelle, conduisant donc au refus gêné de l'intéressé[19]. Dans un mélange des genres particulier, la période le voit aussi participer à la création de l'hebdomadaire *Samedi-Soir*, propriété de son beau-père. Le comité politique de la revue lui permet de fréquenter les gaullistes Diomède Catroux (neveu du général Catroux) et Claude Hettier de Boislambert, jusqu'à ce que ses fonctions l'obligent à vendre ses parts[20].

En novembre 1945, Malraux succède à Soustelle au ministère de l'Information et la rencontre des deux hommes décuple l'esprit gaulliste de Chaban-Delmas :

> Dès la première minute et le premier échange de regards, André Malraux et moi nous sommes parfaitement entendus. Nous avions en commun un appétit d'action et le besoin de servir une cause, celle de la France et de la liberté confondues, que le général de Gaulle incarnait à nos yeux. L'accord qui nous unissait a rendu possible une collaboration étroite, confiante et exaltante[21].

À cette époque, Malraux prend la suite de Palewski dans l'organisation de déjeuners réguliers entre les fidèles du Général – matrice des futurs déjeuners des barons à la Maison de l'Amérique latine. À son domicile de Boulogne-sur-Seine, les généraux Bénouville et Corniglion-Molinier, Claude Guy, Edmond Michelet, ainsi que Chaban-Delmas se retrouvent pour évoquer, avec passion, l'avenir du gaullisme. Il évoque ces déjeuners avec une certaine nostalgie dans ses *Mémoires* : « La conversation tournait le plus souvent possible autour de la recherche incessante qui mobilisait nos esprits : comment servir le mieux possible le général de Gaulle et son action[22] ? »

Toutefois, le départ du Général du pouvoir en janvier 1946 et la nomination d'un nouveau ministre de tutelle pour Chaban-Delmas, en la personne du socialiste Gaston Defferre, bouleversent la situation. En désaccord avec le projet de loi du gouvernement sur la saisie des immeubles et imprimeries des journaux de collaboration, visant à « confisquer leurs biens immobiliers pour être versés à une société nationale chargée de la répartir équitablement entre les nouveaux titres de la Résistance[23] », il démissionne en effet avec fracas de ses fonctions en mars 1946. Félix Gouin, président socialiste du Conseil des ministres, essaye bien de le retenir puis, jugeant la bataille perdue, tente de lui offrir une porte de sortie honorable. La résidence générale de Tunis lui est offerte, mais il la refuse, ce qui vaut au président le mot d'effroi suivant : « Malheureux, vous ne savez pas ce que vous faites, vous partez sans compensation[24] ! »

Le démissionnaire prend donc logiquement le chemin de son administration d'origine, l'inspection des Finances, où l'accueil est... glacial ! Fayol, son chef pendant la guerre, lui annonce en effet l'existence d'un projet de loi de suppression de l'Inspection et estime que sa réintégration au corps, après son départ sur un coup d'éclat, mettrait le feu aux poudres avec les parlementaires socialistes. Parti sur un coup de tête et désormais sans situation professionnelle, Chaban-Delmas voit se profiler les élections législatives de 1946 et s'interroge alors sur une potentielle carrière politique[25]. L'un de ses principaux biographes, Patrick Chastenet, évoque ici le rôle de son ancien mentor à l'Inspection, Paul Delouvrier, qui l'encourage dans cette voie politique, dès l'automne 1945 (comme Bourgès-Maunoury et Gaillard)[26].

Les débuts en politique

Résolu à se présenter aux élections législatives pour se sortir de cette mauvaise passe, Chaban-Delmas cherche le patronage d'une formation politique. Ne se sentant « ni conservateur, ni, encore moins, réactionnaire », il choisit « par élimination » le Parti radical, écartant d'emblée les communistes, les démocrates-chrétiens et les socialistes[27]. Encore hésitant, il va cependant prendre conseil auprès du général de Gaulle, lequel l'encourage dans sa démarche : « Mais oui, Chaban, allez donc au Parti radical. C'est là que vous trouverez les derniers vestiges du sens de l'État[28]. »

Le rôle de l'oncle de son épouse, Henri Hamelin, n'est pas non plus à négliger dans cette entrée en politique. Sénateur de l'Yonne de 1922 à 1944, par ailleurs questeur du Sénat à partir de 1936 mais décédé en 1945, c'est lui qui prête un appartement à Versailles au jeune couple en 1939-1940 et concourt à l'initiation de Chaban-Delmas à la chose politique. À la Libération, Hamelin est encore à l'initiative d'une rencontre entre Alexandre Parodi, par l'intermédiaire de Chaban-Delmas, et les sénateurs ayant eu une conduite honorable pendant la guerre[29]. Épisode qui sert de première rencontre avec René Coty, plus tard président de la République, propriétaire de l'appartement où se tient le rendez-vous.

Candidat radical, Chaban-Delmas jette d'abord son dévolu sur la Charente-Maritime, mais les cadres du parti lui préfèrent son ami Lorrain Cruse – qui abandonne finalement en raison d'oppositions locales[30]. Édouard Herriot, qu'il rencontre grâce à son beau-frère (André Schmidt), lui recommande alors de se présenter en Gironde, où sévit l'ancien député et sénateur radical Jean Odin[31]. Né à Bordeaux en 1889, avocat, député de 1928 à 1932 puis sénateur de 1933 à 1940, Odin fait partie des quatre-vingts parlementaires ayant voté contre l'octroi des pleins pouvoirs au maréchal Pétain. « Recuit au four de l'expérience, doué d'un talent oratoire à grands effets de manche[32] », le vieux sénateur est aussi l'un des principaux argentiers du Parti radical. Toutefois, la mainmise d'Odin sur la fédération radicale de Gironde connaît quelques remises en cause dans l'après-guerre. Le sénateur subit notamment la concurrence de Jean-Emmanuel Roy, maire radical de Libourne, député de Gironde de 1936 à 1940, également membre des quatre-vingts parlementaires ayant refusé de voter les pleins pouvoirs à Pétain. Aux législatives de juin 1946, leur opposition coûte son seul siège au Parti radical. La fédération girondine tient donc son congrès le 22 août 1946 pour choisir un candidat unique et éviter la répétition du désastre. La candidature du général Chaban-Delmas, extérieur aux oppositions locales, y est défendue par

Léon Martinaud-Deplat, vice-président du parti, et Bernard Lafay, secrétaire général adjoint... mais Odin suggère au dernier moment le nom de l'amiral Muselier, figure de la France Libre[33] !

Finalement désigné, Chaban-Delmas mène une campagne dynamique, marquée par une passe d'armes avec Georges Bidault, en déplacement à Bordeaux. Aux yeux de tous, le jeune général s'affirme comme l'homme de la situation. Pour déstabiliser ses adversaires, il fait notamment savoir que le général de Gaulle ne croit plus au MRP, le parti démocrate-chrétien, dont les dirigeants seraient « des hommes dangereux car incapables[34] ». En même temps, il déploie beaucoup d'énergie à empêcher l'Union gaulliste de René Capitant de présenter un candidat face à lui. Il s'en tire finalement en offrant la cinquième place de sa liste au commandant Lucien Guiard et travaille au corps l'électorat gaulliste du MRP[35]. Le résultat est sans appel : il réunit 71 561 voix (18,62 % des suffrages exprimés) et emporte deux sièges.

Premières armes parlementaires

Membre de la commission de la Presse à l'Assemblée nationale, il découvre une Chambre bloquée par le refus des alliances après l'aventure tripartite de Gouin et Bidault. En décembre 1946, Vincent Auriol, président de la République, fait appel à Léon Blum pour composer une équipe gouvernementale et Chaban-Delmas est nommé au sein de la délégation radicale de René Mayer envoyée négocier avec lui[36]. Sa position reste néanmoins secondaire et il ne fait pas son entrée dans le gouvernement de Paul Ramadier en janvier 1947. Paye-t-il déjà sa posture de radical-gaulliste ? Il fait en tout cas partie du petit groupe parlementaire présent aux côtés du Général, à Strasbourg, le 7 avril 1947, pour le lancement du RPF, et dirige même la délégation d'une demi-douzaine de députés et sénateurs invités à l'événement[37].

Si Chaban-Delmas bénéficie de la bienveillance de ses amis radicaux Bourgès-Maunoury et Gaillard, son positionnement à cheval entre le Parti radical et le RPF complexifie rapidement la situation. Ses nouveaux compagnons de route se nomment Paul Giacobbi et André-Jean Godin, présidents successifs de l'intergroupe gaulliste à l'Assemblée nationale entre 1947 et 1950. En juillet 1948, il s'abstient lors du vote de confiance sur le programme de gouvernement du radical André Marie, puis en septembre sur celui du radical Henri Queuille. En décembre 1948, il subit en conséquence les foudres d'Herriot, lors du congrès du Parti radical, et devient l'animateur d'un petit groupe informel radical-gaulliste, rapidement réduit à peau de chagrin[38].

En octobre 1949, il s'abstient encore lors du vote de confiance du programme de gouvernement du radical René Mayer, achevant de s'attirer l'inimitié de certains camarades de banc. Toutefois, sa candidature et son élection à Bordeaux, lors des municipales d'octobre 1947, contribuent à asseoir sa position politique et le conduisent même à prendre la présidence de la fédération régionale du Parti radical en 1949. « Radical d'étiquette et gaulliste de sentiment[39] », Chaban-Delmas brille à l'Assemblée nationale comme en Aquitaine. À Olivier Guichard, jeune délégué régional du RPF dans le Sud-Ouest, le Général confie avec beaucoup de prudence : « Méfiez-vous, c'est un vrai radical, ne vous laissez pas embarquer[40] ! »

La méfiance est donc de mise au parti gaulliste. C'est d'ailleurs un des dilemmes de son engagement au sein du RPF : s'il est un des parrains du parti dès son lancement à Strasbourg, en 1947, il n'entre cependant au Conseil de direction qu'en 1951, ce qu'il doit à l'animosité de certains cadres nationaux, comme locaux, notamment le colonel Fleuret, ancien président de la section régionale de l'Union gaulliste de Capitant, devenu responsable du RPF girondin[41]. En novembre 1950, Chaban-Delmas décide d'aider Jacques Soustelle, secrétaire général du RPF et candidat aux législatives à Lyon, au cœur du fief historique d'Herriot. C'est un véritable tiraillement des fidélités. Le général Chaban-Delmas préside un grand banquet de soutien à Soustelle, ce qui provoque la rupture avec Herriot, lequel exige en conséquence la fin de la bigamie politique.

Devant le refus du conseil de discipline du parti de sanctionner Chaban-Delmas, Herriot remet sa démission de la présidence du

Parti radical en février 1951. Au congrès de la Mutualité, le 16 mars, Debré vient au secours de Chaban-Delmas et plaide en faveur de contacts rapprochés entre les deux familles. Rien n'y fait, par 545 voix pour et 128 contre, les élus et militants du RPF sont sommés de quitter le Parti radical sous trois semaines. « Cela coûtera 500 000 voix au parti aux élections[42] », conclut Chaban-Delmas non sans amertume.

L'aventure gaulliste

Conséquence du congrès de la Mutualité, le comité exécutif du Parti radical du 3 avril 1951 met en demeure Chaban-Delmas de choisir entre le RPF et les radicaux[43]. Le maire de Bordeaux décide donc de se mettre en congé du parti, tout en regrettant un ultimatum inacceptable. Le 17 juin, lors des élections législatives, sa stratégie est cependant récompensée : il réunit 84 609 voix et emporte trois sièges. Au Conseil national du RPF du 6 juillet 1951, il fait officiellement son entrée au Conseil de direction du mouvement[44]. Membre de la commission des Affaires économiques, il prend part au combat contre la Communauté européenne de défense (CED), ce qui contribue parallèlement à le rapprocher de la galaxie gaulliste[45].

En mars 1952, au moment de l'investiture d'Antoine Pinay, bien que se présentant comme un de ses ennemis personnels[46], Chaban-Delmas plaide pour une souplesse dans les consignes de vote données au groupe gaulliste. Il bénéficie, pendant toute cette séquence, du soutien du député RPF Philippe Barrès, fils de l'écrivain Maurice Barrès. La suite est connue : derrière Édouard Barrachin, vingt-sept députés RPF votent la confiance à Pinay, et de Gaulle, souhaitant leur exclusion, provoque un mouvement contre sa personne au sein des parlementaires gaullistes. Le groupe est amputé de son tiers à l'été suivant, tandis que les dissidents forment une faction à part.

En octobre 1952, lorsque Diethelm prend la suite de Soustelle à la présidence du groupe parlementaire RPF, Chaban-Delmas n'est pas réélu à la vice-présidence et réfléchit même à un « retour à ses premières amours, autrement dit au Parti radical[47] ». C'est une forme de disgrâce dans un contexte d'orthodoxie gaulliste. Toutefois, les problèmes de santé de Diethelm permettent rapidement à Chaban-Delmas de revenir sur le devant de la scène. Après avoir voté l'investiture du gouvernement Mayer, il est l'artisan des accords entre le groupe RPF et Joseph Laniel, lesquels conduisent à son investiture le 27 juin 1953[48]. C'est d'ailleurs Chaban-Delmas qui, à la tribune, fait connaître la position officielle du groupe RPF lors du vote d'investiture de Laniel, privilège pourtant normalement dû au président de groupe. Une fonction dont il s'empare petit à petit. L'alliance de raison avec Laniel prend fin en décembre 1953, lorsque Chaban-Delmas soutient Coty au moment de l'élection présidentielle, rompant de fait avec les gaullistes[49]. Négociateur de l'ombre, il ne fait pas son entrée dans le gouvernement Laniel de juin 1953, pas plus que dans sa nouvelle mouture en janvier 1954. Il s'estime en effet plus efficace et puissant à la tête de son groupe parlementaire. Peut-on, dès à présent, parler de « baron » ? Ses intrigues à répétition suscitent en tout cas l'agacement de nombreux gaullistes. Ainsi, Jacques Dauer peste, dès cette époque, contre le « sémillant Florentin[50] », et l'ambassadeur Léon Noël va jusqu'à dire que « de Gaulle approuva l'analyse [...] selon laquelle Chaban-Delmas par sa participation [à la Quatrième République et ses gouvernements] a fait plus de mal [au RPF] que la dissidence de Barrachin[51] ».

Le ministre de la Quatrième République

Face à l'effacement progressif du général de Gaulle, au lendemain de la crise de mars 1952, Chaban-Delmas ne veut rester « ni les bras croisés, ni les bras levés d'indignation[52] ». D'où, dès mai 1953, la création du groupe parlementaire de l'Union des républicains d'action sociale (URAS), sous sa présidence, et sa volonté exprimée à ses amis de fonder un nouveau parti gaulliste afin de tourner la page du RPF. Le 26 mai 1953, quelques jours après l'investiture de Laniel, Chaban-Delmas prend donc la suite de Diethelm à la présidence du groupe parlementaire de l'URAS. Le groupe ne compte alors plus que soixante-dix-sept députés, lesquels ne se plient pas toujours à la discipline de vote. Déçu, le nouveau président regrette son absence du gouvernement Laniel, tout en estimant « apporter une aide plus efficace[53] » depuis l'Assemblée nationale et la présidence de son groupe. Au même moment, il reprend la pratique de Palewski puis Malraux d'animer des déjeuners avec les grandes figures du gaullisme pour réfléchir à l'avenir du parti et du groupe (Debré, Foccart, Frey, Guichard, Malraux, Michelet, Soustelle). C'est à partir de cet instant, à la fois par le prestige de ses responsabilités et par ses velléités d'organisation du gaullisme politique, qu'il en devient l'un des grands barons.

En juin 1954, Chaban-Delmas entre enfin dans le gouvernement de Pierre Mendès France, en tant que ministre des Travaux publics, des Transports et du Tourisme. Il ne connaît pas personnellement le nouveau président du Conseil – qu'il n'a vu qu'une fois en tête-à-tête en juin 1953 –, mais il a été fortement recommandé par Soustelle, auquel (on s'en souvient) le général de Gaulle avait opposé un refus à son entrée dans ce gouvernement[54]. En même temps qu'il entre au gouvernement, Chaban-Delmas avance ses pions dans la création de son parti. Le 15 juin 1954, le groupe URAS devient le groupe des Républicains sociaux, puis en juin 1955, le Centre national des Républicains sociaux (CNRS). Chaban-Delmas en prend la présidence ; Roger Frey, le secrétariat général ; René Fillon[55], la trésorerie ; Debré, Michelet et Soustelle figurant au comité exécutif[56].

Chaban-Delmas s'en justifie :

> [Nous étions] à bord d'un navire dont l'armateur venait de baisser pavillon. Plus de label. Plus de pilote à bord. Chacun pour soi. Que pouvaient les députés RPF sans le RPF ? Et sans de Gaulle ? Rien, sinon effectivement entrer dans la ronde ministérielle[57].

Pour expliquer son ralliement à Mendès France, il ajoute :

> Malgré tout ce qui les séparait – c'était à dire presque tout –, il y avait du De Gaulle en lui. Dans sa rigueur extrême, dans sa capacité

d'analyse, et surtout de simplification, ce qui est le propre des grands esprits. Dans son courage aussi, au physique comme au moral[58].

Le nouveau ministre s'impose rapidement comme la boussole des parlementaires gaullistes, en l'absence du général de Gaulle. Lors du vote de confiance sur le programme de gouvernement de Mendès France, en juin 1954, cinquante-neuf députés URAS votent pour, quatorze s'abstiennent et deux votent contre. Une victoire pour Chaban-Delmas, qu'il partage avec Palewski. Ministre et maire de Bordeaux, où il est réélu en 1953, Chaban-Delmas confie les rênes du groupe parlementaire à Raymond Triboulet, député du Calvados, qui n'est pas sans critique vis-à-vis des « habiletés de Chaban » et du « malaise dans le groupe [face à] l'attitude du président qui avait tout négocié, pour ne pas écrire marchandé, sans mettre le groupe au courant et qui était par une porte pour ressortir par une autre après avoir chuchoté à l'oreille d'une vingtaine au moins de nos collègues qu'il allait leur obtenir un portefeuille »[59].

Le 12 août 1954, Chaban-Delmas démissionne avec les autres ministres gaullistes (le général Koenig et Lemaire) pour protester contre le projet de CED. Il est aux premières loges, à nouveau avec Palewski, pour mobiliser le vieil Édouard Herriot, figure morale de l'Assemblée nationale, afin qu'il présente la motion en faveur de la question préalable à la discussion sur le projet de loi, autrement dit l'enterrement de la CED[60]. Avec 319 voix pour, 264 contre, la manche est gagnée. En septembre 1954, Chaban-Delmas est cependant le seul des trois ministres gaullistes à reprendre sa place au sein du gouvernement. Il s'empare, en plus, du portefeuille du socialiste Claudius-Petit, démissionnaire à la suite du vote sur la CED[61]. Il renonce néanmoins à ses fonctions en février 1955, lorsque Edgar Faure succède à Pierre Mendès France, malgré l'insistance du nouveau président du Conseil[62].

De retour à l'Assemblée nationale, Chaban-Delmas assure Faure de son soutien en échange de la participation de ministres gaullistes au gouvernement (Bayrou, Corniglion-Molinier, Koenig, Palewski, Triboulet). La crise couve cependant et, en octobre, les ministres gaullistes démissionnent pour protester contre la politique menée en Afrique du Nord. Aux législatives de 1956, les Républicains sociaux sont très sèchement battus et le groupe de Chaban-Delmas n'obtient que vingt députés. Il organise donc, autant que faire se peut, la petite troupe autour de la défense des valeurs du gaullisme. En février 1956, il négocie d'ailleurs habilement la participation du CNRS au gouvernement du socialiste Guy Mollet pour lui, en tant que ministre d'État, et pour Lemaire, en tant que secrétaire d'État à l'Industrie et au Commerce.

La partie n'a pas été facile, mais Chaban-Delmas a su tirer ses marrons du feu. Au Conseil national du CNRS de janvier 1956, il a en effet été très vertement tancé par les cadres du parti (y compris Frey et Triboulet) en raison de son projet de participation au gouvernement d'un socialiste[63]. Triboulet dénonce ainsi ses « grandes manœuvres[64] », tandis que l'essentiel de la troupe peine à comprendre son alliance avec la gauche. Toutefois, l'inflexion du président Mollet en faveur de l'Algérie française - matérialisée par la nomination de Robert Lacoste comme ministre résident à Alger - permet à Chaban-Delmas de justifier la participation du CNRS au gouvernement au regard d'une conjonction de vues sur le dossier algérien. Il s'en fait notamment le défenseur lors du Conseil national du CNRS du 19 juillet 1956[65]. Il obtient en conséquence le soutien de son parti lors des Conseils nationaux du 19 juillet puis du 22 octobre 1956, ce qui met fin à la crise interne. Il utilise encore le dossier algérien pour justifier sa présence au gouvernement lors du congrès national du CNRS de Bordeaux, en février 1957[66].

De mois en mois, la liste de ses adversaires s'allonge pourtant, y compris au sein de la famille gaulliste. Après avoir subi les foudres du général Koenig en décembre 1956, Chaban-Delmas doit affronter Debré et Dronne à Bordeaux, qui réclament le départ des Républicains sociaux du gouvernement et le retour à l'orthodoxie gaulliste. La chute du gouvernement Mollet met fin à ces querelles intestines et les Républicains sociaux ne participent pas à l'aventure gouvernementale de Bourgès-Maunoury, pourtant ami de longue date de Chaban-Delmas. En novembre 1957, il revient finalement au gouvernement dans l'équipe de Gaillard, comme ministre de la Défense nationale et des Forces armées.

L'Algérie gaulliste

Si Chaban-Delmas incarne, à l'époque, ce qu'il reste de gaullisme parlementaire et politique - Coty lui faisant notamment dire, en octobre 1957, qu'il se tient prêt à appeler de Gaulle au pouvoir si les conditions l'exigent[67] –, sa participation au gouvernement Gaillard achève de réaliser la coalition de ses opposants internes. En décembre 1957, il confie donc la présidence du CNRS à Edmond Michelet, sous la pression de ses adversaires.

Rue Saint-Dominique, le ministre gaulliste reprend surtout le dossier algérien, alors entre les mains du gouverneur Lacoste et du général Salan. Chaban-Delmas décide immédiatement de créer une antenne de son ministère à Alger et de limoger Salan, ce qui suscite des tensions dans l'Armée, dont le point culminant est la menace de démission du général Ély, le vieil ami de la résistance, alors chef d'état-major de l'armée de Terre[68]. À la même époque, le chef de cabinet de Chaban-Delmas, Léon Delbecque, est envoyé à Alger, à la tête d'un bureau de la guerre psychologique, afin de suivre le conflit directement depuis le terrain et d'y installer une antenne gaulliste. Le ministère Chaban est parallèlement marqué par l'incident de Sakhiet Sidi Youssef (en Tunisie), en février 1958, qui plonge la France dans une crise internationale et conduit à la mise en place d'une médiation anglo-américaine[69].

Dans la foulée, la crise de mai 1958 met évidemment Chaban-Delmas et son entourage au premier plan de la séquence de retour au pouvoir du général de Gaulle. Le 13 mai, le Comité de salut public insurrectionnel d'Alger réunit en effet l'ancien gouverneur Jacques Soustelle, le président de l'Association générale des étudiants d'Algérie, Pierre Lagaillarde, mais aussi l'envoyé de Chaban-Delmas en Algérie, Léon Delbecque, au premier rang des insurgés. Le 14 mai, lorsque Salan salue la foule algérienne d'un « Vive la France ! Vive l'Algérie française ! », c'est encore Delbecque, à ses côtés, qui le pousse à ajouter « Vive le général de Gaulle ! »[70]. Alors, quel rôle pour le tandem Chaban-Delmas-Delbecque dans la crise de mai 1958 et dans l'appel des insurgés d'Algérie au Général ? Le ministre doit d'abord à Delbecque l'apaisement des cadres du CNRS (notamment Debré) en novembre 1957 au moment de son entrée dans le gouvernement Gaillard[71]. Ancien délégué départemental du RPF puis secrétaire général du CNRS dans le Nord, Delbecque aurait en effet été « imposé[72] » à Chaban-Delmas par Soustelle, afin de ménager certaines tendances conservatrices au sein du parti. Est-ce à dire qu'il opérait seul et de son propre chef en Algérie française, au nom de cette faction du parti ? Que Soustelle était le véritable maître d'œuvre et Chaban-Delmas un simple observateur de son action ? Ou encore, pour dire les choses plus clairement, que Delbecque était sous les ordres directs de Soustelle ? Entre d'une part un gouvernement tombé le 15 avril et un ministre dans l'expédition des affaires courantes, et d'autre part un conseiller politique au cœur de l'agitation algérienne et guidé par ses propres ambitions et convictions, le flou demeure sur les responsabilités de chacun.

Reste que les événements d'Algérie française précipitent le retour au pouvoir du général de Gaulle et la création d'un gouvernement d'union nationale, dans lequel ni Chaban-Delmas, ni Delbecque ne figurent. Certes, le ministère de l'Intérieur lui est promis dans la perspective du premier gouvernement de la Cinquième République, mais les conjurés d'Algérie sont marginalisés dans la séquence, car ils sentent le soufre[73]. Si Chaban-Delmas s'est affirmé comme un baron au temps du RPF, de l'URAS puis du CNRS, Maurice Vaïsse avance une autre théorie pour expliquer son absence du gouvernement de juin 1958. Le général de Gaulle lui en aurait en effet voulu de son action comme ministre de la Défense, en 1957-1958, au titre de laquelle Chaban-Delmas avait accepté de stocker des armes nucléaires américaines en Europe, une atteinte grave à la souveraineté nationale[74].

La république gaullienne

Tenu à l'écart après les événements de mai 1958, Chaban-Delmas crée, le 11 juin, un Mouvement pour la Cinquième République destiné à reprendre en main le CNRS. Debré et Michelet ayant rejoint le gouvernement du général de Gaulle, il pense en effet pouvoir imposer une trêve politique au sein du parti gaulliste. Toutefois, les plaies sont encore vives ; c'est pourquoi, le 22 juillet suivant, il crée finalement un parti distinct : l'Union civique pour le référendum en vue de l'avènement de la Cinquième République (UCR), installée dans la perspective du référendum constitutionnel du 28 septembre suivant. La présidence en est confiée à Louis-Pasteur Vallery-Radot, membre fondateur du RPF, et le secrétariat général à Claude de Peyron, cousin de Chaban-Delmas et proche de Foccart[75]. Le 14 août, l'UCR intègre le Comité de coordination des mouvements gaullistes de Frey et Soustelle, puis ses membres rejoignent, à l'automne, l'Union pour la nouvelle république (UNR), dont Chaban-Delmas est l'un des treize fondateurs[76]. Il n'en garde pas moins des détracteurs féroces au sein de la galaxie gaulliste, ainsi le colonel Pierre Battesti, figure du *Courrier de la colère* et de l'USRAF de Soustelle : « Chaban, c'est la Quatrième ! C'est le symbole de tout ce contre quoi nous nous sommes battus ! C'est la pirouette et la girouette, c'est le compromis permanent, c'est le contraire de De Gaulle[77] ! »

La fronde anti-Chaban ne s'arrête pas là. Dans la perspective des législatives de novembre 1958, le général Lionel-Max Chassin, président de l'Association des combattants de l'Union française et figure des événements de Mai, se présente face à l'ancien ministre gaulliste à Bordeaux, avec le soutien de certains antiparticipationnistes du CNRS et de l'UNR. Ayant eu vent de cette candidature dissidente, le général de Gaulle décide de faire étape à Bordeaux et de s'afficher lors d'un rassemblement de soutien à Chaban-Delmas saluant « [son] ami Chaban », « celui qui depuis près de vingt ans n'a cessé de se trouver auprès de [lui] pour défendre la France »[78]. Le message est passé.

Réélu député, Chaban-Delmas décide de briguer la présidence de l'Assemblée nationale. Le général de Gaulle préférerait cependant, sur les bons conseils de Pinay, y voir Paul Reynaud, ancien président du Conseil, ce qui conduit Debré, Guichard et Soustelle à tenter de faire revenir le Bordelais sur sa décision[79]. Sans succès. Un conciliabule se tient donc entre Chaban-Delmas, Debré, Foccart, Frey, Guichard et Pompidou. Les barons sont au grand complet pour cette première réunion de crise, de laquelle il sort que Reynaud appartient à « la préhistoire du gaullisme[80] » et ne peut être choisi pour ces fonctions hautement stratégiques. Rejoint par Soustelle, le petit groupe décide donc de forcer la main du Général et de soutenir Chaban-Delmas. Estimant que son retrait ne pourrait venir que d'un échange direct avec le général de Gaulle, Chaban-Delmas présente donc sa candidature au groupe gaulliste, qui l'investit, puis va en informer Reynaud. Lequel s'insurge :

> Reynaud : Comment ! Vous n'êtes pas au courant de ma propre candidature et de ce qu'elle a l'approbation du général de Gaulle ? [...]
> Chaban-Delmas : Je ne pourrai admettre quoi que ce soit sur ce sujet que si le général de Gaulle me le dit.
> Reynaud : Il vous le dira[81].

Le Général n'en fera rien et, au premier tour, Reynaud obtient seulement 168 voix, tandis que Chaban-Delmas en réunit 259 ; ce qui amène logiquement à son élection par 355 voix au second tour. Quelques années plus tard, au lendemain d'un propos atlantiste de Reynaud, le général de Gaulle accordera d'ailleurs son pardon à Chaban-Delmas pour cette première fronde de la Cinquième République : « Oh ! Vous vous en tirez bien avec cette présidence de l'Assemblée. Et vous avez bien fait de ne pas tenir compte de la préférence que j'avais esquissée[82]. »

La présidence de l'Assemblée nationale

Grâce à ses fonctions à l'hôtel de Lassay, Chaban-Delmas devient rapidement un élément incontournable du pouvoir gaulliste. Dans les salons de l'Assemblée nationale, il réunit régulièrement les barons : Debré (particulièrement après son départ de Matignon), Foccart, Frey, Guichard et Palewski (après son retour à Paris). Les six hommes s'installent ainsi en gardiens du gaullisme politique et en observateurs vigilants des tractations du moment : « Nous étions ainsi faits. Une équipe, un clan, une bande et beaucoup plus que cela : une chevalerie rassemblée, je l'ai dit, par un idéal fort[83]. »

Après une relative marginalisation pendant la période 1959-1961, à la suite de son coup de force parlementaire, Chaban-Delmas revient pleinement dans le jeu gaulliste. Lors des journées d'études d'Ajaccio, les 8-10 février 1961, il propose en conséquence que le parti s'institue en boîte à idées de la majorité présidentielle – théorie empruntée à Albin Chalandon, secrétaire général de l'UNR en 1959, remercié de ses fonctions en raison d'une fronde interne du clan soustellien[84]. Bien que Chaban-Delmas soit le parlementaire gaulliste par excellence, il ne dirige pas la campagne des législatives de 1962, confiée, on l'a vu, à Debré, après son départ de Matignon. La ligne debréiste autour d'une majorité strictement gaulliste, mais excluant les ultras de l'Algérie française, est en effet préférée à la ligne chabaniste, fondée sur une « majorité de rechange[85] », associant des démocrates-chrétiens et des radicaux.

Central à la fin des années 1950, Chaban-Delmas est donc devenu un personnage secondaire de l'univers gaulliste au début des années 1960. Il ne participe d'ailleurs pas au fameux dîner du général de Gaulle du 29 juin 1965, réunissant son premier cercle de fidèles et visant à définir sa stratégie en vue de l'élection présidentielle de décembre, mais la rigueur de son travail et la tenue politique du Parlement lui laissent cependant entrevoir certaines perspectives. Son statut de président de l'Assemblée nationale le place en effet au premier rang lors des grandes crises de la république gaullienne, ce qui contribue progressivement à son retour en grâce. En avril 1961, en plein putsch des généraux, il est ainsi mandé par le Général, qui le sonde sur l'état d'esprit du monde parlementaire puis l'envoie auprès de Debré à Matignon pour suivre la crise[86].

Autour de Debré, Chaban-Delmas, Frey et Foccart sont alors réunis pour décider des actions à prendre face à la tentative de coup d'État militaire. Les barons s'imposent, pendant cette séquence, comme un état-major du gaullisme au sens militaire du terme. Chaban-Delmas échange ainsi avec Messmer, ministre des Armées, et demande aux généraux Gallois et Marquand de reprendre du service actif[87]. Il est encore à la manœuvre dans la séquence d'appel à la mobilisation des Parisiens face au putsch, malgré le manque d'enthousiasme initial du Général. À Debré faisant part du refus du chef d'État, il répond en se rendant lui-même à l'Élysée et en convaincant le président de la République de changer d'avis, d'où la fameuse déclaration de Debré du 23 avril 1961 appelant à la mobilisation générale à pied, à vélo et même à cheval[88].

Les relations se réchauffent avec le général de Gaulle à partir de 1962 lorsque, face à Debré hésitant et opposé à la politique algérienne, les autres barons font front commun, étant d'avis « que Charles de Gaulle se trouvait en charge de l'affaire et qu'il y avait lieu de lui faire confiance[89] ». Après le départ de Soustelle en 1960 et celui de Debré en 1962, le cercle des intimes se réduit. Chaban-Delmas et de Gaulle ne sont pas toujours d'accord dans la conduite des affaires politiques, mais l'un et l'autre s'estiment et se respectent. Le président de l'Assemblée nationale témoigne ainsi :

> Le Général appréciait la franchise, voire la rudesse, dès l'instant qu'elles s'expriment pour le bien de la Nation. Sur ce point, il ne douta pas de moi. Il fallait savoir défendre, au besoin, de Gaulle devant de Gaulle[90].

La nomination de Pompidou à Matignon à Pâques 1962 ralentit néanmoins ce mouvement. Le nouveau Premier ministre et le président de l'Assemblée nationale partagent en effet moins d'atomes crochus :

> Nous nous connaissions beaucoup moins. Il me considéra quelque temps avec une méfiance qui ne me visait pas spécialement. Celle d'un homme habitué à n'avancer d'un pas qu'une fois vérifiée la solidité du terrain. Il s'habitua peu à peu à ma façon d'exprimer ma pensée sans détour, découvrant qu'aucune intention contraire ne l'inspirait, mais ensemble le désir de défendre l'institution parlementaire et celui de montrer au chef du gouvernement les ornières de demain[91].

Le prestige de Chaban-Delmas l'amène à être pressenti pour prendre la suite de Pompidou à Matignon, en 1967, au lendemain des élections législatives, mais le résultat décourageant du scrutin enjoint plutôt le président de la République à la stabilité gouvernementale et parlementaire. Son nom est encore évoqué en 1968, pour les mêmes fonctions, mais le président de la République lui préfère finalement Maurice Couve de Murville, son inamovible ministre des Affaires étrangères[92]. Au cœur de la crise du mois de mai 1968, Chaban-Delmas fait partie des barons réunis par Pompidou à Matignon, le 29 mai, pour envisager les suites à donner au projet de référendum du Général (Debré, Foccart, Frey, Guichard)[93]. Les six hommes décident de tout faire pour amener leur chef à revenir sur sa décision et à lui préférer une dissolution de l'Assemblée nationale.

Le jour même, Pompidou annonce cependant aux barons que le général de Gaulle a disparu dans le secret le plus entier :

> Chaban-Delmas : Que se passe-t-il ?, demandai-je à Foccart.
> Foccart : Demande-le-lui.
> Chaban-Delmas : Qu'est-il arrivé, Georges ?
> Pompidou : On a perdu le général de Gaulle ![94]

Aucun des six hiérarques du régime gaulliste n'a été tenu dans la confidence. Les barons sont en dehors du coup ! C'est la catastrophe, mais le retour magistral, la manifestation des Champs-Élysées et la constitution d'un nouveau cabinet Pompidou provoquent l'électrochoc nécessaire. Bien que potentiellement intéressé à titre personnel, Chaban-Delmas ne soutient pas l'élimination politique de

Pompidou après les législatives de 1968[95], tout en reconnaissant que le Premier ministre « est à bout[96] », physiquement comme mentalement. Son successeur, Couve de Murville, « peu enclin à se confier[97] », n'établira jamais la même relation de confiance avec le président de l'Assemblée nationale. Les barons se retrouvent d'ailleurs autour du besoin de changer rapidement de Premier ministre. La messe est donc dite.

En avril 1969, sitôt l'échec du référendum sur la participation, Chaban-Delmas se rue chez Couve de Murville pour l'interroger sur l'avenir politique du gaullisme. Au Premier ministre désœuvré, il demande même si Pompidou, que tous savent vouloir être candidat, ne devrait pas annoncer sa candidature à l'élection présidentielle le jour même[98]. Il en sera le meilleur avocat tout au long de la campagne. Le 28 avril, Chaban-Delmas réunit les barons à l'hôtel de Lassay (Debré, Foccart, Frey, Guichard), ainsi que Pompidou, auquel ils annoncent leur soutien en vue de l'élection. Pompidou élu, Chaban-Delmas est « l'évidence[99] » pour les fonctions de Premier ministre et reçoit le soutien unanime des barons pour être nommé à l'hôtel de Matignon. L'unité de la famille gaulliste est sa première mission entre un gaullisme de gauche éparpillé - galaxie de clubs et de mouvements, parmi lesquels l'Union des jeunes pour le progrès (UJP), et de grandes figures antipompidoliennes comme Capitant ou Vallon - et un gaullisme de droite férocement radical - dont Présence et action du gaullisme (PAG) est la figure de proue, avec Debré, Germain et Messmer à sa tête.

Dès les journées parlementaires de l'UDR d'Amboise, les 13-14 septembre 1969, le nouveau Premier ministre est la proie des agitations du parti. Debré y dit sa double fidélité à Chaban-Delmas, bien sûr, mais par-dessus tout au président de la République. Il faut donc manœuvrer. Après avoir fait entrer Debré au sein du gouvernement, Chaban-Delmas envisage de confier le secrétariat général du parti à Messmer pour neutraliser définitivement PAG[100]. Au Parlement, le 16 septembre, il prononce parallèlement son célèbre discours de la Nouvelle société, manifeste contre une « société bloquée », mais aussi ode au « nouveau levain de jeunesse, de création, d'invention, qui secoue notre vieille société »[101]. Pour toute une série de raisons désormais bien connues, sa prise de parole irrite Pompidou et braque son entourage. « Vous êtes un gaulliste, je n'en disconviens pas, mais vous êtes aussi l'homme qui apporte le socialisme en France[102] », lui reproche ainsi Pierre Juillet, conseiller du Président.

Pour mettre en œuvre son programme d'action et sa théorie de la Nouvelle société, Chaban-Delmas entend agir avec la majorité présidentielle, mais aussi avec le soutien des centristes (Sudreau) et des radicaux (Gaillard), ce qui lui vaut une fronde des parlementaires gaullistes lors du Conseil national de l'UDR de Montpellier, les 28-30 novembre 1969. Si Chaban-Delmas peut compter sur Frey, ministre d'État, chargé des Relations avec le Parlement, pour tenir la troupe, le couple Juillet-Garaud, les « Affreux », tous les deux conseillers de Pompidou à l'Élysée, ne cesse d'entretenir les tensions entre le président de la République et son Premier ministre. Dans ses *Mémoires*, il parle même d'« influences maléfiques[103] » pour qualifier leur action.

Debré et les représentants de PAG y trouvent prétexte pour relancer leur offensive contre Chaban-Delmas, le participationniste de la Quatrième République, au point de voir André Fanton dénoncer la « cuisine politicienne[104] » du Premier ministre. Les journées parlementaires de l'UDR de Chamonix de septembre 1970 sont à nouveau un désastre et creusent le fossé entre Chaban-Delmas et sa majorité. En janvier 1971, les « Affreux » intriguent à nouveau et obtiennent que René Tomasini, député de l'Eure, prenne le secrétariat général de l'UDR, alors même qu'il est l'une des voix dissonantes de la majorité présidentielle, critiquant régulièrement la réforme de Chaban-Delmas sur la libéralisation de l'ORTF, ainsi que l'impossibilité de mettre en œuvre la Nouvelle société. En février, ils obtiennent également l'entrée de Messmer au gouvernement, comme ministre d'État, chargé des DOM-TOM.

Les autres barons ne sont en réalité pas mieux lotis. Pompidou entend en effet marquer le début de son règne présidentiel par une conduite très solitaire du pouvoir. En novembre 1970, au moment de la nomination du comte de Marenches à la tête du SDECE, le service de renseignement, Chaban-Delmas, Debré comme Foccart sont « placés devant le fait accompli[105] ». Le 12 février 1971, Christian

Fouchet, beau-frère de Palewski, et Jacques Vendroux, beau-frère du Général, claquent la porte du parti pour dénoncer le retour de Soustelle, présent sur la liste du maire de Lyon (Louis Pradel), soutenue par l'UDR. En toile de fond, les deux hommes critiquent aussi l'émergence d'un gaullisme sans repère, soumis aux injonctions contraires de Chaban-Delmas et Pompidou. Le 2 juillet 1971, cinq présidents de commission à l'Assemblée nationale expriment à leur tour leur défiance à l'égard du Premier ministre dans une longue lettre (Charbonnel[106], Foyer, Lemaire, Peyrefitte, Sanguinetti). Une initiative encouragée et soutenue par Germain, nouveau patron de PAG, à la suite de l'entrée de Messmer au gouvernement.

Aux journées parlementaires de l'UDR d'Hyères de septembre 1971, Pompidou tente bien de calmer le jeu et d'apporter son soutien à son Premier ministre, mais la machine s'est emballée. Chaban-Delmas perd chaque jour un peu plus de terrain au sein du parti et semble s'ostraciser face au clan pompidolien. En novembre 1971, lors des assises nationales de l'UDR de Strasbourg, le président de la République aggrave la situation en faisant battre deux fois son Premier ministre sur ses propositions, la première sur son initiative d'élection d'un président du parti (portée par Chalandon et Sanguinetti), la seconde sur le retour des gaullistes de gauche du Mouvement pour le socialisme par la participation (MSP) au sein de l'UDR.

Dernier coup de boutoir, le comité central de l'UDR du 3 décembre 1971 décide de l'entrée de personnalités opposées à Chaban-Delmas au sein des instances du parti, comme André Bord ou Joseph Comiti[107], lesquels encouragent au même moment le président de la République à changer de Premier ministre et de chef de la majorité présidentielle pour les législatives de 1973[108]. Le 5 juillet 1972, à bout de souffle et à l'issue d'une énième dispute, Chaban-Delmas remet sa démission à Pompidou, alors que les deux hommes envisageaient pourtant de poursuivre leur route commune jusqu'aux législatives de 1973[109]. La présidence de l'Assemblée nationale, qu'il convoite un temps, lui échappe finalement à la demande de Pompidou. C'est le début d'une traversée du désert.

Où sont passés les barons ?

Dans la séquence 1969-1972, ils agissent de manière dispersée, ce dont ils payent les frais politiquement avec le départ de Chaban-Delmas de Matignon. Debré joue en effet la carte de l'orthodoxie gaulliste à l'extrême, refusant toute ouverture à d'autres alliés au sein de la majorité présidentielle, ce que Messmer et PAG finissent même par lui reprocher, tant ses positions sont radicales. De son côté, Foccart, confident de Pompidou, l'encourage à changer de Premier ministre dès le printemps 1971 pour « réaffirmer son autorité et reprendre l'initiative[110] », regrettant cependant son geste au dernier moment. Quant à lui, Frey s'avère un compagnon d'armes loyal, soutien de Chaban-Delmas en toute circonstance, mais paye sa fidélité politique en étant également remercié du gouvernement à l'été 1972. Enfin, Guichard émet des critiques sévères sur le Premier ministre, ainsi en juin, dans un échange avec Jean Mauriac, ce qui lui permet certes de sauver la face vis-à-vis du camp pompidolien, sans pour autant en obtenir les grâces lors du remaniement[111].

Lâché par les barons (à l'exception notable de Frey), Chaban-Delmas est pourtant fidèle à ses compagnons de route et défend avec conviction le choix de Guichard pour sa succession. Le président de la République estime néanmoins que le changement ne sera pas assez radical en choisissant un autre des barons, d'où le choix de Messmer, qui prend pour première décision d'écarter lesdits barons[112]. *Quo fata ferunt.* Le manque d'incarnation de Peyrefitte au secrétariat général de l'UDR et l'échec de Messmer à Matignon, incapable de s'inscrire dans la rupture avec son prédécesseur, conduisent finalement à un renversement de vapeur en 1973 et à une « chabanisation » du parti. Pompidou, qui avait choisi Messmer pour reprendre en main l'UDR, voit en effet le parti lui échapper sous l'influence des barons et des vieux réseaux gaullistes du RPF.

En novembre 1973, les assises de Nantes concourent ainsi au retour en grâce des barons (Chaban-Delmas et Debré), ce qui amène Pompidou à fulminer. Il s'indigne devant ses conseillers : « Ces assises sont faites contre moi[113] ! » De semaine en semaine, l'ancien Premier ministre impose Sanguinetti comme secrétaire général du parti et Frey comme président du groupe parlementaire, verrouillant les postes clés de la galaxie gaulliste. Parallèlement, il crée des structures de soutien *ad hoc*, comme le Centre d'études pour la Nouvelle société, et nourrit des relations avec les clubs du gaullisme de gauche, comme l'UJP, qui, timides lorsqu'il était à Matignon, voient désormais en lui le nouveau héraut du gaullisme social face à Messmer et au gaullisme de droite.

En avril 1974, avec la mort de Pompidou, la question de sa succession s'impose et les barons sont unanimes : Chaban-Delmas doit être le candidat gaulliste à l'élection présidentielle[114]. Lors d'une réunion autour de Messmer, Debré, Foccart, Frey et Guichard partagent leur position avec le Premier ministre en exercice[115]. Pour Jean Foyer, garde des Sceaux du Général, Chaban-Delmas est définitivement « le candidat du camp des barons[116] ». Malgré la division de la droite gaulliste, à la suite de l'Appel des 43 de Chirac, les barons se tiennent solidement aux côtés de Chaban-Delmas, y compris Foccart, avec qui les rapports n'ont pourtant pas toujours été faciles et qui somme Pierre Debizet de mobiliser le SAC aux côtés de l'ancien Premier ministre[117]. La défaite à l'élection présidentielle puis le ralliement de Sanguinetti à Chirac, début juillet 1974, mettent cependant un coup d'arrêt brutal à ses ambitions politiques.

En septembre 1974, Chirac évince même les barons de la conduite des affaires du parti et, lors des journées parlementaires de l'UDR à Cagnes-sur-Mer, la chiraquisation des instances est engagée. Le comité central du 5 octobre 1974 est ainsi le théâtre d'une passe d'armes féroce entre Chaban-Delmas et Chirac, le premier imposant au second l'élection du secrétaire général du parti par les militants. Le 14 décembre suivant, Chirac, Premier ministre, est élu secrétaire général de l'UDR grâce à l'action de Garaud, Juillet et Pasqua, amenant Chaban-Delmas à quitter les instances du parti en février 1975. À l'été, il décide même de recentrer son activité sur l'Aquitaine, comme pour acter son désintérêt pour les affaires nationales, ne participant ni aux assises nationales de Nice de juin 1975, ni au pèlerinage à Colombey-les-Deux-Églises de novembre suivant.

La réconciliation

Le 24 avril 1976, presque deux ans après l'élection présidentielle, Chaban-Delmas retrouve les instances du parti et se réconcilie avec Chirac autour de la désignation d'un nouveau secrétaire général (Yves Guéna). En août, lorsque Chirac quitte Matignon et contre l'avis de certains de ses proches (notamment Boulin et Guichard), Chaban-Delmas ne brigue pas la tête de l'UDR et préfère trouver un terrain d'entente avec son ancien adversaire. Avec Claude Labbé, président du groupe parlementaire, il propose un nouveau *modus operandi* pour associer les anciens Premiers ministres (Chaban-Delmas, Chirac, Couve de Murville, Debré) à la gouvernance du parti. Opposé à la création du Rassemblement pour la République (RPR), le baron bordelais ne participe pas au lancement du nouveau parti, à Versailles, en décembre 1976... mais intègre finalement la démarche en siégeant dans ses instances locales dès janvier 1977.

En janvier 1978, lors de la campagne des législatives, Chaban-Delmas et Chirac s'affichent côte à côte pour un rassemblement, mais l'entente est de courte durée. Sitôt l'élection passée, en mars, Chirac tente en effet d'imposer Edgar Faure à la présidence de l'Assemblée nationale, avant que Chaban-Delmas ne l'emporte grâce au soutien de Valéry Giscard d'Estaing, Pierre Charon, Jean-Pierre Grand et Patrick Ollier. Une nouvelle querelle qui conduit Chirac à écarter Chaban-Delmas des instances dirigeantes du RPR lors du congrès extraordinaire du 4 avril 1978[118]. Après l'échec du tandem Chirac-Debré aux élections européennes de 1979, l'entourage de Chaban-Delmas (Baumel, Chalandon, Guichard, Guéna, Nungesser, Poujade, Richard, Sanguinetti, Terrenoire) le pousse à nouveau à prendre la tête du RPR, mais l'ancien Premier ministre s'y refuse. Il préfère se rallier à la candidature de Debré, fidèle défenseur de l'esprit gaulliste face à une droite en déshérence et en perte de repères.

Avec l'élection de François Mitterrand en mai 1981, le maire de Bordeaux adopte une posture d'ouverture, appelant le nouveau président de la République à « construire le changement[119] ». Dans *Le Monde* du 25 juin 1981, il signe un véritable manifeste en faveur du dépassement du clivage droite-gauche dans l'intérêt du pays :

> L'heure n'est plus aux querelles de personnes, ni à la recherche d'un quelconque recours. Elle est à la construction d'une opposition organisée en alliance avec nos partenaires, qui soit à la fois digne, vigilante et imaginative.

Le 2 décembre 1983, lors d'un entretien télévisé sur France 3, il se dit même prêt à accepter une nomination à Matignon dans la perspective d'une cohabitation politique avec la gauche. À l'été 1984, il salue d'ailleurs la nomination de Laurent Fabius comme Premier ministre et « l'élan lancé par Pierre Mendès France, il y a trente ans, et qui semble rebondir chaque quinze ans[120] ». Le 11 octobre 1984, Mitterrand lui rend visite à Bordeaux et lui accorde un long entretien, à l'occasion duquel chacun imagine que le sujet de la cohabitation est évoqué. À l'automne 1985, Chirac semble néanmoins revenir dans la course comme Premier ministre potentiel de cohabitation, ce qui conduit Chaban-Delmas à renouveler son offre de services au président de la République, y compris publiquement.

Sa sortie explicite sur TF1, le 12 décembre 1985, agace à droite autant qu'à gauche, tant et si bien que Chirac et Léotard intriguent pour expliquer que l'hôte de Matignon doit être un opposant résolu au président de la République et pas un partenaire malléable et mou. Haro sur Chaban-Delmas ! Les nombreuses mains tendues de l'ancien Premier ministre à Mitterrand semblent désormais le disqualifier pour cette tâche. Le 13 mars 1986, trois jours avant les législatives, Chaban-Delmas reçoit Chirac à Bordeaux pour évoquer la composition d'un gouvernement de cohabitation, et croit encore à son destin national au point, le 17 mars, de rencontrer Jean-Louis Bianco, le secrétaire général de l'Élysée, qui l'interroge sur sa capacité à former une majorité parlementaire[121]. Le 18 mars au matin, cependant, Chaban-Delmas retrouve à nouveau Chirac, à Paris cette fois, et comprend qu'il n'aura pas les troupes nécessaires pour diriger un gouvernement de cohabitation… amenant ainsi à son abandon de la course dans l'après-midi et à la nomination de Chirac à Matignon dans la foulée. Le patron du RPR vient de le supplanter une deuxième et dernière fois.

Le dernier combat

Battu, Chaban-Delmas n'est pas encore brisé et, le 3 avril 1986, il se fait élire à la présidence de l'Assemblée nationale, après avoir refusé le poste de ministre des Affaires étrangères du gouvernement Chirac[122]. Au Perchoir, il fait de nouveau sien le message d'écoute et de tolérance des oppositions, tout en se posant en gardien de l'héritage gaulliste, quinze ans après la disparition du général de Gaulle. La réélection de Mitterrand en 1988 met néanmoins fin à cette aventure. Bien que soutien de Chirac pendant la campagne présidentielle, l'ancien Premier ministre bat froid le candidat de la droite, qui a fait l'erreur d'avoir « focalisé toute son action sur l'économie et négligé l'être humain[123] », oubliant la dimension sociale et populaire du gaullisme.

Dans les médias, Chaban-Delmas esquisse alors les contours d'une majorité de progrès, allant des gaullistes aux socialistes, en passant par les centristes. Après les élections, il se présente d'ailleurs à nouveau au Perchoir et, au premier tour, n'est devancé que de treize voix par le socialiste Fabius, mais la discipline de vote de la majorité présidentielle l'emporte et le fait battre au second par 268 voix contre 301[124]. Les années 1986-1993 sont ainsi celles de la fin de règne, tant à Paris qu'à Bordeaux, où l'affaire du club des Girondins affecte beaucoup le maire. L'année 1992 lui permet, temporairement, de revenir sur la scène nationale en raison de son soutien au traité de Maastricht, pourtant ardemment combattu par le RPR, avec Philippe Séguin et Charles Pasqua à la tête de cette fronde anti-européenne. Chaban-Delmas lance ainsi un appel au monde combattant en faveur du « oui », dans lequel il dénonce « la folie ultranationaliste[125] » de certains des gaullistes. Sa dissidence l'amène même à voter, en juin 1992, en faveur de la révision constitutionnelle nécessaire à l'adoption du traité (avec le vieux général Bénouville, Michel Barnier et Patrick Devedjian). Chantre du gaullisme social depuis son discours sur la Nouvelle société, il prend progressivement ses distances avec les séguinistes, dont il ne partage pas le discours souverainiste.

Réélu député en 1993, dans un contexte de cohabitation, il sait que sa posture européenne dans l'affaire de Maastricht le prive définitivement de tout retour à Matignon. Observateur vigilant du monde politique, il scelle sa réconciliation avec Chirac en laissant sa mairie de Bordeaux puis son siège de député à Alain Juppé, respectivement en juin 1995 puis avril 1997[126]. Fait président d'honneur de l'Assemblée nationale en 1996, il se retire progressivement au Pays basque avant, malade, de disparaître le 10 novembre 2000. Sa mémoire est alors saluée unanimement sur tous les bancs de l'Assemblée nationale, jusqu'au président de la République Jacques Chirac évoquant « un précurseur [...] qui avait compris que notre société moderne ne serait pas celle des certitudes acquises une fois pour toutes, des manichéismes, des idéologies en blanc et noir ».

*

Parlementaire gaulliste par excellence, élu sans discontinuité de 1946 à 1997, Jacques Chaban-Delmas a été le grand spécialiste de l'Assemblée nationale au sein de l'aventure gaulliste. Sa présidence du groupe URAS en 1953 puis celle du CNRS en 1955 en a fait un pilier du gaullisme de la Quatrième République, au point d'en devenir un des premiers barons.

Président de l'Assemblée nationale par effraction en 1958, au terme d'une séquence que l'on a racontée, il s'impose comme l'un des grands hiérarques de la république gaullienne puis pompidolienne, tout en apparaissant, pour autant et dès l'époque, comme un navigateur solitaire, armé de sa seule connaissance des réseaux d'élus. Partenaire de Debré, Pompidou puis Couve de Murville pendant une décennie, il est choisi comme Premier ministre en 1969, mais sa vision d'un gaullisme de rassemblement, englobant les démocrates-chrétiens et les radicaux, le fragilise et mène à la rupture avec Pompidou. Ce qu'il paye, en 1972, c'est au fond la critique cent fois répétée des arrangements et compositions de la Quatrième République, pourtant essentiels au proto-gaullisme.

L'échec de sa candidature présidentielle en 1974, torpillée par Chirac, puis sa mise à l'écart des instances du RPR provoquent une première traversée du désert pour l'ancien Premier ministre. Le général Chaban en sort néanmoins avec les honneurs et retrouve la présidence de l'Assemblée nationale en 1978, au terme d'un bras de fer avec Chirac. C'est le retour en grâce ! Après la présidentielle de 1981, il s'impose comme recours dans l'hypothèse d'une cohabitation avec la gauche. Il est toutefois forcé d'abandonner la course, dans des circonstances encore relativement mystérieuses, au printemps 1986. Dans ses hésitations face à Chirac, en 1976, en 1981 et en 1986, davantage qu'un manque de courage, il faut voir un souci de ne pas diviser la famille gaulliste[127].

En 1988, son discours constructif l'impose à nouveau comme recours potentiel dans l'hypothèse d'une nouvelle cohabitation, mais son engagement européen lors du référendum de Maastricht l'écarte définitivement d'une base militante souverainiste, emmenée par le tandem Pasqua-Séguin. Sa prise de distance avec les affaires nationales, en 1993, signe ainsi le crépuscule de sa carrière politique, qu'il quitte définitivement en 1997.

CHAPITRE 4

Roger Frey, l'énigmatique

Parmi les barons, Roger Frey tient une place particulière, marquée par sa discrétion et son sens du mystère. Né à Nouméa, engagé dans le bataillon du Pacifique des Forces françaises libres pendant la Seconde Guerre mondiale, il fait partie des premières recrues du Rassemblement du peuple français (RPF) en 1947. Trésorier du parti, il devient conseiller de l'Union française en 1951 puis conseiller municipal de Lyon en 1952, enfin secrétaire général du Centre national des républicains sociaux (CNRS) de Jacques Chaban-Delmas en 1955. Dès la Quatrième République, il apparaît donc comme un maillon essentiel du système gaulliste. Membre du cabinet de Jacques Soustelle, ministre de l'Information du général de Gaulle en 1958, puis membre du comité consultatif constitutionnel, il est nommé premier secrétaire général de l'Union pour la nouvelle république (UNR) en octobre 1958, en d'autres mots le maître du parti gaulliste, ce qui en fait l'un des grands barons de la décennie à venir.

Ministre de l'Information de Michel Debré en 1959, il est promu ministre de l'Intérieur en 1961, fonction qu'il occupe jusqu'en 1967, lorsque Georges Pompidou lui confie le stratégique ministère chargé des Relations avec le Parlement. Entre-temps élu député, il s'impose comme le « Monsieur élections » du parti et l'homme des réseaux parlementaires de la Cinquième République. Confirmé dans ses fonctions par Chaban-Delmas en 1969, il lie son destin à celui du Premier ministre et quitte le gouvernement en juillet 1972, devenant néanmoins président du groupe de l'Union des démocrates pour la République (UDR) à l'Assemblée nationale en 1973, avant d'être nommé président du Conseil constitutionnel par Pompidou en mars 1974.

Patron des investitures et, en même temps, chef de la police, « une sorte de *cow-boy* du gaullisme[1] », Frey est l'homme des négociations feutrées entre partis, des conversations à bas bruit et des échanges sous le manteau. C'est aussi l'homme des mensonges et des secrets, qui n'a laissé ni archives, ni biographie, ni Mémoires, ce qui rend à la fois difficile mais passionnant le récit de son engagement politique !

Le Caldoche

Roger Frey est né le 11 juin 1913 à Nouméa, en Nouvelle-Calédonie. Son père, François Frey, originaire du Haut-Rhin, est inspecteur général de la société Le Nickel, une filiale de la banque Rothschild[2]. L'entreprise exploite alors la fonderie de mattes de Thio-Mission et le père, qui a commencé sa carrière dans les mines d'Afrique du Sud, est chargé d'en surveiller la production. Sa mère, Anne-Marie Brun, est une Caldoche, née à Nouméa. Le grand-père maternel, Gratien Brun, est né à Saint-Julien-du-Verdon, dans les Alpes-de-Haute-Provence, en 1834. Après avoir vécu dans un phalanstère à Melbourne, en Australie, aux alentours de 1853, il se rend en Nouvelle-Calédonie pour y chercher de l'or, en 1854, au lendemain de l'acquisition de ce territoire par la France[3]. Après une première aventure malheureuse, qui voit la mort de tous ses compagnons et son retour en Australie, il revient en Nouvelle-Calédonie en 1856 et achète un lot de terres à Port-de-France (plus tard Nouméa). Sa fortune est telle qu'il est, en 1887, le plus grand propriétaire foncier de la colonie : 24 000 hectares de domaine, 20 000 têtes de bétail, 3 000 moutons, 300 chevaux, etc.[4]. Décédé d'une insolation en 1891, il laisse derrière lui une fille (la mère de Roger Frey) et plusieurs fils, parmi lesquels Auguste-Germain Brun, avocat et maire de Nouméa de 1919 à 1922.

Envoyé étudier en France métropolitaine, au lycée Stanislas (où il rencontre les gaullistes Alexandre Sanguinetti et Roger Barberot, ses camarades au sein de l'équipe de rugby[5]) puis à l'École libre des sciences politiques, le jeune Roger Frey n'est donc pas étranger à la chose publique. Tenté par le journalisme, il y fait ses premières armes à Paris et épouse Lucienne Bernier, tombée sous le charme de cet homme « très séduisant, le nez légèrement froncé à l'attache du front, l'œil clair, le cheveu très noir, la silhouette sportive[6] ». De retour en Nouvelle-Calédonie en 1936, il prend la tête des affaires familiales dans l'univers minier depuis sa propriété de la promenade du Mont-Coffin.

Le temps de la guerre

En 1940, la guerre arrive et Frey se présente, dans sa biographie consignée dans le *Who's Who*, comme engagé volontaire dans le bataillon du Pacifique. Le 2 septembre, après le ralliement des Nouvelles-Hébrides et des Établissements français d'Océanie à la France Libre, le capitaine Félix Broche a en effet créé un corps de volontaires des territoires du Pacifique. Le 19 septembre, la Nouvelle-Calédonie rallie à son tour la France Libre et le commissaire Henri Sautot en prend le commandement. Le contingent de la France Libre reste cependant sommaire et ne compte, en janvier 1941, que 150 colons de Nouvelle-Calédonie, 1 000 indigènes et 400 Tahitiens[7]. Les colons néocalédoniens renforcent toutefois leur nombre dans cette aventure au point d'être 284 en juin suivant[8]. Ils sont alors répartis en deux compagnies néocalédoniennes. La 1re compagnie débarque en Égypte en juillet 1941, combat à Bir Hakeim en mai-juin 1942 puis El Alamein en octobre 1942, enfin en Tunisie de novembre 1942 à mai 1943, date à laquelle elle est rejointe par la 2e compagnie.

Mobilisé en Italie à partir d'avril 1944, le contingent néocalédonien réuni débarque en Provence le 17 août, libère Lyon le 2 septembre, avant d'être enfin relevé le 5 novembre puis envoyé à Paris. Il forme alors et à partir de cette date la garde d'honneur du gouverneur militaire de Paris. Que fait précisément Frey pendant la guerre ? Nul ne le sait vraiment et les théories sont nombreuses, souvent d'ailleurs contradictoires entre elles. Il ne fait partie ni de l'état-major, ni des sections de commandement du bataillon du Pacifique en mai 1941[9], ce qui semble indiquer un engagement postérieur à cette date, compte tenu de son statut social en Nouvelle-Calédonie.

Ses états de service, réalisés par l'armée à sa demande en avril 1954, indiquent un engagement auprès de la France Libre le 1er mai 1941, à Nouméa, avec affectation immédiate au bataillon du Pacifique[10]. Henri Écochard, auteur d'une célèbre liste des Français Libres, estime cependant que le sous-lieutenant Frey s'est engagé le 1er juillet, tandis que son dossier militaire aux archives de Nouvelle-Calédonie parle du recrutement du caporal-chef Frey le 7 août[11].

L'ancien militaire Bernard Cabiro, putschiste en 1961 et en conséquence rayé des cadres de l'armée (ce qui doit donc nous inviter à étudier ses souvenirs avec prudence), raconte que Frey aurait été « popotier [au sein du bataillon du Pacifique], avant d'être muté pour des raisons mal définies mais peu glorieuses en tout cas[12] ». Il n'est certes pas mentionné dans la note de service du capitaine Broche présentant l'organisation de son bataillon en mai 1941 (y compris la liste des cuisiniers), mais rien n'indique qu'il n'ait pas été versé aux cuisines du bataillon après son recrutement à l'été 1941 ! Quoi qu'il en soit, Frey fait preuve de courage en s'engageant dans les armées de la France libre en ces heures de péril.

Le bataillon de Broche part de Nouvelle-Calédonie le 5 mai 1941 pour Liverpool, en Australie, afin d'assurer l'entraînement militaire de la troupe. Frey n'est pas du voyage et il semble improbable qu'il soit ensuite parti pour l'Égypte avec la 1re compagnie (juin 1941), car il n'a jamais évoqué ni Bir Hakeim, ni El Alamein dans son expression publique, de même qu'il n'a jamais été mentionné par les survivants de ces campagnes. Tout porte donc à croire qu'il est resté en Nouvelle-Calédonie à l'été 1941. Officiellement versé à la 2e compagnie du bataillon le 12 juillet 1943 en tant que sergent-chef, a-t-il été mobilisé avec elle en Afrique du Nord lors de sa réunion avec la 1re compagnie[13] ? Guy Forzy, lui aussi un ancien militaire d'Algérie - second de Pierre Lagaillarde pendant la semaine des barricades en janvier 1960 - assure qu'il était à Alger, aux côtés du général de Gaulle, en 1943[14]. Jean Charlot, grand spécialiste du gaullisme de la Quatrième République, le dit même « membre de l'état-major du général de Gaulle, chef de la France Libre[15] », ce qui est une affirmation fausse, mais montre l'étendue du mystère Frey. Nul ne sait vraiment ce qu'a été sa guerre, chacun semblant tenir à son histoire et le principal intéressé n'hésitant pas à l'enjoliver. Tous les témoignages semblent dès lors suspects. Ainsi, même les documents officiels de l'armée ou les archives de Nouvelle-Calédonie sont sujets à caution. Au commandant Boitte qui lui adresse, en avril 1954, un état de ses services militaires, Frey répond d'ailleurs en précisant que certaines informations y sont manquantes et qu'il faut en conséquence les ajouter… et le commandant Boitte d'ordonner, en réponse, « de compléter la fiche de l'honorable député[16] ».

Le départ de Nouméa

Ce qui est sûr, c'est qu'au début de l'année 1943, le sergent-chef Frey se trouve à Nouméa, aux côtés du sous-lieutenant Michel Vergès, chargé d'organiser un corps franc de cavalerie de la Nouvelle-Calédonie, sous les ordres de Thierry d'Argenlieu, Haut-commissaire de France pour le Pacifique[17]. A-t-il ensuite quitté le pays pour la Tunisie ? L'historien Henry Daly le dit parti « comme sergent-chef avec le 2e contingent[18] », le 3 mars 1943, au moment où Christian Laigret est nommé gouverneur par intérim de la Nouvelle-Calédonie[19]. Certes, mais ses états de service ne le mentionnent comme versé à la 2e compagnie qu'à l'été 1943, ce qui expliquerait peut-être son arrivée tardive à Alger, quand ses camarades sont envoyés à Tunis.

Que fait-il dans l'intervalle ? On lui prête une relation amicale avec le Haut-commissaire d'Argenlieu, qui l'aurait gardé à ses côtés dans cette période stratégique de la guerre du Pacifique. A-t-il ensuite fait étape à Sydney puis à Londres pendant son transfert vers l'Afrique du Nord ? C'est ce que laisse suggérer un document conservé dans les archives de l'armée. Il s'agit en effet d'un acte d'engagement – le second de son dossier militaire après son engagement volontaire de mai 1941 ! Le document est réalisé à Londres, sur la foi d'une pièce d'identité établie à Sydney le 8 mars 1943 et en vertu d'un accord écrit de l'intéressé du 29 mars 1943, ci-devant l'intendant militaire René Menguy[20]. Frey tombe cependant malade, le 1er mai 1943, ce qui l'amène à profiter de vingt et un jours de convalescence en pays anglais[21]. Dans un état moins grave que certains le pensent alors, il saisit l'occasion pour demander, par l'intermédiaire du contre-amiral d'Argenlieu, sa promotion de sergent-chef au grade de sous-lieutenant... ce qui lui est refusé faute de remplir les conditions nécessaires[22].

Après quoi, le 15 mai 1943, tandis que ses camarades du bataillon du Pacifique sont en Afrique du Nord, il est envoyé comme assistant auprès de l'officier de liaison français du général MacArthur en Australie, le 1er février selon certains documents, le 22 avril selon d'autres, pas plus tard en tout cas que le 15 mai, date de son avis officiel de mutation[23]. L'épisode est très bref puisque Frey est de nouveau muté le 12 ou le 17 juillet 1943 (selon les documents) - a-t-il seulement pu rejoindre MacArthur dans l'intervalle[24] ? - au sein de la 2e compagnie du bataillon du Pacifique[25]. Après un an de combat, celle-ci prend enfin un peu de repos à l'issue de la campagne de Tunisie et de la reddition des forces germano-italiennes d'Afrique du Nord. Le bataillon du Pacifique stationne successivement en Libye, puis en Tunisie, enfin en Algérie, à Bône, d'où il embarque pour Naples et la campagne d'Italie, le 17 avril 1944[26]. Frey suit-il les pérégrinations du bataillon dans le nord de l'Afrique ? Stationne-t-il plutôt directement à Alger, au retour d'Angleterre et d'Australie, comme suggéré par les archives de Nouvelle-Calédonie et Forzi ? Il n'est pas possible de l'établir avec certitude.

En tout état de cause, le 27 avril 1944, alors que ses camarades naviguent vers l'Italie, Frey est nommé au service de presse du Comité français de libération nationale (CFLN) du général de Gaulle à Alger, ce qui explique peut-être la mention de sa présence dans la capitale algérienne et l'erreur sur sa participation au cabinet particulier ou à l'état-major du Général. Le 27 juillet, il embarque finalement à Mers-el-Kébir pour Naples. Arrivé le 3 mai, il combat avec le bataillon du Pacifique sur le Garigliano, entre dans Rome libérée, puis Sienne, enfin Tarente. Il reprend la mer à Naples, le 10 août, pour débarquer en Provence, à Saint-Tropez, le 17 août, comme sergent-chef de la 1re armée du général de Lattre de Tassigny. La suite est tout sauf claire. En juillet 1945, le colonel Bavière le présente comme sous-lieutenant et officier de liaison auprès de l'état-major de la 1re armée[27]. Quand a-t-il été promu[28] ? A-t-il participé aux campagnes d'Alsace et des Vosges, comme il demande de le faire préciser dans ses états de service dans un échange avec le ministère de la Guerre en 1954 ? Difficile de le dire.

Mission secrète en Extrême-Orient

Frey clôt lui-même le chapitre étrange de la guerre et de ses engagements militaires en indiquant au *Who's Who* avoir été, en 1945, chargé d'une mission auprès du général MacArthur en Extrême-Orient, sur nomination expresse du général de Gaulle. L'armée n'en garde pourtant aucune trace et s'en tient à sa démobilisation militaire le 25 juillet 1945, mais une mission secrète pourrait expliquer cette lacune. Pour le père Patrick O'Reilly, historien de la Nouvelle-Calédonie, cette étape du parcours militaire de Frey est bien vraie. Le Caldoche avait en effet été affecté à la Mission de liaison française auprès du général MacArthur « à Melbourne » en 1945[29]. Problème, l'état-major de MacArthur avait quitté Melbourne pour Brisbane (1942) puis Port Moresby (1944) enfin Manille (1945). Erreur du père O'Reilly, mélange des dates entre 1942-1943 et 1945 ou nouvelle omission volontaire de Frey ?

Ce second passage de Frey à la Mission de liaison française auprès de MacArthur pourrait être une mission secrète réalisée auprès de Léon Jankélévitch, ancien consul de France à Chongqing (Chine), Français libre de la première heure, dépêché par le Quai d'Orsay auprès de MacArthur à Tokyo, en septembre 1945, pour suivre les affaires asiatiques[30]. Si tel est le cas, pourquoi nommer Frey à ce poste ? Propriétaire de chevaux en Nouvelle-Calédonie, ce qui explique son association avec Vergès en 1943, il s'est lié d'amitié avec le contre-amiral d'Argenlieu en l'invitant dans sa propriété et en lui offrant des chevaux. Sa nomination à Melbourne/Tokyo vaut-elle récompense de cette amitié ? Par ailleurs, que fait-il au sein de cette mission de liaison avec l'état-major américain dans le Pacifique ? Dans plusieurs documents d'époque, Frey dit avoir participé à une mission auprès de Mao Zedong et Zhou Enlai en 1945, sous couvert de ses fonctions auprès de MacArthur[31]. Si ces liens avec les communistes chinois sont avérés, ils pourraient expliquer son départ précipité en janvier 1946, lorsque Zinov Pechkoff, représentant de la France Libre auprès de leur opposant Tchang Kaï-Chek, remplace Jankélévitch à Tokyo.

La vérité semble toutefois moins rocambolesque. Après la victoire des Alliés sur le Japon, MacArthur envoie en effet une mission en Chine pour retrouver les restes de « l'Homme de Pékin », un ensemble de fossiles d'*Homo erectus* découverts en 1921[32]. Le paléontologue français Pierre Teilhard de Chardin, un père jésuite, fait figure de spécialiste du sujet et vit alors à Pékin, où il a passé toute la guerre. Frey a donc sûrement été choisi pour servir d'officier de liaison entre l'armée américaine et le paléontologue français à l'été 1945, afin d'enquêter sur les ossements disparus[33]. A-t-il ensuite participé aux campagnes d'Allemagne et d'Autriche, comme indiqué par certaines sources (y compris sa lettre au commandant Boitte en 1954) ? L'affirmation semble contradictoire avec son séjour en Australie, au Japon puis en Chine, mais toutes les hypothèses restent sur la table.

Le père O'Reilly le jette pour sa part sur les routes asiatiques, « en Mongolie intérieure, en Corée, en Mandchourie [puis au] Japon, enfin Nouméa par les Moluques et l'Australie[34] ». « À dos de poney[35] », précise avec malice le journaliste Pierre Rouanet. À l'automne 1945, on retrouve encore Frey en Indochine, cette fois comme journaliste pour *Le Parisien libéré*[36]. O'Reilly précise qu'il est alors « nanti d'un ordre de mission de l'amiral d'Argenlieu[37] », nommé Haut-commissaire de France et commandant en chef pour l'Indochine en août 1945 ; et Jean Charlot ajoute que le clan gaulliste lui a confié « une tâche loin de Paris[38] ». Peut-être l'explication à cette mission « au nom du général de Gaulle » aux confins du monde[39].

Dans une version modifiée de sa biographie au *Who's Who*, Frey précise plus tard qu'il agissait en tant que « chargé de mission par le gouvernement en Extrême-Orient (1945-1946) ». Il se rend ensuite en Inde, peut-être pour y suivre l'épineux sujet des comptoirs français, dossier sulfureux de l'indépendance nationale[40]. Au début des années 1970, Dominique Venner parle ainsi de « certaines missions discrètes[41] » effectuées par ses soins au service du gouvernement français...

Naissance du politique

Revenu en Nouvelle-Calédonie après son séjour en Asie, Frey parvient à Nouméa au moment même où sa famille s'apprête, n'ayant plus aucune nouvelle de lui depuis plusieurs mois, à rentrer en métropole et doit donc débarquer en urgence leurs valises du bateau[42]. Après quelques semaines de réflexion, il prend la décision de s'installer à Paris, chez sa belle-famille, avec son épouse et ses deux enfants. En avril 1947, il entre en gaullisme comme on entre en religion et adhère, dès la première heure, au mouvement du général de Gaulle. Son arrivée au sein du Rassemblement du peuple français (RPF) est facilitée par son parcours de combattant de la France Libre et des fonctions lui sont rapidement confiées au siège du parti. Le 16 juin 1947, Armand Servais (de son vrai nom Armand Sémidéi), ancien du Bureau central de renseignements et d'action (BCRA) et directeur de cabinet de Jacques Soustelle, secrétaire général du parti, prend en effet la tête du Bureau d'organisation politique (BOP) du RPF et l'intègre à son équipe. Avec son adjoint, Pierre Comte-Offenbach, Servais supervise alors quatorze chargés de mission du BOP, bientôt renommés « délégués régionaux »[43]. Frey est chargé du Sud-Ouest, en tandem avec Olivier Guichard. Il représente désormais le parti dans les départements de l'Aude, de l'Aveyron, du Gard, de la Haute-Garonne, de l'Hérault, des Pyrénées-Orientales et du Tarn dans la perspective des élections municipales d'octobre 1947[44].

En même temps, toujours au printemps-été 1947, il intègre le service d'ordre (SO) du RPF de Dominique Ponchardier, en tant qu'adjoint du responsable national. Est-ce en raison de ses responsabilités au sein du SO que Frey gonfle son parcours de guerre ? La plupart des volontaires sont en effet des anciens combattants aguerris, choisis pour leurs médailles et leurs muscles. En 1949, Frey change de portefeuille régional et s'occupe de l'Ain, de la Loire et du Rhône. Il confie alors le Sud-Ouest aux bons soins du gaulliste de gauche Michel Garnier-Thenon, ancien de la Ligue des droits de l'Homme et rédacteur de *La Jeune Gauche*, lequel devait plus tard s'associer à la gauche socialiste et en être un des cadres dans les années 1960.

En 1952, Frey est toujours délégué régional pour la Loire et le Rhône, mais le département de l'Ain est confié à Raymond Jacquet, un ancien déporté, à l'époque également responsable de l'Isère, de la Haute-Savoie, et de la Savoie, passé par l'Action ouvrière et le SO du RPF, qui n'hésite pas à prêter le coup de main lorsque les forces de l'ordre sont dépassées par les événements[45]. Progressivement, Frey s'est rendu indispensable au sein du parti, à la fois comme figure du SO aux côtés de Ponchardier et comme cadre régional dans le Sud-Ouest puis dans le Rhône auprès de Servais et Soustelle. À tel point qu'à l'été 1951, il est choisi comme candidat aux élections législatives à Lyon.

Cette décision n'intervient pas sans raison, car ses années de militantisme ont permis à Frey de s'entourer de quelques alliés solides. C'est Soustelle, le secrétaire général du RPF, qui l'impose comme un de ses colistiers aux législatives dans le Rhône, malheureusement sans succès[46]. Le secrétaire général du parti a en effet de l'estime pour cet « homme cultivé, fin, d'abord agréable et qui [fait] montre d'un solide attachement à [sa] personne[47] », mais il évoque aussi le jugement de valeur peu amène du général de Gaulle : « C'est un planteur de Nouméa... bachelier, certes[48]. »

Or à l'automne 1951, au lendemain des élections législatives, le trésorier historique du RPF, Alain Bozel, décide de dire ses quatre vérités au Général et de claquer la porte du parti :

> Plus vous allez et moins vous attirez les hommes, alors que vous êtes toujours la seule solution française. Cette effrayante méfiance, qui vous hante constamment, désole et inquiète les meilleurs des vôtres. Fallait-il que, encore dernièrement, Soustelle me demande si je savais pourquoi vous alliez déclarant à droite et à gauche que vous n'aviez pas confiance en lui ? En même temps, votre mépris universel s'aggrave et vous repoussez les gens de la même manière et avec la même férocité[49].

La rupture est consommée. Il faut donc, en urgence, lui trouver un successeur et Frey, homme de réseaux, dont le père était lié à la famille Rothschild, semble être un remplaçant tout trouvé. Approché, il n'hésite pas un instant et dit sa complète disponibilité. Il obtient d'ailleurs l'assentiment de René Fillon, ancien membre du conseil d'administration de la société Le Nickel, fondé de pouvoir chez Rothschild et organisateur des réseaux financiers du RPF. Dans la foulée, il devient le secrétaire général de l'Union privée pour l'aide à l'action nationale du général de Gaulle (Upang), un des canaux de financement du parti gaulliste, où il remplace Claude Guy, l'ancien aide de camp du Général. Son influence n'est plus à démontrer et Soustelle l'impose, sans difficulté, comme conseiller municipal à Lyon, sur la liste de Louis Pradel.

Un soustellien au RPF

Bras droit de Ponchardier et fidèle de Soustelle, Frey grimpe désormais les échelons quatre à quatre et entre dans les instances du parti au moment de sa crise interne. En mars 1952, après la scission de vingt-sept députés dissidents, il devient en effet membre du Conseil de direction avec cinq autres personnalités, pour la plupart issues de la jeune garde[50]. En juillet 1952, il devient conseiller de l'Union française, assemblée où il fréquente les gaullistes « ultramarins », chargés de veiller sur les restes de l'empire colonial : René Fillon, Jean Fleury, Jacques Foccart, Claude Guy, Marcel Léger et Adolphe Sicé[51].

Frey est donc, à partir de cette époque, l'homme lige de Soustelle, emmené « dans son sillage, [...] assurant les contacts financiers[52] » avec les élus locaux et chefs d'entreprise. Lors du tour de piste de Soustelle, à Noël 1952, en vue de la composition d'un gouvernement, il est ainsi à la manœuvre pour appeler et convaincre des députés de tout bord. L'initiative n'est certes pas couronnée de succès, mais le trésorier du parti s'est imposé comme un acteur de premier plan du RPF et un homme de la tendance participationniste (comme Chaban-Delmas, Palewski ou Soustelle). Il a désormais ses entrées chez de nombreux députés et sénateurs gaullistes, ce qui accroît son emprise sur le parti.

Il acquiert aussi une forme de notabilité en participant aux débats sur la Communauté européenne de défense (CED), bien entendu dans la tonalité critique de ses pairs. Il fait logiquement partie des quatre représentants URAS de l'Assemblée de l'Union française votant contre la ratification en juin 1954, ce qui lui vaut l'amitié de Debré et Koenig[53]. Tant et si bien qu'en décembre 1954, au moment de la création du Centre des républicains d'action sociale (CNRS) de Chaban-Delmas, il est nommé secrétaire général du parti au titre des accords avec le clan soustellien. Il se fait d'ailleurs le défenseur de Soustelle, à Lyon, en mars 1955, lorsque des élus de l'opposition et même le préfet du Rhône demandent sa démission suite à sa nomination comme gouverneur général de l'Algérie française. Frey s'active encore, à l'été 1955, pour organiser une journée d'études des cadres du CNRS, où 600 délégués territoriaux sont conviés à Paris, représentant soixante-cinq fédérations départementales. Un véritable coup de force ! Il veut ainsi montrer que le cœur du RPF continue de battre au sein du CNRS, même en l'absence de son meneur historique. À la tribune, il proclame en même temps sa fidélité sans faille au Général :

> En attendant le jour où le général de Gaulle fera de nouveau appel à nous, nous restons inébranlablement attachés non seulement à sa personne mais encore au gaullisme, car Charles de Gaulle a créé ou plutôt recréé dans ce pays une famille spirituelle, une communauté d'âme et de pensée, qui sont notre apanage[54].

Est-il pour autant un baron ? Pas encore, car il vit essentiellement dans l'ombre de Soustelle, dont il est l'homme de main et le représentant au sein du CNRS. Ses fonctions de secrétaire général du parti vont néanmoins lui permettre, pas à pas, de devenir une figure incontournable du gaullisme sans de Gaulle. Au congrès national du CNRS d'Asnières, en novembre 1955, il refuse avec férocité toute alliance avec les autres partis de la Quatrième République, s'inscrivant désormais dans la ligne debréiste. L'ex-radical-gaulliste Chaban-Delmas en prend d'ailleurs pour son grade : « Le Parti radical est un parti de conversation sociale, qui s'accommode fort bien des institutions et du régime[55]. »

Frey va même plus loin, s'opposant à ce que le général de Gaulle soit appelé de sa retraite à Colombey-les-Deux-Églises comme président du Conseil des ministres en mai 1956. Il ne pourrait, alors, qu'être compromis par le régime honni. Dans une note d'information du CNRS du 5 mai 1956, il écrit :

> Quelques-uns ont conçu d'emblée une manœuvre qui fait honneur tout à la fois à leur ingéniosité et à leur astuce. Il s'agirait de renouveler l'opération de 1940. Le malheur veut que le Pétain de la paix auquel ils pensent ne soit autre que le général de Gaulle. Or nous n'hésitons pas à affirmer, encore que nous ne soyons nullement les dépositaires de sa pensée, que jamais de Gaulle ne consentira à couvrir les fautes d'un régime qu'il n'a cessé de combattre dès l'origine, dont il a prévu à l'avance la malfaisance et la déchéance[56].

L'édito de Frey lui vaut une passe d'armes féroce avec Chaban-Delmas, lors du comité directeur du CNRS du 7 mai, à l'occasion duquel le président du parti insiste sur la nécessité de « jeter une passerelle[57] » entre le général de Gaulle et les partis de la Quatrième République. Deux lignes sont ainsi en train de se dessiner et Frey a choisi son camp. Sa sortie du début du mois de mai fait en effet des petits parmi les cadres du CNRS et le conduit, le 28 mai, à signer un nouvel édito sur l'esprit gaulliste des institutions républicaines, qu'il inscrit dans une lignée purement présidentialiste[58]. Contre Chaban-Delmas et les arrangements avec la Quatrième République, Frey veut bâtir un nouveau régime constitutionnel.

Le 15 décembre 1956, à l'institut Branting, il renouvelle sa critique du régime et s'émeut, avec Debré, des humiliations subies par la France dans son empire colonial. Dans un éditorial du 24 décembre 1956, il prédit même le rappel du général de Gaulle si le traité sur la Communauté européenne de l'énergie atomique (Euratom) venait à être voté, comme une manière de continuer à faire vivre le mythe du vieux général éternellement sur le retour[59]. Plume habile, il signe également une note interne au CNRS sur le Marché commun, le 18 janvier 1957, y dénonçant le fait que la France « se mettra en condition d'aliéner à terme sa souveraineté économique tout entière et, de proche en proche, sa souveraineté politique[60] ». C'est un ralliement net au camp de Debré.

Le 8 février 1957, au congrès national du CNRS de Bordeaux, il est cependant l'arbitre des tensions entre Chaban-Delmas et Debré, et prend véritablement son essor en l'absence de Soustelle. Dénonciateur « du grand naufrage » de la droite, il est salué par Debré comme « l'un des derniers paladins du parlement »[61]. Sa position d'arbitre des tendances consacre ainsi son rôle de baron. Dans le *Bulletin d'information du CNRS* du 22 février 1957, il demande à cor et à cri que la révision constitutionnelle et l'avènement d'un nouveau régime deviennent les priorités d'action du parti. C'est d'ailleurs parce que Maurice Bourgès-Maunoury n'en fait pas sa priorité que Frey s'oppose à une participation du CNRS à son gouvernement :

> Comment aurions-nous pu participer à un gouvernement dont le chef estimait que la réforme des institutions ne présentait pas un caractère d'urgence, mais que par contre, la ratification des traités européens s'imposait dans le plus court délai ? C'était là, mettre la charrue avant les bœufs[62].

À partir du milieu de l'année 1957, avec Debré, Michelet et Triboulet, il organise une campagne des banquets gaullistes, sorte de grande tournée nationale des fédérations du CNRS visant à promouvoir l'urgence d'une révision constitutionnelle. À compter de l'automne suivant, *Le Courrier de la colère* de Debré en devient un important relais dans l'opinion. Le 23 octobre 1957, il prend encore la défense de son ancien mentor, Soustelle, et d'un sursaut du parti face à la crise de l'Algérie française :

> Notre position est sans équivoque. À chaque gouvernement qui sollicitera notre concours ou notre soutien, nous demanderons de définir clairement sa position sur ces deux aspects du problème français : réforme des institutions et Algérie française. Ou les réponses nous donneront satisfaction et l'on nous trouvera, ou l'on ne nous offrira que de faux semblants et de misérables compromis, et il ne faudra pas compter sur nous[63].

Le 11 janvier 1958, interpellé sur le projet de réforme constitutionnelle du ministre Robert Lecourt[64], il s'indigne d'une « mystification », s'étonnant même « qu'une commission composée d'hommes intelligents ait pu accoucher d'un projet dont l'indigence ne le dispute qu'aux plus médiocres astuces parlementaires »[65]. Voyant les années passer, il lui arrive cependant aussi de se désoler de la situation politique du pays et de l'imminence d'une crise constitutionnelle, ainsi dans un éditorial du *Bulletin d'information du CNRS* du 22 février 1958 :

> Devant la déliquescence du système, le choix de la France est limité à l'extrême et se présente comme une alternative. Que les choses continuent d'aller comme elles vont et le régime s'écroulera dans l'indignation du peuple. De cette colère purificatrice nous savons malheureusement que l'ultime bénéficiaire serait le communisme. L'autre route est celle du gaullisme. Elle conduit à une France réconciliée et comme rendue à elle-même, à une France attrayante rassemblant autour de soi le peuple acheminé par elle à la civilisation d'aujourd'hui et qui ne souhaite rien tant que de la recevoir de ses mains pour peu qu'elle soit vigoureuse et paternelle[66].

Le 28 février 1958, Frey appelle en conséquence le président de la République à confier une « magistrature temporaire » au général de Gaulle, comme « lorsque Rome, jadis, se sentait en péril de mort »[67]. C'est Tite-Live dressant le portrait de Cincinnatus, ce général romain appelé par le Sénat comme dictateur (au sens antique du terme) puis rentré, une fois sa mission accomplie, dans son domaine pour y cultiver sa terre. Au Conseil national du CNRS du 12 mars 1958, devant la fronde de Debré à l'encontre du gouvernement Gaillard, il choisit le camp de la colère et appelle Chaban-Delmas, pourtant ministre de la Défense nationale du gouvernement, à la raison, dénonçant « une aventure dont on peut prédire sans grand risque de se tromper qu'elle conduit tout droit à l'internationalisation du problème algérien[68] ».

Toutefois, après six années de mandat, dont trois comme secrétaire général du parti, Frey a appris à être stratège. Face à la ligne dure, incarnée par Debré et Triboulet, demandant à Chaban-Delmas son départ immédiat du gouvernement, il propose que le CNRS continue d'être représenté dans l'équipe gouvernementale de Gaillard, tout en faisant voter une motion chargeant Chaban-Delmas d'exprimer les inquiétudes des gaullistes sur le dossier algérien. Le texte est approuvé à l'unanimité moins huit abstentions, parmi lesquelles Debré et Soustelle. C'est la première fois que Frey s'émancipe de son ancien chef... et peut être véritablement considéré comme un baron du gaullisme ! Appuyé par Georges Oudard, président du groupe gaulliste à l'Assemblée de l'Union française, il tente une position d'équilibriste entre dénonciation de la Quatrième République, critique de l'abandon de l'Algérie française, du Maroc et de la Tunisie, mais aussi volonté de peser au Parlement au nom de la survivance du gaullisme.

En sous-main, Frey contribue aussi à la réactivation des réseaux du service d'ordre du RPF. Après la mise en sommeil du parti en 1955, les gros bras du SO sont en effet mobilisés au sein de l'Union pour le salut et le renouveau de l'Algérie française (USRAF) de Soustelle, puis des Volontaires de l'Union française contre l'indépendance des colonies françaises d'Afrique et d'Algérie (VUF) de Biaggi. Frey y retrouve Claude Dumont et Marc Lescure, deux anciens du SO du RPF, à la manœuvre dans l'organisation de l'USRAF, mais aussi Jean-Baptiste Biaggi et Jean Mauricheau-Beaupré, parmi la nouvelle génération anticommuniste du CNRS[69]. Il y recroise également Pierre Debizet, chargé du SO des VUF, « faisant le coup de poing contre les communistes et les mendésistes[70] ».

Le retour au pouvoir

En mai 1958, lorsque Soustelle s'envole pour l'Algérie française en pleine ébullition, Frey fait partie des quelques conjurés partis avec lui, au même titre que Geoffroy de La Tour du Pin (ancien directeur de cabinet de Bidault), Pierre Guillain de Bénouville (ancien député RPF), Charles Béraudier (1er adjoint du maire de Lyon) et René Dumont (ami personnel de Soustelle). En 1962, Soustelle raconte ainsi sans ambages le rôle de Frey dans la crise du 13 mai 1958 :

> Roger Frey vint me rejoindre en passant par l'Espagne et les Baléares[71]. Sa spécialité devint l'intoxication ; il y déploya de grandes ressources d'imagination en faisant diffuser par Radio-Alger des « messages personnels » sibyllins. C'était lui également qui se chargea de veiller à ma sécurité, surtout à partir du moment où la voiture d'un représentant de commerce, nommé Cervoni, fut l'objet d'un attentat inexplicable ou plutôt qui ne s'expliquait que par un détail : cette voiture était en tous points semblable à celle que j'utilisais habituellement[72].

La contribution si précieuse et stratégique de Frey à la crise de mai 1958 l'a-t-elle pour autant assuré d'un poste de pouvoir dans la république gaullienne ? À Léon Delbecque, il confie tout le contraire, le 31 mai 1958 : « Tu sais, Léon, pendant que nous tirions les marrons du feu à Alger, on distribuait les places [à Paris][73] ! »

Le 5 juin 1958, il fait encore le voyage de Paris à Alger, avec Delbecque, pour assister à une réunion du Comité de salut public, tenue sous la présidence de Soustelle, avant, le 11 juin suivant, de saluer une armée « devenue vraiment l'armée du peuple, une armée libératrice[74] ». Sa participation aux événements ne laisse donc aucun doute. Lors du comité directeur du CNRS du 11 juin 1958, il plaide en faveur de la création d'un nouveau parti gaulliste, quand Chaban-Delmas veut simplement rénover l'existant et en ouvrir les portes aux Français. Il n'a toutefois pas le temps de s'y plonger. Le 28 juillet, sur proposition de Debré, garde des Sceaux, le général de Gaulle le nomme membre du Comité constitutionnel, chargé d'établir une nouvelle constitution[75]. Les raisons de sa nomination sont à trouver chez Soustelle. Le 7 juillet, devenu ministre de l'Information du gouvernement de Gaulle, il débauche en effet Frey comme membre de son cabinet ministériel et le recommande pour participer à la réflexion constitutionnelle. Sa nomination au Comité n'est pas un cas à part puisque Léon Noël, ancien membre du Conseil de direction du RPF, fait aussi partie des personnalités qualifiées nommées dans cette instance.

Pendant l'été 1958, Frey navigue donc entre le Comité consultatif, le cabinet de Soustelle et bientôt le Comité de coordination et d'action en faveur du « oui » au référendum. Ce comité réunit alors l'Union civique pour le référendum (UCR) de Chaban-Delmas et Vallery-Radot, l'Association nationale pour le soutien de l'action du général de Gaulle dans le respect de la légalité républicaine (AN) de Foccart et Lefranc, enfin l'USRAF de Picard et Soustelle. Frey est choisi pour en être le secrétaire général, ayant à la fois la confiance de Chaban-Delmas, en tant qu'ancien secrétaire général historique du CNRS, et celle de Soustelle, en tant que fidèle à Lyon comme à Paris et désormais membre de son cabinet ministériel. Il s'adjoint les services du Lyonnais Charles Béraudier, compagnon des jours de mai, et du judoka Jean Gailhat, ancien du SO du RPF, chaudement recommandé par Capitant. Le 3 septembre, à force de négociations, Frey obtient le ralliement de cinq autres mouvements gaullistes : la Convention républicaine de Delbecque et Fourcade, la Ligue des instituteurs et enseignants patriotes, le Comité d'information et d'action nationale pour l'Algérie et le Sahara (CIANAS) d'Ali Salem, le Comité national de la jeunesse française pour la défense de l'Algérie de Jean Boisson, enfin le Mouvement du salut national du général Maurice Chevance-Bertin.

Début octobre 1958, fort de la réussite du référendum constitutionnel, Frey se voit confier la charge de fonder un nouveau parti gaulliste en réunissant les clubs et mouvements épars créés depuis quelques semaines. Il prendra le nom d'Union pour la nouvelle république (UNR). S'y retrouvent le CNRS (Chaban-Delmas, Debré, Michelet), l'USRAF (Picard, Soustelle), la Convention républicaine (Delbecque, Fourcade), le CIANAS (Salem), les comités ouvriers (Marcenet, Veyssières) et les anciens du Réseau Action-BCRA (Jarrot). Frey est également à la manœuvre, avec Guichard, pour accorder les investitures de l'UNR aux prochaines législatives[76]. La séquence l'oppose à Delbecque et Michelet, qui veulent privilégier des militants de terrain, quand il entend plutôt, avec le soutien de Soustelle, choisir d'anciens députés, des élus locaux ou des personnalités connues pour représenter le parti gaulliste.

Après le succès des législatives de décembre 1958, qu'il explique comme le résultat de sa méthode, Frey s'entoure d'une équipe de fidèles à l'UNR : Jean Gailhat (administration), son adjoint au Comité de coordination en faveur du référendum gaulliste, Jean-Christian Barbé[77] (relations publiques), Jacques Baumel (action politique), Charles Desanges[78] (implantation régionale), Jacques Marette (relations avec le Parlement) et Bertrand Flornoy (jeunesse). S'il ne l'était pas encore, il est alors définitivement perçu comme l'un des grands barons du gaullisme !

Ministre du Général

Frey s'impose, fin 1958-début 1959, comme l'homme du rassemblement et d'un certain pragmatisme. Le 8 janvier 1959, il est récompensé de sa participation à la création de l'UNR et à l'organisation réussie des élections législatives (204 députés UNR élus en décembre) en étant nommé ministre de l'Information du gouvernement Debré[79]. Comme Palewski en 1944 puis Debré en 1957, il devient l'un des animateurs de la galaxie gaulliste à partir de 1959 et même, progressivement, une sorte de centre de gravité de ses réseaux. Ses cabinets ministériels successifs sont en effet une véritable écurie, dans laquelle les futurs élus et députés de l'UNR se forment.

Dans l'équipe de l'automne 1958 à l'UNR, trois de ses cinq adjoints ont ainsi un destin national : Marette, élu sénateur en 1959, ministre des Postes et Télécommunications en 1962 ; Baumel, également élu sénateur en 1959, patron du parti gaulliste de 1962 à 1967, enfin ministre en 1969 et maire de Rueil-Malmaison en 1971 ; mais aussi Flornoy, élu député en 1962, député européen en 1967 et maire de Coulommiers en 1971. Son cabinet ministériel à l'Information, début janvier 1959, recèle aussi des talents politiques : François A'Weng (directeur), Robert Touzery[80] (chef de cabinet), Béatrice Claret de Fleurieu[81] (secrétaire particulière), Alexandre Sanguinetti (communication), Roger Prain[82], Jean Parsi[83] et Olivier de Sarnez (conseillers techniques), enfin Jean-Marie Poirier et Roger Casalta (chargés de mission). Deux des membres du cabinet connaissent par la suite une carrière politique nationale : Sanguinetti, l'ami du lycée Stanislas, est élu député en 1962, nommé ministre en 1966 et patron du parti gaulliste en 1973-1974, tandis qu'Olivier de Sarnez, chef de cabinet de 1961 à 1967, devient député en 1968. Il est par ailleurs le père de la future députée puis ministre Marielle de Sarnez.

Compte tenu de ses nouvelles fonctions, Frey confie les rênes de l'UNR à Albin Chalandon, banquier de Marcel Dassault, inspecteur des Finances et ancien de l'Action ouvrière au temps du RPF[84]. Il est néanmoins forcé de garder l'œil sur les affaires du parti gaulliste en raison de la fronde interne menée par Delbecque et Soustelle contre Chalandon, sur fond de divergences dans le dossier algérien. Prudent, le ministre choisit toutefois de ne soutenir aucune des deux parties et de s'en tenir aux propos souvent flous du Général sur l'avenir de l'Algérie française. C'est en effet l'époque du fameux « Je vous ai compris ! ». Ses fonctions de porte-parole du gouvernement, un titre qui n'existe pas encore officiellement, en font d'ailleurs un de ses ambassadeurs dans ce dossier.

Frey use donc de tous les artifices possibles pour se faire à la fois le défenseur de l'Algérie française, ayant participé aux événements de mai 1958 et appartenant au clan soustellien, tout en soutenant les gestes d'apaisement du Général. Il est ainsi muet quand neuf députés quittent l'UNR en octobre 1959 pour protester contre la politique algérienne de Debré. En février 1960, nouvelle promotion, tandis que Cornut-Gentille et Soustelle quittent le gouvernement à la suite de leurs critiques sur la politique algérienne, Frey est promu ministre délégué auprès du Premier ministre. Une sorte de vice-Premier ministre et un poste sur mesure.

Le nouveau ministre reconduit une grande partie de son équipe (A'Weng, Pain, Sanguinetti, Sarnez) et recrute Simone Servais, une ancienne collaboratrice de René Mayer, débauchée sur le tard comme attachée de presse, que Pompidou « voulait placer près du Général, [cependant que] Mme de Gaulle n'a pas voulu d'une divorcée à l'Élysée[85] ». Autre époque ! Frey est alors de tous les combats politiques, mais il faut dire que ses attributions en font un véritable bras droit du Premier ministre, chargé de la coordination interministérielle, donc de l'ensemble des dossiers techniques. Parallèlement, il manœuvre en coulisses pour gérer la crise interne de l'UNR, assurant la succession d'Albin Chalandon par Jacques Richard puis Roger Dusseaulx[86].

En avril 1961, il prend l'intérim du ministre de l'Intérieur Pierre Chatenet, malade, ce qui l'amène à piloter des dossiers sensibles, par exemple la mise aux arrêts du général Jacques Faure, un des opposants à la politique algérienne[87]. Du 21 au 26 avril, il est encore aux commandes place Beauvau pendant la tentative de putsch des généraux d'Alger. Son sang-froid dans la gestion de crise lui vaut, le 8 mai, d'être officiellement nommé ministre de l'Intérieur du Général. La brutalité de sa réaction aux événements d'Algérie contribue alors à tisser sa légende. Le sénateur Bernard Lafay l'interpelle ainsi, fin juin, sur l'existence d'un camp d'internement des opposants politiques à Thol, dans l'Ain. Début septembre, il s'impose dans les médias comme l'homme de la lutte contre l'Organisation de l'armée secrète (OAS), évoquant lors d'une conférence de presse plusieurs enquêtes en cours[88] et se désolant de « la présence de la Cagoule et de ces milieux d'extrême droite qui, sous prétexte de lutter pour l'Algérie française, visent à installer un régime dont le moins qu'on puisse dire est qu'il ne serait pas démocratique[89] ». Refusant de laisser les rues de Paris à l'émeute, d'où qu'elle vienne, il fait réprimer les manifestations des Algériens de métropole, ce qui aboutit à plusieurs situations dramatiques. Les 17-18 octobre 1961, plusieurs dizaines de personnes sont tuées lors des manifestations[90] ; et le 8 février 1962, neuf manifestants meurent au niveau de la station de métro Charonne, suscitant un émoi national.

Le général de Gaulle est évidemment agacé de ces incidents à répétition et blâme son ministre, tout en faisant la part des choses sur sa responsabilité personnelle. Chaban-Delmas témoigne ainsi :

> Le Général n'appréciait pas tout cela, c'est peu de le dire. Il le fit savoir à Roger Frey, ministre de l'Intérieur. Mais Roger Frey n'eut pas grand-peine à lui démontrer qu'il fallait bien donner un coup d'arrêt à cet enchaînement de manifestations, sous peine de voir tout basculer. Et de Gaulle n'aimait pas entendre évoquer la disparition de l'État. En ces journées incertaines, Roger Frey a littéralement sauvé la République. Il avait de l'estomac et aussi du cœur. La responsabilité indirecte qu'il portait dans l'affaire de Charonne pesa longtemps sur lui. Dans cette affaire, chacun se renvoyait la balle[91].

Dès le lendemain, 9 février 1962, Frey fait le choix de défendre la police, dénonçant « des groupes organisés de véritables émeutiers, armés de manches de pioche, de boulons, de morceaux de grille, de pavés, d'outils divers[92] ». Son image est cependant durablement entachée et l'historien Alain Dewerpe lui prête cette accusation faite à Sanguinetti, membre de son cabinet : « Vous voyez ce que vous m'avez fait faire[93] ! » Au point que Jacques Trorial, plus tard son collaborateur et ministre du général de Gaulle, partage ce bon mot d'époque : « Quel est donc ce ministre sous l'autorité de Sanguinetti[94] ? »

Parallèlement, Frey livre une guerre sans merci à l'OAS avec la création de brigades de « barbouzes », dénoncées par Delbecque et Soustelle pour leurs exactions contre des Français d'Algérie. « Hommes de main tirés des bas-fonds de la pègre provençale, souteneurs, escrocs, trafiquants, braqueurs parfois illégalement sortis de prison[95] », mobilisés contre les ultras de l'OAS, selon

Patrice Chairoff, un militant historique du SAC, « anciens du SO du Rassemblement [...], en liaison discrète avec la Sécurité militaire [...], [renforcés] par 200 policiers[96] », selon l'historien François Audigier. Un mélange des genres qui détonne et nourrit un climat délétère pendant plusieurs mois en Algérie, fait d'attentats à la bombe et d'exécutions d'activistes.

Toutefois, l'affaire tourne court car les barbouzes multiplient les échecs : colis piégé à leur quartier général d'El-Biar (29 janvier), attaque de l'OAS contre leur planque à l'hôtel Radjah (14 février), massacre des rescapés à leur sortie de l'hôpital Maillot (19 février), etc.[97]. Frey prend donc la décision de mettre un terme à leur mission et de poursuivre d'une autre manière sa guerre contre les ultras de l'Algérie française (8 mars 1962). Pendant la séquence 1961-1962, le ministre de l'Intérieur s'est en tout cas rendu indispensable, luttant contre les extrémistes des deux camps, au point d'être reconduit par Pompidou, sans la moindre hésitation, lors de son installation à Matignon en avril 1962. Il est encore à la manœuvre dans la traque des commanditaires de la tentative d'assassinat du général de Gaulle au Petit-Clamart (22 août), ce qui l'amène à être chargé personnellement, contre toute règle protocolaire, de la sécurité des déplacements privés du Général (31 août). Une décision discutable, mais propre à cette époque si particulière.

En septembre 1962, il se sent suffisamment en confiance pour dire à la presse qu'il n'est pas tout à fait en accord avec la proposition du général de Gaulle en matière de référendum sur l'élection présidentielle et que sa préférence « aurait été à un véritable régime présidentiel et à l'institution d'une vice-présidence[98] de la République[99] ». Crime de lèse-majesté ? Le Général ne lui en tient pas rigueur. Candidat aux élections législatives dans la Seine en 1962, il se présente en même temps que son directeur de cabinet, Yvon Bourges, un ancien administrateur colonial, déjà élu maire de Dinard quelques mois plus tôt. Son suppléant, Raphaël Touret, ancien délégué régional du RPF pour la région parisienne et collaborateur d'Edmond Michelet, ministre des Anciens combattants, siège à sa place au lendemain de leur succès commun.

À l'été 1963, Frey se fait l'écho d'une possible suppression du Sénat auprès de Léon Noël, alors président du Conseil constitutionnel, lequel s'insurge en conséquence d'une « dérive monarchique[100] » du pouvoir, avec la perspective de l'établissement d'un régime présidentiel. Le mot, immédiatement rapporté au général de Gaulle, fait le tour des médias et contribue à accélérer la question de sa succession, prévue pour le début de l'année 1965. Frey vient habilement de se débarrasser d'un des vieux grognards du gaullisme, ouvrant le jeu à de nombreuses candidatures, parmi lesquelles celle de Palewski. Sa toute-puissance comme ses saillies régulières agacent cependant les barons. Ainsi Chaban-Delmas, président de l'Assemblée nationale, qui est obligé de multiplier les rappels à l'ordre lors d'un débat très houleux dans l'hémicycle, en mai 1964, à l'occasion d'une passe d'armes avec un certain François Mitterrand[101]. Face à la pesanteur institutionnelle de Chaban-Delmas, Debré ou Palewski, Frey a parfois des allures de chien fou, ce qui inquiète ses amis. En février 1965, Bourges succède à Palewski comme secrétaire d'État chargé des Questions scientifiques et de la Recherche atomique et spatiale, tandis que Frey se présente aux élections municipales parisiennes (avec Habib-Deloncle, Marette et Sainteny). Il est le seul baron présent au sein du gouvernement de Pompidou, ce qui accroît son importance au sein de ce petit cercle !

En juin suivant, la mort subite de son suppléant, Touret, provoque une élection législative partielle, à l'issue de laquelle, étant réélu, il laisse son siège au gaulliste de gauche Jean-Claude Servan-Schreiber, cousin du patron de *L'Express*[102]. Un attelage pour le moins particulier, qui a néanmoins le mérite de créer des passerelles avec l'aile la plus turbulente du parti gaulliste. En octobre, signe de sa mainmise complète sur le parti, il impose deux adjoints au secrétaire général Baumel : Alexandre Sanguinetti, son ami et collaborateur ministériel de longue date, et Jean-Claude Servan-Schreiber, son suppléant. Il est au faîte de sa gloire. La période est toutefois marquée par un scandale terrible, signe de temps moins heureux pour le ministre : l'affaire Ben Barka.

Le militant marocain Mehdi Ben Barka, opposant au roi Hassan II, est en effet enlevé en pleine rue, à Paris, en octobre 1965, et disparaît dans d'étranges circonstances. La présence au même moment, dans la capitale française, du ministre marocain de l'Intérieur, le général Oufkir, sème le trouble sur les conditions de cette disparition. Après la mise en cause de deux policiers, le nom de Pierre Lemarchand, ami de Frey et député UNR, est évoqué. Or, en 1961-1962, Lemarchand a été à l'origine du réseau des barbouzes de Frey dans sa guerre contre l'OAS, avec à ses côtés Lucien Bitterlin et Dominique Ponchardier, deux anciens du SO du RPF[103]. En janvier 1966, de Gaulle demande donc à Frey de s'expliquer devant le juge d'instruction sur cette situation, au terme d'une dispute sévère entre les deux hommes.

« Les services spéciaux ne sont pas assez tenus en main », se plaint le Général devant ses proches ; puis « Frey est marié avec la police, il ne la commande pas, il la défend ; il utilise des artifices pour expliquer que les choses vont bien, qu'il ne peut pas faire autrement, etc. Mais ce n'est pas vrai, il est tout à fait inadmissible que ses types ne soient pas bouclés et tenus »[104]. À l'issue d'une conférence de presse dédiée du général de Gaulle en février 1966, Frey parvient à éteindre la polémique grâce à un débat parlementaire, organisé spécialement sur la question, le 6 mai. Deux procès s'en suivent, en septembre-octobre 1966 puis avril-juin 1967, au terme desquels de nombreuses zones d'ombre subsistent. L'image de Frey en sera abîmée pour de très nombreuses années.

À l'époque, les choix de Frey en matière d'entourage ne sont pas plus judicieux. Il prend par exemple pour collaborateur Maurice Ligot, chargé de mission de Foccart à l'Élysée à partir de 1959, puis chef de cabinet de Frey en 1965 et en même temps maire de Cholet, lequel rompt cependant brutalement avec son mentor et se présente comme député centriste dissident en 1967[105]. Élu en 1973, il sera par la suite ministre de Valéry Giscard d'Estaing en 1976. Une brebis égarée, pourtant pas si loin du troupeau gaulliste. D'autres parcours de l'« écurie Frey » sont plus heureux. Tour de contrôle de la république gaullienne, le cabinet du ministre de l'Intérieur continue en effet d'être un point de rassemblement, voire le passage obligé, de la nouvelle génération gaulliste. Ainsi, Jean Bozzi, Paul Granet et Jacques Trorial, tous les trois d'anciens collaborateurs de Frey, deviennent députés lors des législatives de 1967. Lui-même réélu député en mars 1967, Frey laisse son siège à son nouveau suppléant, le Dr Aimée Batier, ancien résistant et déporté, au profil plus conservateur que son prédécesseur[106]. Le général de Gaulle décide alors, en accord avec Pompidou, de nommer Frey ministre d'État, ministre chargé des Relations avec le Parlement, autrement dit ministre de la majorité parlementaire.

Sa nomination tient pour beaucoup à la difficile succession de Baumel à la tête du parti et à la multiplication des candidatures (Charbonnel, Marette, Sanguinetti, Tomasini), pour la plupart des anciens du cabinet Frey. Le nouveau ministre est donc chargé de piloter le marais des députés, des tendances, des clubs et mouvements du gaullisme. Sous l'autorité de Pompidou, Premier ministre, il supervise un secrétariat collégial de l'UNR, réunissant, à partir de juin 1967, Charbonnel, Fanton, Poujade, Taittinger et Tomasini. Un « système pentarchique[107] » qui minimise le poids des barons dans la vie politique du parti, tout en donnant des responsabilités importantes à la génération des quadras.

En prime, la nomination de Frey dans son nouveau ministère permet de l'écarter des affaires policières et du souvenir douloureux des répressions de 1961-1962 et de l'affaire Ben Barka de 1965. Une solution pratique, suggérée par Debré au général de Gaulle[108]. Sans arrière-pensée ? C'est l'influent Christian Fouchet, beau-frère de Palewski, qui hérite de Beauvau... Au ministère des Relations avec le Parlement, Frey emmène avec lui l'énarque Michel Denieul, une jeune pousse, futur collaborateur de Peyrefitte et candidat RPR aux législatives de 1981. Il débauche également Jacques Belle comme chef de cabinet, chargé des relations avec le parti et par ailleurs l'un des fondateurs des Comités de défense de la République (CDR) en mai 1968[109] !

Parallèlement, face à l'agitation du parti, Frey pilote la mise en place d'un grand conseil des sages, chargé de penser l'avenir de l'UNR-UDT, où siègent Fanton, Hamon, Kaspereit, Labbé, Neuwirth, Poujade, Rey, Sabatier, Valabrègue et Valleix. Il préside ainsi les assises nationales de Lille, en novembre 1967, qui donnent naissance à l'Union des démocrates pour la Cinquième République

(UD-V^{e}). Ministre d'État et en même temps marionnettiste du parti, il n'est cependant plus en odeur de sainteté auprès des autres barons. Foccart, notamment, le bat froid pour des questions de désaccord sur les investitures aux législatives de 1967[110].

Omniprésent à l'Élysée et Matignon pendant la crise de mai 1968, il est brutalement congédié du gouvernement le 1er juin 1968. Bouleversé, il s'en ouvre à Poujade « les yeux pleins de larmes » : « Je ne comprends pas pourquoi on m'a fait quitter le gouvernement. Je n'ai pourtant trahi personne[111] ! » Avec plus de légitimité historique et politique que le Premier ministre, il était devenu un allié gênant, ce qui explique son renvoi. Foccart et Pompidou ont en effet eu raison de lui en mai, chacun pour des raisons différentes, mais Frey a plus d'un tour dans son sac. Réélu député en juin 1968, il obtient de reprendre le ministère des Relations avec le Parlement au moment de la constitution du gouvernement de Couve de Murville, en juillet. Aux côtés du nouveau Premier ministre, il s'impose en conséquence comme le chien de berger de la majorité, mettant l'accent sur la discipline de vote.

L'ÈRE POMPIDOLIENNE

Bien qu'ayant fait campagne en faveur du référendum du général de Gaulle au printemps 1969, Frey se rallie à la candidature de Pompidou dès le 30 avril (avec Chaban-Delmas et Debré), s'imposant comme l'homme des réseaux parlementaires gaullistes auprès du candidat à la présidence. Appelé à Matignon, Chaban-Delmas en fait son ministre des Relations avec le Parlement (pour contrebalancer le poids de Poujade, devenu secrétaire général de l'UDR). Bras droit du Premier ministre, il lui sert aussi de poisson-pilote dans son initiative de rassemblement de la majorité présidentielle, ainsi en avril 1970, en se rendant aux assises de l'Union des jeunes pour le progrès (UJP) de Royan, l'un des clubs de la turbulente aile gauche du parti[112].

Dans le duel entre les tendances du gaullisme, Frey joue l'alliance avec les clubs et mouvements du gaullisme social, face à l'ascension de Présence et action du gaullisme (PAG) de Debré et Messmer. Opération très durement critiquée par Poujade, qui s'inquiète de voir la majorité présidentielle se « transformer en auberge espagnole[113] ». La main tendue de Frey va même jusqu'aux hommes de gauche... qui la refusent cependant, à l'exception notable de Félix Gaillard, ancien président du Conseil et membre du bureau du Parti radical, saluant « une novation politique[114] » dans cette volonté de dépassement des clivages.

Si le bureau du groupe parlementaire UDR approuve la proposition d'ouverture à gauche de Frey, au nom du principe gaulliste de dépassement des clivages, Messmer s'emporte contre lui, dénonçant la dérive du gaullisme. L'affrontement est féroce et les deux hommes ne manquent jamais une occasion de se critiquer en privé comme en public. « Je sais ce que Frey dit sur moi[115] », peste ainsi Messmer. À la même époque, le ministre des Relations avec le Parlement pilote (à la demande de Pompidou) le retour du général de Bénouville dans la majorité. Membre historique du Conseil de direction du RPF, élu député UNR en 1958, exclu en raison de son soutien à l'Algérie française, il se présente en effet à Paris, à la suite du colonel Bourgoin, dans une forme de réconciliation avec la majorité gaulliste.

Une fois n'est pas coutume, le cabinet de Frey est un carrefour des personnalités du gaullisme... et du pompidolisme ! Il débauche Jérôme Solal-Céligny, petit-fils naturel d'un cousin de Napoléon III, ami d'enfance de Debré et l'un des auteurs méconnus de la Constitution de 1958[116]. En janvier 1971, Frey fait toutefois les frais d'un grand remaniement. Le pompidolien Jacques Chirac le remplace en effet au ministère des Relations avec le Parlement, à la demande du président de la République, tandis qu'il hérite d'un ministère chargé des Réformes administratives, tout en conservant son prestigieux titre de ministre d'État. Preuve supplémentaire de sa perte de vitesse, il n'est que le neuvième des dix élus au comité central de l'UDR du 23 novembre 1971[117]. Sa proximité avec Chaban-Delmas et l'anniversaire de la tuerie de Charonne conduisent finalement à sa sortie du gouvernement, en juillet 1972, dans une fin de course également due à l'animosité de Messmer, alors nommé Premier ministre.

À la tête d'un comité national pour la défense des institutions, structure créée et dirigée contre le Programme commun de la gauche, Frey renouvelle son mandat de député en mars 1973. Il ferraille alors durement contre Claude Labbé, député des Hauts-de-Seine, dans une course interne à la présidence du groupe gaulliste. Un compromis est trouvé *in extremis* avec Frey à la présidence et Labbé à la vice-présidence, malgré le désaccord initial de Messmer et Pompidou. L'ancien ministre s'en sert immédiatement pour défendre le système des barons, ainsi le 6 avril, en allant faire part de son émoi et de celui des députés du groupe UDR devant la non-reconduction de Debré au sein du gouvernement Messmer.

Frey fait encore pression sur Messmer lors du bureau exécutif de l'UDR du 13 avril, pour que Peyrefitte, nommé ministre chargé des Réformes administratives, quitte ses fonctions de secrétaire général du parti et laisse, en conséquence, la place à une nouvelle direction collégiale. Les débats voient en conséquence le trinôme Chaban-Delmas - Frey - Fanton se heurter à Chirac et au clan pompidolien. Le 28 septembre, las de jouer le rôle de conciliateur entre toutes les tendances et pensant la partie perdue face au tandem Pompidou-Messmer, Frey quitte la présidence du groupe UDR à l'Assemblée nationale, laissant la place à Labbé. « Je volerai sans trouble de conscience[118] », assure-t-il à la presse en réponse aux nombreuses questions sur cette démission brutale. Nommé au comité central de l'UDR le 25 octobre, il est toujours membre de droit des instances du parti, comme les anciens secrétaires généraux Peyrefitte, Poujade et Tomasini. Il intègre alors l'équipe de son ex-protégé, Sanguinetti, devenu le nouveau secrétaire général du parti. Son ombre ne cesse donc de se porter sur la vie du mouvement gaulliste malgré son départ de la présidence du groupe parlementaire.

Retour en eaux calmes

Le 24 février 1974, lui aussi de guerre lasse, Pompidou nomme Frey à la présidence du Conseil constitutionnel en remplacement de Palewski, arrivé au terme de son mandat. Faut-il y voir, avec André Passeron, une riposte à la nomination de Gaston Monnerville, ancien président du Sénat et dénonciateur de la « forfaiture » de 1962, dans la même instance[119] ? Ou un geste envers Chaban-Delmas et les barons du gaullisme ? Ou tout simplement encore la mise sur une voie de garage d'un élu dérangeant ? Garant de l'élection présidentielle de 1974, Frey voit son ancien collaborateur, Paul Granet, et son suppléant, Charles Magaud, devenir ministres de Giscard d'Estaing. Il ne peut qu'assister silencieusement à la candidature puis l'élection de Chirac au secrétariat général de l'UDR en décembre 1974, même s'il est l'hôte du dîner des barons du 12 décembre, étant neutralisé par ses fonctions institutionnelles, rue de Montpensier. Est-ce « la fin des barons[120] », comme l'écrit Pierre Viansson-Ponté dans *Le Monde* ? Pas encore. D'ailleurs, Frey encourage son ancien conseiller puis collègue au gouvernement Jacques Trorial à prendre le poste de trésorier de l'UDR, en mai 1976, ce qui montre qu'il garde une certaine influence au sein du parti et n'est pas encore enterré. Au point qu'en novembre, le président de la République évoque même, en privé, son nom pour remplacer Barre à Matignon[121] !

En janvier 1977, après le lancement de la campagne de Chirac à Paris, enfermé dans une opposition féroce à Giscard d'Estaing et son candidat d'Ornano, le nom de Frey est de nouveau évoqué comme piste de compromis[122]. Il est ainsi encouragé par Guichard, devenu garde des Sceaux dans le gouvernement Barre, à être le point d'équilibre entre toutes les tendances de la majorité présidentielle. La tentative échoue cependant et, pire, en septembre 1978, le duel Chirac-Frey prend un nouveau tournant autour du cas de Christian de La Malène, député RPR dont l'élection vient d'être invalidée par le Conseil constitutionnel pour une série d'infractions. Le jeune maire de Paris ne ménage pas ses coups contre la décision de l'ancien ministre de l'Intérieur. « Passe encore que Mitterrand nous attaque, mais que Roger Frey, gaulliste de toujours, soit ainsi dénoncé par le chef du mouvement gaulliste, c'est difficilement compréhensible[123] », s'émeut Jean Mauriac. À nouveau, Guichard vient au secours de Frey, s'indignant dans la presse des propos peu amènes de Chirac à l'égard du président du Conseil constitutionnel : « Je ne comprends pas bien son propos. Que signifie le respect d'une idée pure, voire d'une institution, si l'on jette le discrédit sur les hommes qui la font vivre[124] ? »

Frey, lui, s'en tient à la plus grande réserve, démentant, en décembre 1978, toute participation à une opération des barons (Chaban-Delmas - Guichard) contre Chirac, et refusant même de signer la lettre de neuf anciens secrétaires généraux du parti à Chirac, en juin 1979, pour dénoncer sa politique. Présent aux cérémonies d'hommage pour la disparition de Pompidou, en avril 1980, il semble cependant vouloir revenir sur le devant de la scène. La disparition de Sanguinetti, en octobre 1980, le force néanmoins à réaliser que son heure est peut-être passée. D'autant qu'après l'élection présidentielle de Mitterrand en 1981, les enquêtes sur les barbouzes, l'affaire de Charonne et le SAC se multiplient, mettant en danger le « premier flic » du général de Gaulle.

En février 1982, il semble encore détenir une once de pouvoir en évoquant avec le général Billotte une photographie de Mitterrand se faisant décorer de la francisque par le maréchal Pétain, qu'il menace de dévoiler si la gauche au pouvoir s'en prenait à lui[125]. La mystérieuse photographie sera finalement révélée par Pierre Péan en 1994. En novembre 1982, Louis Joxe juge que son ancien collègue au gouvernement est à bout de souffle, classant au rang de chimères ses rêves de retour au pouvoir :

> Roger Frey ? Il est fini, au bout du rouleau, exténué. Il faut, avec beaucoup de douceur, de délicatesse, d'affection, le soutenir, l'aider jusqu'à son départ de la présidence du Conseil constitutionnel en mars prochain[126].

Remplacé par Daniel Mayer à la présidence du Conseil constitutionnel en février 1983, il tente bien un retour en politique en intégrant le comité central du RPR le 17 novembre 1984, lors des assises nationales de Grenoble, mais son rôle confine plus à la garde vigilante du gaullisme historique qu'à la participation active à la vie du parti chiraquien. En avril 1985, il participe aux débats du club Nouvelle frontière de Jean Charbonnel sur la légalité d'une cohabitation et l'actualité du gaullisme, mais l'heure de tourner la page semble définitivement venue. Il sollicite pourtant une investiture à Paris, en vue des élections législatives de 1986, que Chirac lui refuse, à lui qui en avait pourtant tant données par le passé. En janvier 1988, peu après le décès de la baronne Guichard (avec laquelle il vivait une histoire d'amour passionnelle depuis 1952[127]), Jean Mauriac le dit « politiquement fini, abandonné de tous[128] ».

Au terme de quelques ultimes années, essentiellement placées sous le sceau de l'ennui et de la morosité, il disparaît le 16 septembre 1997, lui l'homme « de tous les coups, mais toujours en silence », qui cultivait « une part de mystère et conservait bien des secrets »[129]. Il en emportera d'ailleurs la plupart avec lui dans sa tombe, laissant un parfum de mystère autour de sa mémoire. Est-ce la mort d'un baron du gaullisme ou la disparition d'un vétéran des vieilles heures de la république gaullienne ? S'il fut assurément un personnage incontournable de la droite gaulliste, notamment à la fin de la Quatrième République et au début de la Cinquième République, son passage au Conseil constitutionnel l'a éloigné fatalement des affaires politiques à partir de 1974, minimisant ainsi, année après année, son influence sur la droite.

*

Prince des secrets et roi des négociations, Frey s'est patiemment imposé comme une personnalité incontournable du gaullisme : membre de son service d'ordre, délégué régional, trésorier, secrétaire général du parti, puis député, ministre et président du Conseil constitutionnel. Dans le sillage de Soustelle, il devient un baron du gaullisme, reprenant à son compte ses réseaux « algériens », tout en les maintenant dans la fidélité au Général face à l'épreuve de la décolonisation.

Tout au long de la Cinquième République, il s'assure aussi que ses proches aient leur place dans les cabinets ou au Parlement, devenant une véritable écurie du gaullisme (Granet, Sanguinetti, Sarnez, Trorial) et pilotant, de près ou de loin, la vie des différents partis, de l'UNR à l'UDR. Ministre de l'Information puis ministre de l'Intérieur, patron des barbouzes et de la police, il glisse vers un poste plus politique en prenant le ministère des Relations avec le Parlement en 1967. Sa brouille avec Pompidou en 1968 se solde lorsqu'il embarque dans l'aventure présidentielle aux côtés de Chaban-Delmas en 1969, ce qui lui vaut sa survie. Marginalisé dans l'équipe gouvernementale à partir de 1971, il en est débarqué en 1972, en raison de sa proximité avec le Premier ministre et de l'inimitié personnelle de Messmer. L'offensive des barons l'amène cependant à prendre la présidence du groupe parlementaire en 1973, mais Pompidou le neutralise définitivement en le nommant au Conseil constitutionnel en 1974 (comme Palewski en 1965).

Frey a donc joué un rôle particulier dans l'aventure des barons, à la fois comme substitut et comme successeur de Soustelle, puis comme allié (en fonction des époques) de Chaban-Delmas et de Debré. Reste que son rôle dans la vie du gaullisme a brutalement pris fin avec sa nomination rue de Montpensier en 1974. Personnalité mystérieuse et sulfureuse, il s'est aussi construit comme un des hommes de l'ombre du gaullisme, ce qui le rapproche inévitablement d'un autre des barons : Jacques Foccart, navigateur en eaux troubles de la république gaullienne.

CHAPITRE 5

Jacques Foccart, l'insondable

Avec Roger Frey, maître de la police et du renseignement, Jacques Foccart tient le rôle de seigneur de l'ombre et des mystères du gaullisme. Son nom est en effet intimement lié à la face sombre et aux basses œuvres du régime : assassinats, dissimulation, extorsions, vols, etc. Une légende savamment entretenue à la fois par l'intéressé et par de nombreux journalistes, qui rend difficile la séparation du vrai et du faux[1]. De nombreux historiens ont écrit à ce propos, ces dernières années, évoquant le « syndrome Foccart[2] », emblématique de la nouvelle relation tissée entre la France et les États africains dans les années 1950-1960, au tournant de la décolonisation. Secrétaire général pour la Communauté française puis secrétaire général à la présidence de la République pour les affaires africaines et malgaches, Foccart a en effet été le principal artisan de ce système de la Françafrique.

Prospecteur commercial chez Renault puis employé d'une société d'import-export, il n'était pourtant pas destiné à une telle carrière diplomatique et politique. La guerre, la résistance puis l'engagement dans les services de renseignement de la Libération ont sculpté son parcours à l'aube de la seconde moitié du XXe siècle. Militant historique du gaullisme dès 1945, soldat de plomb du RPF à partir de 1947, il est progressivement devenu l'homme des Antilles puis de l'empire colonial au sein du parti, rôle consacré par son entrée à l'Assemblée de l'Union française en 1950. Secrétaire général du RPF en 1954, il est aussi au cœur du retour au pouvoir du général de Gaulle en mai 1958.

À Matignon puis à l'Élysée, dans les pas du Général, il est à la fois l'organisateur de la stratégie française en Afrique, mais aussi le responsable des élections, des investitures et des relations avec le parti gaulliste (UNR, UNR-UDT, UD-V^{e} puis UDR), ce qui explique son rôle essentiel auprès du général de Gaulle, de Georges Pompidou, puis de Jacques Chirac... mais aussi dans le cénacle des barons !

L'enfant de la Mayenne

Jacques Foccart naît le 31 août 1913 à Ambrières-les-Vallées, en Mayenne, dans une famille (déjà) entourée de mystères et de secrets. Son père, Guillaume Foccart, est l'héritier d'une vieille lignée de notables mayennais, propriétaires du château du Tertre (dessiné par Eugène Viollet-le-Duc, en 1867), avec une parenté alsacienne depuis la seconde moitié du XIXe siècle[3]. Sa famille paternelle entretient par ailleurs, de longue date, d'étroites relations avec la famille régnante de Monaco : l'arrière-grand-père Auguste Griois s'y est établi et y a construit la Villa Auguste ; le grand-père Louis-Guillaume Foccart est ami et banquier du prince-héritier Louis de Monaco[4] ; enfin l'oncle Marie-Pierre Foccart, par ailleurs parrain de Jacques, est secrétaire particulier de l'évêque de Monaco[5].

Pour sa part, la mère de Jacques Foccart, Marie Elmire de Courtemanche de La Clémandière, est une Créole de Guadeloupe, issue de la deuxième plus vieille famille française établie dans la colonie antillaise. Propriétaire de la plantation de bananes et de cacao de Saint-Charles à Gourbeyre, elle s'unit à Guillaume Foccart, lequel se fait nommer consul général de Monaco pour les Antilles, grâce à l'entregent de son père. Par la suite, il se fait même élire maire de Gourbeyre – son beau-père étant un ancien conseiller général de Guadeloupe et l'ayant assuré de son appui –, ceci avec le soutien discret mais efficace du gouverneur Léon Boulloche[6]. Une élection organisée dans des conditions douteuses, qui lui valent rapidement le surnom d'« élu de la fraude[7] ».

À la demande des grands-parents Foccart, Marie accouche finalement en Mayenne, où Jacques voit donc le jour et passe ses trois premières années dans sa famille paternelle. Venu à l'enterrement de son frère aîné (Louis-Auguste), Guillaume repart en Guadeloupe avec son fils en 1916, mais des rumeurs aussi fantasques que nombreuses entourent déjà l'enfant… Les mauvaises langues rapportent en effet qu'il serait le fruit d'une relation illégitime entre l'ancien évêque de Laval, Mgr Pierre Geay, qui avait défrayé la chronique pour des affaires de mœurs au début du siècle, et Suzanne Foccart, une sœur de Guillaume, prieure au Carmel de Laval, forcée de quitter la région en 1912 après des accusations sur sa vie privée dissolue, soit quelques mois à peine avant la naissance de Jacques[8].

Après la guerre, compte tenu de la situation économiquement difficile dans les Antilles, Jacques est renvoyé chez ses grands-parents mayennais, naviguant alors entre le château du Tertre, Monte-Carlo et Nice. En 1921, la famille Foccart quitte définitivement la Guadeloupe, espérant faire fortune dans le commerce des poissons le long des côtes françaises et marocaines, malheureusement sans succès. En 1925, après la mort de son père, Jacques est confié aux soins des pères du collège de l'Immaculée-Conception de Laval. La période le voit s'éloigner de sa mère, partie vivre à Monaco, ce qui le rapproche du Dr Francis Le Basser, médecin à l'Hôtel-Dieu de Laval et future personnalité du gaullisme après 1945, notamment au sein du RPF[9].

En 1933, sans héritage de ses parents, victimes pour son père d'un notaire véreux et pour sa mère d'un faux administrateur apostolique, Jacques Foccart s'engage chez Renault, comme prospecteur, à L'Aigle dans l'Orne, puis à Vendôme dans le Loir-et-Cher. Souvent malade pendant son enfance et son adolescence, il se destine alors à une carrière modeste. Appelé pour son service militaire en octobre 1934, il s'y engage pour six mois supplémentaires au sein de l'armée de l'Air (17e compagnie de l'Air), ayant trouvé là l'esprit de l'aventure et du compagnonnage. Il retourne à nouveau dans les rangs militaires pour une période supplémentaire de réserve en 1938, nouant des contacts importants pour la suite de son parcours.

En avril 1939, il épouse Isabelle Fenoglio, de sept ans son aînée, fille de propriétaires d'une galerie de peinture à Grenoble et veuve d'un ingénieur chimiste. Discrète, elle sera sa compagne de tous les instants, mais aussi sa conseillère la plus dévouée dans les moments de doute et d'hésitation politiques. À la même époque, il devient employé de la société commerciale d'import-export de Jacques Borel, un ami de la famille, ce qui lui donne l'idée de renouer avec la tradition familiale pour les Antilles. La guerre l'écarte cependant de ce dessein commercial et le voit rappelé au sein d'un bataillon de l'Air en août 1939. Son destin s'apprête alors à en être profondément marqué.

La forge des combats

Démobilisé à Agen, en août 1940, Foccart est écœuré par la défaite mais s'inquiète surtout des moyens de subvenir aux besoins de son ménage. Il décide donc de se lancer dans l'exploitation d'une propriété forestière à La Forêterie, près de Rânes, dans l'Orne. Avec son ami Henri Tournet, il vend du charbon de bois à Citroën, ainsi, à partir de 1942, qu'aux Allemands à travers l'organisation Todt[10]. En même temps, il rejoint les rangs de la Résistance sous le nom de code de « Binot ». En lien avec le Bureau central de renseignements et d'action (BCRA) de la France Libre, en particulier avec André Rondenay et Georges Palaud, il organise des parachutages d'armes et d'hommes dans l'Orne et la Mayenne. Trois mille combattants français sont armés grâce au « plan Tortue ».

Les activités résistantes de Foccart en font une proie pour la Gestapo à l'été 1944, ce qui le conduit, pour lui échapper, à se rapprocher des armées alliées et du front. Il intègre en conséquence le 18e régiment d'infanterie de la 1re division américaine, combat en Normandie et gagne Paris libéré, fin août, où il est incorporé à l'armée française comme commandant, compte tenu de son rôle dans la mise en œuvre du plan Tortue. Par la suite recruté à la Direction générale des études et de la recherche (DGER), qui a pris la suite du BCRA, il devient un agent du renseignement, sous les ordres de Jacques Soustelle. Il se porte alors volontaire pour partir en Indochine, avant d'être finalement affecté à Angers puis en Angleterre, en avril 1945, pour commander la section française de la mission *Special Airborne Allied Reconnaissance Force* (SAARF)[11]. Sous les ordres du général britannique John Nichols, la SAARF est alors censée déployer des soldats alliés en Allemagne pour libérer les camps de concentration et les prisonniers de guerre, mais l'opération Vicarage est rapidement abandonnée en raison de premiers échecs meurtriers et de la fin progressive des combats. Foccart n'en noue pas moins des amitiés solides avec deux de ses compagnons d'armes : Paul Aussaresses et Michel Bongrand.

Foccart s'est-il « racheté » une bonne conduite en travaillant pour le BCRA puis la DGER après avoir vendu du bois aux Allemands pendant la guerre ? Son biographe, Frédéric Turpin, ne tranche pas définitivement la question mais évoque « des interventions en haut lieu pour éteindre une procédure naissante complexe qui, techniquement parlant, n'aurait probablement pas permis à Jacques Foccart de se disculper, pas plus d'ailleurs que de le condamner[12] ».

Part d'ombre supplémentaire dans ces années de guerre, le nom de Foccart est cité dans deux affaires judiciaires portant sur des homicides étranges, demeurant irrésolues à ce jour. En janvier 1943, le responsable de la supervision des livraisons de bois de Foccart-Tournet aux Allemands, M. Pohl, est en effet assassiné à Saint-Malo, alors que plusieurs milliers de stères ont disparu pendant leur transport. Les Allemands sont persuadés d'avoir été volés ! L'affaire mène Foccart en prison en août 1943, situation dont il se sort difficilement mais grâce à une caution très élevée. Le prêt d'un million de francs, accordé par un agent de change parisien, proche de sa belle-famille, M. Courballée, est finalement réglé (avec les intérêts) en décembre 1945 à la demande d'André Diethelm, ministre gaulliste de la Guerre, ceci grâce à l'intervention d'un certain... Jacques Chaban-Delmas[13].

En septembre 1944, le nom de Foccart est à nouveau mentionné dans l'affaire de l'enlèvement et de l'exécution de François Van Aerden. Ce dernier, vice-consul de Belgique en France avant guerre, était le collaborateur et l'interprète de Georges Desprez, un des hommes clés de l'organisation Todt en France et l'intermédiaire de Foccart-Tournet dans leurs échanges commerciaux avec les Allemands. Arrêté en 1943 dans le cadre de l'enquête sur le meurtre de Pohl (comme Foccart et Tournet), Desprez est accusé par les Allemands d'avoir détourné une partie du bois disparu pour le revendre à d'autres acheteurs. Il serait la tête pensante du détournement. Un an plus tard, son corps est retrouvé criblé de balles, dans une carrière, près de Rânes, où une bande locale l'aurait liquidé pour des faits de collaboration. Le meurtre de Van Aerden cache-t-il plus qu'un règlement de comptes entre collaborateurs et résistants en cette fin de guerre, comme le suggère Stéphane Robine[14] ? Grâce à Desprez, Foccart s'est-il enrichi en spoliant les Allemands d'une partie du bois vendu et a-t-il cherché à brouiller les pistes en se débarrassant de Van Aerden ? Ces questions demeurent malheureusement sans réponse.

Déporté à Buchenwald, Desprez parvient à revenir en France après la guerre puis vit clandestinement en Algérie et au Gabon, avant de s'exiler en Espagne, à la suite d'accusations d'intelligence avec l'ennemi, en raison de ses liens avec l'Union soviétique. Il ne parlera jamais des deux affaires que Foccart écarte d'un revers de main, reconnaissant à peine connaître les deux hommes. « La guerre de Foccart » n'a donc pas la noblesse de celle d'un Palewski, d'un Debré ou d'un Chaban-Delmas. Dès 1947, le résistant André Mazeline écrit d'ailleurs un livre dans lequel il accuse le Mayennais d'avoir gonflé les effectifs de son réseau et menti sur ses activités[15]. Bisbille de résistants, comme le plaide Frédéric Turpin, ou critique plus profonde ? Il y a lieu de s'interroger. Loin d'être anecdotique, le parcours de guerre de Foccart est un frein à son intégration dans les cercles du gaullisme, où les faits de guerre sont un laissez-passer obligatoire. Son entrée dans les services de renseignement de Soustelle en avril 1945 puis la mobilisation de Chaban-Delmas dans le règlement de sa dette en décembre suivant semblent néanmoins témoigner de l'amitié des grands parrains du gaullisme dans l'après-guerre.

Premières armes

À l'automne 1945, Foccart participe à sa première expérience politique à l'occasion des élections législatives d'octobre. Fils, petit-fils et même arrière-petit-fils - si l'on considère Auguste Griois comme son arrière-grand-père d'adoption - de maires et conseillers généraux, il n'est pas étranger à la chose politique et fréquente déjà les arcanes du pouvoir à l'époque du Gouvernement provisoire de la République française (GPRF). En août 1944, il rencontre ainsi le général de Gaulle pour la toute première fois, en marge d'un de ses déplacements à Laval, mais l'échange ne dure que quelques instants. Quelques mois plus tard, il se laisse convaincre par Chaban-Delmas et Palewski de se présenter aux législatives d'octobre 1945, dans la Mayenne, à la tête d'une liste estampillée « France combattante »[16]. Il propose alors au Dr Le Basser d'être son second de liste.

Coup de théâtre, deux jours après avoir donné son accord, Chaban-Delmas appelle Foccart en catastrophe pour le débrancher et lui annoncer que le Général envoie finalement Soustelle en Mayenne. Le ministre de l'Information, initialement candidat dans le Rhône, est en effet forcé de se replier vers une autre région, en raison de l'accueil très mitigé du milieu politique lyonnais. Soustelle est élu député de la Mayenne, mais ni Foccart, ni Le Basser n'entrent à l'Assemblée nationale en raison des mauvais résultats de la liste. Cette dernière ne termine d'ailleurs la course électorale que deuxième dans le canton d'Ambrières, pourtant fief familial et historique de Foccart. C'est une double déconvenue pour l'enfant du pays.

Foccart a néanmoins fait preuve de loyauté vis-à-vis des gaullistes. En décembre 1946, de Gaulle le reçoit donc en tête à tête, à Paris, et lui confie son désir de créer un parti politique : le Rassemblement du peuple français (RPF). Dans l'équipe des délégués régionaux de Servais et Comte-Offenbach, il est immédiatement chargé du Maine-et-Loire, de la Mayenne, de l'Orne et de la Sarthe[17]. Contrairement à Frey, il se détache rapidement de ces fonctions territoriales pour travailler comme chargé de mission auprès de Soustelle, secrétaire général du RPF, en binôme avec Paul Troisgros, chargé des relations avec les parlementaires gaullistes[18].

Le Général apprécie sa capacité d'écoute et son sens tactique, c'est pourquoi il l'envoie dans le Nord, à l'été 1947, pour mettre un terme au différend entre deux sections rivales du RPF, qui ont pour point commun d'avoir désigné le même chef, Léon Delbecque, future personnalité de la crise de mai 1958[19] ! Foccart devient ainsi progressivement un homme de réseaux au sein du parti gaulliste, y plaçant ses amis et y tissant sa toile : les hommes de l'Ouest (Jean-Yves Chapelain, Victor Châtenet, Marcel Hébert, ses délégués départementaux, futurs maires et députés puis sénateurs), les chargés de mission du RPF (Pierre Bas et Pierre Lefranc, ses hommes liges), etc.

Or, à l'automne 1947, Soustelle décide d'envoyer Foccart dans les Antilles pour y préparer les élections municipales à venir. Est-ce parce qu'il croit en sa capacité à traiter les questions ultramarines ou faut-il plutôt y voir un prétexte pour l'éloigner du RPF, où il renforce chaque jour un peu plus ses réseaux et menace l'équilibre des pouvoirs internes entre Palewski et Soustelle ? Foccart n'en prend en tout cas pas ombrage et profite même de ce voyage pour faire réélire la sénatrice Eugénie Éboué-Tell, veuve de Félix Éboué (ancien gouverneur de la Guadeloupe et figure de la France Libre), à Grand-Bourg. Il se crée aussi un réseau d'honorables correspondants dans les Antilles : Marcel Calvy (Martinique), Roger Wachenheim (Guyane), etc.

Au printemps 1948, Soustelle nomme Foccart au sein de la commission du RPF pour la France d'Outremer, dont il devient la plume et le verbe[20]. Le Mayennais y rejoint la sénatrice Éboué-Tell, les ténors Diethelm, Palewski et Pompéi, mais aussi Maurice Bayrou (député du Gabon et du Moyen-Congo), Jules Castellani (député de Madagascar), Louis Delmas (conseiller de l'Union française pour la Guinée) et René Malbrant (député de l'Oubangui-Chari et du Tchad)[21]. Au conseil national du RPF de Saint-Maur-des-Fossés, les 17-19 décembre 1948, il en présente même les travaux[22], puis renouvelle l'exercice lors des assises nationales de Lille des 11-12 février 1949[23], enfin au conseil national de Vincennes des 20-22 mai 1949[24]. À ce titre, il continue de suivre attentivement les questions antillaises, ainsi les élections de novembre-décembre 1948, tout en élargissant son portefeuille à l'Union française[25]. Il profite en effet du retrait du Français Libre Pierre Anthonioz (beau-frère de Geneviève de Gaulle), lequel « se trouve de moins en moins en phase avec la politique ultramarine conservatrice du général de Gaulle, en particulier sur la question indochinoise[26] ».

En novembre 1949, dernière étape de cette mutation, Foccart intègre, sur recommandation de la sénatrice Éboué-Tell, l'Union privée pour l'aide à l'action nationale du général de Gaulle (UPANG), le canal de financement officieux du RPF[27]. Il y fréquente son secrétaire général, Claude Guy, ancien aide de camp du Général, mais aussi René Fillon, le trésorier, fondé de pouvoir chez Rothschild. La consécration vient le 9 mars 1950, lorsque le Général désigne Foccart pour représenter le RPF au sein de l'Assemblée de l'Union française, le préférant d'ailleurs au général Catroux, pourtant héros de la France Libre[28]. Il est alors officiellement chargé de l'Afrique noire au sein du parti[29]. En à peine quatre ans, il a su s'imposer comme l'une des personnalités incontournables du gaullisme, en d'autres mots l'ébauche d'un véritable baron.

Les « frères[30] » de l'Union française

Début 1950, Foccart est de toutes les discussions ultramarines au sein du RPF, des négociations politiques à Madagascar[31] aux élections locales des comptoirs français d'Inde[32]. Il s'impose progressivement comme un spécialiste de l'empire colonial, ainsi lors des assises nationales du RPF de Paris des 23-25 juin 1950[33] puis lors des assises nationales de Nancy des 23-25 novembre 1951[34]. Année après année, il entretient son réseau d'informateurs locaux, parmi lesquels le colonel Lacheroy en Côte-d'Ivoire ou le capitaine Dargelos en Martinique, lesquels lui envoient régulièrement des télégrammes sur la situation locale et le sentiment des Français d'Afrique et des Antilles ; mais Foccart lance aussi, en 1952, « un groupement d'étude composé de militaires qui fait le point une fois par semaine sur les questions de défense[35] ». En prime, il mobilise ses anciens collègues de la DGER et puise des ressources dans les effectifs du renseignement militaire, comme Maurice Robert, officier traitant du SDECE pour le continent africain. Dès 1946, il élabore d'ailleurs un fichier des membres des forces spéciales françaises, avec l'appui d'Aussaresses, qu'il a connu pendant l'épisode de la SAARF.

En mars 1952, après la division du groupe RPF à l'Assemblée nationale, Foccart fait son entrée au sein du conseil de direction du parti, avec Frey, Lespès, Minne, Morandat et Ollivier. Son vieil ami, le Dr Le Basser, élu sénateur en 1948, l'y a précédé en janvier 1952 et a pesé de tout son poids pour le soutenir, tout comme Malbrant, nommé dans cette instance en juin 1951. En novembre-décembre 1952, Foccart se rend en Indochine pour le compte de l'Union française (où il retrouve d'ailleurs Maurice Robert, à la tête d'un commando de marines)[36]. Il s'y désole du drame humain, tout en encourageant la poursuite des efforts militaires. La lente dégradation de la situation l'amène en conséquence à condamner très durement les gouvernements successifs de la Quatrième République.

Il n'en réprouve pas pour autant la stratégie participationniste de Chaban-Delmas ou Palewski. D'ailleurs, loin de jouer les loups solitaires, il sait faire profiter ses amis gaullistes de ses relations ultramarines, ainsi en devenant un canal de communication précieux pour Marc Jacquet, secrétaire d'État RPF chargé des Relations avec les États associés dans le gouvernement de Joseph Laniel (juillet 1953 à mai 1954)[37]. Il mêle alors régulièrement les affaires et la politique, d'abord à la tête de sa propre société, la Safiex (où il recrute Robert Rigaud, un résistant, membre de l'équipe de Chaban-Delmas à l'Inspection générale de l'armée, et Georges Flicourt), mais aussi en créant un fichier de « toutes les maisons susceptibles de fournir des emplois dans les territoires d'outremer [...] qu'il réserve aux membres et sympathisants du RPF[38] ».

En mars-avril 1953, il accompagne le Général dans une grande tournée africaine au Sénégal, au Soudan français, en Guinée, en Côte d'Ivoire, au Togo, au Dahomey, en Haute-Volta, au Niger, puis au Tchad, en Oubangui-Chari, au Congo, au Gabon et enfin au Cameroun. À l'occasion d'un vol, alors qu'il souhaite lui faire part de son inquiétude vis-à-vis du fonctionnement du parti, il s'entend sèchement réprimer : « Vous commencez à m'emmerder avec votre RPF[39] ! » De telle manière qu'en mai 1953, lorsque le Général entame sa traversée du désert, Foccart est un homme bien seul dans ses velléités d'organiser le parti sans de Gaulle. En novembre, il devient cependant secrétaire général adjoint du RPF (auprès de Terrenoire), avec la charge de sauver les meubles. Émilien Amaury, patron du *Parisien libéré*, le sort d'ailleurs d'un sacré pétrin, en effaçant quelques dettes du parti[40].

S'il est l'un des barons crépusculaires du RPF, il ne se sent pas encore assez puissant pour tenir la contradiction au Général et fait d'ailleurs marche arrière, le 17 mai 1953, lors d'une réunion sur les apparentements, qu'il estime pourtant nécessaires à la survie du parti[41]. Il glisse ainsi lentement vers l'antiparticipationnisme, critiquant les débauchages individuels des gouvernements successifs. Il soutient en conséquence l'aventure du *Courrier de la colère* de Debré, « incontestablement le parlementaire le plus près des objectifs du Rassemblement [du peuple français][42] ». En même temps, il apporte son soutien à Frey et Soustelle, dans l'organisation de l'Union pour le salut et le renouveau de l'Algérie française (USRAF), « concernant le problème algérien, [le] seul groupement valable[43] ».

Foccart décide surtout, à la fin de l'année 1953, de faire vivre le club des derniers fidèles du gaullisme, avec quelques autres personnalités (Chaban-Delmas, Debré, Frey, Guichard), mais l'esprit du « Monsieur Afrique » du RPF est déjà ailleurs : Diên Biên Phu tombe le 7 mai 1954, la Toussaint rouge de novembre suivant inaugure la guerre d'Algérie, puis le Maroc et la Tunisie annoncent leur indépendance en mars 1956. Le 4 décembre 1954, Foccart est nommé secrétaire général du RPF et, à la demande du Général, il déshabille progressivement le parti, proclamant la suspension des délégués départementaux et régionaux en septembre 1955, puis contribuant à la mise aux enchères du mobilier de la rue de Solférino en octobre suivant, afin de régler les dernières dettes, ceci grâce à l'entremise de Pompidou.

Malgré l'ambiance de fin de règne, Foccart reste proche du général de Gaulle et l'accompagne en août-septembre 1956 dans les Antilles et en Polynésie française, puis en mars 1957, au Sahara, non loin du cœur du complot du 13 mai 1958, au sein duquel il retrouve Roger Delpey, un vieil ami et surtout le président de l'association des anciens d'Indochine. Début avril 1958, Foccart est en effet désigné comme l'officier traitant de Delbecque, certes officiellement chargé de mission de Chaban-Delmas en Algérie, mais en réalité trublion gaulliste et soustellien auprès des pieds-noirs[44]. Le soir du 13 mai, c'est d'ailleurs Foccart qui conduit Soustelle à l'aéroport militaire de Villacoublay pour l'emmener secrètement en Algérie, ceci sans succès[45].

Le 15 mai, Foccart organise encore le placardage d'affiches en soutien au Général dans tout Paris, agitant ses amis et ses réseaux gaullistes, puis, le 17 mai, déjeunant avec lui à Colombey-les-Deux-Églises, il se voit chargé d'organiser une conférence de presse avec l'aide de Guichard. De Gaulle s'y dit prêt à être « utile[46] » pour les Français. Le 24 mai, le bataillon parachutiste du 11e de choc, dans lequel Foccart est réserviste, prend la préfecture d'Ajaccio d'assaut. Coïncidence ? Foccart se charge en tout cas, dans les jours suivants, de calmer les militaires d'Algérie, notamment le commandant Vitasse et le capitaine Lamouliatte, afin d'éviter la mise en œuvre de l'opération Résurrection et de permettre le retour du Général dans la légalité républicaine[47].

Avec Brigitte Menu, collaboratrice historique de Soustelle à l'USRAF, le colonel Bernard Dupérier, un ancien résistant bardé de médailles, et Pierre Lefranc, l'un de ses collaborateurs du temps du RPF, il crée alors l'Association nationale pour l'appel au général de Gaulle dans le respect de la légalité républicaine (AN), afin de « coordonner l'action des groupes gaullistes[48] ». A-t-il été l'ambassadeur du général de Gaulle pendant toute la séquence ? Il s'en défend, évoquant leur déjeuner du 17 mai, à l'issue duquel le Général lui a bien dit : « Mais alors écoutez-moi *bien*. Je vous demande de ne vous occuper de *rien*, de ne voir personne[49]. » Propos tellement inhabituel et précis que Foccart le considérera comme un feu vert à tout entreprendre pour assurer le retour du Général !

Aux côtés du Général

Le 4 juin 1958, Foccart s'envole aux côtés du général de Gaulle, président du Conseil des ministres, pour l'Algérie. Pompidou, directeur de cabinet du Général, a en effet appelé à ses côtés le dernier carré des fidèles du RPF : Guichard, directeur adjoint de cabinet, Lefranc, chef de cabinet, Ribière, conseiller technique, etc. Dans l'équipe de Matignon, l'ancien secrétaire général du parti tient un rôle particulier, matrice de sa place future dans l'édifice gaullien.

Premièrement, il est chargé de remettre de l'ordre dans les services militaires et de renseignement après l'agitation du mois de mai, ce qui lui vaut quelques échanges musclés avec les officiers d'Algérie, pour certains déçus de l'arrêt net de l'opération Résurrection. Il devient ainsi progressivement le « gourou incontesté[50] » des questions de renseignement et de sécurité auprès du Général, recevant chaque mercredi le général Grossin, patron du Service de documentation extérieure et de contre-espionnage (SDECE), pour être informé des écoutes téléphoniques et des opérations clandestines. Il assure aussi la liaison directe avec le 11e de choc, considéré par tous comme sa chasse gardée.

Deuxièmement, il est chargé de suivre « les oppositions politiques[51] », notamment l'activité des communistes, en lien avec Jean Méo, polytechnicien et conseiller de Ramadier et Pflimlin aux Finances sous la Quatrième République. Il s'intéresse tout particulièrement aux flux de capitaux financiers entre l'Union soviétique et ses satellites, et les associations ou partis français[52]. La peur du « rouge » est en effet encore vive dans les cercles gaullistes.

Troisièmement, Foccart est à la manœuvre dans le dossier de la réunion des clubs et mouvements gaullistes en un seul parti. Si le général de Gaulle y est initialement défavorable – Foccart, en bon porte-parole, rencontre ainsi Delbecque et Fourcade pour les convaincre de garder leur Convention républicaine indépendante[53] ! –, il finit par se rallier au projet de Soustelle en faveur d'une Union pour la nouvelle république (UNR). Chaban-Delmas propose alors à Foccart de le soutenir dans la course à l'élection au secrétariat général du parti, craignant la victoire d'un autre plus gênant, mais le Général préfère garder son conseiller auprès de lui[54]. Il s'en tiendra donc à distance, n'intégrant même pas ses instances.

Il n'empêche que Foccart figure, dès l'automne 1958, parmi les membres de la commission électorale de l'UNR, avec Debré, Frey, Guichard et Lefranc, avec la charge de plancher sur les investitures aux législatives. Pour les observateurs, il a donc tout de l'homme des coulisses, politiques, militaires, de renseignement, « une forme d'ombre dont la seule présence explique l'inexplicable derrière la silhouette du Prince[55] ». Il accompagne encore le Général dans sa tournée en Afrique subsaharienne, du 20 au 26 août, pour préparer le référendum constitutionnel de septembre. Son biographe, Frédéric Turpin, souligne cependant qu'à cette époque, 1958-1959, « il ne faut pas exagérer le rôle de conseiller politique[56] » de Foccart. Il est vrai que si Chaban-Delmas, Debré et Frey ont obtenu des postes prestigieux, Foccart reste un conseiller technique du Général, bientôt chargé d'un quatrième dossier, qui devient vite sa marque de fabrique : le suivi des affaires africaines et malgaches.

En janvier 1959, à la création du Secrétariat général de la Communauté française, Debré pousse en effet pour que Raymond Janot, conseiller d'État et un des auteurs de la Constitution de 1958, prenne le poste, mais le Général obtient que Foccart soit son correspondant à l'Élysée. Loin d'être simplement son adjoint, Foccart toise ce haut fonctionnaire « qui ne parle pas le même langage[57] », regrettant une sorte de « double emploi[58] ». En décembre 1959, Foccart fourbit de nouveau ses armes en supervisant la création du Service d'action civique (SAC), le successeur du service d'ordre du RPF, ceci afin d'épauler l'UNR dans ses campagnes à venir. Pierre Debizet en prend les commandes, avec Pierre Comiti, Serge Planté et Pierre Lemarchand à ses côtés. Une véritable « phalange de gaullistes d'action[59] » vient de voir le jour.

En février 1960, l'influence de Foccart est suffisante pour obtenir, grâce à l'aide de Félix Houphouët-Boigny, alors Premier ministre de Côte-d'Ivoire, la démission de Janot, « trop juridique, trop centralisateur », « dans l'exercice d'une fonction qui exige beaucoup de diplomatie personnalisée et de pragmatisme »[60]. Son successeur est tout désigné : il s'appelle Foccart. La nouvelle équipe du secrétariat général est composée de Charles Bonfils, Jean-Pierre Dannaud, René Journiac, Jean Rossard et Alain Plantey. Foccart recrute aussi Jean Mauricheau-Beaupré, un proche de Debré, qui « aime faire des coups[61] ». L'équipe foccartienne de l'Élysée navigue alors en eaux troubles dans les relations, parfois épidermiques, avec les chefs d'États africains de l'ancien empire colonial. Il ne s'agit pas, ici, de retracer l'action de Foccart en matière de politique africaine tout au long de la décennie à venir, auprès du général de Gaulle puis de Pompidou, car le sujet occupe déjà de nombreux ouvrages[62]. Nous évoquerons davantage son rôle politique, dans la vie du gaullisme, et sa présence au cœur de quelques affaires d'État, avec une action toujours guidée par cette célèbre formule du Général : « Souvenez-vous toujours de ceci. Il y a d'abord la France, ensuite l'État, et enfin, dans la mesure où les intérêts supérieurs des deux premiers peuvent être respectés, il y a le droit[63]. »

Foccart profite de ses nouvelles fonctions de secrétaire général de la Communauté française pour régler quelques comptes avec de vieux adversaires politiques, obtenant notamment des changements dans le corps préfectoral ou dans celui des gouverneurs ultramarins, ainsi avec le rappel d'Albert Mouragues, proche du MRP, avec qui il avait eu maille à partir du temps du RPF et qu'il fait remplacer par le gaulliste Pierre Anthonioz[64]. Ses relations ne sont pas toujours au beau fixe avec Debré, Premier ministre, qui « suivait tout et avait une opinion sur tout[65] ». Devant l'ampleur de la tâche, Foccart se décharge d'ailleurs temporairement des sujets DOM-TOM auprès de Guichard, ce qui explique son absence du voyage aux Antilles d'avril-mai 1960... mais le Général a pris ses habitudes et impose rapidement à son conseiller de reprendre son périmètre d'action dans son intégralité[66].

Il suit tout aussi attentivement les évolutions du SAC, participant lui-même aux séances du comité directeur ou y déléguant son adjoint, René Journiac. Après le départ de Debizet, en désaccord avec la politique algérienne du général de Gaulle, il y fait nommer Comiti, « gorille » du Général, et le flanque d'un vice-président, Henri Djouder, lui aussi « gorille » à l'Élysée[67]. Foccart est d'ailleurs le parrain de l'équipe des quatre gardes du corps du Général et préside au remplacement de René Auvray, malade, à la fin de l'année 1961. Avec Frey, c'est lui qui appuie le recrutement de Raymond Sasia, son professeur de judo et un ancien du SO du RPF, pour devenir le quatrième mousquetaire de la garde prétorienne du Général[68].

Au plus fort de la guerre d'Algérie, Foccart encourage, avec le concours de Frey, la création des « barbouzes » pour lutter contre l'OAS, noyautant le Mouvement pour la communauté (MPC) du gaulliste de gauche Jacques Dauer avec des représentants d'une tendance « dure, qui souhaite combattre les armes à la main[69] » (Bitterlin, Goulay, Lemarchand, Ponchardier). Plus tard, au moment du putsch des généraux d'Alger, il contribue à l'élaboration d'un plan d'évacuation de Paris, avec l'aide du parachutiste Pierre Henneguier, en dehors de toute hiérarchie officielle, y compris du colonel Gaston de Bonneval, pourtant aide de camp du Général, ce qui ne manque pas d'agacer l'entourage militaire du président de la République[70]. C'est encore à lui que le général de Gaulle remet ses instructions secrètes en cas d'assassinat ou de capture, instructions transmises au Dr André Lichwitz, son médecin personnel, preuve de la confiance extraordinaire établie entre les deux hommes. Jaloux, Debré fulmine et la mise en cause du général Nicot, son chef du cabinet militaire, pendant le putsch des généraux, donne lieu à une dispute homérique entre les deux hommes[71].

En avril 1962, le départ de Debré de Matignon puis, dans son sillage, celui de Constantin Melnik consacrent la tutelle de Foccart sur le renseignement français. Le journaliste Pierre Viansson-Ponté en tire d'ailleurs un portrait qui mérite d'être reproduit dans son intégralité :

> Jacques Foccart est, parmi les gaullistes fidèles, l'un de ceux qui a le plus contribué à imprégner le compagnonnage de ce climat de société secrète, à lui donner cette allure policière, ce goût de la clandestinité, cette atmosphère « barbouze » ; trop d'hommes honnêtes et convaincus, déformés par la Résistance et encouragés par le mépris de la politique élevé à l'état de dogme, ont tendance à considérer que les fonds secrets, les fiches, la pression morale et l'intérêt matériel sont les meilleurs armes du gouvernement. Ils en arrivent à ne plus concevoir la vie politique que comme un décor en trompe-l'œil tandis que tout se règle en coulisses entre gens du même bord, la main sur le portefeuille ou sur l'étui-revolver, on ne sait trop. C'est la pire, la plus critiquable, la plus condamnable des déviations du gaullisme. Elle fait malheureusement partie intégrante de l'héritage, indissolublement[72].

C'est donc à la fois l'élimination politique du couple Debré-Melnik et le succès de sa politique africaine qui font de Foccart un baron du gaullisme à partir de 1962-1963. Sans rancune, il joue un rôle important dans l'élection de Debré comme député de La Réunion en mai 1963, après son échec en Indre-et-Loire, lui trouvant un suppléant et l'aidant dans la mobilisation des militants locaux[73]. L'ancien Premier ministre lui en saura longtemps gré. Discret sur la scène nationale pendant l'année 1964, Foccart revient sous les projecteurs lors de la campagne présidentielle de 1965. Il mobilise en effet son ami Michel Bongrand, rencontré à la SAARF pendant la guerre, afin de convaincre le Général de s'essayer aux nouvelles méthodes de communication. Refus clair et net de l'intéressé, qui acceptera cependant, après sa mise en ballotage, d'enregistrer plusieurs entretiens télévisés dans l'entre-deux-tours avec le journaliste Michel Droit.

En 1965, le nom de Foccart est mêlé, comme celui de Frey, à l'affaire Ben Barka. Même si son biographe affirme « qu'il n'était pas au parfum[74] », l'affaire affecte particulièrement le secrétaire général, mis en cause dans les médias et les milieux politiques. L'épisode lui sert à obtenir le renvoi de Maurice Leroy-Finville (chef du service VII du SDECE), désigné comme bouc-émissaire et écarté pour avoir « joué la carte [du socialiste] Jules Moch [en mai 1958], qui l'aurait utilisé comme une taupe au sein du service[75] ». Cependant, la machine s'emballe et le Général évoque son souhait de se débarrasser de Frey et du général Jacquier (patron du SDECE, à la suite de Grossin). Ceci en dépit des protestations énergiques de Foccart, qui plaide la cause de son ami auprès de Pompidou, peut-être de crainte d'y laisser aussi sa peau[76]. À titre d'épilogue, le 19 janvier 1966, à la demande expresse du général de Gaulle, le SDECE passe finalement sous la tutelle du ministre des Armées, Pierre Messmer, et, en avril 1967, Frey est forcé de quitter le ministère de l'Intérieur.

Pendant les législatives de 1967, Foccart veille attentivement aux arbitrages politiques de la commission d'investiture de la majorité présidentielle et ferraille plus d'une fois pour défendre ses proches - notamment Pierre Bas, écarté par Frey à Paris pour laisser une circonscription au prince Poniatowski, pourtant « anti-gaulliste notoire[77] ». Son rôle de baron s'en trouve conforté au sein de l'UNR-UDT. Tout au long de la séquence, il rend régulièrement compte au Général, lui présentant des cartes et des chiffres sur les candidatures gaullistes, voire faisant connaître à qui de droit les remontées faites au président de la République par ses visiteurs du soir. En de très rares occasions, il obtient même que le chef d'État fasse lui-même connaître sa préférence « pour obtenir un changement d'attitude d'un candidat potentiel[78] ».

Avec Chaban-Delmas, Debré, Frey, Guichard et Lefranc, il forme donc une cellule de veille politique auprès du président de la République sur les élections à venir. Il encourage d'ailleurs les humeurs du Général, de plus en plus hostile aux centristes de Valéry Giscard d'Estaing. Ainsi, à l'issue d'un échange lors duquel Foccart rapporte un acte de déloyauté d'un centriste, le Général fulmine : « Comprenez une fois pour toutes que Giscard est un adversaire[79] ! » Foccart s'appuie aussi sur « de jeunes pousses gaullistes[80] », qu'il encourage à se présenter aux élections, comme Jean Charbonnel ou Robert Poujade, tous les deux de futurs ministres. Il leur fait parfois intégrer les cabinets ministériels, comme Jacques Godfrain, lui aussi plus tard ministre et président de la Fondation Charles-de-Gaulle[81]. Sous la république gaullienne, il y a ainsi un « label Foccart[82] » pour intégrer les sphères du pouvoir, l'expression étant d'Alain Juppé, lui-même concerné au début de sa carrière.

Les lendemains d'élection voient Foccart à la manœuvre pour réunir les différentes tendances du gaullisme au sein d'une majorité parlementaire, ainsi en encourageant l'intégration du gaulliste de gauche Louis Vallon dans le nouveau gouvernement de Pompidou. Opposition ferme du Premier ministre, en raison de propos indélicats tenus à son encontre dans des salons parisiens. « Vous ne pouvez pas vous empêcher de raconter des histoires[83] », lâche le Général à Vallon, amer de devoir l'écarter. Quelque chose s'est cependant brisé entre de Gaulle et Pompidou en cette année 1967. La rancœur couve entre les deux hommes pour des raisons multiples, parmi lesquelles l'opposition ferme du Premier ministre à mettre en œuvre la réforme de la participation. Le 13 octobre, las, le Général confie à Foccart : « De toute façon, Pompidou, c'est fini. Au lieu d'exécuter ma politique, il compose. Il ne se rend pas compte qu'il ouvre les portes aux assauts de la démagogie, dont il ne se sortira pas[84]. »

L'ÉPREUVE DE MAI 1968

Comme la plupart des gaullistes, Foccart ne perçoit pas l'imminence d'une crise sociale et politique en mai 1968. À l'époque, sa préoccupation tient davantage à la bonne animation du parti, désormais placé sous la houlette de Robert Poujade, auxquels quelques âmes en peine auraient préféré Michel Habib-Deloncle ou Alexandre Sanguinetti, poussés par Debré et Frey[85]. Les tensions internes sont palpables. Le 24 avril 1968, lors d'un déjeuner des barons (Chaban-Delmas, Debré, Frey, mais aussi Fouchet, Pompidou, Poujade et Rey), Foccart passe ainsi un savon à ses collègues en raison des critiques formulées par des cadres de l'UD-V^{e} à l'égard du SAC, « qui est [pourtant] bien nécessaire au moment des campagnes électorales[86] ». Chacun se le tient pour dit.

Le 13 mai 1968, Bonneval, Debré, Frey, Guichard, La Malène, Lefranc et Rivière dînent ensemble chez Foccart pour fêter le dixième anniversaire du retour au pouvoir de leur chef. La soirée est « extrêmement sympathique, [mais] empreinte d'une certaine tension du fait des événements actuels[87] ». C'est que, depuis plusieurs semaines, une crise étudiante couve dans le pays. Avec Pompidou, Foccart s'oppose néanmoins au retour prématuré du Général de son voyage diplomatique en Roumanie, estimant que la contestation est exagérée et qu'une solution est en passe d'être trouvée par le Premier ministre. De retour, le 18 mai, de Gaulle confie à Pompidou son souhait d'organiser un référendum sur la participation, son grand œuvre social, si régulièrement ajourné depuis plusieurs années[88].

Or la crise s'envenime. Le mouvement étudiant devient un mouvement social puis politique, et le pouvoir semble échapper des mains gaullistes. De Gaulle confie à Foccart, le 28 mai : « Rien n'obéit plus. Je n'ai pas de gouvernement. Je dis aux ministres ce qu'ils doivent faire, mais ils ne le font pas. [...] Foccart, je vous le demande, que puis-je faire[89] ? » Foccart, lui, a bien quelques idées, car il n'est pas resté impassible pendant les semaines passées. Il a en effet piloté, en sous-main, la création des Comités de défense de la République (CDR), sous la double houlette de Lefranc et Godfrain, lesquels agissent comme un sas de recrutements d'anciens combattants et de gros bras au service du gaullisme en cette période de crise. Rue de Solférino, ils sont le dernier rempart du parti face à la vindicte populaire.

Le 26 mai, Foccart obtient du général de Gaulle d'organiser une grande manifestation de soutien à sa personne avec les CDR et le SAC, à la Concorde, tandis que le député Pierre-Charles Krieg structure la manifestation populaire du 30 mai, sur les Champs-Élysées[90]. Certes, mais Foccart n'est pas au courant de la « disparition » du Général à Baden-Baden et leur confiance réciproque s'en trouve éprouvée. Avec la dissolution de l'Assemblée nationale, il affronte Frey pour le contrôle des CDR, obtenant *in extremis* le soutien du Général à laisser Lefranc à leur tête, ce qui montre que la période est aussi aux jeux tactiques entre les grands hiérarques du régime[91].

« J'aime bien Frey, c'est un gaulliste authentique, mais il n'est pas fait pour mener une action militante, il n'accroche pas avec les gens[92] », glisse ainsi Foccart au Général.

Il cherche alors des alliés, tâche d'« arrondir les angles », de « souder l'équipe » et presse le Général de garder Pompidou à ses côtés en gage de stabilité, bien que l'époque soit déjà aux législatives[93]. Foccart raconte :

> Le Général épluche les listes, s'énerve, répète qu'il n'est pas question d'être absent d'une seule circonscription – il finira par céder qu'il n'y ait pas de candidat UDR opposé à Giscard d'Estaing, ni à Pleven, mais de mauvais gré[94].

Au lendemain de la victoire gaulliste aux législatives de 1968, Pompidou règle ses comptes avec ses adversaires, en tête desquels Frey, notamment lors d'un déjeuner des barons du 26 juin (Chaban-Delmas, Foccart, Frey, Guichard, en présence d'Amaury et Terrenoire)[95]. Les couteaux sont tirés entre les grands pontes du régime gaulliste, dont les divisions sont accentuées par la crise de mai. De son côté, Foccart se fait l'artisan du rassemblement et tempère l'agacement des barons à l'égard de Pompidou, notamment celui de Debré, qui ne digère pas d'avoir été écarté des accords de Grenelle de mai. Avec lui, Foccart joue le chaud et le froid, tantôt tuant ses espoirs de retour à Matignon, tantôt, comme le 26 juin, en empêchant de démissionner celui qui se plaint d'un ministère « en dehors de tout ce qui [le] passionne[96] ».

Après la nomination de Maurice Couve de Murville à Matignon, début juillet 1968, Foccart tâche de réconcilier de Gaulle et Pompidou, persuadé qu'il faut désormais préparer l'avenir. Il encourage ainsi le Général à écrire à son ancien Premier ministre après le décès de son père, en janvier 1969, puis organise le dîner de retrouvailles de mars suivant, lors duquel les Foccart sont absents en raison d'une mauvaise grippe, ne laissant que Debré, lugubre comme à son habitude. La période confirme en tout cas l'ascension inarrêtable de Foccart. Couve de Murville n'a en effet que peu d'intérêt pour les questions africaines, même si son équipe, en tête de laquelle Yves Jouhaud, tente de suivre les dossiers de l'éminence « noire » du Général[97]. Logiquement, cette maîtrise complète du dossier conforte la relation de confiance et de proximité entre le président de la République et son conseiller. A-t-il provoqué cette situation ? Dans ses Mémoires, Foccart confie que le général de Gaulle « aurait voulu garder Couve aux Finances [car] il a[vait] envisagé Messmer à Matignon[98] ». Brouillage de piste par le Général, comme il en avait parfois l'habitude avec son entourage, ou vraie hésitation de sa part en faveur de Messmer ? Foccart, en tout cas, est clair. Sa préférence va à Couve de Murville, beaucoup plus malléable, et il le dit au président.

Le 4 septembre 1968, Chaban-Delmas réunit les barons (Foccart, Frey, Guichard, ainsi que Pompidou) pour un déjeuner en vue des journées parlementaires de l'UDR à La Baule. Couve de Murville et Pompidou se disputent en effet un droit de préséance en termes d'ordre des prises de parole, afin de savoir qui doit conclure la journée ; et le moins qu'on puisse dire est que Foccart met beaucoup de volonté à consacrer Pompidou en chef historique et légitime de l'UDR, reléguant Couve de Murville à un « discours à la fin du repas[99] ». Le 25 septembre suivant, lors d'un déjeuner des barons chez Debré (Chaban-Delmas, Foccart, Frey, Guichard, mais aussi Pompidou et Poujade), « on ressent une espèce de malaise de l'après-gaullisme avec une certaine méfiance à l'égard de Couve[100] ». Le ver est dans le fruit, car Foccart a miné, dès l'origine, la confiance politique en Couve de Murville. Le nouveau Premier ministre ne parviendra jamais à s'imposer en chef de la famille gaulliste.

Le 6 novembre, alors que les barons déjeunent à l'hôtel de Lassay, à l'invitation de Chaban-Delmas, Pompidou leur fait part de sa colère et leur tient rigueur de ne pas l'avoir prévenu des calomnies colportées à l'encontre de son épouse et lui. Dans l'affaire Marković, tout le monde se rejette la faute, mais Foccart, au courant de tous les secrets, est peut-être le plus coupable. De Gaulle en a parlé à Tricot, qui a informé Couve de Murville, lequel a demandé à Capitant d'appeler Pompidou... sans que l'appel ne soit passé. Le malaise est profond au sein de l'UDR, de telle sorte que, de nouveau réunis chez Chaban-Delmas le 20 novembre, les barons

(Foccart, Frey, Guichard, mais aussi Amaury, Malraux, Terrenoire et Rey) « ne parle[nt] pas du cas Pompidou, qui n'a pas pu venir à ce déjeuner[101] ». Chacun retourne donc à sa tâche, souhaitant plus que toute chose éviter d'évoquer l'étoile déclinante de l'ancien Premier ministre.

Après l'échec du référendum d'avril 1969 et le départ du pouvoir du Général, Alain Poher, président par intérim, met brutalement fin aux fonctions de Foccart, le 2 mai[102]. Les centristes, et la classe politique dans son ensemble, y voient en effet une forme d'« exorcisme collectif[103] » en renvoyant le « Monsieur Afrique » de la décennie passée. Couve de Murville confie d'ailleurs à Foccart, sans doute au titre de liquidation de contentieux passés :

> Poher m'a parlé de vous. Vous l'inquiétez. Il a peur du SAC. Il est décidé à vous remplacer, ou en tout cas « à vous en faire voir ». [...] [Il] est fasciné par ce que vous représentez. Il était persuadé que vos caves étaient pleines d'armes, que vos coffres étaient pleins d'or et que vos tiroirs étaient plein de dossiers secrets. Il a peur de vous et il veut vous démolir[104].

Foccart n'a donc pas le choix. Sa survie politique et professionnelle nécessite un investissement total dans la campagne pour la succession du général de Gaulle. Dès le 23 avril, il participe à un déjeuner autour de Pompidou, à la Maison de l'Amérique latine, avec les barons (Chaban-Delmas, Debré, Frey, Guichard, mais aussi Amaury, Malraux et Michelet), afin de préparer l'avenir[105]. Contrairement à la légende d'un ralliement unanime des barons à Pompidou, Foccart raconte que les discussions ont été animées entre les grands prétendants jusqu'à un dîner du 28 avril. Debré ? « Trop soupe-au-lait » et « le Général, qui avait beaucoup d'estime pour [lui], trouvait qu'il passait mal à la télévision »[106]. Chaban-Delmas ? « Le Général se méfiait [de son] goût pour les jeux d'assemblées. Il retournerait tout de suite, disait-il, au régime parlementaire[107]. »

Assez logiquement, Foccart se mobilise donc en faveur de Pompidou puis, après sa cooptation par les barons, intègre son état-major de campagne, mettant à disposition les équipes du SAC, auxquelles il écrit une lettre dans ce sens le 5 juin[108], et contribuant à débrancher la candidature du gaulliste de gauche René Capitant, avec l'aide de Frey, Malraux et Palewski[109]. Le nouveau président lui en sait gré et le fait revenir à l'Élysée dès le 26 juin, sur un périmètre presque identique :

> Je m'en remets complètement à vous ; vous faites comme du temps du Général. Vous voyez les choses qui sont susceptibles de m'intéresser. Les autres, ce n'est pas la peine, je me repose entièrement sur vous[110].

Certes, mais si l'Afrique reste le pré carré de Foccart, les dossiers politiques reviennent désormais à Pierre Juillet, bientôt flanqué de Marie-France Garaud. Le Président n'éprouve en effet qu'une confiance modérée en les barons du gaullisme et, même dans la conduite des affaires africaines et ultramarines, les choses ne sont plus ce qu'elles étaient. Entre Henri Rey puis Pierre Messmer, ministres successifs des DOM-TOM de 1969 à 1971 puis de 1971 à 1972, et Foccart, s'il n'y a pas d'animosité, il n'y a pas non plus d'atomes crochus[111]. Frédéric Turpin note même que « l'opposition est d'autant plus forte que Chaban-Delmas s'en remet à Foccart en soutenant ses points de vue [face à la position de ses ministres][112] ».

En miroir, la défense de Chaban-Delmas devient le quotidien de Foccart dans les mois suivants, dans un jeu d'équilibriste entre l'Élysée et Matignon. Le 9 septembre 1969, il déjeune ainsi avec Debré, qui le trouve trop « conciliant, trop prêt à toutes les ouvertures[113] » ; le 16 décembre, il convie les barons (Chaban-Delmas, Guichard, mais aussi Amaury, Malraux et Michelet) à un déjeuner rue du Faubourg-Saint-Honoré pour resserrer les rangs autour du Premier ministre, mis à mal par le clan pompidolien. Chaban-Delmas ne lui rend cependant pas systématiquement la monnaie de sa pièce. Foccart est d'ailleurs très ému, le 4 mars 1970, d'apprendre que Chaban-Delmas, Frey et Guichard déjeunent sans lui, « un petit détail [qui] prend de l'ampleur et [le] choque profondément[114] ». Il opère en conséquence un rapprochement avec Juillet, à partir de juin 1970, lequel lui parle de la méfiance de Pompidou pour Chaban-Delmas, Frey et Guichard.

Le 25 mai 1971, Foccart va encore plus loin en conviant Messmer, pourtant critique du Premier ministre et patron de Présence et action du gaullisme (PAG) au déjeuner des barons à la Maison de l'Amérique latine. Sont présents Amaury, Chaban-Delmas et Terrenoire, un déjeuner à cinq « magnifiquement réussi[115] », qui marque aussi un tournant avec l'arrivée de ce nouveau venu dans leur petit cercle. Toutefois, en dépit de son rapprochement avec le clan Pompidou, Foccart assiste en simple spectateur au remplacement de Chaban-Delmas par Messmer à l'été 1972. S'il a su arrondir les angles avec le nouveau locataire de Matignon, il n'est ni un acteur de sa nomination, ni un de ses parrains[116]. L'ère Messmer marque donc une nouvelle étape dans le déclin politique de Foccart.

Le 7 juillet 1972, le journaliste Philippe Alexandre annonce même à *Radio Luxembourg* que « le règne des barons a pris fin hier soir », avec Chaban-Delmas écarté de Matignon, et Foccart comme Frey privés d'une partie de leurs prérogatives. Foccart en est meurtri mais croit encore en un possible rebond : « [Pompidou] a peut-être un peu conscience de m'avoir tenu un tantinet à l'écart, sans le vouloir et un peu aussi par ma faute[117]. »

L'époque est délicate et les barons se déchirent. Pour preuve, le déjeuner du 12 avril 1973, à la Maison de l'Amérique latine, où Amaury et Chaban-Delmas soldent de vieux litiges (devant Foccart, Frey et Guichard gênés), le premier accusant le second de mener une campagne de calomnies à son encontre dans *Le Parisien libéré*, le second se défendant d'être un historique du gaullisme, présent dès les premiers déjeuners avec Giacobbi et Michelet[118].

Par ailleurs, le rapprochement de Foccart et Pompidou ne vient pas et, à l'automne 1973, le conseiller élyséen s'oppose même frontalement au président de la République sur la question de la durée du mandat présidentiel, ce qui affecte la relation entre les deux hommes[119]. Tandis que Chaban-Delmas et Debré mènent une OPA sur l'UDR, il s'essaye au rôle de médiateur entre Messmer et les vieux barons pour maintenir à flot le navire. En vain.

En novembre 1973, il tente encore d'éteindre le feu qui couve à l'Élysée, attisé par Juillet et Garaud, entre Pompidou et les barons, notamment Chaban-Delmas et Debré. En janvier 1974, il va jusqu'à sermonner le président – « Vous n'avez pas le droit de douter de Chaban, lui aussi souffre[120] » – et son poids politique lui permet d'obtenir qu'une rencontre ait lieu le 26 février, laquelle marque la réconciliation des deux hommes.

Si la période est donc marquée par l'affaiblissement politique de Foccart, elle n'est pas encore celle de son crépuscule. En octobre 1969, il a fait rappeler Debizet à la tête du SAC avec la mission d'en « épurer les éléments douteux[121] », notamment en renvoyant les militants d'extrême droite vers les CDR. Sa mainmise reste donc entière sur le service d'ordre du parti gaulliste, en lien avec Chaban-Delmas et Frey, par l'intermédiaire de Claude de Peyron. En janvier 1971, il est aussi l'un des artisans de la création de l'Institut Charles-de-Gaulle, temple historique et mémoriel du gaullisme. S'il n'est pas désigné comme l'un des membres fondateurs par le Général, comme Palewski, qui lui propose cependant de rejoindre le comité directeur, il n'empêche qu'il en assure l'animation et l'organisation pratique jusque 1974. Il est en effet l'un des créateurs de la société Lille Saint-Germain, chargée d'acquérir la maison natale du Général, à Lille, et l'immeuble de la rue de Solférino[122]. Il participe aussi aux premiers colloques historiques de l'Institut sur l'action du général de Gaulle, ainsi celui dédié à sa politique africaine. Foccart glisse donc du rôle de conseiller politique auprès du Général puis de Pompidou, à celui de mémorialiste du gaullisme.

D'autres lendemains...

Après le décès brutal de Pompidou en avril 1974, la seconde cohabitation de Foccart et Poher est « excellente[123] ». Soutien de Chaban-Delmas pendant la campagne présidentielle, il s'emporte contre la trahison de Chirac et prédit la disparition du parti gaulliste en cas de victoire du camp centriste[124]. Il en paye les frais en étant remercié le 30 mai – alors même qu'il dit avoir été assuré de conserver ses fonctions par Giscard d'Estaing dans l'entre-deux-tours. Comme en 1969, il faut « se débarrasser du personnage Foccart, auréolé de sa légende noire[125] ». Il retrouve donc les barons (Chaban-Delmas, Debré, Guichard), le 21 mai, pour tenter de s'organiser en créant une présidence de l'UDR, capable d'affaiblir Chirac, devenu Premier ministre. Toutefois, Sanguinetti leur coupe l'herbe sous le pied par une déclaration du 12 juillet affirmant la totale solidarité du parti avec le locataire de Matignon.

Foccart participe encore au dîner des barons chez Frey, le 12 décembre 1974, lors duquel le Premier ministre s'invite et annonce sa candidature à la tête du parti gaulliste. Malgré une ultime tentative de résistance autour de Chaban-Delmas et Peyrefitte, le pouvoir leur échappe et la chiraquisation de l'UDR est entamée. Cependant, dès les premiers mois de l'année 1975, Foccart change de posture et, s'il ne rallie pas ouvertement Chirac (comme Chalandon ou Guéna), « il est celui des barons qui se montre le plus facilement favorable à ce que Chirac prenne en main le mouvement gaulliste[126] ». Les contacts se multiplient donc pour sceller l'alliance entre les deux hommes, comme un trait d'union entre le passé et le présent.

Après la démission du Premier ministre de Matignon, le 25 août 1976, Foccart participe à la création de son nouveau parti, le Rassemblement pour la République (RPR). Il est notamment mobilisé dans l'organisation du rassemblement de la Porte de Versailles, le 5 décembre, faisant appel à ses anciens réseaux du SAC et des CDR, mais il n'intègre pas pour autant ses instances. Quelques années plus tard, il commente, amusé, la situation :

> Ce sont Chirac et Guéna qui mettent sur pied le RPR. Guéna m'en a fait la confidence. [...] C'est l'affaire d'un petit noyau autour de Chirac et Guéna. Coup de force ? Oui, si vous voulez. [...] Je ne suis pas un des fondateurs du RPR. Je suis un témoin privilégié. [...] Notre petit groupe de barons conservait ses distances à l'égard de l'adversaire de Chaban. Disons que j'étais moins réservé que les autres[127].

Au printemps 1977, Foccart soutient Chirac dans sa candidature à la mairie de Paris (contre d'Ornano, piloté par Giscard d'Estaing) et met tout en œuvre pour lui rallier d'anciens gaullistes parisiens, comme Bas ou La Malène. Cependant, il sait aussi s'opposer à son nouveau chef en tant que de besoin. Ainsi en décembre 1978, lorsqu'il juge « ridicule[128] » l'appel de Cochin, car fracturant la droite française, ou encore en 1979, lorsqu'il encourage Charbonnel, revenu au bercail, à faire vivre un gaullisme social et populaire dans les usines comme au sein du RPR.

Foccart agit aussi en tant que « gourou pour initier Chirac à l'Afrique et à ses dirigeants[129] ». Il continue d'ailleurs d'entretenir un réseau d'informateurs sur le continent noir, parmi lesquels Maurice Delauney, Philippe Lettéron, Louis Martin, Maurice Robert, de même que le mercenaire Bob Denard. Politiquement, la période voit son image écornée par différentes affaires judiciaires et politiques. La publication de *Dossier b... comme barbouzes* de Patrice Chairoff, en janvier 1975, le désigne en effet comme « grand maître occulte de la pègre gouvernementale et chef de gangs de l'assassinat et de la drogue[130] ». Chirac doit donc prendre ses distances avec ce personnage sulfureux.

L'affaire Boulin, à l'automne-hiver 1979, aggrave son cas et contribue à sa marginalisation au sein du RPR[131]. La presse évoque en effet son rôle dans la disparition puis la mort de Robert Boulin, ministre RPR du Travail et de la Participation de Giscard d'Estaing. Certains commentateurs évoquent ainsi son rôle de commanditaire dans l'enlèvement du ministre, d'autres des ragots selon lesquels il aurait lui-même battu à mort cet opposant de Chirac. Les accusations sont par ailleurs nourries par le fait que Boulin a été victime d'une campagne de presse très dure dans les semaines précédant sa disparition, en raison de sa participation à une vente frauduleuse de terrains, à Ramatuelle, dans laquelle trempe un certain Henri Tournet, vieil ami de Foccart du temps de la Résistance... Quarante ans après les faits, la mort controversée de Boulin reste non élucidée et l'enquête judiciaire a même été rouverte en 2015.

L'affaire des diamants de Bokassa, survenue elle aussi à l'automne-hiver 1979, complète le décor[132]. Foccart est en effet désigné comme la source des révélations médiatiques et le tombeur de Giscard d'Estaing. Contre-attaque à l'entreprise de démolition menée à son encontre dans l'affaire Boulin ? Polémique inventée par ses détracteurs ? Là encore, aucune preuve, mais Foccart, bien que distant du pouvoir, est vu comme un Maître Jacques du gaullisme d'opposition et des réseaux de la Françafrique.

En 1980, tandis que les barons se fédèrent autour de la candidature de Debré à l'élection présidentielle (Chaban-Delmas, Guichard), Foccart assume son ralliement à Chirac, avec d'autres vieux gaullistes, comme Billotte ou Messmer. Il tente même de débrancher la candidature de Debré, avec l'aide de Foyer et Schumann, en vain, avec les résultats que l'on connaît. Chirac battu, Foccart rallie Giscard d'Estaing au second tour de l'élection présidentielle, craignant par-dessus tout une arrivée au pouvoir de la gauche. Avec Bas à ses côtés, il se désole d'ailleurs des manœuvres du gaulliste de gauche Philippe Dechartre en faveur de Mitterrand, au point d'évoquer devant des amis, notamment le colonel Barberot, la possibilité d'un départ à la retraite, tant il sent les choses lui échapper[133].

Le manitou chiraquien

Entré au bureau politique du RPR en novembre 1979, Foccart en devient membre de droit en 1984 et s'impose alors comme un conseiller de l'ombre de Chirac, à la fois discret et en même temps habitué des visites du soir à l'Hôtel de Ville de Paris, où il a fait élire son poulain. Il perd cependant progressivement son contrôle sur le SAC, dissous par Mitterrand après la tuerie d'Auriol. Il décide donc de créer une nouvelle maison pour le gaullisme de choc. Le 17 novembre 1981, avec Alain de Boissieu et Pierre Messmer, il fonde en conséquence le Mouvement initiative et liberté (MIL), force de frappe contre la gauche communiste et socialiste. Parallèlement, il pousse le colonel Robert à s'investir au sein du Club 89 d'Alain Juppé, boîte à idées du RPR.

Après la victoire de la droite aux législatives, le 4 avril 1986, il intègre le cabinet de Chirac, Premier ministre de cohabitation, comme conseiller chargé des affaires africaines. C'est un retour en grâce ! Son équipe réunit Michel Lunven, ainsi que Frédéric Guéna, fils d'Yves Guéna, puis, à partir de 1987, Fernand Wibaux (en remplacement de Lunven, nommé ambassadeur au Niger). Foccart y joue le rôle de vieux cacique, échangeant directement avec le Premier ministre et boudant les réunions de cabinet de Maurice Ulrich. Chirac lui pardonne volontiers, reconnaissant éprouver une certaine « tendresse admirative[134] » pour ce fidèle dans la création du RPR en 1976 et dans le combat présidentiel en 1981. Pourtant, son ombre politique ne plane plus sur le parti chiraquien, désormais aux mains d'une nouvelle génération.

Après l'échec présidentiel de Chirac en 1988, Foccart reste membre du bureau politique du RPR mais n'y joue pas d'autre rôle que celui de caution historique du gaullisme. En novembre 1988, ouvert à la solution proposée par le référendum sur la Nouvelle-Calédonie mais refusant d'appuyer la politique du gouvernement socialiste, il encourage Chirac à prôner l'abstention. Lors des assises du RPR du Bourget, en mars 1990, il se montre encore efficace en minant l'offensive de Philippe Séguin et Charles Pasqua, dans une acrobatie politique qui laisse songeur, compte tenu de sa proximité intellectuelle avec les deux hommes. Bien que favorable au gaullisme populaire, sa fidélité à Chirac lui impose en effet de tout faire pour mettre fin à la fronde au sein du parti.

Rebelote deux ans plus tard. En 1992, bien qu'opposé au traité de Maastricht et fidèle à l'Europe des nations du général de Gaulle, il apporte à nouveau son soutien à Chirac, en demeurant silencieux dans le cadre du débat national sur le référendum. Il y voit la cohérence de son action contre la fronde Séguin-Pasqua du Bourget, depuis maintes fois répétée. En mars 1993, au lendemain des législatives, Balladur, Premier ministre, ne souhaite pas le prendre comme conseiller à son cabinet à Matignon[135]. Ses pratiques lors de la première cohabitation et son indépendance ont agacé. C'est la fin de la toute-puissance de Foccart en matière de relations africaines au sein de la droite française. Un petit séisme !

Lot de consolation, Chirac accepte de le conserver comme conseiller privé au RPR, notamment pour garder un lien direct avec les chefs d'État africains en dehors des canaux balladuriens. Foccart en tire donc les conséquences qui s'imposent en apportant son soutien à Chirac en vue de la présidentielle de 1995, tout comme Chaban-Delmas, Debré et Frey. Les vieux barons sont unanimes dans la séquence. Fait inédit, il décide même de faire savoir son choix à la presse et livre un grand entretien au *Point*, le 12 novembre 1994, en faveur de son candidat :

> Je considère que la politique et la façon de mener la politique sont beaucoup plus gaullistes chez Chirac. Chez Balladur, on arrondit les angles. Ce n'est pas du tout la même conception. Autrement dit, Chirac est beaucoup plus dans la ligne du gaullisme que Balladur[136].

Foccart agit bien en baron dans la séquence 1994-1995, non pas en chef politique, comme Chaban-Delmas ou Debré, mais en mémorialiste du gaullisme, comme Palewski d'une certaine manière. Sa parole est celle d'un fidèle du Général, qui impose sa vision par l'ancienneté de son compagnonnage. Il se mobilise par ailleurs pleinement dans la campagne présidentielle de 1995 : entretien de ses réseaux en Afrique et pilotage d'une équipe des anciens ministres de la Coopération (Aurillac, Bourges, Galley), mise à disposition du MIL pour assurer la sécurité des réunions publiques de Chirac, levée de fonds auprès des dirigeants africains, par l'entremise de Wibaux (épaulé par Robert Bourgi)[137].

Le retour au Palais

La victoire de Chirac à l'élection présidentielle ne consacre cependant pas immédiatement le retour de Foccart dans ses anciennes fonctions. Le président de la République l'évite, annule leur entrevue du 8 mai 1995 puis le reçoit finalement le 13 mai. L'opposition d'Alain Juppé, Premier ministre, et de Dominique de Villepin, secrétaire général de l'Élysée, a raison de lui[138]. Un conseiller « Foccart-compatible[139] » est choisi en la personne de Michel Dupuch tandis que Jacques Godfrain est nommé ministre de la Coopération, mais Wibaux est écarté de la cellule africaine de l'Élysée. Par amitié ou par pitié, Chirac décide finalement de prendre Foccart comme conseiller personnel, ce qui rend le dispositif dysfonctionnel avec deux équipes en place.

Entouré de Capodanno et Wibaux, le vieux « Monsieur Françafrique » n'a en effet pas dit son dernier mot. En juillet 1995, il accompagne ainsi le président de la République pendant son voyage officiel au Maroc, en Côte-d'Ivoire, au Gabon puis au Sénégal. Ses notes ne parviennent pas toujours jusqu'à Chirac, mais les deux hommes échangent régulièrement, souvent lors de rendez-vous impromptus, au détour d'un couloir. Il est désormais « un homme plutôt déprimé et isolé[140] », durablement marqué par la mort de son épouse. Inquiet de vieillir dans la misère, il cherche à assurer la sécurité financière de ses vieux jours, ce qui le conduit à publier ses *Mémoires* puis son *Journal de l'Élysée*[141]. Ces révélations sont un choc pour les mondes africain et gaulliste, habitués à son silence légendaire depuis plusieurs décennies.

En septembre 1996, il crée une Association de soutien à l'action du président Jacques Chirac (à l'image de l'Association nationale pour le soutien au retour du général de Gaulle dans le respect de la légalité républicaine de 1958), avec la contribution de Jean-François Probst, afin de « redonner un élan à l'esprit patriote et gaulliste à l'extérieur du RPR[142] ». À bout de forces, il s'éteint finalement le 19 mars 1997, quelques semaines avant la dissolution de l'Assemblée nationale. Ses obsèques nationales sont célébrées aux Invalides, en présence de Jacques Chirac, président de la République, qui était, au fond, son dernier et plus important soutien dans l'ultime période de la vie politique de ce baron du gaullisme.

*

Personnalité indissociable de l'action africaine et internationale du Général, Jacques Foccart est d'abord et avant tout un homme de réseaux : dans les Antilles, en Afrique, auprès des militaires, dans le monde du renseignement, puis dans les cénacles politiques. Fidèle parmi les fidèles, il acquiert son statut de baron en devenant secrétaire général adjoint puis secrétaire général du RPF, dans la première moitié des années 1950. Sa fidélité à toute épreuve en fait un compagnon de route de premier choix pendant la traversée du désert et l'un des artisans les plus ardents du retour au pouvoir en mai 1958.

Conseiller à Matignon puis à l'Élysée, il est indubitablement l'homme des relations avec les clubs et mouvements gaullistes entre 1958 et 1969, ce qui a nourri des relations compliquées avec Chaban-Delmas, Debré, Frey ou Guichard. L'arrivée de Pompidou à l'Élysée en 1969, si elle consacre son précarré africain, met cependant fin à cette toute-puissance politique au sein de la famille gaulliste. Marginalisé par Juillet puis mis sur la sellette par Messmer, il est définitivement écarté du pouvoir par Giscard d'Estaing en 1974.

Fidèle à Chaban-Delmas et aux barons, il fait finalement le pari de Chirac en 1975 et se lance alors corps et âme dans l'aventure du RPR, de la création du parti en 1976 aux municipales de Paris en 1977, apportant sa caution historique à l'ancien Premier ministre. Fragilisé par les affaires en 1979 mais revenu à Matignon auprès de Chirac en 1986, il n'a plus le poids politique des années gaullistes face à une nouvelle génération chiraquienne. Son absence à Matignon auprès de Balladur en 1993 en est le témoignage le plus probant, de même que ses difficultés à revenir à l'Élysée auprès de Chirac en 1995.

Personnage sulfureux, entouré d'énigmes et de mystères, Foccart s'est donc imposé moins par ses relations avec les autres barons (comme Chaban-Delmas, Debré ou Frey), que par son lien personnel avec le Général et sa culture des réseaux. Sa participation à la création puis à l'animation de l'Institut Charles-de-Gaulle, à partir de 1971, témoigne ainsi de cette relation émotionnelle, voire passionnelle, au gaullisme, qui en fait à la fois un baron mais aussi un mémorialiste.

CHAPITRE 6

Olivier Guichard, le cadet

Le club des barons ne saurait être complet sans évoquer le plus jeune et le moins connu de ses membres : Olivier Guichard. Descendant d'un véritable baron d'Empire, fils du directeur de cabinet de l'amiral Darlan sous le régime de Vichy, sa présence dans ce cénacle n'était pas une évidence en soi. Fidèle du général de Gaulle dans l'aventure du RPF, son chef de cabinet pendant toute la traversée du désert, puis son directeur de cabinet adjoint au moment de son mandat de dernier président du Conseil de la Quatrième République, Guichard est une étoile montante du gaullisme... brutalement mis sur le banc de touche en 1958 ! Pourquoi ? Comment ? Nous y reviendrons.

Ostracisé pendant plusieurs années, il devient finalement ministre du général de Gaulle en 1967, puis de Georges Pompidou en 1969 et de Valéry Giscard d'Estaing en 1976, s'imposant alors comme une des figures centrales de l'UDR puis du RPR, notamment dans son combat contre l'ascension de Jacques Chirac. Député de Loire-Atlantique en 1967, maire de La Baule en 1971, président de la région Pays-de-la-Loire en 1974, il mène parallèlement une carrière de grand élu local dans l'ouest de la France, ce qui amène son biographe, Anthony Rio, à le désigner comme un « sociétaire éminent de la caste des barons du gaullisme[1] ».

Le descendant d'un boulanger

Olivier Guichard est l'arrière-arrière-petit-fils de Louis Guichard, apprenti boulanger à Reims à la fin du XVIIIe siècle, soldat des armées révolutionnaires, colonel au début de l'Empire, établi baron en 1806, par Napoléon Ier, plus tard colonel de gendarmerie sous la Restauration. Le baron Guichard, resté célèbre pour avoir sauvé la cassette de l'Empereur pendant le passage de la Bérézina en 1812, donne souche à une famille talentueuse. Il est en effet suivi par un fils, polytechnicien, fondateur des Chantiers de la Loire à Saint-Nazaire, et un petit-fils, brillant ingénieur des constructions navales[2]. Un siècle plus tard, son homonyme et descendant Louis Guichard épouse Madeleine Brisson, d'où Olivier Guichard. Le père de Madeleine, Joseph Brisson, a été maire de Néac, près de Libourne, en Gironde, de 1884 à 1942, et député non inscrit de 1902 à 1906. Il perd son fils unique pendant la Première Guerre mondiale, ce qui le rapproche ensuite de son seul petit-fils[3].

Né le 27 juillet 1920 à Néac, Olivier Guichard fait ses études au Cours Saint-Louis, à Paris, puis s'inscrit en hypokhâgne au lycée Condorcet, où il se rallie à l'idée que « la Troisième République est un régime médiocre[4] ». En mai 1940, son père, alors attaché naval à l'ambassade de France à La Haye, suit la cour du roi de Hollande en exil à Londres, ce qui lui donne l'occasion de rencontrer le général de Gaulle, le 17 juin[5]. Louis Guichard fait cependant partie « de ces hommes qui, arrivés à Londres avant de Gaulle, n'y sont pas restés[6] ». Les Guichard n'ont donc rien de gaullistes au début de la Seconde Guerre mondiale. Pire, de retour en France, Louis Guichard est nommé directeur de cabinet de l'amiral Darlan, ministre des Affaires étrangères dans le gouvernement vichyste de Pierre-Étienne Flandin ! En novembre 1942, lorsque l'amiral Darlan part pour Alger, Louis Guichard est appelé au chevet de son beau-père et n'accompagne donc pas son chef dans cet épisode rocambolesque de sa vie, qui voit sa rébellion contre Vichy puis son assassinat. Bien que s'étant vu proposer un poste d'ambassadeur, il prend alors sa retraite et demeure dès lors dans les vignes familiales de Néac, loin des affres de la guerre.

De son côté, après une première tentative ratée de passage en Espagne avec sa sœur Marcy en 1940, Oliver Guichard s'installe à Lyon et y passe une licence de droit de l'université de Strasbourg, repliée en raison de la guerre. Il y rencontre sa future épouse,

Suzanne Vincent, dont deux arrière-grands-pères ont été députés de la capitale des Gaules, ce qui complète son initiation au monde politique[7]. En 1943, après une seconde et une troisième tentatives de passage en Espagne, deux essais à nouveau manqués, il devient conducteur à la Compagnie générale de transports sur les voies navigables, sillonnant la France du nord au sud. En 1944, il plie finalement bagage pour la Gironde, d'où, au lendemain du débarquement des Alliés, il intègre l'infanterie coloniale de l'armée de Libération, combattant ensuite en Alsace puis en Allemagne[8]. Le sergent-chef Guichard apprend ainsi depuis le front qu'il a été élu conseiller municipal de Néac en son absence. Il libère Constance, en Allemagne, mais refuse cependant de partir pour l'Indochine avec ses camarades de combat, préférant finir ses études à l'École libre de sciences politiques de Paris. Il y débute d'ailleurs une thèse sur Prosper Mérimée, après une candidature manquée au concours de la nouvelle École nationale d'administration.

L'École du gaullisme

Olivier Guichard n'épouse la cause politique du gaullisme qu'en 1947, soit bien après les autres barons ; une conversion qu'il résume avec des mots forts dans ses Mémoires, *Un chemin tranquille* (1975) :

> Être gaulliste ! En 1947, c'était un péché ou une espérance ; en 1951, une erreur ; en 1955, un enfantillage ; en 1957, un placement ; en 1958, de l'opportunisme ; en 1962, un combat ; en 1965, une habitude ; en 1969, un entêtement ; en 1970, un chagrin ; aujourd'hui [en 1975], une étoile jaune[9].

Il ne participe pas au rassemblement fondateur de Strasbourg, en avril 1947, et ne rallie d'ailleurs réellement le Rassemblement du peuple français (RPF) qu'à l'automne suivant, à l'instigation d'un ami d'école, René Ribière, alors sous-préfet de Lesparre, en Gironde, révoqué du corps préfectoral en raison de ses activités gaullistes[10]. Ribière l'introduit en effet auprès de Jean Pompéi et Armand Servais, responsables de l'organisation territoriale du parti, d'abord avec l'idée d'en faire l'adjoint de Louis Vallon, délégué du RPF pour la région parisienne, puis comme délégué régional en Aquitaine, en raison de ses attaches familiales à Néac[11]. Son domaine d'activité couvre ainsi les Basses-Pyrénées, la Gironde, le Gers, les Hautes-Pyrénées, le Lot-et-Garonne, les Landes et le Tarn-et-Garonne. Le jeune Guichard est envoyé affronter « l'appareil considérable des partis politiques socialiste et radical[12] » dans le Sud-Ouest. Une gageure ! Bombardé délégué régional du RPF, il rencontre le général de Gaulle pour la toute première fois quelques jours à peine avant son départ de Paris. Son nouveau chef lui adresse alors une mise en garde, devenue célèbre : « À Bordeaux, vous aurez peut-être des difficultés avec Chaban. Je l'aime bien, mais n'oubliez pas que c'est un radical[13]. »

À l'époque, les camarades de combat de Guichard s'appellent Roger Frey (Toulouse) et Pierre Juillet (Poitiers), deux figures importantes pour l'avenir de sa carrière dans le mouvement. Toutefois, le succès électoral n'est pas au rendez-vous et Guichard ne peut que regretter l'absence de « locomotive locale[14] », exception faite de Chaban-Delmas en Gironde. Contre mauvaise fortune, il fait donc bon cœur. La qualité de son engagement sur le terrain est unanimement saluée par les cadres du parti, ainsi par le général Christian de Rendinger, fils d'un camarade de promotion de Weygand et délégué départemental du RPF dans le Lot-et-Garonne, qui loue son sens de la diplomatie et son refus des méthodes partisanes[15].

Le jeune délégué régional relate son quotidien, qui tient parfois du sacerdoce :

> Le reste du temps, nous voyagions. Que voulez-vous faire d'autre ? Il fallait faire connaissance avec les gens, les voir sur place, et pendant quatre ans, j'ai tourné, d'abord dans le Sud-Ouest puis ensuite en Bourgogne, dans ma Juvaquatre, en mendiant de l'essence auprès des préfets qui, suivant leur caractère ou leurs espoirs, en donnaient ou n'en donnaient pas. Mais j'ai pratiquement fait tous les cantons

de ces départements du Sud-Ouest. Nous faisions de petites réunions de comités départementaux pour voir quel était le climat, et puis, il fallait faire des arbitrages électoraux, puisqu'il y aurait bientôt des élections cantonales et sénatoriales[16].

Esprit bouillonnant et foisonnant d'idées, Guichard profite de la période pour rédiger quelques notes sur l'agriculture et sa nécessaire modernisation à destination du Général[17]. Son tandem dans cet exercice s'appelle Marc Jacquet, résistant originaire de Meurthe-et-Moselle, responsable des questions agricoles au RPF et futur député gaulliste. Leurs idées font florès. Partisan des compromis locaux et d'une conversion des notables régionaux au gaullisme, le jeune délégué se brouille cependant progressivement avec Soustelle, secrétaire général du parti et tenant d'une ligne sans compromission. Les échanges sont en conséquence houleux, notamment lors des sénatoriales de 1948 puis des cantonales de 1949[18]. La rupture est inévitable et intervient bientôt.

À l'été 1949, Guichard est envoyé dans une autre région, à l'opposé du Sud-Ouest, avec la charge de s'occuper désormais de la Côte-d'Or, de la Haute-Marne, de la Haute-Saône, de la Saône-et-Loire et de l'Yonne. Il s'y lie d'amitié avec l'ambassadeur Léon Noël, père fondateur du RPF mais surtout beau-frère de Marcel Ribière, père de son ami René Ribière[19]. Il doit cet exil bourguignon à Chaban-Delmas, qu'il a soutenu dans son bras de fer local avec le colonel Fleuret, délégué départemental du RPF en Gironde et protégé du colonel Rémy. Le maire de Bordeaux a certes remporté son pari, en se débarrassant d'un rival encombrant, mais le délégué régional a fait les frais de cette dispute locale. L'enfant de Néac n'en tient pas rigueur à Chaban-Delmas, mais ce dernier se sent désormais son obligé et tient à l'aider dans la suite de sa carrière. Quant au parachutage dans l'est de la France, « cette autre région qui vénère Dionysos[20] », il sert tout simplement d'expiatoire, le temps que les esprits aquitains se calment et qu'un retour puisse s'organiser.

Dans le cadre de ses nouvelles fonctions, Guichard organise la réception de quatorze conseillers généraux haut-marnais par le Général à La Boisserie, en octobre 1949. Une première et un privilège rare, qui ne se reproduira pas de sitôt pour les édiles du département ! Il concourt également à l'élection du général Pierre Billotte et de Léon Noël aux législatives de 1951, le premier en Côte-d'Or, le second dans l'Yonne. Ce sont deux beaux succès inscrits sur son tableau de chasse, sachant que le parachutage du général Billotte avait suscité l'ire des cadres du RPF en Bourgogne, et que Noël, bien que dynamique et volontaire, « n'attirait pas les foules » en raison de son « manque de charisme » et des intentions qu'on lui prêtait de se présenter dans la Nièvre, « au prétexte de la facilité qu'aurait ce département à accueillir des candidatures étrangères au département »[21].

En outre, il profite de la période pour organiser une grande kermesse gaulliste à Dijon, en plein cœur du fief du chanoine Félix Kir, événement resté dans la mémoire de nombreux cadres du RPF (comme Jean Runel[22]). À l'époque, les relations avec Kir ne sont pas toujours faciles, car s'il est une figure de la droite catholique en Bourgogne, son antigaullisme l'amène parfois à des postures radicales. Rue de Solférino, les talents électoraux et politiques du jeune délégué régional sont bien évidemment reconnus, mais chacun sait aussi que sa réussite tient aux apparentements locaux (notamment avec le chanoine Kir en Côte-d'Or). Des alliances honnies par le Général, qui finit cependant par se laisser convaincre, lâchant à Guichard à bout d'énergie : « Écoutez, je veux qu'ils [Billotte et Noël] soient élus, démerdez-vous[23] ! »

Fait intéressant, les premières armes et succès de Guichard dans la famille gaulliste ne se font ni dans l'écurie de Palewski, ni dans celle de Soustelle, ce qui aurait pu conduire à en faire un marginal au sein du RPF. Son indépendance d'esprit et sa témérité en font, tout au contraire, un électron libre de la galaxie gaulliste, dont le nom revient régulièrement aux oreilles des cadres parisiens. En septembre 1951, ses prouesses l'amènent à être envoyé en Corse, avec la charge d'y organiser les élections cantonales. Nouvelle victoire à son crédit : vingt-huit des soixante-deux conseillers généraux élus sont étiquetés RPF, parmi lesquels le radical-gaulliste Paul Giacobbi, pilote d'un grand rassemblement anticommuniste, au sein duquel figurent même des personnalités de gauche comme Adolphe Landy[24]. Ses lauriers sont désormais tressés. Pendant son séjour en Corse, il reçoit une lettre inattendue de Georges Pompidou, qui lui propose de devenir son adjoint dans ses responsabilités de chef de cabinet du Général à Paris[25]. Stupeur, étonnement, mais surtout fierté pour celui qui a refusé, quelques mois auparavant, de se présenter aux législatives en Gironde sous l'étiquette du RPF[26].

Le chef de cabinet

Chef de cabinet adjoint du Général, Guichard devient donc l'ombre du meneur du RPF, gérant sa correspondance, ses rendez-vous et ses démêlés avec des élus locaux en marge de ses déplacements, notamment dans l'Aude en février-mars 1952, où il étrenne ses nouvelles fonctions[27]. Sous les ordres de Terrenoire, secrétaire général du parti, il est chargé des licenciements pour raisons financières[28]. Il faut faire des économies et la tâche n'est pas aisée, car il faut remercier des compagnons historiques. Une épreuve dans laquelle il s'impose comme le bras armé de Pompidou puis de Foccart face aux déboires nombreux du parti. Il est partout à la tâche au début des années 1950, ainsi dans l'organisation d'un rendez-vous du Général avec le Bureau de groupement des cheminots (avril 1952) au lendemain d'une grève sévère du secteur[29], dans le traitement des parlementaires frondeurs du RPF[30] (mai 1952) ou encore dans la préparation du déplacement du Général à Madagascar, notamment en lien avec le sénateur Jules Castellani[31] (juin 1953). Au printemps 1953, il succède légitimement à Pompidou, après son départ pour la banque Rothschild, comme chef de cabinet du Général. Avec Foccart, il participe en conséquence aux deux voyages africains du Général (mars-avril puis octobre 1953), ce qui le rapproche irrémédiablement de son chef et de la petite équipe du premier cercle. La délégation gaulliste se rend successivement au Tchad, en Oubangui-Chari, au Congo, au Gabon et au Cameroun au printemps, puis au Tchad et au Congo, de nouveau, à Madagascar, à La Réunion[32], aux Comores et à Djibouti, enfin en Éthiopie, à l'automne suivant. Voyage lors duquel le Général a ce mot terrible sur le RPF à l'égard de Foccart !

À l'exception des déplacements et des voyages à l'étranger, l'agenda quotidien du Général est réglé comme du papier à musique. Guichard raconte ainsi :

> Bonneval, aidé du capitaine Sabot, s'occupe jalousement et heureusement de tout ce qui concerne sa vie privée. Beaulaincourt dépouille son courrier et lui prépare les réponses. Foccart, en dehors de ses fonctions de conseiller de l'Union française, reste l'ami discret et écouté. À moi, le reste, c'est-à-dire les rapports avec l'extérieur[33].

Après que le général de Gaulle a rendu leur liberté aux parlementaires RPF en 1953, puis mis en sommeil son parti en 1955, son chef de cabinet se tient à l'écart de l'URAS de Chaban-Delmas et Frey, regrettant une politisation du gaullisme… tout en cherchant à maintenir le contact avec le dernier carré des fidèles pour « faire frissonner l'eau dormante dans l'opinion[34] ».

Les déjeuners des barons

Au printemps 1955, reprenant une pratique ancienne de Malraux et Palewski, Guichard décide de réunir, autour d'un déjeuner amical et régulier fixé au mercredi midi, les grandes figures du gaullisme : Malraux et Michelet, les grognards de l'épopée, Corniglion-Molinier et Palewski, devenus ministres, Chaban-Delmas et Debré, présidents des groupes gaullistes dans les deux chambres parlementaires, mais aussi Foccart et Frey, compagnons de route du parti. L'idée lui vient d'un dîner, organisé chez lui, avenue Bugeaud, le 18 juin 1954[35]. Depuis quelques années, les fidèles du Général se réunissent en effet à cette date symbolique dans une sorte de commémoration autant historique que politique. À l'été 1954, quelques mois après les deux tournées africaines du Général, Guichard se fait l'hôte d'un repas réunissant Debré, Foccart, Frey, ainsi que Bonneval et Guy, pour une projection de photographies. Il est alors décidé d'institutionnaliser ce rendez-vous et de lui donner de la visibilité. Émilien

Amaury, patron de presse, se propose de présider les agapes, qu'il finance grassement et auxquelles il participe régulièrement, au point d'évoquer parfois les « déjeuners Amaury » pour qualifier ces rencontres[36]. En 1948, pendant la campagne du timbre du RPF, il a versé 1 million de francs au parti et, en 1954, après avoir effacé quelques dettes impayées à la demande de Foccart, il offre encore 500 000 francs à titre de provision pour des dépenses futures[37].

La table s'ouvre parfois à des caciques du RPF comme Soustelle (en particulier après son retour d'Algérie, au printemps 1956) ou Terrenoire (en alternance avec Soustelle), ainsi qu'épisodiquement à des lieutenants cooptés par les barons, comme Fouchet (Palewski), La Malène (Debré), Lefranc (Foccart) et Ribière (Guichard). Organisés à la Maison de l'Amérique latine, institution créée à la Libération par le gaulliste Louis-Pasteur Vallery-Radot, membre fondateur du RPF en 1947, les déjeuners se tiennent d'abord place de l'Étoile puis boulevard Saint-Germain. Les gaullistes y cherchent à « accorder [leurs] violons[38] » et partagent leurs sentiments sur l'actualité politique.

Ces moments partagés sont en réalité davantage le lieu de réunion d'une ligue dissoute, en d'autres mots d'un gaullisme sans de Gaulle, que l'arcane où se réuniraient les comploteurs de la Quatrième République. Ils n'en défraient pas moins la chronique et Guichard gagne en conséquence une certaine notoriété politique et médiatique, en tant qu'organisateur. Il raconte, non sans un certain amusement, la naissance des légendes urbaines autour de ces déjeuners : « Ainsi est né le mythe des barons. Barons sans troupes et sans pouvoirs que réunissaient seulement l'amitié et la fidélité au Général[39]. »

S'il n'y a pas de règle immuable dans le rassemblement des barons, un club des cinq se dessine néanmoins rapidement autour de Chaban-Delmas, Debré, Foccart, Frey et Guichard, après le départ de Palewski en Italie, en 1957. Dans la période, Guichard s'impose donc comme l'animateur hors pair de la galaxie gaulliste, comme Palewski au GPRF ou Debré au *Courrier de la colère* avant lui. Il tient ainsi, pour la première fois, son titre de baron. Chef de cabinet, il est encore à la manœuvre dans l'organisation des déplacements du Général en août-septembre 1956, en Guyane, en Guadeloupe, à la Martinique, en Polynésie et en Nouvelle-Calédonie[40], puis en mars 1957, dans le Sahara (Colomb-Béchar, Hammaguir, Lenadsa, Tindouf, Atar, Fort-Gouraud, Tamanrasset, Assekrem, Edjelé, Ouargla, Hassi-Messaoud et Ghardaïa). Face au désintérêt de la presse, il obtient que l'AFP adjoigne un correspondant officiel au voyage dans le Pacifique : Jean Mauriac, plus jeune des fils de François. Il tire aussi de ses voyages une amitié renforcée avec Gaston de Bonneval et Xavier de Beaulaincourt, respectivement aide de camp et secrétaire particulier du Général. La mue est achevée : il fait maintenant pleinement partie de la garde prétorienne de l'homme du 18 Juin.

Gardien du temple, il veille enfin à l'organisation des rendez-vous du Général à Paris (550 échanges et rencontres en 1955-1956), période pendant laquelle Pompidou (vingt audiences) supplante largement Soustelle (deux audiences en 1956, trois audiences en 1957)[41]. Guichard y est-il pour quelque chose ? Sans lui en donner la complète responsabilité, son rôle de point de contact à la fois avec la galaxie gaulliste et avec le monde extérieur en fait un thermomètre de la notoriété des uns et des autres.

Le retour au pouvoir

Collaborateur de l'ombre sous la Quatrième République et chef du service de presse du Commissariat à l'énergie atomique, ceci grâce à la recommandation de Palewski, alors ministre de tutelle dudit commissariat, Guichard est un personnage de premier plan du retour au pouvoir du général de Gaulle en 1958. Il joue en effet un rôle important, dès le mois de mars, dans l'organisation des anciens combattants et des Compagnons de la Libération autour de Roger Barberot.

Le colonel Barberot est un ami de longue date de Foccart et Frey, son camarade au lycée Stanislas. Il a été chargé de mission au RPF en 1947-1948, dans l'équipe de Pierre Guillain de Bénouville, organisant les tournées provinciales du Général, puis animant le comité chargé des questions de Défense nationale. Mobilisé à sa demande en Algérie française en 1956 puis démissionnaire en raison de son opposition à l'usage de la torture, il est aussi un proche de Biaggi et Debré. Le 20 mars 1958, il écrit aux Compagnons de la Libération pour les appeler à se réunir en assemblée générale extraordinaire face à la déliquescence de la Quatrième République.

À l'initiative de Guichard, le Général reçoit le colonel Barberot le 27 mars, mais « il se refuse catégoriquement à envisager son retour dans le cadre du régime actuel, quelles que soient les modalités de ce retour [car] il sait d'ailleurs que jamais le Parlement ne le rappellera avant la catastrophe finale[42] ». Le 10 mai, Barberot réunit tout de même soixante-dix Compagnons de la Libération, parmi lesquels de grandes figures du retour au pouvoir du Général : Hubert Germain, Yvon Morandat, Jean Sainteny, etc. Leur appel à l'ancien chef de la France Libre est diffusé dans tout le pays et signé par 223 Compagnons de la Libération, avant d'être remis formellement au président Coty, le 16 mai 1958[43].

Parallèlement, Guichard s'impose comme le point de contact par excellence des militaires au sein de la famille gaulliste, ceci tout au long de la crise de mai 1958[44]. Le 5 mai, il rencontre ainsi le général Ganeval, chef de la maison militaire de l'Élysée, qui souhaite établir un canal de communication direct entre Coty et le Général, voire provoquer une rencontre[45]. Après consultation de leur chef, Guichard et Foccart lui répondent le 9 mai, expliquant que le général de Gaulle ne se rendra pas à l'Élysée mais donne son accord pour échanger par écrit avec le président de la République, ce qui n'arrivera finalement pas, personne ne souhaitant laisser de preuve écrite d'une telle correspondance.

Le 11 mai, il rencontre également le général Petit, adjoint du chef d'état-major général des Armées, qui le met au courant de la situation en Algérie et de la grogne au sein de l'armée. Guichard provoque en conséquence une réunion, le soir même, chez lui, en présence des barons (Debré, Frey, Foccart et Soustelle) car « le craquement est imminent[46] » et les gaullistes doivent se tenir prêts. Le départ de Soustelle pour Alger y est décidé.

Le 12 mai, fidèle à son ancien mentor, il organise un échange entre de Gaulle et Pompidou, « dont il souhaite ardemment le retour au sein de l'appareil gaulliste[47] ». Il lui semble en effet nécessaire de préparer la suite, en mettant sur le pied de guerre des équipes prêtes à accompagner le Général dans son retour au pouvoir, notamment dans la composition d'un futur cabinet ministériel. Dirigé par Pompidou ? La suite le dira. Le 15 mai, il déjeune d'ailleurs avec son chef, à Colombey-les-Deux-Églises, s'y voyant remettre le manuscrit de sa désormais célèbre déclaration à l'AFP (« Je suis prêt à assumer les pouvoirs de la République »)[48]. Le dénouement lui semble à la fois proche et difficile à appréhender, tant le Général se refuse à prendre des risques.

Pompidou lui reproche alors « d'embarquer le Général dans une tentative sans avenir[49] », mais les événements se bousculent et semblent finalement lui donner raison. S'il minimise son rôle pendant la période – renvoyant sur Foccart les échanges avec les militaires, comme le commandant Vitasse, de l'état-major de Massu –, Guichard organise bien plusieurs rencontres à Colombey-les-Deux-Églises au lendemain de la conférence de presse du Palais d'Orsay du 19 mai. Le Général y reçoit en effet, à partir du 22 mai, Antoine Pinay, Georges Boris, Guy Mollet, Vincent Auriol, parmi les nombreuses personnalités pressées d'échanger avec lui en ces temps de crise. Tandis qu'il rencontre Pflimlin, le 26 mai au soir, Guichard et Foccart reçoivent Vitasse, rue de Solférino, le 27 au matin, pour s'informer des détails de l'opération Résurrection des militaires d'Algérie. En font-ils état à leur chef ? Mystère, mais pouvaient-ils garder un tel secret ?

Le 27 mai au soir, le Général rencontre secrètement le président de l'Assemblée nationale (André Le Troquer) et le président du Sénat (Gaston Monnerville) afin d'échanger sur les modalités de son retour dans des conditions légales. De manière à ne pas ébruiter la rencontre, c'est Foccart qui conduit Monnerville, et Guichard, Le Troquer ! Sous la pression politique et publique, le gouvernement de Pflimlin démissionne finalement le 28 mai, tandis que le général de Gaulle reçoit le général Dulac, émissaire de Salan, prenant alors officiellement connaissance de l'imminence d'un coup de force militaire.

Dans l'après-midi du 28 mai, recevant un envoyé du général Miquel de Toulouse, Guichard lui explique :

> Il y a des difficultés dans l'élaboration du processus qui doit permettre l'arrivée au pouvoir du Général dans la légalité. [...] Mais il a la ferme intention « d'aller jusqu'à bout » et, en cas d'événements dépassant le cadre de la légalité, « il prendra la situation telle qu'elle se présentera »[50].

Le 29 mai, la tension est à son comble. Les militaires accusent Foccart, Guichard et Lefranc d'avoir donné un feu vert à l'opération Résurrection avant de l'annuler précipitamment, ce que les trois intéressés démentiront pendant un demi-siècle. Ont-ils mis un coup de pression supplémentaire ou véritablement donné leur accord au coup de force ? L'histoire ne le dit pas, le Général ayant été appelé par Coty dans l'après-midi même pour former un gouvernement. Investi par l'Assemblée nationale le 1er juin, de Gaulle appelle Pompidou à la direction de son cabinet à Matignon, lequel choisit Guichard comme adjoint, dès le lendemain. Le pari est réussi !

L'aventure des cabinets ministériels

On sait finalement peu de choses du bref passage de Guichard à Matignon, au cabinet du président du Conseil des ministres, si ce n'est qu'il regrette l'arrivée subite de hauts fonctionnaires comme René Brouillet ou Geoffroy Chodron de Courcel - pourtant des gaullistes historiques ! -, qu'il accuse de le placer dans « une situation un peu fausse[51] », en remisant les militants de longue date et les politiques. Éric Chiaradia, spécialiste de l'histoire des cabinets ministériels, n'y voit que l'absence générale de reconnaissance du Général pour les anciens du RPF, une expérience politique qu'il veut inscrire dans le passé. Ainsi, Beaulaincourt et Bonneval, à ses côtés depuis les années 1940, « ne voient ni leur responsabilité s'accroître, ni leur carrière en profiter[52] ».

Si la moitié des membres du cabinet ministériel sont des anciens du RPF, le nouvel état-major du président du Conseil des ministres est surtout composé de proches de Pompidou – à l'exception des quatre « militaires » (Archambeaud, Bordas, Branet, Daille)[53]. Le directeur de cabinet recherche alors à la fois des gaullistes historiques mais aussi des « personnalités expérimentées[54] », ce qui nécessite d'avoir recours à de hauts fonctionnaires, parfois au détriment de fidèles. Et Guichard ? Maurice Grassin raconte son quotidien à Matignon :

> Le Général, il est vrai, a une curieuse façon de traiter Olivier. Il croit toujours qu'il a 25 ans, méconnaît ses contraintes familiales et l'utilise à hue et à dia comme s'il était un militaire aux ordres. Cette habitude qu'il a de tout réclamer, de tout exiger sans jamais remercier, a quelque chose de décourageant. Guichard se console en disant qu'après tout, il n'est pas plus mal traité que les autres membres du cabinet[55].

Si le Général n'a que peu d'égard pour Guichard à son arrivée à Matignon, Pompidou, au contraire, lui fait toute confiance et lui confie en conséquence le dossier épineux de la préparation des élections législatives de l'automne – dossier néanmoins partagé avec Foccart et Lefranc. Il s'escrime alors à travailler à l'identification des meilleurs candidats gaullistes dans chaque circonscription, en lien avec Chaban-Delmas, Debré et Frey. Un comité des investitures est ainsi mis en place, sous l'autorité de Frey, avec le trio élyséen (assisté de René Ribière et Jacques Richard) et quelques cadres de l'Union pour la nouvelle république (UNR), notamment Jacques Baumel, Léon Delbecque ou encore Jacques Marette. Frey y impose une « reprise en main du gaullisme politique[56] » et un verrouillage des investitures en faveur des militants historiques.

Dans la séquence, Guichard est plus particulièrement chargé de veiller à ce que les turbulents gaullistes de gauche ne montent pas de liste dissidente, en dépit de leur querelle avec Soustelle et les ultras de l'Algérie française. Il est vrai que, depuis quelques années, des collectifs divers se sont créés autour de René Capitant, Jacques

Debû-Bridel, Yvon Morandat et Jean de Lipkowski pour défendre la théorie gaulliste de l'association capital-travail. Parties prenantes des événements de mai 1958, notamment au sein de l'Association nationale pour l'appel au retour du général de Gaulle dans la légalité républicaine (AN), les gaullistes de gauche se sont fédérés au sein du Centre de la réforme républicaine (CRR), organisation pilote, en novembre suivant, d'un appel aux électeurs de gauche en faveur du général de Gaulle en vue des élections législatives. Guichard est donc chargé de les « traiter ». Malgré de premiers contacts encourageants, notamment avec Roger Barberot, le CRR décide finalement de présenter quatre-vingts candidats dissidents, y compris face à d'autres gaullistes... sans qu'aucun n'atteigne finalement le palais Bourbon[57]. Quatre députés socialistes soutenus par le CRR sont néanmoins élus. C'est une première déroute pour Guichard, qui n'a pas su tenir les troupes et défendre le message de l'unité gaulliste.

Parallèlement, artisan de la création de l'UNR, de laquelle les gaullistes de gauche ont été écartés à la demande insistante de Soustelle, il y soutient la Convention républicaine de Marie-Madeleine et Hubert Fourcade. Créé en juillet 1958, ce mouvement réunit la plupart des ultras de l'Algérie française (Battesti, Delbecque, Ribeaud) et choisit Guichard comme délégué... dans le Jura[58] ! Une étape difficile à expliquer dans son parcours, qu'il occulte complètement dans ses Mémoires. Reste qu'il est au centre de l'échiquier au moment de la création de l'UNR. Le 11 août, à Matignon, il reçoit d'ailleurs Bertrand Dupérier, président de l'AN, pour évoquer avec lui la création d'un comité de coordination des mouvements gaullistes et échange, le lendemain, avec Louis-Pasteur Vallery-Radot, l'ami de la Maison de l'Amérique latine et le président de l'Union civique pour le référendum en vue de l'avènement de la Cinquième république (UCR)[59].

En novembre-décembre 1958, Guichard se fait le partisan de l'élection de Chaban-Delmas à la présidence de l'Assemblée nationale (avec Foccart, Frey et Malraux), ceci contre l'avis et la préférence du Général pour Reynaud. Impertinence qui ne l'empêche pas de suivre son chef à l'Élysée, en janvier 1959, mais le réduit à n'obtenir « que » le poste de conseiller technique auprès du secrétaire général de la présidence de la République. Une déception pour l'ex-directeur de cabinet adjoint, qu'il impute à la fois à son échec partiel lors des législatives de 1958, à son positionnement bancal dans la nouvelle UNR et à son incapacité à trouver sa place dans l'organigramme du cabinet à Matignon. Le départ de Pompidou, nommé membre du Conseil constitutionnel, fragilise encore un peu plus sa position dans l'écosystème gaulliste.

Au même moment, chargé de former le premier gouvernement de la Cinquième République, Debré propose son nom au général de Gaulle, mais celui-ci le refuse, presque étonné qu'on lui soumette la candidature de cet ancien collaborateur, qu'il considère comme le plus jeune de la bande. Abattu, Guichard en tire les conclusions nécessaires : « Je me formulai enfin à moi-même cette conclusion que je savais inévitable depuis quelques mois : je devais quitter l'Élysée[60]. »

De telle sorte qu'en juin 1960, il est exfiltré du Château et nommé à la tête de l'Organisation commune des régions sahariennes (OCRS), une structure chargée de la mise en valeur, de l'expansion économique et de la promotion sociale des zones sahariennes. Défi de taille pour l'ancien chef de cabinet du Général, qui partage ses nouvelles responsabilités avec Robert Lecourt, ministre d'État MRP, chargé du Sahara, dans le gouvernement Debré. Comment comprendre cette mise à l'écart en dépit des services rendus, notamment au cours de la crise de mai 1958 ? De nombreux auteurs, comme ses contemporains, y ont vu la main d'Yvonne de Gaulle, gênée par ses mœurs frivoles, mais l'argument est discutable, car d'autres barons auraient alors mérité le même sort[61].

Il est vrai que Guichard fréquente à l'époque la journaliste Daisy de Galard (*Elle*), épouse d'Hector de Galard, rédacteur en chef de *France Observateur* et de *La Nef*. Leur relation est bien connue du petit monde politique et la baronne Guichard trouve alors du réconfort dans les bras... de Roger Frey, secrétaire général du parti gaulliste puis ministre du Général ! Guichard paye-t-il l'affront et l'insolence de la jeunesse quand Mme de Gaulle est moins résolue à combattre les défauts et les désordres de gaullistes d'un âge plus mûr, comme Chaban-Delmas ou Palewski ? Peut-être. Il est en tout cas profondément meurtri, ce qui nourrit chez lui une certaine animosité à l'égard de Debré et de son entourage (notamment Constantin Melnik), qu'il juge responsables de la situation. Cependant, ne faut-il pas plutôt chercher, comme chez Foccart, des explications plus prosaïques dans cette dissimulation, comme une volonté de garder sous clé les secrets de mai 1958 ? Cette théorie a l'avantage de remettre le général de Gaulle au centre de la décision.

La traversée du désert

Guichard est donc envoyé moderniser le Sahara, exploiter son fer, son pétrole, son uranium. Il entreprend ce nouveau chantier en rencontrant les grands seigneurs du désert, rendant compte de manière pointilleuse au Premier ministre, sous l'autorité duquel il est placé. De fait, Debré a de grands desseins pour le Sahara (équipements scolaires, sanitaires, constitution de conseils municipaux, chambres de commerce), ce qui occupe bien son délégué[62]. Ce dernier met sur pied une équipe de choc : Robert de Souza[63] (un cousin par alliance), Albert Aubert, Pierre Doueil, Roger Lecourt, Maurice Legrand, Jacques Perrilliat, Gérard Worms, etc. Elle le suivra dans l'ensemble de ses missions futures et constitue, dès lors, un entourage de premier plan. L'équipe du 1, avenue Charles-Floquet est en effet hautement politique.

En avril 1962, au lendemain de la démission de Debré, Guichard est appelé au cabinet de Pompidou à Matignon. Il opère alors un « glissement affectif[64] » du général de Gaulle vers son nouveau Premier ministre, dont il devient à la fois le conseiller politique et l'homme à tout faire. Il prend Pierre Juillet pour adjoint, ainsi qu'André Roulland[65] et Jean-Luc Javal comme chargés de mission pour les dossiers sensibles. Parallèlement, Jacques Perrilliat, qu'il a connu à l'OCRS, devient chef de cabinet du Premier ministre, ce qui contribue à tisser son réseau d'amitié et d'influence à Matignon.

En octobre 1962, il se fait même élire maire de Néac, à la suite de la démission du titulaire pour raisons de santé. Il quitte donc progressivement les oripeaux de technicien des politiques publiques pour l'habit de stratège.

Âme damnée du Premier ministre, Guichard est une personnalité hors hiérarchie à Matignon. Il rend compte directement à Pompidou et échange régulièrement avec les membres du gouvernement eux-mêmes. En janvier 1963, son chef tente de l'imposer comme ministre, essuyant un nouveau refus du Général, situation dont il se sort en étant nommé responsable de la Délégation à l'aménagement du territoire et à l'attractivité régionale (Datar). Sans y être opposé, le président de la République ne partage pas complètement l'enthousiasme de son Premier ministre, s'agaçant ainsi lors du Conseil des ministres du 16 janvier 1963 :

> Pompidou : Je n'ai pas besoin de présenter au Conseil des ministres M. Olivier Guichard, que je propose au Conseil comme délégué à l'Aménagement du territoire. Il est à votre cabinet, mon général, depuis 1947...
> De Gaulle (bougon) : Oui... Oui... On verra comment il s'en tire... En tout cas, je constate avec satisfaction que vous ne le nommez pas « délégué général ».
> Pompidou : Je pourchasse cette appellation[66].

L'épisode de la Datar

Formellement nommé à la Datar en février 1963, Guichard bataille avec Pierre Massé, normalien et polytechnicien, alors commissaire au Plan, qui s'inquiète de l'arrivée de ce potentiel rival. Son domaine d'action couvre en effet un champ large, des équipements sportifs aux télécommunications, en passant par les travaux routiers, l'entretien des bocages ou encore l'enseignement technique. Une tâche immense qui ne l'empêche pas de demeurer chargé de mission pour les affaires politiques au cabinet de Pompidou ! Il garde en effet un bureau rue de Varenne, près de celui du Premier ministre, même si une lutte d'influence pointe avec Juillet pour le contrôle des affaires politiques. François-Xavier Ortoli, énarque et inspecteur des Finances, alors directeur de cabinet du Premier ministre, veille cependant à maintenir l'équilibre entre les différentes tendances du cabinet. Il faut dire que si « Guichard a l'amitié de Pompidou, Juillet [a] son estime[67]. »

Le délégué à la Datar n'en ménage pas moins sa peine à la tâche en matière d'aménagement du territoire. Pour ce faire, il réunit certains des anciens de l'OCRS (Aubert, Lecourt, Perrilliat, Worms), afin de structurer son équipe, et s'adjoint les services de deux éminents membres de la Cour des comptes, Charles Frappart et Jérôme Monod[68]. Les affaires politiques de la famille gaulliste passent ainsi au second plan de ses préoccupations. Pourtant, il reste une personnalité incontournable. À Noël 1964, devant l'indécision du Général en vue de l'élection présidentielle de 1965, c'est ainsi lui que Pompidou envoie pour sonder Debré sur ses intentions : « L'âge du Général peut le conduire à ne pas se représenter. En ce cas, serez-vous candidat[69] ? »

À l'été 1965, Guichard encourage encore Pompidou à se poser en recours en cas d'abandon de la course par le Général, ce qui le marginalise par rapport aux autres barons (Chaban-Delmas, Debré, Foccart, Frey, Palewski) et contribue à l'éloigner des cercles gaullistes. Yvonne de Gaulle le bat froid, y compris en public, condamnant « sa frivolité, ses mondanités et une tendance pour l'hédonisme bien peu compatible avec ses principes catholiques[70] ». Ce creux dans sa carrière est imputable à la fois à son ralliement à Pompidou (au détriment du Général), à l'animosité de Mme de Gaulle à son égard, mais aussi à l'offensive menée par Juillet à Matignon, qui obtient le départ d'Ortoli, son protecteur, en janvier 1966. Tout semble donc aller de mal en pis en cette seconde moitié des années 1960.

Le journaliste Pierre Viansson-Ponté, chef du service politique du *Monde*, conclut :

> Car le rôle qui lui avait été attribué était simplement celui de victime exemplaire de l'ingratitude royale. Chaque fois qu'un vieux

compagnon fidèle ou quelque rallié impatient, qu'un transfuge rentré au bercail ou un nouveau converti demandait sa juste place et sa part, il s'entendait répondre : « Pas si vite ! Voyez Guichard, lui qui, pourtant... »[71]

Même auprès de Pompidou, son étoile semble moins briller. Juillet l'a en effet lentement supplanté comme conseiller politique. De telle sorte qu'en janvier 1967, Guichard ne dispose pas des appuis suffisants pour être nommé président d'Air France, malgré ses efforts et la mobilisation de son réseau d'amis et de soutiens. Le général de Gaulle tranche, une nouvelle fois, en sa défaveur. Il décide donc de se présenter aux élections législatives de mars 1967 pour se sortir de ce mauvais pas et redorer son blason. Ou plutôt, il prend acte de la décision prise pour lui par d'autres, au plus haut sommet de l'État : « Pour moi, le Général se contenta de me faire dire par Pompidou qu'il souhaitait que je me présente. Bien que peu enthousiaste, j'avais pris l'habitude de faire ce qu'il me demandait[72]. »

Soutenu par Henri Rey, président du groupe UNR-UDT à l'Assemblée nationale et député de Nantes, il s'implante en Loire-Atlantique, où un de ses oncles s'est retiré depuis plusieurs années et possède une maison à Assérac, dans le pays de Guérande, baptisée « Ker Olivier ». Son parachutage fait grand bruit et provoque quelques remous dans le milieu politique local mais finit par être accepté au titre de son compagnonnage avec le général de Gaulle. Parallèlement, à la demande de Pompidou, il organise les législatives pour la famille gaulliste, en tandem avec Juillet. Il est notamment chargé de présider le Comité d'action pour la Cinquième République, structure de fédération des partis de la majorité présidentielle où se côtoient des gaullistes de l'UNR (Baumel, Chaban-Delmas, Rey), des gaullistes de gauche (Capitant, Hamon), des centristes (Giscard d'Estaing, Mondon) et des démocrates-chrétiens (Dienesch, Schumann).

Le député de Guérande

Élu député de Loire-Atlantique à l'issue d'un second tour l'opposant à un candidat centriste, il revient en odeur de sainteté auprès du Général. L'élection l'a lavé de tous ses péchés. Le 8 avril 1967, il est en conséquence nommé ministre de l'Industrie de Pompidou et, un an plus tard, le 31 mai 1968, ministre délégué auprès du Premier ministre, chargé du Plan et de l'Aménagement du territoire, dans la continuité de ses fonctions à la Datar. Guichard retrouve Ortoli comme collègue au gouvernement et prend Worms à son cabinet. Surtout, son Comité d'action pour la Cinquième République sert d'écurie à toute une génération de jeunes gaullistes : Jacques Belle et Jean Bozzi (poulains de Frey), Christian de La Malène (protégé de Debré), Jacques Marette et Alexandre Sanguinetti, etc.[73]. Il resserre donc les liens avec les autres barons et le parti.

Comme beaucoup de gaullistes, il n'appréhende cependant pas et comprend mal les fondements de la crise de mai 1968. Quelques années plus tard, reprenant des thèses de Tocqueville, il en fait l'analyse comme « l'affrontement des individus épris de rationalisme technocratique et de ceux, parfois les mêmes, qui rêvent aussi d'une gestion spontanéiste, [fantasmant de] la bonne entente de l'ordinateur et du cassoulet[74] » :

> Mai 1968 fut ambigu à cet égard. S'il nous a rappelé que la société de consommation ne suffit pas au bonheur de l'homme, il trancha en faveur, me semble-t-il, malgré beaucoup d'avis contraires, du cassoulet. [Les slogans de mai 1968] nous appellent à inventer les conditions de participation à la conduite de son destin qui nourrissent la ferveur[75].

Maintenu au gouvernement dans les mêmes fonctions par Maurice Couve de Murville en juillet 1968, il est chargé de mettre en œuvre la réforme de la participation, annoncée par le général de Gaulle. Il ferraille alors durement avec ses collègues Jean-Marcel Jeanneney et Raymond Marcellin, prenant tout le monde de court par l'élaboration d'un programme « Participation-Région », lequel n'est malheureusement pour lui pas retenu par le chef de l'État[76]. Il tente, certes, de se rattraper en organisant (toujours avec Jeanneney) une consultation régionale à l'automne 1968, sur la base d'un questionnaire envoyé à 150 000 personnes, mais les remontées sont houleuses, car la formation nouvelle des conseils régionaux a une incidence sur la désignation des futurs sénateurs et l'organisation des élections socioprofessionnelles. Le 18 décembre 1968, Guichard et Jeanneney sont ainsi pris à partie devant le Sénat, jusqu'à être obligés de quitter l'hémicycle. Finalement opposé à la version retenue du projet de référendum d'avril 1969, telle que proposée par Jeanneney en février, Guichard reprend contact avec Pompidou et fréquente alors régulièrement le boulevard de La Tour-Maubourg, où l'ancien Premier ministre a établi ses quartiers. Son soutien au référendum gaulliste tient du service minimum car, déjà, dans son esprit, la grande question est celle de l'organisation de la campagne présidentielle de Pompidou.

Alors, Guichard, baron du gaullisme ? De 1955 à 1958, assurément, en organisateur du gaullisme sans de Gaulle et des déjeuners des barons ; mais de 1958 à 1969, il apparaît plutôt en marginal de l'entourage du Général et des instances politiques du parti. Sa proximité avec Pompidou en fait en effet davantage un cadre ou un seigneur du pompidolisme, même si son pilotage des législatives de 1967 puis sa nomination au gouvernement en 1967-1969 contribuent à le réintégrer aux cercles gaullistes.

Entre Chaban-Delmas et Pompidou

Pendant la campagne présidentielle de 1969, bien avant Chaban-Delmas, Guichard se fait l'apôtre de la Nouvelle société. Sur les conseils du communicant Michel Bongrand, ami de Foccart et membre du Comité d'action pour la Cinquième République, il souffle en effet cette formule au candidat Pompidou, qui rejette cette fausse bonne idée, estimant qu'elle contribuerait à critiquer la décennie passée de pouvoir gaullien[77]. L'ancien Premier ministre ne lui en tient toutefois pas rigueur et, après l'élection présidentielle de juin 1969, il est appelé au gouvernement par Chaban-Delmas, à l'initiative de son ancien mentor. Il est alors nommé ministre de l'Éducation nationale mais refuse d'abord la proposition, estimant qu'elle ne sied ni à son parcours, ni à sa position. Son directeur de cabinet, Paul Camous, raconte :

> J'arrive rue de Lille le samedi 21 juin [1969]. Olivier Guichard était accablé, il ne s'attendait pas à cette nomination. Il pose sa plume et me tend une lettre en me disant : « J'ai décidé de refuser ce ministère, voici la lettre que j'adresse au Président. » Guichard ne voulait pas de ce ministère, il a pourtant fini par accepter mais non de gaîté de cœur[78].

Si Chaban-Delmas reconnaît que Guichard lui a été imposé par Pompidou, il loue néanmoins « son sens de la dédramatisation et, après tant de paroles fracassantes, son art des silences[79] », une posture nécessaire dans un ministère en quête de quiétude au lendemain de la crise de mai 1968. Les barons serrent donc les rangs autour de leur cadet et l'encouragent à accepter cette nouvelle mission. Il s'y montre dynamique, portant un projet de loi sur les rapports entre l'État et les établissements d'enseignement privé (décembre 1970), puis un autre sur l'apprentissage (mai 1971), mais intervenant aussi sur les questions de bourses, de date des vacances scolaires, de gratuité des études ou encore d'usage de la drogue, etc.

En mars 1971, il profite du départ de René Dubois, ancien sénateur centriste de Loire-Atlantique, fragilisé par sa défaite lors du renouvellement sénatorial de 1965, pour prendre les rênes de la mairie de La Baule. Lentement mais sûrement, il tisse ainsi sa toile dans le département. En juillet 1972, Pompidou décide de changer de Premier ministre en raison de différends multiples avec Chaban-Delmas. Le nom de Guichard bruisse alors dans la presse, ce qui agace Debré, persuadé que le président de la République « entend tenir à distance les plus fortes personnalités des gaullistes historiques, ceux que l'on appellera familièrement les barons[80] », excluant donc sans ambages son comparse de ce cénacle !

La sortie du gouvernement de Chaban-Delmas et de Frey tend en effet à écarter les barons du pouvoir pompidolien, mais Foccart n'y voit pas une fronde de Pompidou contre leur petit clan. Il l'explique plutôt par la recherche d'esprits plus malléables : « Pompidou a très probablement pensé qu'il aurait plus d'autorité sur Messmer qu'il n'en avait eue sur Chaban ou qu'il pourrait en avoir sur Debré ou sur Guichard[81]. » Le président de la République hésite un moment à proposer le poste de Premier ministre à son ami Guichard, mais son enthousiasme est tempéré par Juillet et Garaud pour des raisons qu'on imagine facilement[82]. Dans ses Mémoires, Monod évoque également la fidélité de Guichard à Chaban-Delmas et les tensions avec Chirac comme éléments ayant conduit Pompidou à réviser sa position et finalement rejeter cette option[83]. Guichard détenait pourtant une corde intéressante à son arc, susceptible de séduire Pompidou. Il pouvait en effet servir d'ambassadeur avec les centristes giscardiens, dans la perspective des législatives de 1973. Ses liens historiques avec le député Michel Poniatowski, directeur de cabinet de Pflimlin sous la Quatrième République puis de Giscard d'Estaing sous la Cinquième République, les avaient conduits à marier leurs enfants (Ladislas Poniatowski et Constance Guichard) en 1971. Frédéric Abadie conclut en estimant que le bilan mitigé de Guichard rue de Valois, notamment dans le domaine de l'enseignement du latin, a pesé dans la balance[84]. Repoussé en classe de 4e par Edgar Faure mais repositionné en classe de 5e, sous la forme d'une initiation, par Guichard, la nouvelle formule d'enseignement du latin ne convenait pas à Pompidou. En effet, le président de la République voulait le retour de l'enseignement dès la classe de 6e, dans l'esprit d'une « section d'élite[85] » et s'agaçait donc de la décision de son ministre de l'Éducation nationale. À quoi tiennent certains choix et destins !

Le 6 juillet 1972, Messmer entre finalement à Matignon et propose à Guichard le ministère de l'Équipement, du Logement et de l'Aménagement du territoire, auquel s'ajoute, le 12 juillet suivant, le dossier du Tourisme. Voilà enfin un portefeuille à sa mesure. Il planche en conséquence sur les métropoles d'équilibre et les villes moyennes, ou encore l'extension de Paris, autant de dossiers découverts à la Datar. Après quoi, par déception autant que par ennui, il fait le mouvement inverse en se rapprochant de Chaban-Delmas et des barons, ce qui l'écarte des cercles pompidoliens. En novembre 1973, il participe notamment à l'organisation des assises de Nantes de l'UDR, qui consacrent le retour de Chaban-Delmas et Debré aux commandes du parti gaulliste.

À la tribune, il promet des assises révolutionnaires pour faire « retrouver au gaullisme son vrai style[86] », affichant clairement son soutien aux barons écartés du gouvernement. Il n'en faut pas plus pour convaincre Juillet et Garaud que leurs hésitations de juillet 1972 étaient fondées et que Guichard n'aurait pu que trahir Pompidou, en ralliant la vieille garde prétorienne du gaullisme (Chaban-Delmas, Debré, Frey). Faut-il le sanctionner ? Le président de la République a une autre idée en tête. Le 1er mars 1974, Guichard est honoré du titre de ministre d'État dans le cadre du nouveau gouvernement de Messmer, une manière de maintenir le jeune baron dans la sphère pompidolienne et de lui montrer les perspectives d'évolution possibles au sein du camp de la fidélité à l'Élysée et à Matignon.

Reste que le 2 avril 1974, quand Debré lui apprend que Pompidou est à l'article de la mort, Guichard dit découvrir la chose et s'avoue « profondément surpris[87] », signe de la distance prise avec le président de la République et son premier cercle depuis plusieurs mois. Le lendemain, 3 avril, il déjeune avec Chaban-Delmas et Debré et s'entend sur la nécessité d'annoncer vite la candidature du maire de Bordeaux en réaction à la disparition de Pompidou. Membre du bureau exécutif et du comité central de l'UDR depuis les assises de Nantes de novembre 1973 – ce qu'il n'avait jamais été depuis son entrée au RPF en 1947 ! –, Guichard est désormais un baron et un cadre respecté du parti.

Plus affecté qu'il ne veut bien l'avouer par la mort de Pompidou, il se tourne vers Chaban-Delmas avec émotion mais résolution en avril 1974. L'effort n'est toutefois pas suffisant, même si la Loire-Atlantique est un des rares départements où l'ancien Premier ministre dépasse la barre des 15 % au premier tour de la présidentielle. Déçu par l'échec de Chaban-Delmas, il mobilise les gaullistes en faveur de Giscard d'Estaing dès le 6 mai et obtient même la signature d'un communiqué de presse de l'ensemble des parlementaires UDR de la région Pays-de-la-Loire le 14 mai. Debré confie alors à Poujade que Giscard d'Estaing, encouragé par Poniatowski, choisira certainement Guichard à Matignon « pour la sécurité de la transition[88] »...

Bienvenue en Giscardie

Le 21 mai 1974, Foccart réunit les barons (Chaban-Delmas, Debré, Frey, Guichard, ainsi qu'Amaury) pour s'entendre sur la candidature prochaine de Guichard à la présidence de l'UDR, « compte tenu de son âge et de son image[89] ». Debré s'y oppose cependant, autant parce qu'il ne croit pas à la force de contradiction de son ami, que parce qu'il espère secrètement lui ravir la place. Au même moment, le nom de Guichard sort à nouveau dans la presse comme potentiel Premier ministre. Le président de la République envisagerait en effet de nommer « le plus malléable des barons gaullistes[90] » à Matignon, mais le 27 mai, Chirac lui est finalement préféré en remerciement de son soutien pendant la campagne présidentielle.

Dépassé dans la dernière ligne droite, Guichard ne figure même pas dans le gouvernement et perd, par la même occasion, son siège de député, ce qui le renvoie donc à son mandat de maire et conseiller général de la Loire-Atlantique. Un retour dans l'Ouest qui le laisse amer. Le 4 juin, de dépit, il confie ainsi à Mauriac hésiter à quitter définitivement la politique[91]. Réélu député en septembre 1974, à l'issue d'une élection partielle provoquée par la démission de son suppléant, il s'empare du conseil régional des Pays-de-la-Loire en octobre, au détriment des socialistes. Il reprend donc du poil de la bête, au point qu'on parle désormais de « Guichardie[92] » pour désigner son ancrage local. Au même moment, afin de structurer ses réseaux, il crée un « Club 16 » avec quatre-vingt-deux anciens collaborateurs de cabinets de la république gaullienne. Ni « une ébauche de parti, ni une société de pensée, ni un séminaire de réformes[93] », le club réunit essentiellement des hauts fonctionnaires et finalement peu de politiques, ce qui manque donc son effet dans la querelle de pouvoir au sein de l'UDR.

Le 12 décembre 1974, faute d'accord interne sur la candidature de Guichard à la présidence du parti, Frey réunit de nouveau les barons (Chaban-Delmas, Debré, Foccart, Guichard, mais aussi Couve de Murville, Messmer et Peyrefitte). Lors du dîner, organisé au Conseil constitutionnel, Chirac fait irruption et annonce sa propre candidature pour faire barrage à l'ancien ministre du général de Gaulle et de Pompidou. Pris de surprise, Guichard bat en retraite sans même combattre : « Mais il n'y a pas de problème, voyons, bougonne-t-il. Si tu ne veux pas, je laisse tomber, voilà tout[94]. » Décontenancés, les autres barons restent mutiques et Guichard, sans allié, abandonne définitivement la partie. Il va même jusqu'à bouder le congrès de décembre 1974, prétextant une inauguration dans sa mairie de La Baule[95]. Loin des affaires nationales, retiré dans sa région, il consacre son temps libre à rédiger ses Mémoires, *Un chemin tranquille* (1975), ouvrage qui « déçoit les journalistes par son absence de tout commentaire politique[96] », y compris l'absence de règlement de compte avec Chirac. Le baron du gaullisme vit un nouveau creux dans sa carrière.

Il tente bien quelques gestes symboliques à l'égard du président de la République, notamment en votant la loi sur la légalisation de l'IVG (novembre 1974) puis l'instauration du divorce par consentement mutuel (juillet 1975), mais sans écho. À partir de février 1975, à la suite du départ de Chaban-Delmas des instances de l'UDR, il se sent dans l'obligation d'assister à toutes les réunions du parti[97]. Loin d'animer la tendance antichiraquienne (comme Chaban-Delmas ou Debré avant lui), il opère au contraire un rapprochement avec Chirac (comme Foccart), ainsi en votant en faveur de sa motion en février 1975. En réponse, Giscard d'Estaing le charge d'une mission de réflexion sur les collectivités locales en novembre, ceci afin d'améliorer leurs relations et d'opérer une première tentative de rapprochement. Une mission perçue par les observateurs de l'époque comme « un débauchage politique[98] », que l'intéressé voit, pour sa part, comme un marchepied vers une arrivée future à Matignon. De retour dans la course ? En août 1976, nouvel échec, malgré la démission de Chirac, c'est l'économiste Raymond Barre qui est choisi pour les fonctions de Premier ministre.

Comment expliquer ce *bis repetita* ? Giscard d'Estaing révèle lui-même, dans ses Mémoires, avoir abandonné cette option face aux hésitations multiples de Guichard :

> Olivier Guichard, que je faisais sonder, mais qui me renvoyait des signaux négatifs : d'accord à la limite pour une fonction ministérielle, mais refus du poste de Premier ministre où il paraissait impossible d'obtenir le soutien du groupe UDR, trop secoué par le départ de Jacques Chirac[99].

Il intègre donc simplement l'équipe gouvernementale de Barre comme ministre d'État et garde des Sceaux, ce qui en fait « le chef de file des ministres UDR[100] » dans la majorité présidentielle (Ansquer, Boulin, Bourges, Bord, Galley, Poncelet et Rufenacht). Vient-il enfin de gagner ses galons de baron après des décennies de perdition ? Pour l'historien Gilles Le Béguec, cette nomination en fait « l'homme dont les titres, le prestige et le savoir-faire permettront de garantir entente et coopération entre la famille gaulliste et la coalition giscardienne[101] », mais pour le clan chiraquien, ce ralliement est une trahison. André Bord confie ainsi à Jean Mauriac, le 29 septembre 1976, que Guichard a cessé de compter au sein de l'UDR : « Le temps passe vite. Les barons ? On ne les connaît plus. Lequel de nos jeunes militants sait qui est Frey ? Aucun. Les barons ne représentent donc pas le moindre danger pour Chirac. On les a oubliés[102]. »

Guichard, lui, se plaît à croire qu'il peut prendre sa revanche sur Chirac et reprendre l'UDR à sa main en raison de sa place dans le gouvernement. De fait, il dispose d'un maximum de temps pour « régler les problèmes internes à la majorité[103] » en lien avec les deux autres ministres d'État (Lecanuet et Poniatowski), mais sa propre famille le lâche progressivement. Pour verrouiller le système,

Chirac crée en effet le Rassemblement pour la République (RPR) en décembre 1976 et en prend la présidence. Malgré la supplique de Guichard, ultime défenseur de l'UDR, le parti gaulliste disparaît au profit d'un parti chiraquien. En janvier 1977, s'agaçant des envolées antichiraquiennes du garde des Sceaux, la fédération RPR de Loire-Atlantique envoie même un avertissement à son ministre pour le sermonner !

En février 1977, la coupe est pleine : les cadres du RPR ne veulent plus de ce chef de la majorité gaulliste au gouvernement, critique de la candidature parisienne de Chirac et de la transformation du parti. Coup de poker, il tente alors de sauver sa peau en écrivant à Barre, le 1er mars, au nom des ministres RPR, pour se plaindre des attaques du camp giscardien contre Chirac. Pas suffisant pour calmer la colère des militants. En mars 1977, la sentence est sévère. Lâché par Barre, Chirac et Giscard d'Estaing, il est remercié du gouvernement et renvoyé à ses affaires dans l'Ouest. Ému des divisions de la majorité présidentielle dans la bataille de la mairie de Paris au printemps 1977 (proposant une candidature d'union autour de Frey) et révolté par l'exclusion de Chaban-Delmas des instances dirigeantes du RPR en mars 1978, il voit rouge au moment de l'appel de Cochin de décembre suivant. Critique des divisions de la majorité présidentielle et des propos anti-européens de son parti, il y voit l'occasion rêvée de mettre Chirac enfin en minorité. Il déploie donc des monceaux d'énergie pour former un groupe de vingt-quatre députés RPR antichiraquiens, persuadé que « Chirac a du plomb dans l'aile[104] » et que l'heure de sa revanche a sonné. Sa sortie ne lui vaut pourtant rien de mieux qu'une mise au ban temporaire des instances du parti.

Ultimes combats

En mai 1979, il continue d'animer une ligne antichiraquienne au sein du RPR, appelant à la constitution d'une liste unique de la majorité présidentielle en vue des élections européennes. Ses soutiens regroupent à la fois d'anciens ministres (Robert Boulin, Marie-Madeleine Dienesch, Hélène Missoffe, Roland Nungesser, Antoine Rufenacht) et de jeunes pousses du RPR (Alexandre Bolo, Étienne Pinte)[105]. Le ralliement de Debré à Chirac au sein de la liste Défense des intérêts de la France en Europe (DIFE), d'une part, et l'incapacité à trouver un terrain d'entente entre centristes giscardiens de l'UDF et gaullistes du RPR, d'autre part, conduisent la tentative de Guichard à l'échec. En janvier 1980, il appelle pourtant de nouveau le centre et la droite à une candidature unique à la présidentielle de 1981, ceci dans la fidélité à l'esprit du général de Gaulle.

Rebondissement inattendu, le nom de Guichard est alors évoqué pour Matignon, afin d'améliorer l'opinion en faveur du président de la République. Son conseiller politique, Jean Serisé, s'époumone : « On ne peut pas nommer Premier ministre quelqu'un qui, lorsque le problème est trop difficile, se contente de dire "Bof, bof"[106]. » Barre est donc maintenu en fonction, tandis que les perspectives de Guichard se réduisent. Comme Chaban-Delmas et Frey, il apporte en conséquence son soutien à Debré dans la perspective de l'élection présidentielle de 1981. Membre du conseil politique de l'ancien Premier ministre, il y voit à la fois l'expression de sa fidélité à la tradition gaulliste et le signe de son opposition ferme au chiraquisme. L'échec de Debré est en conséquence un coup dur pour lui, de même que l'arrivée de la gauche au pouvoir, mais il parvient néanmoins à se faire réélire président de son conseil régional en juillet 1981.

Survivant de la vague rose à l'Assemblée nationale, il organise les journées parlementaires du RPR chez lui, à La Baule, en septembre 1981, jouant la carte de l'unité du parti au lendemain de l'élection présidentielle. En l'absence de Chaban-Delmas et Debré, le message de Guichard est une véritable main tendue au chiraquisme et une sorte de serment de fidélité à l'ancien Premier ministre. Face à l'ennemi communiste et socialiste, il faut serrer les rangs. Distant des affaires nationales au début du septennat, il intègre le bureau politique du RPR en décembre 1984, au lendemain des assises de Grenoble, en même temps que Foccart, autre baron converti au chiraquisme. Pilote de listes d'union RPR-UDF dans la perspective des législatives de 1986, il contribue également au club Carrefour du gaullisme de Nungesser, où se retrouvent Couve de Murville, Messmer et Peyrefitte, dans la quête d'un retour au gaullisme originel.

Absent de la première cohabitation, bien que réélu député, il plaide très tôt pour une candidature unique du centre et de la droite à la présidentielle de 1988, esquissant alors une préférence pour Barre, au détriment de Chirac[107]. Finalement rallié à Chirac lors du comité central du RPR du 12 décembre 1987, il ne peut que prendre acte de sa nouvelle défaite à la présidentielle et du début d'un second septennat de Mitterrand. La crise des rénovateurs de l'UDF et du RPR, au printemps 1989, pose alors la question de sa succession au conseil régional et à la députation. Guichard vit ainsi une sorte de « destin inachevé[108] », lui qui est passé si près de Matignon à plusieurs reprises.

Réélu triomphalement à la présidence de son conseil régional en mars 1992, il pose un premier jalon pour la suite en aidant François Fillon, jeune député RPR, à prendre la présidence du conseil général de la Sarthe en avril. Maintenu au bureau politique du RPR en avril 1993, où il est le seul ministre du général de Gaulle à siéger, il surveille la deuxième cohabitation à distance, à nouveau sans y participer. Soutien de Balladur mais partisan d'une primaire interne en octobre 1994, il fait une fois de plus le mauvais choix et ne participe donc pas au retour de Chirac au pouvoir en mai 1995. Bien que nommé membre de droit du bureau politique du RPR en novembre suivant (avec Maurice Schumann, porte-parole de la France Libre), il abandonne la mairie de La Baule en 1995 puis son siège de député en 1997, certainement décidé en cela par la disparition de Debré, son compagnon de route de quarante ans... et par la règle édictée par Alain Juppé, Premier ministre, visant douze députés RPR de plus de 75 ans, interdits de se représenter et invités à laisser leur siège à de plus jeunes candidats[109]. Poussé à la porte du conseil régional en décembre 1997, y compris par sa propre majorité, il passe le témoin à Fillon en vue des régionales de mars 1998. Soutien discret de Chirac pendant la présidentielle de 2002, il s'éteint le 20 janvier 2004, au terme d'une aventure politique de plus d'un demi-siècle. Le président de la République salue alors « un homme de fidélité, de conviction et d'engagement, collaborateur de toujours, des heures de solitude aux heures de responsabilité[110] ».

*

La disparition de Guichard marque-t-elle la mort « du dernier baron du gaullisme[111] » ? Elle clôt en tout cas une séquence politique, qui s'étend de l'organisation des premiers déjeuners des barons en 1955, pendant la traversée du désert, à leurs derniers actes de résistance en chiraquie, notamment autour de la candidature de Debré en 1981. Cadet de la bande et éternel jeune pousse pour le Général, Guichard n'a pas été récompensé à la hauteur de son investissement dans l'aventure du gaullisme.

La colère autant que la déception l'ont lentement poussé à devenir le bras armé de Pompidou, notamment à partir de 1962. Quitte à se départir du président de la République ! Continuellement dans l'équilibre entre son chef historique et son nouveau mentor, il s'abîme et reste un marginal dans le cercle des barons, jusqu'à son élection à la députation et son entrée au gouvernement en 1967 auprès de Pompidou puis Couve de Murville. Ministre de Chaban-Delmas en 1969, il sert de caution gaulliste à Pompidou en 1972 pour montrer que les barons sont encore de la partie, mais il est la proie de Chirac, qui le supplante à Matignon puis à la présidence de l'UDR en 1974.

À nouveau caution gaulliste dans le gouvernement de Barre en 1976 et opposant farouche à Chirac pendant les municipales de 1977 et les européennes de 1979, il rallie Debré dans sa candidature malheureuse à la présidentielle de 1981. De guerre lasse, il s'abandonne donc au chiraquisme, soutenant la première cohabitation de 1986 puis sa candidature à la présidentielle de 1988. Soutien de Balladur pendant la deuxième cohabitation en 1993 puis lors de la présidentielle de 1995, il tente bien un ultime ralliement à Chirac après son entrée à l'Élysée... mais il est trop tard. Mis à la porte par ses propres troupes, il abandonne la députation puis la région aux mains de jeunes poulains, parmi lesquels un futur Premier ministre : François Fillon !

PARTIE II

Barons, vous avez dit barons ?

Le portrait des six barons a permis de raconter l'histoire de ce petit cercle des hiérarques du gaullisme, au croisement des grandes étapes de la vie politique du général de Gaulle. Il a notamment mis en évidence leur rôle dans l'organisation minutieuse et stratégique de ses partis et réseaux, ainsi qu'à travers l'institution de leurs déjeuners du mercredi. Cette histoire a redonné toute sa place à Gaston Palewski, premier d'entre eux par ordre d'ancienneté et pourtant personnalité injustement oubliée des historiens. En même temps, elle a fait apparaître de nombreux autres personnages... qui pourraient bien légitimement disputer l'appellation de barons au regard de leurs faits d'armes !

Cette seconde partie du livre s'intéresse en conséquence à deux types de personnalités qui, par leur histoire, leur fonction, leur proximité avec le Général, voire plus généralement leur place dans l'histoire du gaullisme, peuvent s'apparenter au cercle des barons, avec plus ou moins de légitimité.

Nous reviendrons d'abord sur le parcours de trois barons oubliés de l'époque du Rassemblement du peuple français (Diethelm, Soustelle, Terrenoire), dont nous expliquerons à la fois pourquoi ils ont été des barons et en même temps pour quelles raisons la mémoire politique du gaullisme les a volontairement mis à l'écart, sous la forme de « barons perdus[1] ».

Nous évoquerons ensuite trois Premiers ministres de la Cinquième République (Couve de Murville, Messmer, Pompidou), tous des grognards du gaullisme et des compagnons de premier plan du Général, sans avoir pour autant intégré le cercle fermé de la Maison de l'Amérique latine.

La vie de ces six personnages sera l'occasion d'évoquer leur rôle de gardiens du temple gaulliste après la disparition du Général, au fond une certaine réminiscence des satrapes d'Alexandre le Grand, se partageant l'empire d'un général disparu et se réalisant à travers l'entretien de sa mémoire glorieuse.

CHAPITRE 7

Les barons oubliés du RPF

Si les Français associent aujourd'hui le général de Gaulle à l'aventure de la France Libre ou à la Cinquième République, force est cependant de reconnaître que le gaullisme politique est né et s'est construit sous la Quatrième République. L'épopée du Rassemblement du peuple français (RPF) est ainsi la matrice de toute une génération de militants : Anfrol, Baumel, Capitant, Chaban-Delmas, Debré, Foccart, Frey, Malraux, Michelet, Poujade, Soustelle, Terrenoire, etc.

Dès lors que l'on considère Gaston Palewski ou Michel Debré comme des barons en raison de leur rôle dans l'organisation des réseaux gaullistes au Gouvernement provisoire de la République française (GPRF) pour le premier, autour du *Courrier de la colère* pour le second, la question du statut des grands cadres du RPF dans cet organigramme se pose. Peut-on considérer certains d'entre eux comme des barons ? Et si oui, pourquoi ?

Trois personnalités méritent d'être évoquées dans ce chapitre comme des barons oubliés de l'histoire du gaullisme : deux secrétaires généraux successifs du parti, Jacques Soustelle et Louis Terrenoire, et un président du groupe parlementaire, successivement au Conseil de la République, puis à l'Assemblée nationale, André Diethelm. Outre la présentation de leur parcours, nous nous attacherons aussi à expliquer comment et pourquoi ils ont été exclus du cercle des barons à la fois sous la Cinquième République (dans le format des déjeuners hebdomadaires) puis dans l'histoire et la mémoire du gaullisme.

Jacques Soustelle, le soutier du gaullisme

Le plus connu et le premier de ces trois hommes est Jacques Soustelle, une des âmes damnées du gaullisme en raison de son soutien viscéral à l'Algérie française. Ce fils d'un comptable, né le 3 février 1912 à Montpellier, dans un milieu modeste, a vécu une enfance difficile. Il n'a en effet que peu connu son père (Jean Soustelle) qui, infidèle, a divorcé de son épouse (Germaine Blatière) en 1917, laissant ses deux enfants grandir seuls dans sa belle-famille à Villeurbanne, puis Caluire, en région lyonnaise.

Après des études brillantes au lycée du Parc à Lyon, Soustelle entre major à l'École normale supérieure de la rue d'Ulm en 1929, s'étant présenté au concours grâce à une dispense d'âge, à seulement 17 ans. Diplômé d'ethnologie, agrégé de philosophie, docteur ès lettres, il épouse Georgette Fagot, en 1931, fille d'un ancien collaborateur du maire de Lyon (Victor Augagneur), ce qui lui vaut ses premiers échanges avec le monde politique. Il se rend ensuite au Mexique, de 1932 à 1934, pour un grand voyage d'étude, dont il tire une thèse sur les Otomi et un livre (*Mexique. Terre indienne*, 1936), sous la forme d'un récit de son séjour américain. À son retour en France, il est recruté comme directeur adjoint du Musée de l'Homme, auprès de l'américaniste Paul Rivet, créateur du musée et un des fondateurs, après guerre, de la Maison de l'Amérique latine.

Militant pacifiste dans l'entre-deux-guerres, Soustelle participe à plusieurs revues marxistes (sous pseudonyme), notamment *Spartacus*. Membre du Comité de vigilance des intellectuels antifascistes (où il est débauché par Rivet), il s'indigne des accords de Munich de 1938 et fonde en conséquence l'Union des intellectuels français pour la justice, la liberté et la paix, une branche dissidente, dont il est le secrétaire général. Il se trouve encore au Mexique au moment du déclenchement de la Seconde Guerre mondiale et, ayant rejoint la métropole pour y être mobilisé au sein du 24e régiment d'infanterie, il est renvoyé à Mexico comme adjoint à l'attaché militaire de l'ambassade, le commandant Signoret, en février 1940.

Recruté par le normalien Paul Hazard, il y sert alors d'émissaire au Commissariat général à l'Information pour s'occuper de la propagande française sur le continent américain.

Refusant l'armistice, il crée un comité de la France Libre à Mexico, avec Gilbert Médioni, un médecin parisien, amateur d'art précolombien, puis rejoint le général de Gaulle à Londres où, en août 1940, il est chargé d'organiser la création de comités de soutien à la France Libre dans toute l'Amérique latine : Costa Rica, Cuba, Guatemala, Haïti, Honduras, Nicaragua, Porto Rico, Salvador, etc.[1]. Déchu de sa nationalité par Vichy en juin 1941 en raison de son activité résistante, il excelle dans l'organisation des réseaux et de la propagande, c'est pourquoi le Général lui confie la direction de Radio-Brazzaville en décembre 1941. Son dynamisme et sa loyauté l'amènent même à prendre le portefeuille de commissaire à l'Information, en juillet 1942, contrôlant dès lors l'ensemble des radios libres. En novembre 1943, cet « ultra du gaullisme[2] » prend la tête de la Direction générale des services spéciaux (DGSS), qui fusionne le Bureau central de renseignements et d'action (BCRA) de Londres et le Service de renseignements d'Alger, un exercice d'équilibriste entre gaullistes et giraudistes. En avril 1944, fort de ce succès, il est maintenu à la tête de la Direction générale des études et recherches (DGER), avant d'être nommé commissaire de la République à Bordeaux, en mai 1945.

Intellectuel engagé, à la fois proche des réseaux de la gauche pacifiste et homme du renseignement militaire, il est un véritable couteau suisse pour le Général au lendemain de la Libération. « Il ne lui manque qu'une flèche dans son carquois, celle d'avoir combattu, arme à la main, sur le théâtre des opérations[3] », souligne son biographe, Marc Francioli. Voulant adoucir son image après son passage par les opérations clandestines de la France Libre, le Général décide de le nommer préfet. Pourtant, cinq semaines à peine après son arrivée en Aquitaine, Soustelle est rappelé à Paris en urgence pour être nommé ministre de l'Information du Gouvernement provisoire de la République française (GPRF). Avenue de Friedland, son ministère réunit alors un apanage de gaullistes de guerre et d'anciens des services de renseignement :

André Achiary[4], Pierre Guillain de Bénouville, René Moatti[5] ou encore Jacques Chaban-Delmas comme secrétaire général.

Élu député de la Mayenne en octobre 1945, grâce au concours du jeune Jacques Foccart, local de l'étape, sous les couleurs de l'Union démocratique et socialiste de la Résistance (UDSR), Soustelle change de portefeuille en novembre suivant, pour celui des Colonies. Dès lors, il participe activement à la structuration du gaullisme politique, mais il est battu par le démocrate-chrétien Robert Buron lors des législatives de juin 1946. Son attention se porte en conséquence sur la création du RPF, dont après avoir été l'architecte et le penseur, il est le premier secrétaire général de 1947 à 1951, puis le président du groupe parlementaire à l'Assemblée nationale de 1951 à 1952.

À la tête de la machine politique du gaullisme, il cosigne les statuts du RPF en mai 1947 (avec Malraux, Palewski, le colonel Rémy et Vallery-Radot) et veille sur l'organisation quotidienne du parti – de la création du réseau des délégués régionaux (Frey, Guichard, Juillet, Rayon, Ribière) à la mise en place de l'Action ouvrière[6], en passant par le cas sensible des sections africaines[7] et des finances[8], à la situation souvent délicate.

Dans sa conduite du parti, Soustelle agit comme un véritable baron, éloignant des adversaires gênants (comme Malraux ou Palewski[9]) et structurant ses réseaux autour de quelques fidèles (parmi lesquels Foccart et Troisgros). Sa domination des réseaux est complète et n'est questionnée que par le général de Gaulle lui-même. Figure centrale du RPF, il prend la parole lors des grands événements du parti, ainsi les assises nationales de Marseille, les 16-17 avril 1948[10], puis celles de Lille, les 11-12 février 1949[11], ou encore celles de Paris, les 23-25 juin 1950[12]. Toutefois, son action n'est pas exempte de critiques et le Général s'agace régulièrement du manque de discipline et d'organisation au sein de son parti, accablant souvent son secrétaire général de tous les maux, notamment auprès de Pompidou, en mai 1950 : « Soustelle est intelligent, convaincu, fidèle, il ne fera jamais de saloperie, il est très sympathique. Mais pas d'autorité : c'est un professeur[13]. »

En juin 1951, Soustelle est élu député RPF du Rhône, avec le soutien de Chaban-Delmas et au terme d'une crise politique avec

Herriot, qui provoque la fin de la double appartenance au sein du Parti radical, sous forme de punition pour les gaullistes. Il incarne alors une ligne jusqu'au-boutiste, portée par un anticommunisme virulent et le refus de toute compromission avec la Quatrième République. Porté à la présidence du groupe RPF à l'Assemblée nationale, il doit néanmoins mettre de l'eau dans son vin pour concilier toutes les tendances du gaullisme :

> Louis Vallon, gauchiste féru de mots à l'emporte-pièce, le solennel démocrate-chrétien Marcel Prélot, le caustique républicain de droite [Jean] Legendre, pour ne citer que ceux-là, faisaient difficilement bon ménage. Au secrétariat général, [Louis] Terrenoire se plaisait à aggraver sournoisement les problèmes[14].

En outre, le président a du mal à tenir son groupe, tant le général de Gaulle, « affectant de dédaigner la vie parlementaire, prêtait une attention soutenue et pointilleuse même à l'infiniment petit[15] » : « Comment, enfin, diriger un groupe parlementaire à travers mille incidents et mille embûches, quand celui qui en assure la responsabilité *officielle* relève d'une autorité extérieure au Parlement[16] ? »

S'il est encore à la tribune lors des assises nationales du RPF de Nancy, les 23-25 novembre 1951, sa mainmise sur le parti est cependant sévèrement critiquée par ses pairs. Le nouveau secrétaire général Terrenoire souffle en effet sur les braises au prétexte de rumeurs d'échanges avec le président de la République Vincent Auriol, à Noël 1951, en vue de la composition d'un gouvernement de coalition. La crise de mars-juillet 1952, après la rébellion de vingt-sept députés en soutien à Pinay, fragilise définitivement sa position et provoque sa démission de la présidence du groupe parlementaire. Des incidents divers émaillent en conséquence la période et conduisent le Général à des gestes « aussi désobligeants qu'inutiles[17] ». Cette rupture est rendue d'autant plus difficile que de Gaulle ne supporte pas « l'émancipation d'un de ses maréchaux[18] » et bat froid son ancien homme lige. Le tour de piste de Noël 1952, organisé avec le concours de Frey, met finalement le feu aux poudres entre les deux hommes. En janvier 1953, le Général se désole auprès de Pompidou de cette rupture politique : « Dès lors qu'il y aurait un ministère Soustelle, c'est que Soustelle aurait accepté de maintenir le régime contre moi[19]. »

Pompidou note d'ailleurs, non sans une certaine amertume vis-à-vis du délitement du RPF : « Je vois Koenig, Soustelle... Chacun mène son jeu. Palewski est triste... Léon Noël ne réussit pas à avoir la présidence de la commission des Affaires étrangères[20]. »

Quelques jours plus tard, le 27 janvier 1953, il rapporte encore un nouvel échange avec le général de Gaulle à propos de Soustelle : « Toujours décidé à ne plus s'occuper du Parlement. Me paraît froid sur Soustelle, c'était fatal ! Il ne peut pas supporter les succès parlementaires des siens[21]. »

Mis à l'écart par le Général, Soustelle continue cependant de peser en interne dans la galaxie gaulliste, au point de figurer dans le comité exécutif de l'URAS de Chaban-Delmas et Frey (avec Debré, Michelet et Triboulet). La Toussaint rouge et le début de la guerre d'Algérie, en novembre 1954, précipitent cependant la situation et tournent son regard vers l'autre bord de la Méditerranée. Approché pour être nommé ministre des Affaires marocaines et tunisiennes, il refuse la proposition de Pierre Mendès France, dont il a pourtant voté l'investiture, à la demande du Général. En janvier 1955, dans un contexte explosif, il accepte néanmoins les fonctions de gouverneur général de l'Algérie française, ce qui l'écarte temporairement de la vie politique du gaullisme. Son départ pour l'Algérie française fait évidemment le bonheur de ses concurrents au sein de sa famille politique, au premier rang desquels Malraux et Palewski, mais son séjour africain va en réalité le replacer au cœur de l'échiquier de la Quatrième République... et du retour au pouvoir du général de Gaulle !

De l'Afrique à l'amnésie

Considéré comme un libéral et un progressiste, Soustelle engage un véritable mouvement de renforcement de la présence de l'administration française en Algérie, notamment à travers la création des Sections administratives spécialisées (SAS). Toutefois, la violence du combat des indépendantistes en fait rapidement un adversaire acharné du Front de libération nationale (FLN), particulièrement après les massacres du Constantinois de l'été 1955. Réélu député CNRS du Rhône en janvier 1956, alors qu'il est toujours gouverneur d'Algérie française, il siège parmi les vingt derniers Républicains sociaux de l'Assemblée nationale. Guy Mollet, président du Conseil, décide alors de le remplacer par le général Georges Catroux puis, devant la colère des pieds-noirs, par Robert Lacoste, mais une foule immense s'oppose à son départ, au point qu'il doive se cacher dans le coffre d'une voiture.

Revenu en France métropolitaine, il crée, le 20 avril 1956, l'Union pour le salut et le renouveau de l'Algérie française (USRAF), avec quatre autres anciens gouverneurs de l'Algérie. Le mouvement se veut transpartisan, réunissant aussi bien le socialiste Maurice Viollette, ministre d'État du Front populaire, que le maire de Beaune Roger Duchet, secrétaire général du Centre national des indépendants et paysans (CNIP). De nombreux gaullistes retrouvent Soustelle dans cette aventure algérienne : Michel Debré, Roger Frey, Pierre de Gaulle, le général Pierre Koenig, etc. Très rapidement, l'USRAF s'associe toutefois à des groupements plus violents, ainsi les cercles paramilitaires de Jean-Jacques Susini, ancien du RPF de Lyon[22]. À la même époque, Pierre Picard monte un service d'ordre du parti avec certains des gros bras du gaullisme comme Claude Dumont et Marc Lescure, pour la plupart de futurs membres du Service d'action civique (SAC) de Foccart. L'USRAF connaît donc, dès l'origine, une orientation vers la violence militante. Soustelle anime aussi un bulletin, *La Vérité sur l'Algérie*, puis un magazine, *Voici pourquoi*, où figure notamment Michel Anfrol, secrétaire général des étudiants gaullistes en 1954-1955[23]. Contemporaine de l'aventure debréiste du *Courrier de la colère*, l'expérience de l'USRAF inverse toutefois l'ordre des priorités politiques :

> Si M[ichel] Debré pense qu'il faut créer les conditions du retour au pouvoir du général de Gaulle, afin que l'Algérie demeure française,

> pour J[acques] Soustelle, [...] il faut constituer un gouvernement de salut public permettant de faire pression sur le régime, de préférence avec le Général à sa tête, mais la finalité ultime est le maintien de l'Algérie française plus que le retour au pouvoir de l'homme du 18 Juin[24].

Le combat de Soustelle en faveur de l'Algérie française le place donc progressivement en opposition avec l'aile modérée des Républicains sociaux de Chaban-Delmas. Il sert néanmoins la cause gaulliste avec fidélité, ainsi en embarquant Alain de Sérigny, directeur de *L'Écho d'Alger*, dans le sillon des partisans du retour au pouvoir du Général. Dans la crise de mai 1958, il est le troisième foyer d'agitation gaulliste après les tandems Chaban-Delmas/Delbecque et Foccart/Guichard. Il propose d'ailleurs, à plusieurs reprises, de se rendre en Algérie pour soulever la foule, malgré la tiédeur de Chaban-Delmas, inquiet d'inscrire le retour du Général dans la plus stricte légalité républicaine[25].

Le 12 mai 1958, rue de Solférino, Debré, Foccart, Frey et Guichard, réunis pour évaluer la situation, donnent leur accord à l'ancien secrétaire général du RPF pour partir à Alger si Pflimlin est élu, ce qu'il fera dans des conditions rocambolesques, avec le soutien de Pierre Guillain de Bénouville et Marcel Dassault[26]. Après le retour au pouvoir du Général, Soustelle entend surtout « prendre la haute main[27] » sur l'Union pour la nouvelle république (UNR). Sa présence fragmente cependant l'union des gaullistes de tout bord, ainsi le sénateur Léo Hamon, qui estime que le nouveau mouvement penche trop à droite du fait de l'influence des anciens de l'USRAF. Pis, Soustelle s'oppose à ouvrir les portes de l'UNR aux gaullistes de gauche, qu'il accuse de « désapprouver la politique française en Algérie[28] ».

Le trouble créé par sa présence au sein du parti et ses fréquentations d'extrême droite font tiquer le Général, qui recommande à Debré de l'écarter du gouvernement de janvier 1959[29]. Il ne sera pas entendu... même si les barons tentent bien de circonscrire son périmètre d'action à un ministère technique (Chaban-Delmas, Frey, Guichard)[30]. Ministre de l'Information de juillet 1958 à janvier 1959, il est finalement nommé ministre délégué auprès du

Premier ministre, chargé du Sahara, des DOM-TOM et de l'Énergie atomique, un portefeuille sur mesure pour cette personnalité hors norme[31]. À ce titre, il accompagne de Gaulle aux Comores et à La Réunion en juillet 1959.

Il continue donc de jouer un rôle central au sein de la famille gaulliste et il est, à cette époque encore, tout à fait possible de le considérer comme un baron. Sa fronde contre Albin Chalandon, deuxième secrétaire général du parti, est néanmoins marquée par une dispersion de ses troupes lors des assises de Bordeaux, le 13 novembre 1959, même s'il obtient le départ de son rival et son remplacement par Jacques Richard. En rupture avec le Général sur l'avenir de l'Algérie, il s'exprime en Conseil des ministres, le 25 janvier 1960, pour soutenir les insurgés de la semaine des barricades, ce qui le conduit à démissionner de ses fonctions gouvernementales en février (avec François Cornut-Gentille)[32]. Si Debré tente bien d'éviter le drame, Frey comme Terrenoire se précipitent dans la brèche pour justifier l'impossible entente entre le Général et Soustelle... et se partager le butin après son départ[33].

Le comité central de l'UNR du 10 février est moins radical et décide de l'envoi d'une délégation auprès de lui (Chaban-Delmas, Richard, Triboulet) afin d'apaiser les relations, en vain. Courant février, Debré prend lui-même la plume pour maintenir Soustelle en dehors du giron de la politique, mais la rupture est consommée : l'ancien ministre prend la parole dans la presse, le 11 mars, pour critiquer la politique algérienne du général de Gaulle[34]. Le 25 avril, le comité central de l'UNR décide donc de son exclusion, ce qui marque la fin de son compagnonnage avec le gaullisme et la perte de son statut de baron. Terrenoire confie, en clôture de la réunion : « Nous n'avons pas d'autre choix aujourd'hui : c'est un choix douloureux, il est politique et non sentimental[35]. »

Soustelle, lui, sombre carrément dans l'antigaullisme :

> Une caractéristique fondamentale d'un tel système [fasciste] est le refus du pluralisme des idées, des opinions et des tendances. Le gaullisme de l'après-guerre avait prôné, lui, ce pluralisme. [...] Le néo-gaullisme s'est gardé de supprimer les partis [...], mais les a réduits

à l'insignifiance en exploitant avec astuce leurs erreurs, en frappant d'impuissance le Parlement et en les soumettant au feu roulant de critiques et de racailleries auxquelles ils ne peuvent répondre faute d'accès à la radio-télévision[36].

Ou encore :

[La doctrine] du gaullisme a été jetée par-dessus bord avec une désinvolture extraordinaire, et l'UNR, machine électorale et brigade des acclamations, s'est bien gardée d'en formuler une. Ce qui en tient lieu, ce sont les déclarations changeantes et souvent contradictoires du chef de l'État, que ses disciples recueillent pieusement comme ceux de Mahomet griffonnaient les sourates du Coran sur des omoplates de mouton[37].

L'exclusion de Soustelle de l'UNR intervient dans un contexte de départs successifs de parlementaires de la famille gaulliste (Arrighi, Battesti, Biaggi, Delbecque, Thomazo en octobre 1959, puis Béraudier, Chavanne, Moatti, Picard en avril 1960). Hostile à l'origine à l'idée de créer un parti dissident, Soustelle est cependant présent au comité de Vincennes du Rassemblement pour l'Algérie française (RAF), en juin 1960, avec Battesti, Biaggi, Delbecque et Picard à ses côtés[38]. Le 19 octobre, il crée même un Regroupement national pour l'unité de la République afin d'« assurer le maintien de l'Algérie dans la souveraineté française[39] », mais l'aventure est sans lendemain. Menacé d'arrestation après le putsch des généraux d'avril 1961, il s'exile à Rome puis apporte son soutien à l'Organisation de l'armée secrète (OAS), ce qui le met désormais et de manière définitive au ban du gaullisme. Son Regroupement est d'ailleurs dissous en mars 1962.

Soutien de Jean Lecanuet pendant la présidentielle de 1965, candidat alors qu'il est encore en exil aux législatives de 1967, il bénéficie finalement d'une amnistie en octobre 1968, revient en France et soutient Alain Poher lors de la présidentielle de 1969, face à Georges Pompidou, davantage au titre des règlements de compte qu'au regard de l'adhésion aux idées. Fondateur du Mouvement national Progrès et Liberté en avril 1970, avec Delbecque et Picard, mais aussi Me Jacques Isorni, avocat du maréchal Pétain, ou encore Jean-Marie Le Pen, il fait l'objet d'une tentative de réconciliation de Pompidou en janvier 1971, stoppée net par la sortie de Debré lors du comité central de l'UDR du 14 janvier 1971[40]. Les barons ont la dent dure. Le 12 février suivant, Jacques Vendroux, beau-frère du Général, et Christian Fouchet démissionnent même de l'UDR pour protester contre le soutien du parti à Soustelle lors des élections municipales.

Malgré tout élu conseiller municipal de Lyon en 1971, sur la liste de Louis Pradel, puis député non inscrit du Rhône en 1973, il apporte son soutien à Valéry Giscard d'Estaing dès le premier tour de l'élection présidentielle de 1974, en rupture complète avec les autres barons. Une opération conduite avec Michel Durafour et Jean Lecanuet, dans l'idée de réduire la candidature de Chaban-Delmas à « une image de marque de plus en plus étroite (*sic*)[41] ». Après la victoire de Giscard d'Estaing, Soustelle tente de se frayer un chemin jusqu'au nouveau président de la République, afin d'échanger sur la question algérienne, sans y parvenir[42]. Rallié à Chirac en octobre 1976, dans son opération de création d'un nouveau parti, il suit de près l'activité du Rassemblement pour la République (RPR), sans y adhérer pour autant[43]. Doublé par Francisque Collomb lors des municipales de 1977, battu par Michel Noir, un jeune loup du RPR, lors des législatives de 1978, il se met en retrait de la vie politique, entre à l'Académie française en 1983 et disparaît le 6 août 1990, non sans avoir été écorné par un dernier scandale financier l'associant au dictateur paraguayen Alfredo Stroessner.

Soustelle a-t-il été un baron du gaullisme ? Son rôle dans l'aventure de la France Libre, dans l'histoire du RPF, notamment à ses origines entre 1947 et 1952, puis dans le retour au pouvoir du Général et dans la création de l'UNR en 1958, sont suffisants à eux seuls pour lui en conférer le titre, mais l'histoire est écrite par les vainqueurs. Son soutien à l'Algérie française, ses fréquentations d'extrême droite puis son exil entre 1961 et 1968 en ont fait un paria, mis à l'écart du parti. Son cas est emblématique de cette catégorie des barons oubliés qui, s'ils ont tenu une place importante dans l'histoire du gaullisme, ont perdu cette qualité en raison de fautes politiques.

Marc Francioli souligne ainsi l'existence d'une gêne mémorielle vis-à-vis de Soustelle à la Fondation Charles-de-Gaulle, qu'il impute à la fois à « l'absence de sympathie de son successeur » (Terrenoire), mais aussi à une décision politique « de ne conserver que des pelures de courriers, sans grand intérêt historique »[44]. La parution de plusieurs thèses et l'organisation d'un premier colloque sur le personnage, en 2024, semblent cependant renverser la vapeur, même si seul l'avenir nous le dira[45].

La baronnie gaulliste, comme la baronnie médiévale, est en tout cas un titre que le suzerain peut retirer à tout moment à un féal désobéissant, voire pris en flagrant délit de trahison. C'est le cas de Soustelle, exclu en raison de ses choix et de son soutien à un mouvement coupable d'avoir tenté d'assassiner le Général à plusieurs reprises. Frédéric Turpin estime pour sa part que Soustelle « constitue l'archétype de cette rupture à la fidélité qui renforce progressivement le rôle de canal direct avec le Général exercé par Foccart[46] ». Plus qu'un effacement de la mémoire, c'est donc un transfert de propriété de Soustelle à Foccart, du « chevalier errant[47] » au prince des secrets.

André Diethelm, le téméraire

Le deuxième des barons oubliés du gaullisme est André Diethelm. Né le 3 juillet 1896 à Bourg-en-Bresse, dans l'Ain, d'un père alsacien (Albert Diethelm) et d'une mère vosgienne (Magdeleine Buisson), il fréquente différents lycées, à Foix, Saint-Étienne puis Paris, au gré des affectations de son père, inspecteur des contributions directes, avant d'intégrer l'École normale supérieure de la rue d'Ulm. Pendant ses études, l'appel de la patrie en danger le conduit à s'engager volontairement dans l'armée, en septembre 1914. Il est alors affecté au 13e bataillon de chasseurs à pied, mais sa situation de normalien l'oblige à souscrire un nouvel engagement, en novembre suivant, au terme duquel le sous-lieutenant Diethelm est envoyé, en janvier 1915, sur le front des Vosges, au sein du 51e bataillon de chasseurs alpins.

Blessé à la tête en juillet 1916, à Suzanne, dans la Somme, il est versé au 4e régiment d'infanterie en juillet 1917, où il est fait capitaine, deux semaines à peine après son arrivée. Il est, à l'époque, l'un des plus jeunes capitaines de l'armée française[48]. Cité cinq fois à l'ordre de l'armée et décoré de la Légion d'honneur, il est affecté sur le front d'Orient en octobre 1918, sous les ordres du général Franchet d'Espèrey. Rapatrié en mars 1919, le retour à la vie civile le laisse avec un goût d'amertume, bien qu'il entre à l'inspection des Finances en 1920, dans la même promotion qu'Emmanuel Mönick, futur mentor de Debré. En mars 1924, il épouse Germaine Marquis, fille d'un industriel de Besançon, rencontrée lors d'une de ses tournées pour l'Inspection[49].

Détaché auprès de la commission des Marchés et Spéculations de la Chambre des députés de 1925 à 1927, il est ensuite envoyé à Budapest pour s'assurer du remboursement des dettes du gouvernement des Serbes, Croates et Slovènes (300 millions de francs prêtés en 1923), un dossier délicat et hautement politique. En décembre 1928, le jeune inspecteur des Finances est arraché au dossier yougoslave pour être nommé directeur des Finances du gouvernement général de l'Indochine, sur proposition d'André Maginot, ministre des Colonies. Il y conduit une politique de rigueur après des années d'investissements. Lors de son voyage sur place, en octobre-novembre 1931, Paul Reynaud, ministre des Colonies, remarque le brillant directeur des Finances, de même que son chargé de mission, Gaston Palewski :

> Lorsque nous étions partis avec Paul Reynaud pour l'Indochine, sur le *d'Artagnan*, j'avais vu tout d'un coup s'imprimer sur le transmetteur de nouvelles deux ou trois lignes disant que le directeur des Finances de l'Indochine avait décidé de mesures énergiques contre la crise financière, et en particulier l'abaissement du traitement des fonctionnaires. Comment, m'étais-je dit, voilà un homme qui, deux jours avant l'arrivée du ministre des Colonies, au lieu de laisser la responsabilité

de mesures impopulaires, de crainte qu'il ne les prenne pas, les prend à son compte ! Il n'y a pas beaucoup de fonctionnaires comme ça. Et, de fait, il n'y en a pas beaucoup comme André Diethelm[50].

Son dynamisme n'est évidemment pas du goût de tous en Indochine, ainsi Ernest Outrey, député de gauche radicale de la Cochinchine française, persuadé que le directeur des Finances « pousse un de ses obscurs collaborateurs à se présenter aux prochaines élections législatives[51] » contre lui. Reynaud, lui-même, doit monter à la tribune de la Chambre des députés pour défendre le haut fonctionnaire. Attaqué de toutes parts, il décide d'aller « pantoufler » dans le privé, chez Renault, où il est recruté comme directeur des services financiers en avril 1934, mais l'accueil y est moins chaleureux qu'espéré. Le chef d'entreprise et son nouveau directeur ne parlent en effet pas le même langage, comme le raconte Frédéric Turpin :

> Il ennuyait Louis Renault... L'incompréhension se fit mésentente et s'aggrava au point de ruiner les ambitions de Diethelm. Ce dernier ne réussit d'ailleurs pas plus à s'imposer au sein de l'entreprise[52].

Réintégré rue de Rivoli en octobre 1937, il est bombardé directeur de cabinet de Georges Mandel, ministre des Colonies, en avril 1938, sur la recommandation de Palewski. Il double par ailleurs ses fonctions de celles de directeur des Affaires économiques de la rue Oudinot. Malgré l'irritabilité et le manque de reconnaissance de son ministre, il s'est donc imposé au sommet. En septembre 1939, il recrute d'ailleurs le médecin-major Louis-Pasteur Vallery-Radot, future personnalité du gaullisme, qu'il envoie en mission en Indochine pour y surveiller le gouverneur général, un certain général Catroux[53]. Inquiet du tour pris par la guerre, il suit Mandel au ministère de l'Intérieur, mi-mai 1940, tandis que la France subit une offensive allemande foudroyante.

Remercié du cabinet Mandel en juin 1940, avec la mise en place du gouvernement du maréchal Pétain, il retourne dans le privé, au sein de la compagnie d'assurances L'Urbaine. Tenté par la résistance, il refuse cependant de se battre sous le pavillon britannique, tout en se tenant éloigné des activités du régime de Vichy. C'est donc le *statu quo* pour quelques mois. Dépêché par Henri du Moulin de Labarthète, directeur de cabinet du maréchal Pétain, au Portugal, avec la charge d'y négocier un accord commercial d'approvisionnement, il saisit l'occasion pour s'enfuir. Fin juillet 1941, il rejoint en conséquence le général de Gaulle à Londres.

Révoqué puis condamné à mort par Vichy, Diethelm est nommé commissaire à l'Intérieur, au Travail et à l'Information au sein du Comité national de Londres le 24 septembre 1941, en d'autres mots l'un des grands cadres de la France Libre. Il s'entoure d'Alain Bozel et Yvon Morandat, deux compagnons gaullistes au cœur de l'aventure future du RPF. Le 28 juillet 1942, il prend le portefeuille des Finances et des Pensions avant, le 17 octobre, de se voir confier celui des Finances, de l'Économie et de la Marine marchande. La réorganisation du gouvernement de la France Libre, avec la nomination à l'Intérieur d'un « titulaire plus politique et plus à gauche[54] » (André Philip), est un coup dur pour l'inspecteur des Finances avec « sa part inévitable de déception et de désaveu personnel[55] ».

À la création du Comité français de Libération nationale (CFLN), en juin 1943, il est nommé commissaire à la Production et au Commerce. Toutefois, son maintien au gouvernement tient du miracle : il est en effet refusé par Giraud lors des entretiens préliminaires, absent de l'équipe du 3 juin, coulé par son collègue Philip mais sauvé *in extremis* par l'élargissement du Comité le 5 juin (avec l'appui de Claude Hettier de Boislambert). Promu commissaire à la Guerre le 4 avril 1944, il s'emploie en conséquence à organiser les armées françaises (notamment le corps expéditionnaire en Italie). Arrivé à Paris fin août, le ministre cohabite avec le général de Gaulle, rue Saint-Dominique, et procède à l'épuration de l'armée, avec l'intégration ou la réintégration des officiers, ainsi que le désarmement des milices patriotiques.

Il réunit alors, au sein de son cabinet, le jeune général Jacques Chaban-Delmas, chargé de l'intégration des FFI dans l'armée régulière après la dissolution de leur état-major, de même que Jacques Richard, son aide de camp, futur secrétaire général du parti gaulliste. Lors des législatives de l'automne 1945, bien qu'initialement peu enclin à se présenter, il accepte d'aller au combat dans les Vosges, à la demande du Général. Le 21 octobre, il est ainsi élu député Union démocratique et socialiste de la Résistance (UDSR) et décide de siéger au sein de la commission de la Défense nationale, marquant « les débuts du gaullisme politique au sud de la Lorraine[56] ». Il est d'ailleurs, après le départ du Général du pouvoir en janvier 1946, l'un des premiers compagnons à lui rendre visite dans sa retraite au pavillon de Marly, où l'ancien chef de gouvernement séjourne pendant les travaux de sa résidence de Colombey-les-Deux-Églises.

Approché pour poser les bases d'un grand parti gaulliste en février 1946, Diethelm participe certes à une réunion avec le général Pierre Billotte et Jacques Soustelle, « visant à créer une fédération regroupant le meilleur des partis[57] », mais les échanges ne vont pas plus loin. La plaie du départ du Général n'est pas encore cicatrisée. De même, lorsque René Capitant lance l'Union gaulliste, en juin 1946, Diethelm ne donne pas suite aux premiers échanges, certainement encouragé en cela par l'hostilité du Général à l'utilisation de l'épithète « gaulliste »[58]. L'Union sera d'ailleurs sans réel lendemain, réunissant au mieux une quinzaine de députés et quelques milliers de militants[59].

En juin 1946, écœuré du destin de son ancien chef, Diethelm choisit de ne pas se représenter aux élections législatives mais, en avril 1947, il est bien évidemment à Strasbourg, auprès de lui, pour le lancement du RPF. Il fait d'ailleurs partie des premiers membres du comité exécutif du parti gaulliste (avec Baumel, Bozel, Malraux, Palewski et Soustelle). Pourtant, il ne participe pas aux premières discussions politiques de 1947 (comme Debré, Malraux, Palewski ou Soustelle) et, bien qu'ayant été consulté, sa contribution aux débuts de l'aventure du RPF tient davantage du besoin d'affichage de personnalités et de « titres[60] » (comme le médecin Vallery-Radot), que de la valorisation d'un apport politique ou stratégique.

Le général de Gaulle confie ainsi à Bozel, Guy, Pompéi, Vallon et Soustelle, le 13 octobre 1947 : « [Diethelm] a montré beaucoup de courage au moment de la Libération. [...] Il a rendu de grands services. Seulement voilà : c'est un timide. Il ne sait pas se défendre dès qu'il s'agit de lui[61]. »

À partir du printemps 1947, Diethelm prend cependant des fonctions centrales dans l'organisation du parti gaulliste. Il est l'un des orateurs des assises nationales du RPF de Marseille, les 17-18 avril 1948, avec Baumel, Palewski et Soustelle[62]. En juin 1948, le Général le charge également, en tandem avec Foccart, d'organiser le premier conseil national du RPF[63]. Membre du comité national d'études de Palewski, début 1948, il intègre parallèlement la commission de la France d'Outre-Mer, où siègent Anthonioz, Bayrou, Castellani, Delmas, la sénatrice Éboué-Tell, Foccart, Malbrant, Palewski, Pompéi et Soustelle. Bien que très impliqué, il y sert surtout de rampe de lancement à Foccart (notamment après le départ d'Anthonioz), plume puis maître d'œuvre de ce petit groupe.

Élu sénateur de Seine-et-Oise en novembre 1948, il intègre la commission des Finances du Conseil de la République et prend la présidence du groupe Action démocratique et républicaine (ADR), « premier groupe parlementaire gaulliste[64] ». Pourtant, son penchant pour les questions budgétaires l'écarte rapidement des dossiers les plus politiques. À partir de l'automne 1948, il abandonne en effet la commission du RPF de la France d'Outre-Mer pour celle consacrée aux Affaires économiques et financières, où il fréquente l'économiste Raymond Aron, professeur à l'École nationale d'administration de Debré, ainsi que Louis Vallon, ancien du BCRA mais surtout ex-responsable socialiste, auteur d'un ouvrage sur le socialisme expérimental.

L'ancien inspecteur des Finances n'a jamais caché son intérêt pour ces questions économiques, s'emportant contre « l'absence de budget digne de ce nom[65] » en novembre 1947, faisant « feu de tout bois contre la politique financière de la Troisième force[66] » lors de la réunion du Vel d'Hiv' du 17 décembre 1947, ou encore suggérant « la création d'un impôt, même léger, sur le capital[67] » dans le cadre des travaux du comité d'études de Palewski. Dans le contexte de création de l'Action ouvrière, il se fait aussi l'ardent défenseur de la théorie de l'association capital-travail, par exemple devant les étudiants gaullistes, le 19 mars 1948[68]. Il réitère d'ailleurs son propos lors des assises du RPF de Marseille, en avril suivant, mais n'étant pas « dans la veine des grands tribuns susceptibles d'enflammer la scène » et « son débit demeurant austère », il ne parvient pas à creuser son sillon[69].

Parallèlement, à la tête d'un groupe de cinquante-six sénateurs, il se retrouve très rapidement inféodé à Pierre de Gaulle, frère du Général, sénateur de la Seine et président de l'intergroupe gaulliste au Conseil de la République. Ce dernier réunit en effet les sénateurs ADR, mais aussi vingt-six des soixante-dix-neuf sénateurs du Rassemblement des gauches républicaines (parmi lesquels Debré), quarante-sept des soixante-six sénateurs modérés, enfin un sénateur démocrate-chrétien du MRP. Malgré la volonté de Diethelm de pousser la candidature de la sénatrice Éboué-Tell à la présidence du Conseil de la République, l'intergroupe boude les élections internes, comme celle de janvier 1949, lors de laquelle, sur consigne expresse du Général, les gaullistes ne présentent aucun candidat[70]. C'est un échec pour Diethelm et la tendance participationniste du parti.

Par ailleurs, l'époque est aux rivalités entre les sénateurs gaullistes, éparpillés entre plusieurs groupes au Conseil de la République, et « malgré sa gentillesse naturelle et sa compréhension, [Diethelm] ne peut empêcher plusieurs de ses membres de critiquer ceux qui, gaullistes aussi, n'en font pas partie[71] ». La tension est palpable. S'il figure encore parmi les grands cadres du parti lors du Conseil national d'octobre 1949, prenant la parole au même titre que Palewski ou Soustelle à l'occasion des discours d'ouverture, les années suivantes voient Diethelm relayé au rang des seconds couteaux, avec les contributeurs de commissions et sections techniques sur les questions économiques ou financières[72]. Ainsi, lors des assises nationales du RPF de Paris, les 23-25 juin 1950, il est chargé de la présentation d'un rapport sur les problèmes fiscaux, dans le cadre d'une plénière avec Henri Ulver sur le budget de l'État[73] ; même chose lors des assises nationales de Nancy, les 23-25 novembre 1951, à l'occasion desquelles il présente un rapport assommant sur la situation financière du pays[74]. Son intérêt pour les questions budgétaires n'est cependant pas dénué d'arrière-pensée politique. Ainsi, le 31 décembre 1948, il annonce vouloir réduire de 100 millions de francs (sur 1 milliard) les crédits affectés aux fonds secrets de la présidence du Conseil des ministres, lesquels servent entre autres choses à financer les adversaires politiques du RPF[75] ! De même, si sa vision de l'association capital-travail ne l'amène à partager « nullement la volonté révolutionnaire, voire messianique de certains[76] », il mesure l'importance politique de déposer un texte sur la question au Parlement. Il pèse donc de toutes ses forces pour que Soustelle et Vallon proposent l'établissement des contrats d'association capital-travail, le 17 juillet 1951[77].

Reste que lors du Conseil national de Saint-Maur-des-Fossés de juillet 1952, au moment de la division du camp gaulliste après l'investiture de Pinay, Diethelm est réduit à présenter un obscur rapport au nom de la section des Affaires économiques, financières et sociales du RPF, dans une table ronde où son comparse Pierre Ruais[78] évoque une proposition sur l'accession à la propriété du logement pour les ouvriers et les petits salariés[79].

« Le dénominateur commun[80] »

Peut-on parler de « baron du gaullisme » pour désigner Diethelm, certes ministre émérite du Général pendant la guerre mais, au fond, figure secondaire du RPF ? Ne pas le faire serait oublier son rôle stratégique dans l'animation du groupe gaulliste au Conseil de la République, ainsi au lendemain de la démission de Roger Duchet, élu sur une liste RPF le 7 novembre 1948, mais fondateur d'un groupe indépendant, sous sa présidence, le 9 novembre. Dans cette affaire, comme dans celle de la démission du député Pierre Montel[81], en août 1948, Diethelm apparaît comme l'homme de la conciliation, faisant preuve de calme et de « souplesse tactique[82] ». Face au camp des jusqu'au-boutistes, il est persuadé que seule une alliance de raison des opposants à la Quatrième République permettra le retour au pouvoir du général de Gaulle... mais se garde bien de le dire !

Il joue ainsi un rôle essentiel dans le maintien de l'unité des sénateurs gaullistes, en juillet 1949, lorsque Paul Giacobbi, président de l'intergroupe à l'Assemblée nationale, démissionne brutalement de ses fonctions pour protester contre la demande faite par le général de Gaulle à l'ensemble des membres de l'intergroupe d'adhérer au RPF et de respecter les consignes de vote du parti[83]. S'ajoute, enfin, sa très grande mobilisation dans les tournées politiques du RPF : dans le Haut-Rhin, la Meurthe-et-Moselle et les Vosges en 1949[84], dans l'Aisne, les Ardennes, l'Aube, la Marne, l'Oise et la Somme en 1950[85]. *Missus dominicus* du Général, il sillonne en effet le territoire national, afin d'y appuyer les délégués régionaux du parti et d'identifier de futurs candidats.

Lors des législatives de juin 1951, le Général lui demande de diriger la liste RPF en Seine-et-Oise face à la communiste Mathilde Gabriel-Péri, une des premières femmes élues députées. Son ardent militantisme permet, outre son élection, l'entrée de deux autres députés RPF à l'Assemblée nationale (Jean Frugier, adjoint au maire de Garches, et Michel Bernard, secrétaire des syndicats de métaux de Poissy). Élu vice-président de l'Assemblée nationale, il multiplie les interventions sur les questions budgétaires. Opposant farouche à la Communauté européenne du charbon et de l'acier comme à la Communauté européenne de défense, il participe régulièrement aux réunions des grands cadres du parti, ainsi un déjeuner organisé le 15 novembre 1951 avec Barrachin, Palewski, Pompidou, Soustelle et Terrenoire.

Édouard Herriot suggère même son nom à Vincent Auriol pour former un gouvernement, en janvier 1952, afin de « lever l'hypothèque RPF », jugeant Palewski « sans étoffe » et Soustelle « intelligent mais sournois »[86]. En mars 1952, Diethelm s'oppose cependant à l'investiture de Pinay, dénonçant sa volonté de constituer « un gouvernement de techniciens[87] », avant de finalement s'abstenir au moment du vote. Il explique d'ailleurs sa position en revenant au sempiternel débat budgétaire :

> Sur les grandes lignes, oui, M. Pinay est dans la bonne voie, mais suffit-il de poser quelques principes et ne faut-il pas se préoccuper

des moyens de les faire passer dans les réalités ? En un mot, M. Pinay pourra-t-il vaincre les obstacles accumulés sur sa route ? Ces obstacles, qui n'en saisit, dès l'abord, les difficultés ? La chance de M. Pinay ? Ce n'est pas de poursuivre l'exécution de son plan dans le cadre du présent système, car son échec est inévitable, et les cartes qu'il aura tenté de jouer en seront brûlées pour le plus grand malheur de notre pays. C'est bien de comprendre, avant qu'il ne soit trop tard, qu'il lui faut s'évader du système et de la majorité qui l'a élu[88].

Début avril 1952, à l'Assemblée nationale, Pinay évoque d'ailleurs le rapport de Diethelm présenté lors des assises nationales du RPF de juin 1950 pour défendre son budget, ce qui rend ivre de rage l'ancien inspecteur des Finances. Dans ce contexte, sa prise de parole au congrès de Saint-Maur de juillet 1952 prend une tonalité tout à fait différente, de même que sa charge contre le président du Conseil accusé de mener « une déflation, si maladroitement conduite qu'elle a des conséquences à la fois insoutenables et disproportionnées[89] ». Élu président du groupe parlementaire RPF à la suite de la démission de Soustelle, à l'automne 1952, Diethelm joue désormais un rôle central dans la vie du gaullisme, mais il tend aussi à faire le jeu du régime en soutenant la ligne participationniste. Il encourage ainsi l'ancien secrétaire général du parti lors de son tour de piste de Noël 1952 puis vote l'investiture de Mayer en janvier 1953, avant de le faire tomber en mai pour des questions budgétaires.

Le 21 mai 1953, en plein débat à l'Assemblée nationale, il sourit : « Nous ne sommes pas morts puisque nous pouvons encore détruire[90] ! » Le président du groupe parlementaire a donc tous les atours d'un baron. Vincent Auriol lui propose même la présidence du Conseil en mai 1953, mais l'URAS le met en minorité lors du vote interne, se donnant alors à son opposant, le radical-gaulliste Chaban-Delmas. Parvenu au sommet par l'élimination de Soustelle, Diethelm s'est appuyé sur Palewski pour écarter Noël de la présidence du groupe parlementaire en 1952. Toutefois, l'équipe constituée autour de lui a tout d'une armée mexicaine : Pierre de Gaulle et Maurice Lemaire y remplacent les dissidents Edmond Barrachin et Jean Legendre. En outre, le président doit tenir un groupe en train de « s'endormir sur le mol oreiller de la confiance[91] ». Michel Habib-Deloncle, à l'époque secrétaire général du groupe RPF, souligne d'ailleurs l'isolement complet de son président en 1952-1953 : « Il n'y avait pas d'équipe Diethelm, pas de clan Diethelm, ce qui était bien en un sens car il était un dénominateur commun. C'était un solitaire assez peu saisissable[92]. »

Le soutien du groupe RPF à Mayer, en janvier 1953, la réception d'une délégation conduite par Chaban-Delmas et Diethelm à Matignon, en février suivant, sans que le Général en ait été informé préalablement, enfin la santé déclinante du président du groupe minent progressivement son autorité[93]. Le printemps 1953 sonne ainsi son crépuscule, au gré des divisions du groupe gaulliste. Lors de la tentative d'investiture de Reynaud, le 27 mai 1953, trente-sept députés URAS votent pour (dont Chaban-Delmas et Palewski, avec l'abstention de Soustelle) ; le 4 juin, vingt-cinq députés URAS soutiennent encore celle de Pierre Mendès France (parmi lesquels Palewski, avec l'abstention de Chaban-Delmas, Diethelm et Soustelle) ; enfin, le 10 juin, Bidault rate l'investiture à une voix près, malgré le soutien de soixante-quatre députés URAS (dont Chaban-Delmas, Diethelm et Soustelle)[94]. Rebelote le 18 juin 1953, lorsque quarante-deux députés URAS soutiennent le radical André Marie (dont Chaban-Delmas et Diethelm), avant l'élection, le 26 juin, de Joseph Laniel (soutenu par Diethelm, avec l'abstention de Soustelle). Reçu à Colombey-les-Deux-Églises en juin et tancé pour son incapacité à tenir la troupe, Diethelm décide finalement d'abandonner la présidence du groupe parlementaire en juillet.

À l'époque, le président du groupe est par ailleurs dans la tourmente de l'affaire des piastres. En septembre 1949, le général Georges Revers, chef d'état-major de l'armée de Terre, signale en effet l'existence d'un trafic de devises entre Paris et Saïgon, organisé avec la bienveillance des autorités françaises en Indochine. En février 1950, il renouvelle son alerte aux pouvoirs publics en mettant en cause plusieurs personnalités politiques. L'affaire reste d'abord sans suite, mais le 20 novembre 1952, le journaliste Jacques Despuech s'en saisit et publie un article dans *Le Monde* à l'origine du scandale. Il y raconte comment des trafiquants profitent de la différence entre le taux officiel de la piastre (17 francs) et son cours officieux (8-10 francs) pour s'enrichir, le tout dans l'indifférence de l'Office indochinois des changes (OIC), pourtant chargé de surveiller ces transactions.

À l'automne 1952, à la suite de l'article, une commission d'enquête parlementaire est créée et auditionne Alain Bozel, ancien trésorier du parti gaulliste, ainsi que Louis Terrenoire, son secrétaire général. Pour tenir le groupe, agité par la polémique, Diethelm procède à un remaniement interne : Palewski est remercié de sa vice-présidence (ayant, par ailleurs, acquis celle de l'Assemblée nationale), de même que Jacques Furaud, un des représentants de l'aile conservatrice du groupe. Pour les remplacer, Diethelm s'entoure de deux lieutenants : le général Jean Gilliot, camarade de De Gaulle à Saint-Cyr, résistant puis gouverneur militaire de Metz après la guerre, élu député RPF de la Meuse en 1951, et Max Brusset, ancien chef de cabinet de Mandel, résistant, député PRL puis RPF de la Charente depuis 1946. Ils ne sont pas de trop, car le groupe est en ébullition.

La parution d'un livre de Despuech, en mars 1953, aggrave la situation en incriminant la famille de l'empereur Bao Dai, Émile Bollaert, ancien haut-commissaire en Indochine et gaulliste historique, mais aussi Jean Bourgoin, conseiller au Plan à Saïgon et beau-frère de Diethelm. Mis en cause, le président du groupe gaulliste ne nie pas avoir transféré des piastres... mais dit avoir agi pour le RPF, afin de financer la campagne du timbre de 1948 ! Le 8 mai, *L'Observateur* publie d'ailleurs la photocopie d'un document de l'OIC mentionnant une opération d'un montant de 10 millions de francs, effectuée par le sénateur Diethelm en octobre 1949. D'où viennent les fonds ? À quelle hauteur se situent les bénéfices du trafic ? À quoi a servi cet argent ? Le président du groupe RPF est sous le feu des critiques, y compris au sein de son propre camp. Refusant de répondre aux accusations, il invite son groupe à « garder par tous les moyens en notre pouvoir notre cohésion interne[95] ». Les gaullistes serrent suffisamment les rangs pour que Diethelm se voie proposer la présidence du Conseil des ministres en mai 1953, mais Chaban-Delmas convainc ses collègues du danger d'un président mis en cause et potentiellement forcé à la démission sous quelques semaines.

Le 9 juillet 1953, les députés URAS élisent donc Chaban-Delmas à leur présidence - avec Philippe Barrès, Christian Fouchet et Raymond Triboulet comme nouveaux vice-présidents. Courant octobre 1953, le groupe jette ses dernières forces dans la bataille en tentant de discréditer la commission d'enquête, laquelle est alors enlisée en raison du refus de certains témoins, comme Soustelle, de répondre devant elle. Despuech est finalement condamné pour diffamation en novembre 1953, mais quelques semaines plus tard, le 11 janvier 1954, au terme d'une douloureuse et longue maladie, Diethelm s'éteint à son domicile parisien. En janvier 1955, le rapport d'enquête de la commission parlementaire absout finalement Bollaert et Diethelm, indiquant que la quasi-totalité des transferts avaient été réalisés dans la plus pure légalité.

Véritable seigneur du gaullisme, Diethelm est bien un baron lorsqu'il intègre le comité exécutif du RPF et préside ses congrès en 1947-1949 ou lorsqu'il prend la présidence du groupe parlementaire au Conseil de la République en 1948 puis à l'Assemblée nationale en 1952. Trois raisons expliquent cependant l'oubli dans lequel il est plongé depuis sa disparition.

Premièrement, sa maladie, puis sa mort quelques années avant l'avènement de la Cinquième République font qu'il n'a pas marqué de son empreinte l'entièreté de l'aventure gaulliste, contrairement aux six autres barons ou même à Soustelle. Dans l'historiographie, c'est donc un héros de la France Libre, voire pour les plus pointilleux, une figure du gaullisme parlementaire de la Quatrième République, mais ce n'est pas un compagnon de bout en bout.

Deuxièmement, sa compromission dans plusieurs scandales financiers à la fin de sa carrière, notamment dans l'affaire des piastres, a contribué à le marginaliser dans la mémoire du gaullisme. La défense de Diethelm, consistant à reconnaître sa participation au trafic au nom des besoins financiers du RPF, gêne les cadres du parti et son souvenir est donc évoqué de manière évasive dès la fin de la Quatrième République dans les cercles gaullistes.

Troisièmement, son intérêt pour les questions budgétaires et financières, parfois au détriment de la chose politique, l'a enfermé dans le costume du technicien, quand les barons tiennent davantage de celui de tacticiens. Son glissement vers les sujets arides lors des assises et congrès du RPF comme son positionnement lors des débats parlementaires après 1951 expliquent sa mise à l'écart des lieux de décision. Moins habile et moins machiavélique que ses pairs, manipulé par Palewski pour débrancher la candidature de Noël en 1952 puis par Chaban-Delmas qui reprend les rênes du groupe URAS en 1953, Diethelm fait figure de baron effacé par la postérité.

Louis Terrenoire, la voix de gauche du gaullisme

Le troisième baron oublié est Louis Terrenoire. Né le 10 novembre 1908 à Lyon, dans une famille de six enfants, d'un père fabricant de gants et voyageur de commerce (Jean Terrenoire), il suit des études classiques en région lyonnaise puis milite au sein de la Jeunesse catholique à partir de 1926. En 1928, il est recruté comme secrétaire administratif de l'Union Sud-Est de la Confédération française des travailleurs chrétiens (CFTC). En 1930, par l'intermédiaire d'un collègue, Marius Gonin, fondateur des Semaines sociales de France, il devient rédacteur en chef de *La Voix sociale*, le journal de la CFTC Sud-Est. Quelques mois plus tard, il prend des fonctions de rédacteur en chef du *Nouveau journal de Lyon*, un quotidien républicain créé dans l'entre-deux-guerres.

En 1932, il est nommé secrétaire de la rédaction de *L'Aube*, journal d'inspiration chrétienne, lancé par le catholique social Francisque Gay et le syndicaliste Gaston Tessier, secrétaire général de la CFTC. Le 11 juillet 1935, il épouse d'ailleurs la fille de son employeur, Élisabeth Gay, d'où quatre enfants. Nommé rédacteur en chef de *L'Aube* en 1938, il tient une chronique régulière sur la politique extérieure, dénonçant tour à tour l'abandon des républicains espagnols par le gouvernement français et la montée du fascisme et du nazisme en Europe, notamment à la suite des accords de Munich.

Mobilisé dans un régiment d'artillerie en mai 1940, il refuse la défaite et fonde l'hebdomadaire *Temps nouveau* (avec Stanislas Fumet) puis, après sa saisie, *Le Bulletin de la France combattante* (avec Georges Bidault, un camarade de *L'Aube*). En 1943, lorsque Bidault prend la tête du Conseil national de la résistance (CNR), Terrenoire en est nommé secrétaire général. Arrêté par la Gestapo le 10 décembre 1943, relâché puis de nouveau arrêté le 23 mars 1944, il est torturé terriblement, déporté à Dachau, d'où il est finalement libéré par les Alliés le 27 avril 1945.

Redevenu rédacteur en chef de *L'Aube* à la Libération, il se présente aux élections législatives dans l'Orne, sous l'étiquette du Mouvement républicain populaire (MRP) du démocrate-chrétien Bidault. Réélu en juin puis novembre 1946, il devient le co-directeur des *Dernières nouvelles de Paris* en 1947, en tandem avec le résistant Jacques Debû-Bridel. Adhérent du RPF dès sa création, il quitte le MRP le 16 octobre 1947, après l'interdiction de la double appartenance. Il met parallèlement fin à ses fonctions de rédacteur en chef de *L'Aube* et fonde le groupe parlementaire des Républicains populaires indépendants, avec Edmond Michelet, qu'il a connu avant guerre et retrouvé dans l'épreuve de la déportation, afin de s'inscrire dans le sillage politique du général de Gaulle.

Très engagé sur les questions internationales à l'Assemblée nationale, il milite aussi ardemment en faveur du gaullisme, ainsi en interpellant le gouvernement, le 30 juin 1948, sur le rôle du Parti communiste dans l'organisation des grèves de mineurs et dans les violences répétées[96]. En juillet 1949, il est nommé secrétaire général adjoint du RPF, aux côtés de Soustelle, et entre en conséquence au Comité de direction du parti, dans la promotion du général Billotte et de Léon Noël. Il incarne alors la tendance « gauche » du parti, marquée par le catholicisme social et le syndicalisme chrétien. Comme Palewski suit les affaires tunisiennes, avec Fouchet et Perrussel, Terrenoire est chargé de s'occuper des affaires marocaines, en lien avec Paul-Étienne Torre[97]. Deux ans après le discours de Tanger du sultan Mohammed Ben Youssef sur l'indépendance, la situation est en effet explosive, d'autant que le maréchal Alphonse Juin, alors résident général, s'inscrit dans une posture d'opposition frontale avec les mouvements indépendantistes.

Au tournant de l'hiver 1950 et du printemps 1951, Terrenoire s'impose comme un personnage incontournable de la rue de Solférino. Le Général lui confie en effet l'organisation des élections cantonales d'avril 1951[98], aventure dans laquelle il supervise notamment Guichard, envoyé en Corse, puis l'organisation du renouvellement des conseillers nationaux du parti en novembre[99]. La confiance du chef inspire, par mimétisme, celle de son entourage. Ainsi Pompidou, chef de cabinet du Général, qui demande, le 12 novembre 1951, à ce que le renouvellement des délégués régionaux du RPF soit conditionné à l'accord expresse de Terrenoire[100].

En juin 1951, il est candidat à sa réélection à l'Assemblée nationale mais se présente cette fois dans les Côtes-du-Nord, à la demande du Général. La fédération RPF du département est en effet passée de 4 000 adhérents en 1947 à 800 en 1950, raison pour laquelle il est envoyé dans cette terre de mission, afin de combattre René Pleven, alors président du Conseil sortant[101]. Battu par une alliance de ses adversaires, il subit un douloureux revers, abandonnant même ses prétentions aux élections cantonales dans le département. Promu secrétaire général du RPF à la suite de Soustelle, il devient l'observateur scrupuleux des heurs et malheurs du parti gaulliste, s'impliquant notamment dans le règlement des conflits locaux, ainsi la situation de la fédération de la Nièvre en mars 1952[102] (où le pauvre délégué Lespiat fait les frais de la colère du Général[103] !) ou celle de la fédération de la Loire en avril 1953[104].

Ces responsabilités nationales conduisent bien évidemment Terrenoire à prendre la lumière, ainsi à l'occasion des assises nationales du RPF de Nancy, les 23-25 novembre 1951, son premier passage à la tribune d'un congrès gaulliste[105]. À la table d'honneur figurent Kalb et Soustelle, présidents des groupes parlementaires, mais aussi Capitant et Malraux. Il ne renouvelle toutefois pas l'exercice lors des assises nationales du RPF de Paris des 9-11 novembre 1952, lors desquelles il est pourtant à la manœuvre avec Lefranc et Richard. Une demande de Soustelle, épuisé par les critiques de son successeur ? La légende n'est malheureusement pas étayée de sources sûres.

C'est donc Diethelm, nouveau président du groupe parlementaire à l'Assemblée nationale, qui fait un grand discours d'ouverture, auquel répond le général de Gaulle[106]. Une manière de mettre le pied à l'étrier à cet orateur peu brillant et timide, alors qu'il a la charge immense de maintenir la cohésion du groupe parlementaire, quelques mois après l'investiture de Pinay. Dès cette époque, Terrenoire est secondé par Foccart, d'abord pour l'animation du réseau des délégués régionaux et départementaux du RPF, puis pour l'organisation du Conseil national de Saint-Maur-des-Fossés de juillet 1952, où son conseiller de l'ombre suit aussi bien l'accueil et l'hébergement des militants que la mécanique du vote par bulletin secret.

Un agitateur au sein du parti

Pourquoi nommer Terrenoire au secrétariat général du parti ? De Gaulle trouve chez ce chevalier du gaullisme, parti en mission commandée sur ses ordres dans les Côtes-du-Nord, une position peu partagée parmi les autres cadres du RPF. Il n'appartient en effet ni au clan des jusqu'au-boutistes de Soustelle, qui veulent la république gaullienne sans compromission, ni au clan des participationnistes de Chaban-Delmas, Frey ou Palewski, qui veulent renverser le régime en le noyautant de l'intérieur.

D'ailleurs, Terrenoire n'est pas à un dilemme près. Militant ardent d'un rapprochement entre le MRP et le RPF, comme Jean-Paul Palewski en son temps, ce qu'il justifie par une communion d'idées, il se désole des points d'achoppement sur la construction européenne et la Communauté européenne de défense, au point d'être l'un des critiques les plus sévères de son ancienne famille politique lors des assises et conseils du parti gaulliste. Au moment de l'élection de Pinay, en mars 1952, le Général le tient à l'écart, se méfiant de son passé parlementaire[107], mais Terrenoire retrouve grâce à ses yeux en s'opposant au tour de piste de Soustelle à Noël 1952 (comme Chaban-Delmas, Koenig et Pompidou). Au fond, il lui semble d'un autre bois que les Diethelm et Frey, si enthousiastes à l'idée d'un gouvernement dirigé par un gaulliste.

Dans les mois suivants, Terrenoire sera pourtant un des liquidateurs du RPF, critiquant Diethelm et Soustelle à tout-va, encourageant le Général à rendre leur liberté aux parlementaires gaullistes en mai 1953 et à prendre du champ avec un parti en déshérence, pour ne pas mêler son nom à la participation de parlementaires RPF aux gouvernements de la Quatrième République. Il saisit rapidement l'utilité de ce positionnement et mène la chasse aux délégués et parlementaires démissionnaires suite à la crise interne de 1952[108]. Lors d'une réunion d'information du RPF à Fribourg, en zone d'occupation française en Allemagne, le 8 mai 1953, il enfonce le clou, en dénonçant les traîtres à l'esprit du gaullisme, « partis à la soupe[109] ».

La défaite du RPF aux municipales d'avril-mai 1953 affaiblit cependant le secrétaire général, jugé responsable de la situation. Nommé secrétaire général adjoint en novembre, Foccart le supplante alors progressivement, le poussant même à la démission en décembre 1954. Terrenoire abandonne ainsi la maison du gaullisme à une nouvelle génération de cadres, celle des barons (Chaban-Delmas, Foccart, Frey, Guichard). De Chaban-Delmas, nouveau président du groupe parlementaire puis du parti gaulliste (URAS, CNRS), Terrenoire critiquera, avec amertume, le « tacticien inlassable[110] », dans le pur esprit des participationnistes.

Écarté des affaires, il ne prend pas part aux législatives de 1956 et ne participe pas non plus à l'agitation des réseaux gaullistes en mai 1958. Nommé directeur des informations et du journal parlé de l'ORTF en juillet, grâce à l'intervention de Soustelle, ministre de l'Information, il revient péniblement sur le devant de la scène et obtient un siège de député de l'Orne lors des législatives de novembre. À la suite des soubresauts du groupe parlementaire UNR, présidé par Raymond Triboulet de décembre 1958 à janvier 1959 puis par Maurice Bayrou de janvier à avril 1959, il s'impose comme un recours évident[111]. Son expérience d'ancien député et secrétaire général du RPF, autant que sa tendance conciliatrice entre aile gauche, démocrates-chrétiens et gaullistes orthodoxes, le conduisent à la présidence du groupe de mai 1959 à février 1960[112]. Il y rivalise d'intelligence et de stratégie, présidant avec une « habileté procédurière[113] » la très houleuse réunion du groupe du 13 octobre 1959, lors de laquelle le Premier ministre est tancé sur la question de l'autodétermination algérienne. Derrière Delbecque, « seuls » neuf députés UNR quittent finalement la majorité présidentielle au lendemain de la séquence, ce qui relève de l'exploit !

Élu maire de Céaucé, dans l'Orne, en mars 1959, Terrenoire entre dans le gouvernement de Debré comme ministre de l'Information, de février 1960 à août 1961, puis comme ministre chargé des Relations avec le Parlement, d'août 1961 à avril 1962. Il fait ainsi office de porte-parole du Général pendant la guerre d'Algérie. Promu secrétaire général de l'UNR en mai 1962, dans une époque de réconciliation des deux ailes du gaullisme, il incarne une voie de rassemblement. Il concourt d'ailleurs au retour de Capitant, Debû-Bridel et Vallon dans la famille gaulliste, eux qui avaient pris leurs distances en raison de divergences avec le clan soustellien et les ultras de l'Algérie française.

C'est l'« âge d'or[114] » de Terrenoire, ancien ministre et président du groupe parlementaire, désormais chef incontesté du parti, invité régulier des déjeuners des barons (notamment chez Chaban-Delmas, à la présidence de l'Assemblée nationale) mais encore maître d'œuvre lors de la préparation des élections législatives de novembre 1962, en tandem avec Debré, pourtant récemment remercié de Matignon. Malgré la victoire de l'UNR-UDT aux législatives, Terrenoire est l'homme d'un autre temps et les cadres du parti provoquent donc son remplacement par Jacques Baumel, en décembre. Le nouveau secrétaire général entend faire évoluer le mouvement d'un « club de compagnons[115] » à un parti politique moderne. C'est une déconvenue sévère pour Terrenoire, écarté par la jeune garde du gaullisme.

Siégeant avec les gaullistes de gauche à l'Assemblée nationale, il est réélu en mars 1967 et juin 1968, mais l'arrivée de Georges

Pompidou à Matignon puis à l'Élysée le mettent progressivement sur la touche. Son fils témoigne ainsi :

> Cela n'a pas été si facile que cela car la famille Terrenoire n'a jamais eu des relations très étroites avec Georges Pompidou. Je pense que mon père a dû avoir, sans que ce soit forcément exprimé, un différend avec Pompidou. Déjà l'environnement de Pompidou lui était défavorable car mon père, comme secrétaire général du RPF, avais pris comme premier chef de cabinet Pierre Juillet [plus tard conseiller politique de Pompidou]. Or mon père le trouvait tellement paresseux qu'il s'en était débarrassé et l'autre en avait été vexé[116].

Partisan de l'ordre et du progrès, Terrenoire croit voir dans les événements de mai 1968 l'occasion de réaliser le vieux rêve gaulliste de la participation. Le 21 mai, il explique ainsi à certains collègues du groupe gaulliste :

> Le devoir d'un parlementaire gaulliste se fonde sur deux exigences. La première est d'appuyer le gouvernement de la République pour que l'ordre soit maintenu et là où flotte l'emblème de l'anarchie, le rétablir. La seconde est d'exiger du pouvoir qu'il poursuive avec audace les mutations indispensables à notre temps en généralisant la participation[117].

Peine perdue, l'échec du référendum d'avril 1969 finit de l'écarter du pouvoir. Membre de l'Assemblée consultative de la Communauté économique européenne de 1963 à 1973, par ailleurs vice-président de celle-ci de 1967 à 1973, il revient toutefois dans les instances de l'UDR après le coup de force des barons aux assises de Nantes de novembre 1973, comme délégué adjoint aux questions internationales (auprès de Michel Habib-Deloncle, un proche de Chalandon). La période voit surtout l'ascension politique de son fils, Alain Terrenoire, élu député UD-V^{e} en 1967, réélu en 1968 et 1973, plus jeune député de l'Assemblée nationale. Proche d'Yvon Bourges, il siège avec les gaullistes de gauche et fréquente le club Nouvelle frontière de Jean Charbonnel, « tête chercheuse des gaullistes dans la haute administration française et source d'idées innovantes sur les questions politiques, économiques et sociales[118] ».

Soutien fidèle de Chaban-Delmas pendant la présidentielle de 1974, Terrenoire « père » s'élève, en février 1976, contre l'élection du Parlement européen au suffrage universel. Avec Charbonnel et Grandval, il mène ainsi une fronde contre le projet de Chirac et Giscard d'Estaing au nom d'une certaine vision de l'Europe gaulliste[119]. À titre d'apaisement, Chirac lui offre une place dans les instances dirigeantes du RPR en décembre 1977, mais l'ancien secrétaire général joue encore les trouble-fêtes en mars 1978, en téléguidant une tribune sur l'esprit européen du Général, appelant à voter pour « des candidats qui se réclament de l'héritage gaulliste, sans distinction d'appartenance à un parti ou à un mouvement, mais dans l'esprit de rassemblement autour de la France qui était celui du général de Gaulle[120] ». Pour l'occasion, il réunit Geneviève de Gaulle-Anthonioz, nièce du Général, son vieux compère Edmond Michelet, mais aussi le général Gallois, Pierre Lefranc, enfin Albert Marcenet, animateur des comités ouvriers gaullistes.

Par la suite, il participe à l'aventure de la Fédération des républicains de progrès (FRP) de Charbonnel, en mai 1979, club des exilés du RPR, où se retrouvent Debû-Bridel, Hamon, Vallon, dans une forme de gaullisme d'opposition. Il signe d'ailleurs la lettre de neuf anciens secrétaires généraux des partis gaullistes à Chirac, en juin 1979, pour dénoncer l'ambiguïté du RPR dans la majorité présidentielle. Rallié à la candidature de Debré dès le 22 décembre 1980, il y retrouve la plupart des barons (sauf Foccart). Son opposition féroce à Chirac ne l'empêche cependant pas de réintégrer les instances dirigeantes du RPR, en novembre 1984, lorsque l'ancien Premier ministre fait membre de droit du comité central l'ensemble des anciens secrétaires généraux (Bord, Chalandon, Devaquet, Frey, Guéna, Monod, Poujade, Terrenoire).

Le 10 novembre 1992, il rend finalement son dernier soupir, au terme d'un parcours marqué par la fidélité au général de Gaulle, la volonté permanente de dépasser les clivages et le refus de la droitisation de la famille gaulliste. Son opposition à Pompidou puis

Chirac explique sa marginalisation de la vie politique du gaullisme entre 1962 et 1992. Contrairement à Soustelle et Diethelm, effacés de la mémoire du gaullisme le premier pour ses positions en faveur de l'Algérie française, le second en raison d'un scandale financier, Terrenoire est plutôt un baron dont l'image s'est progressivement ternie, peut-être justement en raison de son positionnement au cœur du combat pour l'indépendance de l'Algérie et de son compagnonnage avec l'aile minoritaire des gaullistes de gauche[121].

Dans l'écriture de l'histoire du gaullisme, le dossier algérien est donc un censeur politique pour de nombreuses figures, qu'elles aient été favorables ou opposées à l'indépendance des anciens départements français. D'une certaine manière, cette mise à l'écart s'apparente au traitement de Foccart ou Guichard, compromis par leur participation au retour au pouvoir de mai 1958 et donc écartés temporairement des ors de la république gaullienne.

*

Diethelm, Soustelle, Terrenoire apparaissent ainsi, à un moment donné, comme de véritables barons du gaullisme : ils ont été des personnages centraux dans l'ascension du général de Gaulle et ont exercé, à ses côtés, des fonctions de dirigeants du groupe parlementaire ou du parti. Toutefois, tant leurs choix personnels que politiques les ont tenus à l'écart du club de Chaban-Delmas, Debré, Foccart, Frey, Guichard et Palewski, et les ont plongés dans une forme d'oubli de la mémoire gaulliste, voire leur ont fait perdre cette qualité, à l'image de la déchéance de Soustelle.

D'autres personnalités politiques ont eu, à un moment de l'histoire du RPF, la même possibilité de devenir des grands seigneurs du gaullisme. Certains ont été écartés de l'aventure en raison de choix malheureux, à l'image du colonel Rémy, héros de la France Libre, membre fondateur du RPF, mais mis sur la touche après ses propos déplacés sur Pétain en 1950[122]. D'autres ont tenté de s'imposer, sans succès, comme l'ambassadeur Léon Noël[123], écarté par Palewski mais devenu président du Conseil constitutionnel en 1959, ou le général Pierre Koenig, candidat potentiel lors de l'élection à la présidence du groupe RPF en 1952 et de l'élection présidentielle de 1953. Il serait futile de chercher à dire si, n'étant pas barons, ces hommes étaient néanmoins des comtes ou ducs du gaullisme. Certains, enfin, ont d'eux-mêmes pris leurs distances avec le gaullisme, perdant *de facto* la capacité d'en être des animateurs et des barons, comme Louis-Pasteur Vallery-Radot, que Pompidou qualifie de « dessus de cheminée[124] » (*sic*), membre fondateur du RPF en 1947, député démissionnaire en 1952, nommé au Conseil constitutionnel par Chaban-Delmas en 1959 et membre du Haut Tribunal militaire en 1961[125].

Ces quelques parcours, emblématiques sans être exhaustifs de l'ensemble du personnel politique du gaullisme, témoignent ainsi de la difficulté à définir précisément le cercle des barons, s'agissant notamment de personnalités qui s'y apparentent, sans pour autant y appartenir, à commencer par les anciens Premiers ministres de la période.

CHAPITRE 8

Premiers ministres et barons

Il n'est pas anodin de retrouver deux Premiers ministres dans la liste des barons (Chaban-Delmas et Debré), tant d'une part leur place dans l'écosystème gaulliste les rend indispensables à l'exercice du pouvoir, et tant d'autre part ces fonctions prestigieuses permettent à leur détenteur d'organiser les réseaux et partis de la majorité.

Dès lors, la question du rapport des trois autres Premiers ministres de la période, Georges Pompidou (1962-1968), Maurice Couve de Murville (1968-1969) et Pierre Messmer (1972-1974), au cercle des barons se pose. En ont-ils été des compagnons de route, adoubés avant leur entrée en fonction ou, au contraire, en ont-ils été des adversaires, résolus à imposer leur loi à ce cénacle ? Auquel cas, les barons ont-ils fait front commun face à cet ennemi désigné ?

Le lecteur attentif aura noté que l'un d'entre eux, Pompidou, a été un acteur central de l'aventure du Rassemblement du peuple français (RPF) puis un invité régulier du cercle des barons. Cette relation a cependant nécessairement changé avec son accession à Matignon en 1962 puis à l'Élysée en 1974.

Georges Pompidou, l'Auvergnat

Georges Pompidou est né le 5 juillet 1911 à Montboudif, dans le Cantal, de parents instituteurs descendant de vieilles familles paysannes. Après une scolarité brillante à Albi, il fait ses classes préparatoires à Toulouse puis Paris, où il a pour camarade d'études Aimé Césaire et Léopold Sédar Senghor. Suivant le parcours de son père, élu conseiller municipal socialiste à Albi en 1929, il milite au sein de la Ligue d'action universitaire républicaine et socialiste (LAURS), que fréquentent d'autres futurs gaullistes comme Maurice Schumann ou Jacques Soustelle[1].

Entré à l'École normale supérieure en 1931, reçu premier à l'agrégation de lettres en 1934, il épouse Claude Cahour, fille d'un médecin et petite-fille d'un avocat, ancien maire de Château-Gontier, dans la Mayenne, en 1935. Après avoir fait son service militaire au sein du 92e régiment d'infanterie, il enseigne le français, le latin et le grec au lycée Saint-Charles de Marseille puis est nommé au lycée Henri-IV, à Paris, pour y préparer les candidats à l'École coloniale, dans leur épreuve de lettres supérieures.

Mobilisé au sein du 141e régiment d'infanterie alpine en mai 1940, il est nommé officier de renseignement en raison de sa bonne maîtrise de l'allemand. Démobilisé, il se consacre à nouveau à l'enseignement au lycée Henri-IV mais, contrairement à la plupart des futurs cadres du gaullisme, il ne participe pas à la Résistance. En septembre 1944, par l'intermédiaire d'un ami, René Brouillet (alors adjoint de Palewski), il intègre le cabinet du général de Gaulle, président du Gouvernement provisoire de la République française (GPRF), comme chargé de mission pour les questions relevant de l'Éducation nationale.

Il témoigne quelques années plus tard de cette première entrée en gaullisme :

> Qui n'a pas connu cette époque ne peut imaginer ce qu'était le général de Gaulle aux yeux de ceux qui l'approchaient pour la première fois. Jusqu'alors, il était une voix qui, à la radio, disait la France. Il apparaissait comme un être de légende, un héros mythique, un personnage hors de l'ordre commun. Et tout à coup, l'image se matérialisait, d'un homme au physique étrange, trop grand avec une tête mal proportionnée à son corps, vêtu d'un uniforme de général de brigade en opérations, montant d'un pas maladroit les marches qui conduisaient à son bureau, en jetant autour de lui un regard altier. Chacun sur son passage se figeait dans une sorte de garde-à-vous, mais en baissant les yeux pour ne pas voir celui qui ne devait pas être vu, parce qu'il n'appartenait pas au monde des humains[2].

Lors de son passage au GPRF, Pompidou fréquente toute une génération de jeunes gaullistes, notamment les membres du cabinet civil du Général : Jean-Marc Boegner, Étienne Burin des Roziers, Michel Debré, Jean Donnedieu de Vabres, Claude Mauriac, Louis Vallon, etc. Palewski, en chef d'orchestre et maître des questions politiques, s'entoure rapidement de Debré et Pompidou pour suivre les dossiers les plus sensibles. Un troisième personnage complète, à l'époque, la petite équipe de Palewski : Henri Monnet. Né à Montluçon en 1896, petit-fils d'un député puis sénateur de l'Allier et frère d'un ministre de Léon Blum et Camille Chautemps, il travaille d'abord dans la banque, puis sert brièvement au cabinet de Georges Mandel, ministre des Colonies (avec Diethelm) et résiste ensuite pendant la guerre dans l'Armagnac. Recommandé par le général Corniglion-Molinier, il sert comme chargé de mission au cabinet du Général, suivant la question du devenir des Forces françaises de l'intérieur (FFI) puis la préparation des élections de l'Assemblée constituante. Lui-même candidat malheureux aux législatives dans les Landes, il est élu aux sénatoriales de décembre 1946 et siège alors au sein du groupe du Rassemblement des gauches républicaines (RGR). Président de l'intergroupe d'Action pour une vraie démocratie, premier intergroupe gaulliste du Conseil de la République, il préside alors au gaullisme parlementaire en février 1948 mais, battu aux sénatoriales de novembre suivant, il cède la place à Pierre de Gaulle, président du premier intergroupe RPF. Par la suite associé de Frey dans le financement du RPF, il siège au Conseil constitutionnel de 1965 à 1974, au titre des membres nommés par Chaban-Delmas. Debré comme Pompidou n'oublieront pas ce jeune compagnon des années du GPRF.

Après le départ du pouvoir du Général, en janvier 1946, Pompidou se fait nommer maître des requêtes au Conseil d'État et va « travailloter[3] » au Commissariat général au Tourisme. Il sert alors d'adjoint au préfet Henry Ingrand, qui lui laisse une totale liberté dans l'aménagement de son agenda. Sur la recommandation de Donnedieu de Vabres, connu au GPRF, il est nommé trésorier puis secrétaire général de la Fondation Anne-de-Gaulle, du nom de la petite fille handicapée de l'ancien chef de la France Libre, ce qui le rapproche du Général et de son épouse. Avec la création du RPF, en avril 1947, il participe à diverses initiatives, comme le Comité national d'études de Palewski, dont il est à la fois l'ordonnateur et la plume. Il est également nommé chef de cabinet du Général en avril 1948, sur la recommandation de Palewski. Dès l'époque, il est ainsi un homme au cœur des cercles du gaullisme, au point que Palewski lui écrit le 31 décembre 1949 :

> Chaque jour, je me réjouis de penser que vous êtes au poste dans lequel vous vous êtes imposé aux yeux de tous et surtout de celui qui seul compte pour nous et pour le pays. [...] Vous avez fait maintenant vos preuves d'efficace dévouement, et le petit groupe, si réduit, des premiers jours se serre pour vous accueillir et vous faire place[4].

Palewski ne pensait pourtant pas la même chose, quelques années auparavant, lorsqu'il était son supérieur hiérarchique au sein du GPRF, ce qui montre la place progressivement prise par le jeune normalien dans l'organisation interne du RPF :

> Au début, il nous donnait un peu l'impression de sentir le roussi. Ses petites notes, fort bien rédigées, mais marquées d'une sorte d'impertinence désinvolte, reflétaient l'esprit déjà frondeur de l'Université. Le général de Gaulle les lisait avec un froncement de sourcils mêlé d'indulgence[5].

La première reconnaissance du rôle de Pompidou au sein du RPF date en tout cas du 7 octobre 1948, lorsque le Général le charge de désigner les futurs membres du Conseil national du parti[6]. C'est une entaille sérieuse au précarré de Soustelle, pourtant secrétaire général. Leurs relations s'en trouvent affectées pour plusieurs mois. Les fonctions de chef de cabinet de Pompidou lui confèrent alors bien sûr l'organisation de l'agenda et de la correspondance, mais aussi le rôle d'honorable correspondant des différents responsables du RPF, ainsi Yvon Morandat, qui lui fait remonter un certain nombre de requêtes de l'Action ouvrière en 1949-1950[7].

À l'automne 1950, Pompidou est chargé de suivre la question des finances du parti gaulliste (avec Foccart et Frey), ce qui aggrave encore davantage les relations déjà tendues avec Soustelle. Le général de Gaulle lui demande notamment de s'intéresser aux activités de l'UPANG, aux mains de la sénatrice Éboué-Tell[8]. En 1951, Pompidou est encore à la manœuvre lors de la campagne de la carte, qui permet de récolter 438 000 francs pour financer les candidatures gaullistes aux élections législatives[9]. Sous la présidence de Malraux, le comité réunit notamment Fouchet, Guy et Lefranc, ce qu'il convient d'appeler à l'époque l'« écurie Pompidou », à comparer aux clans de Palewski ou Soustelle.

Sa notoriété est telle que lors du conseil de direction du RPF du 7 décembre 1950, organisé par Soustelle en l'absence du Général, Capitant et Vallon encouragent le jeune normalien à se présenter aux élections législatives dans le Cantal[10]. Refus net de l'intéressé, qui n'exclut pour autant pas l'hypothèse d'une candidature aux prochaines sénatoriales, prévues en juin 1955. Cependant, malgré son rôle central, Pompidou n'est pas membre du parti gaulliste, ce qui suscite l'animosité des plus anciens. René Trotabas, un camarade de banc de la rue d'Ulm, chef de cabinet de Soustelle au ministère de l'Information, à l'origine de sa mise en relation avec Brouillet en 1944, lui confie ainsi : « Tu n'es pas bien vu de tout le monde au RPF. Rue de Solférino, il y a deux camps : les uns se demandent s'il faut te tuer tout de suite, les autres pensent qu'il faudra le faire plus tard[11]. »

Pompidou est donc un homme au cœur et en même temps en dehors du système. Fait notable, son bureau ne se situe d'ailleurs pas rue de Solférino, mais rue de l'Université, à quelques pas de là, dans des locaux partagés avec Foccart (qui y accueille les équipes de sa *Lettre à l'Union française*) et Mauriac (qui y anime le journal gaulliste *Liberté de l'esprit*)[12]. « Gaulliste de troisième type[13] », « totalement fidèle, mais un peu sceptique, loyal, mais travaillant en coulisses, prudent conseiller du prince[14] », il quitte le RPF pour la banque Rothschild en mai 1953. Moins connu est le rôle de Debré dans cette affaire, qui, par l'intermédiaire d'Alix de Rothschild, le recommande pour remplacer René Fillon, qui souhaite en effet se présenter aux élections sénatoriales[15].

Tout en se tenant à l'écart de la vie du gaullisme, Pompidou rencontre régulièrement le Général entre 1953 et 1958[16], prêtant main-forte aux initiatives de ses proches. Guichard, qui a pris sa suite comme chef de cabinet, ne milite-t-il d'ailleurs pas pour qu'il revienne formellement dans l'organisation du gaullisme afin de préparer l'éventualité d'un retour au pouvoir ? La posture de Pompidou en avril-mai 1958 a néanmoins de quoi agacer les barons. À Debré et Frey, avec qui il déjeune à la brasserie Lipp le 14 mai, en pleine crise algérienne, il confie, circonspect : « J'espère que, ni l'un, ni l'autre, vous n'appartenez à cette race de fous qui travaillent au retour du Général. On peut le regretter, mais je vous dis qu'il ne reviendra pas[17]. »

Qu'importent ses hésitations initiales, Pompidou est appelé comme directeur de cabinet du général de Gaulle à la présidence du Conseil des ministres début juin 1958. Il y joue alors la fidélité au camp gaulliste au cours des mois suivants, en s'entourant de Foccart et Guichard à Matignon, auxquels il confie le suivi du parti et des législatives, en soutenant la candidature de Frey à la tête du parti et de Chaban-Delmas à la présidence de l'Assemblée nationale, enfin en recommandant Debré à Matignon. Sur le départ en février 1959, à la suite de sa nomination au Conseil constitutionnel, il prend de nouveau du champ avec la vie du gaullisme. Il reste un marginal. Chaban-Delmas, dans ses *Mémoires pour demain*, écrit d'ailleurs : « Il n'était pas des nôtres, je l'ai dit. Il ne faisait pas partie de la famille gaulliste dont j'étais mais venait d'une autre branche de l'arbre généalogique[18]. »

Éloigné de la vie quotidienne du pouvoir, Pompidou ne se prive pas pour autant d'intervenir dans les affaires du parti, ainsi en écrivant à Debré, Premier ministre, le 26 janvier 1961, pour lui proposer une architecture gouvernementale :

> Non, vous n'êtes pas tout à fait seul. Vous avez de vrais amis. [...] Vous pouvez compter sur Lefranc et surtout sur Foccart. Il est sûr, il est loyal, il est efficace et bon camarade.
> Je vais prendre mon bâton de pèlerin : [...] poussez Roger Frey à prendre la présidence de l'UNR. À ce moment, remplacez-le par

Michelet, mettez Foyer place Vendôme, Jacquinot à la Communauté, gardez Chatenet à l'Intérieur, mettez Delouvrier à l'Éducation nationale, prenez près de vous des secrétaires d'État UNR[19].

Les barons sont néanmoins très surpris, en avril 1962, lorsque le Général le choisit pour succéder à Debré à Matignon, comme en témoigne Chaban-Delmas :

> Ce choix nous a surpris. Pompidou débarquait d'un autre univers, la banque, la voie de passage inhabituelle pour un homme appelé à exercer des responsabilités politiques supérieures. Autant dire un Martien. Nous savions peu de choses sur lui, sinon qu'il s'était beaucoup dépensé pour la Fondation des enfants trisomiques à laquelle Mme de Gaulle et le Général attachaient un grand prix. Le personnage était bonhomme, habile, travailleur, doué d'une intelligence forte, qui n'avait d'égale que sa culture normalienne[20].

Pompidou est donc un homme inattendu au printemps 1962, ce qui explique l'inquiétude de Jean Legendre sur l'avènement d'un « règne des barons[21] », marionnettistes de coulisses d'un régime dont il ne serait que le visage. Pour légitimer sa prise de pouvoir, le nouveau Premier ministre fait en conséquence appel à des personnalités historiques du gaullisme, parmi lesquels deux figures de la guerre (Palewski et Schumann), tout en ouvrant le gouvernement à l'aile gauche du gaullisme (Grandval et Gorse).

La décennie pompidolienne

Marqué par la polémique sur l'Europe intégrée et le procès des putschistes d'Alger, lors duquel il met dans la balance sa démission pour sauver le général Jouhaud, Pompidou conduit sans trembler le référendum sur l'élection du président de la République au suffrage universel, affrontant l'accusation de forfaiture de Monnerville, président du Sénat. Après la dissolution de l'Assemblée nationale et l'organisation de nouvelles élections législatives en novembre 1962, la majorité gaulliste sort renforcée du scrutin, c'est pourquoi Pompidou forme un nouveau gouvernement, dans une configuration quasi identique. Il dispose désormais d'une légitimité renforcée face aux barons et dans sa conduite des affaires nationales.

Le Premier ministre mène alors une politique d'aménagement du territoire (avec la création de la Datar, confiée à Guichard, et la mission Racine sur le littoral en 1963) et d'innovation (construction de l'aéroport de Paris-Nord, création des villes nouvelles, lancement du satellite Astérix, mise en chantier du réseau autoroutier). C'est l'homme du changement et du progrès. Quant au cercle des barons, Pompidou en devient l'invité régulier, pour ne pas dire systématique. Le journaliste Pierre Rouannet note ainsi :

> Alors persiste entre eux tous une entente tacite. Les déjeuners continuent comme au temps où M. Pompidou n'apparaissait pas encore forcément comme le n° 1 bis. Déjeuners d'autant plus cordiaux que le Premier ministre, homme social et bien élevé, ne fait pas peser sa supériorité du moment. Il la sait révocable. Il sait qu'elle est liée au fait que le général de Gaulle l'a choisi pour collaborateur privilégié, qu'il pourrait être à la place d'un autre à cette même table. Finalement, c'est le destin[22].

Face aux hésitations du Général dans la perspective de l'élection présidentielle de 1965, le Premier ministre s'interroge sur sa capacité à servir de recours compte tenu de ses responsabilités nationales. Interrogé par le journaliste Jacques Delile, le 5 novembre 1964, il se refuse pourtant à y penser :

> Monsieur Delile, il se trouve que j'ai le bonheur d'avoir encore mon père et je ne me suis jamais posé la question – et je ne lui ai jamais posé la question – de ce que j'aurai à faire de sa succession. Eh bien, en matière politique, c'est la même chose, je ne me pose pas la question. Il y a un président de la République. Sa succession n'est pas ouverte[23].

Pompidou envoie cependant Guichard sonder Debré à Noël 1964, afin de prendre la température du cercle des barons sur l'hypothèse de sa candidature. L'accueil est glacial. De quel droit serait-il le dauphin ? Invité du dîner de juin 1965, avec Malraux et Palewski, il prend conscience de la volonté du Général de se présenter au scrutin, ce qui entame leurs rapports[24]. Son heure n'est pas encore venue. La progression de la gauche lors des cantonales de mars 1964 et des sénatoriales de septembre 1965, de même que la mise en ballotage du Général lors de la présidentielle de décembre face à Mitterrand tendent à prouver que le gaullisme ne parle plus à la gauche française. Le président de la République y voit l'hostilité de son Premier ministre et des grands patrons à mettre en œuvre sa réforme de la participation. C'est la faute de Pompidou ! En janvier 1966, le Premier ministre sortant est cependant reconduit dans ses fonctions - en sabordant les centristes de Valéry Giscard d'Estaing, accusés de tous les maux libéraux, et en renouant avec Debré, envoyé rue de Rivoli, et le gaullisme orthodoxe. L'époque est au retrait de la France du commandement intégré de l'OTAN (mars 1966) et au lancement du premier sous-marin nucléaire (mars 1967), mais les appétits de ses opposants sont féroces.

À l'instigation de ses conseillers Guichard et Juillet, Pompidou s'impose en chef de la majorité présidentielle et se présente lui-même aux législatives de mars 1967, dans le Cantal. Pour couper court aux manœuvres des barons, il crée un Comité d'action pour la Cinquième République, afin de désigner les candidats dans les circonscriptions, parmi le maquis des clubs, mouvements et partis associés au général de Gaulle. Face à Foccart, « super-baron » des campagnes législatives, ayant « tendance à considérer Pompidou comme ne faisant pas partie de la bande », le Premier ministre décide de renforcer ses troupes et de superviser personnellement les désignations[25]. Une génération de « jeunes loups » est ainsi envoyée au combat sous les couleurs pompidoliennes : Jean Charbonnel, Jacques Chirac, Jean-Pierre Dannaud, Pierre Mazeaud, Bernard Pons et Robert Poujade.

Fragilisé par sa victoire relative aux législatives, Pompidou sauve néanmoins sa place faute d'adversaire suffisamment farouche - Couve de Murville, que le Général envisageait sérieusement pour Matignon, a en effet été battu à Paris[26]. Il n'empêche que le Premier ministre accroît sa mainmise sur le parti, rebaptisé Union des démocrates pour la Cinquième République (UD-Ve) lors des assises de Lille des 24-26 novembre 1967. Pour désigner le successeur de Baumel, aux commandes depuis cinq ans, Pompidou signe en effet un « *gentlemen's agreement* » avec les barons en choisissant Robert Poujade, jeune député de la Côte-d'Or, un candidat susceptible « de ne pas laisser trop d'autonomie à la rue de Lille[27] », ce qui convient bien aux deux parties. Chaban-Delmas et Frey, eux, auraient aimé voir reconduit l'ancien secrétaire général, jugé moins favorable à Pompidou. Soit. Le message est clair : Pompidou n'est plus un novice en politique, mais les barons ne le laisseront pas, comme en 1965, se rêver en successeur du Général.

Mis en difficulté par la démission fracassante d'Edgard Pisani, son ministre de l'Équipement et du Logement, Pompidou est au cœur de la crise de mai 1968. Tenu à l'écart de la décision du Général de se rendre à Baden-Baden, il mène avec succès les accords de Grenelle mais prône la dissolution de l'Assemblée nationale pour provoquer un sursaut politique. C'est une victoire. Une vague gaulliste déferle sur le palais Bourbon. Pompidou, meurtri, attend toutefois une preuve d'amour de son chef. Il fait donc savoir sa fatigue, ses hésitations, laissant au président de la République l'opportunité de lui nommer un successeur : Couve de Murville[28]. Apprenant la nouvelle, Pompidou se ravise, mais il est trop tard. Le Général a déjà proposé son poste[29]. C'est le début d'une traversée du désert.

En retrait de la République, l'ancien Premier ministre est sali dans le cadre de l'affaire Marković, à l'automne 1968, certaines rumeurs circulant sur la participation de son épouse à des parties fines[30]. Blessé de n'en avoir été averti par personne, ni l'Élysée, ni Matignon, ni le garde des Sceaux (son adversaire, Capitant), ni même les barons, il est un homme en colère. En janvier 1969, en voyage à Rome, il annonce à un journaliste se tenir prêt à être candidat à une prochaine élection présidentielle, en cas de départ du Général. C'est un petit séisme politique. Les barons lui tiennent rigueur de cette déclaration, qu'ils perçoivent comme une invitation à mettre en échec le référendum gaulliste sur la participation d'avril 1969.

Réuni par Amaury, le déjeuner des barons du 5 février 1969 est ainsi l'objet d'une explication musclée (Chaban-Delmas, Foccart, Frey, Guichard, Michelet). Malgré le décès de son père, Pompidou tient à être présent, comme en témoignage Foccart : « Il avait estimé qu'il devait se trouver parmi nous. Il a parlé de son contact avec le Saint-Père et de l'assurance par ce dernier que sa politique à lui, Pompidou, serait particulièrement suivie[31]. »

Ulcérés par la situation, Debré et Foccart s'entendent pour mener une « conjuration des barons[32] ». Avec le concours de Malraux, ils mettent la pression sur Pompidou pour qu'il annonce que si le « non » l'emporte au référendum d'avril 1969, il ne se présentera pas à la succession du Général. C'est un échec. Le 29 avril, Pompidou annonce en effet sa candidature à l'élection présidentielle, obtenant le ralliement unanime des barons, en tête desquels Chaban-Delmas, désormais convaincus qu'il est l'homme de la situation. Il est finalement élu président de la République le 15 juin, face à Alain Poher, président par intérim.

Dans la foulée, Pompidou appelle Chaban-Delmas à Matignon, afin de s'assurer du soutien des barons, mais des divergences de vues séparent rapidement les deux hommes, notamment autour de la question de la Nouvelle société. Juillet et Garaud alimentent en outre l'animosité du Président à l'égard de son Premier ministre, de même que Foccart et Guichard. La rupture est donc inévitable. Pourtant, le président de la République a tenu à soigner sa relation aux barons : Debré et Frey, membres du gouvernement, sont ministres d'État, tandis que Foccart est maintenu dans ses fonctions élyséennes, avec une confiance absolue. Au fond, Guichard est certainement le moins bien loti à l'Éducation nationale, ceci malgré son compagnonnage historique avec le nouvel occupant du palais de l'Élysée.

La relation est, de toute manière, souvent compliquée entre Pompidou et les barons. Ainsi, en avril 1970, Chaban-Delmas intervient aux assises de l'Union des Jeunes pour le Progrès (UJP), à Royan, y appelant à l'élargissement de la majorité présidentielle, alors que le parti et son secrétaire général (Robert Poujade) tendent plutôt à faire tenir la forteresse gaulliste sur ses seules bases. Le début de la rupture Chaban-Delmas-Pompidou date ainsi certainement de janvier 1971, lorsque le président de la République soutient l'accession de René Tomasini au secrétariat général de l'UDR, malgré son hostilité affichée au Premier ministre et à son projet de Nouvelle société.

Membre du cabinet du général de Gaulle, président du GPRF en 1945, élu député UNR de l'Eure en 1958 et maire de Corny en 1961, Tomasini s'impose comme l'homme de la résurrection de l'esprit originel du gaullisme face aux libertés prises par le gouvernement de Chaban-Delmas. C'est un puriste, qui réclame le retour « à la morale du gaullisme[33] ». André Passeron en brosse le portrait enthousiaste pour *Le Monde* :

> Grand, athlétique même, le cheveu argenté, l'œil mobile et malin derrière d'épais verres de myope, M. Tomasini est à la fois expansif et secret. Il a l'amitié fidèle, le contact facile, la cordialité engageante et débordant d'activité, menant mille choses de front, il est toujours à l'aise parmi ses « copains », qu'ils soient ministres, députés ou militants. [...] Il veut, dit-il, « faire l'amalgame des vieux grognards et des jeunes qu'attire de plus en plus l'esprit du gaullisme »[34].

En juillet 1971, Pompidou fait également entrer au gouvernement Jean Charbonnel et Jean Foyer, pourtant signataires de la lettre de contestation des présidents de commission, ce qui amoindrit encore le poids politique de son Premier ministre au sein de la majorité. L'affaire de la Garantie foncière et celle de la feuille d'impôts de Chaban-Delmas fissurent davantage encore le couple au pouvoir et précèdent sa rupture. En juillet 1972, Pompidou se sépare finalement de Chaban-Delmas et Frey, choisissant Pierre Messmer comme nouveau Premier ministre. Pour Debré, c'est le choix d'un second couteau, qui lui permet de « tenir à distance les plus fortes personnalités des gaullistes historiques, ceux qu'on appellera familièrement les barons[35] ». La guerre couve.

Le président de la République ménage cependant la susceptibilité des barons, recevant ainsi Debré le 5 juillet pour lui faire savoir qu'il était le candidat naturel pour le poste, malheureusement confié à un autre pour des raisons d'équilibre politique au sein de la majorité présidentielle, ce qui nourrit les espoirs de l'ancien locataire de Matignon sur son destin national :

> C'est Messmer que j'ai choisi. Il faut, en effet, resserrer les rangs. Je sais que c'est à vous que j'aurais dû faire appel, et même cela aurait été naturel, mais vous êtes trop gaulliste. Les Duhamel, les Pleven, s'en plaignent. En vérité, le Général aurait dû vous nommer en 1968, après mon départ[36].

Face aux barons amers, Messmer apporte une double caution au président de la République : c'est un héros de guerre, entre autres choses ancien combattant de Bir Hakeim, et c'est un puriste, en tant que fondateur de Présence et action du gaullisme (PAG). Il sert ainsi de caution au canal historique du gaullisme, capacité et mission pourtant première des barons, dont il s'adjoint les services pour deux d'entre eux au sein du gouvernement (Debré et Guichard).

La revanche ne tarde pas. À la rentrée parlementaire de 1972, Frey prend la présidence du groupe UDR à l'Assemblée nationale ; puis en novembre 1973, les assises de Nantes voient Chaban-Delmas et Debré ovationnés, en héritiers du général de Gaulle. Le maire de Bordeaux y est même désigné comme candidat à l'Élysée dans le cadre d'une potentielle vacance présidentielle. La fronde trouve également une expression dans l'échec fait au projet présidentiel de réduction du septennat. L'opposition de deux anciens Premiers ministres (Couve de Murville et Debré) et l'hésitation de nombreux gaullistes met rapidement le chef de l'État au pied du mur : la majorité des trois cinquièmes du Congrès est inatteignable. Le texte est donc ajourné.

Pompidou ne ménage plus ses coups contre les barons :

> [Chaban-Delmas] travaille peu, ne lit pas ses papiers, en écrit moins encore, préférant discuter avec ses collaborateurs et s'en remet essentiellement à eux qu'il choisit bien, pour ce qui est des affaires publiques s'entend. Politiquement, il meurt de peur d'être classé à droite, il veut néanmoins plaire à tout le monde et être aimé. [...] Ce qui m'inquiète dans le personnage politique plus que dans ses

> habiletés, voire ses roueries florentines, comme disait le Général, c'est l'impression que je ressens d'un homme, tout entier centré sur sa carrière, et qui n'attache finalement que peu d'importance aux problèmes eux-mêmes[37].
> [Debré] a conscience de ses qualités et nourrit une hostilité permanente à l'égard de ceux qui lui barrent la route. [...] Il me semble avoir admis ma prééminence, ayant cru, ce qui est faux, que j'aurais pu me faire nommer Premier ministre en 1959 [...] Mais toute autre autorité – le général de Gaulle mis à part bien entendu – lui est intolérable[38].

La maladie du président de la République, connue des petits cercles politiques dès le printemps 1973, anime cependant le parti gaulliste, inquiet de sa succession, ce qui explique la désignation de Chaban-Delmas en novembre. Pompidou ne veut pourtant pas lâcher l'affaire et annonce même à quelques journalistes qu'il sera candidat à la présidentielle de 1976, alors qu'il se sait atteint de la maladie de Waldenström, un cancer hématologique extrêmement douloureux[39]. Il évoque également la possibilité d'envoyer Chirac au Perchoir en mars 1973, pour se prémunir de tout retour politique de Chaban-Delmas à cette fonction aussi prestigieuse que stratégique[40]. Difficile à dire qui a tiré le premier, mais les barons et Pompidou sont désormais engagés dans une lutte à mort.

Pour mettre un coup d'arrêt aux manœuvres de Chaban-Delmas, Debré, Frey et Sanguinetti, Pompidou accepte la démission de Messmer en février 1974 et la composition d'un nouveau gouvernement, dans lequel Guichard est ministre d'État. Manière de diviser les barons, en faisant miroiter un avenir prestigieux au plus jeune d'entre eux. Le 2 avril 1974, au soir, il s'éteint finalement dans son appartement parisien. Il n'aura jamais été un baron, tout en étant un de leurs compagnons les plus fidèles : figure centrale du RPF, sans en avoir été membre, maître d'œuvre du retour au pouvoir du général de Gaulle en 1958, tout en le quittant dès 1959. Premier ministre surprenant en 1962, conforté en 1966 et 1967, mais chassé en 1968, président conciliant à compter de 1969 et en même temps enfermé dans la gestion permanente de la fronde de ses féaux, Pompidou n'a eu de cesse de se prévenir des coups et des menaces des barons.

Maurice Couve de Murville, le diplomate

Né le 24 janvier 1907 à Reims, Maurice Couve grandit dans une famille protestante. Son père, Édouard Couve, substitut du procureur de la République dans la Marne, descend d'une vieille famille bourgeoise du Languedoc, où se croisent commerçants et tailleurs, tandis que sa mère, Hermine Caesar, est d'origine austro-allemande. Après des études brillantes au lycée Carnot de Paris, il obtient le premier prix du Concours général de géographie en 1922, dans le cadre d'un exposé sur le Maroc, puis réalise son service militaire comme élève officier à Saint-Cyr et sous-lieutenant à Bordeaux.

Entré à l'École libre des sciences politiques en 1925, année où son père fait ajouter le patronyme « de Murville » à leur nom de famille, il y réalise une licence d'histoire et de géographie puis une thèse de droit sur les transferts de capitaux (avec pour professeurs Clément Colson et Wilfrid Baumgartner), en 1928. Reçu major au concours de l'inspection des Finances en 1930 (dans la même promotion qu'Hervé Alphand[41], Jean Filippi[42] et Ludovic Tron[43]), il épouse Jacqueline Schweisguth en décembre 1932, une artiste-peintre et sculptrice, fille d'un inspecteur des Finances, propriétaire de la Banque de l'Union parisienne (Pierre Schweisguth) et petite-nièce du banquier Gustave Mirabaud.

Chargé de mission à la direction du Mouvement général des fonds (ancêtre de la Direction du Trésor) en 1933, attaché financier à Bruxelles en 1935, puis directeur adjoint à la direction du Mouvement général des fonds en 1937, il est membre de la délégation française auprès de la Commission allemande d'armistice, en juin 1940, avec la mission d'y négocier les frais d'occupation et les relations économiques. Cette tache originelle lui vaut l'hostilité de nombreux résistants, ainsi l'Alsacien Robert Heitz, qui évoque « ce traître de Couve de Murville[44] », alors que son rôle y est pourtant de défendre les intérêts français. Le journaliste Claude Paillat évoque même « un combat de retardement[45] », notamment s'agissant de sa résistance à l'acquisition de participations allemandes dans les entreprises françaises[46].

L'historien américain Geoffrey Adams conclut :

> Dans les discussions prolongées sur tous les sujets, Couve de Murville a utilisé la patience, la courtoisie formelle, les tactiques dilatoires et insisté sur le fait qu'il devait référer de tous les points majeurs de désaccord à ses supérieurs afin de gagner du temps face aux Allemands et de maintenir les intérêts de long terme de la France[47].

Nommé directeur des finances extérieures et des changes en septembre 1940, il décide de gagner l'Afrique du Nord après l'accession de Laval au pouvoir en avril 1942, ce qu'il parvient à faire en mars 1943, après avoir transité par l'Espagne et le Portugal. Déchu de sa nationalité par le régime de Vichy, le jeune inspecteur des Finances est nommé secrétaire général du Commandement civil et militaire du général Giraud à Alger. À l'époque, trente inspecteurs des Finances sont considérés comme dissidents ou évadés par le régime de Vichy (sur 179 Inspecteurs en fonction), dont le tiers à partir de 1943[48]. Trois autres membres de la promotion de Couve de Murville figurent d'ailleurs dans les rangs de la résistance, ainsi Alphand et Tron, mais aussi François-Didier Gregh, beau-frère de Maurice Druon, rallié à Alger en décembre 1942 et futur ministre d'État de Monaco de 1969 à 1972[49].

La fusion des mouvements de résistance du général de Gaulle et du général Giraud conduit Couve de Murville à être nommé commissaire aux Finances en juin 1943. Pourtant, en décembre, il est « écarté en raison de son ralliement tardif[50] » et nommé délégué français au Conseil consultatif des affaires italiennes et au Conseil des affaires méditerranéennes. En février 1945, il est promu ambassadeur du GPRF auprès de Rome puis, en septembre, il revient à Paris comme directeur général des affaires politiques au ministère des Affaires étrangères, ce qui le conduit à participer à la délégation française à la Conférence de la Paix en 1946 et à représenter la France lors des quatre premières assemblées générales des Nations unies, enfin à siéger à la Conférence des Quatre de Moscou en 1947.

Ambassadeur extraordinaire en Égypte en février 1950 puis chef de la délégation française à l'Organisation du traité de l'Atlantique nord (OTAN) en septembre 1954, il est nommé ambassadeur aux États-Unis en novembre 1954 puis en République fédérale d'Allemagne en juillet 1956, bref le *cursus honorum* d'un ambassadeur français. Tenu à l'écart de la capitale américaine « compte tenu de son scepticisme face à l'expédition franco-britannique de Suez[51] », il entretient des contacts avec le sénateur Debré, ultime défenseur de la paroisse gaulliste, notamment pour lui faire part de ses inquiétudes vis-à-vis de l'impuissance de la Quatrième République[52]. N'est-il pas temps de faire appel au plus illustre des Français pour redresser la situation du pays ? Il le pense intimement.

En juin 1958, le retour au pouvoir du Général provoque l'arrivée à la tête des ministères de nombreux gaullistes (Debré, Malraux, Michelet, Soustelle), mais le président du Conseil tient aussi à ce que le régime ait quelques garants de la continuité et de la stabilité de l'État. Émile Pelletier, préfet le plus ancien dans le grade le plus élevé, est ainsi nommé ministre de l'Intérieur. Le Général souhaite également qu'il soit fait appel à l'ambassadeur Couve de Murville, « un grand ambassadeur[53] », pour le ministère des Affaires étrangères, ce qui n'est pas sans agacer certains des barons et des historiques. Guichard raconte, avec amusement, la séquence de sa nomination :

> Le Général décidait et, ensuite, nous nous répartissions les responsabilités. C'est ainsi qu'il m'échut d'appeler, du *Lapérouse*, notre ambassadeur à Bonn, Maurice Couve de Murville, pour lui dire que le Général voulait le nommer ministre des Affaires étrangères. J'ai eu quelques difficultés à l'obtenir, car mon nom ne disait rien à personne et on n'osait pas le déranger pendant son parcours de golf[54].

L'accueil dans la famille gaulliste est assez frais pour Couve de Murville. Déjà, en novembre 1943, les Américains avaient demandé au général de Gaulle de l'écarter de son gouvernement, en raison de sa participation à la commission franco-allemande d'armistice de Wiesbaden en 1940, souvenir que ne manquent pas d'évoquer certains des contemporains de sa nomination en 1958. Le gaulliste François Bloch-Lainé s'indigne ainsi :

Le cas Maurice Couve de Murville est particulièrement embarrassant. Cet homme convenable en toutes circonstance a été nommé directeur par Bouthillier. Il ne semble pas avoir désavoué les mesures gouvernementales qui n'allaient pas dans le sens de ses propres pulsions. Il n'a décidé de rejoindre la France Libre qu'à la suite des événements de l'automne 1942. Il l'a rejointe en wagon-lit et n'a pas plus été alors dans l'armée qu'il l'avait été à l'automne 1939. Il s'est mis au service de Giraud qui perpétuait à Alger les pratiques de Vichy. Tout cela n'est pas facile à comprendre et à qualifier[55].

Le général de Gaulle a, lui-même, un mot terrible à son égard, s'amusant en privé : « Couve a passé les Pyrénées en *sleeping*[56]. » Il est vrai que le haut fonctionnaire doit cette échappée et ses papiers diplomatiques à Jean Jardin, directeur de cabinet de Pierre Laval, qui espérait pouvoir disposer d'un allié utile en des temps futurs, au Portugal d'abord, en Algérie giraudiste ensuite. De son côté, Foccart, son interlocuteur sur les questions africaines, reconnaît l'avoir accueilli « quelque peu froidement[57] » à son arrivée.

Qu'importe. Artisan inlassable de la politique de grandeur du général de Gaulle, Couve de Murville mène la diplomatie française avec brio et calme pendant sa décennie au Quai d'Orsay : indépendance algérienne en 1962, reconnaissance de la Chine populaire en 1964, politique de la chaise vide en 1965, sortie de l'OTAN en 1966, gestion de la crise du Québec libre en 1967, etc.

Le Général tresse ses lauriers dans ses *Mémoires d'espoir*, preuve que ces dix ans de compagnonnage ont effacé les vieilles rancœurs de la guerre :

> Maurice Couve de Murville a le don. Au milieu des problèmes qui se mêlent et des arguments qui s'enchevêtrent, il distingue aussitôt l'essentiel de l'accessoire, si bien qu'il est clair et précis dans des matières que les calculs rendent à l'envi obscures et confuses[58].

Son positionnement dans l'architecture gouvernementale ne simplifie pourtant pas toujours ses rapports avec les barons. Debré s'agace notamment du partage de la politique étrangère « entre le président de la République, qui entend diriger la politique extérieure, "sa chose", et le ministre des Affaires étrangères, à la fois loyal, actif et compétent[59] ». L'historien Thomas Gomart évoque, pour sa part, des rapports « loin d'être de tout repos » et une méthode de travail de Couve de Murville qui « s'accorde difficilement avec le caractère impétueux de Michel Debré »[60]. Il cite, à titre d'exemple, un échange épistolaire des deux hommes, en date du 27 janvier 1962 :

> Couve : Je suis toujours un peu déconcerté par vos méthodes. Nous nous sommes vus hier trois quarts d'heure et vous m'avez parlé d'un certain nombre de questions, parfois tout à fait subalternes. [...] Pour quelles raisons chercher à aigrir encore nos relations avec les États-Unis ? Je me perds en conjectures sur vos intentions.
> Debré : Je vous parle peut-être de questions subalternes. Vous, vous ne me parlez jamais de rien[61].

Avec l'arrivée de Pompidou à Matignon, au printemps 1962, les relations ne sont guère plus cordiales, comme en témoigne Robert de Souza, conseiller diplomatique du Premier ministre :

> [Pompidou] estimait qu'il fallait en passer par là pour être complet mais n'appréciait pas beaucoup les diplomates, dont le style l'agaçait. Il considérait que la diplomatie était surannée et portait peu d'intérêt, pour ne pas dire peu d'estime, au personnel du Quai d'Orsay[62].

Au cœur de la diplomatie, Couve de Murville est donc un homme aux marges du système politique, sans réelle relation ni avec les Premiers ministres, ni avec les barons, ni avec le parti. À peine pense-t-il à se présenter au suffrage des Français, ce qu'il accepte finalement de faire lors des législatives de 1967, à la demande expresse du Général, avant de figurer parmi les quatre ministres battus (avec Charbonnel, Messmer et Sanguinetti). Défait à 280 voix seulement, il rate son entrée au Parlement et à Matignon, que certains lui prédisaient dans la foulée. La crise de mai 1968 amène néanmoins le Premier ministre à lui confier le ministère de l'Économie et des Finances (avec Debré au Quai d'Orsay) « pour préparer [son propre] retrait[63] » des affaires.

En juin 1968, de nouveau candidat dans une autre circonscription parisienne, Couve de Murville est finalement élu député dès le premier tour, grâce à la vague gaulliste, puis appelé à Matignon afin de remplacer Pompidou. Il confie alors son siège à son suppléant, Raymond Bousquet, diplomate de carrière, lui aussi. La transition entre Pompidou et Couve de Murville n'est pas sans inquiéter les barons, ainsi Foccart, dubitatif sur la volonté du nouveau Premier ministre d'« accorder au SAC les mêmes libéralités issues des fonds secrets de Matignon[64] ». Le service d'ordre du gaullisme s'installe d'ailleurs progressivement dans une forme d'opposition à Couve de Murville, ce que le spécialiste de la question, François Audigier, présente comme la conséquence logique de n'avoir pas choisi un baron pour Matignon mais un personnage « saisissant mal les hiérarchies officieuses du gaullisme militant[65] ». C'est la rébellion du système.

À la tête d'une équipe ministérielle renouvelée, Couve de Murville veut tendre la main aux barons, mais Debré n'a d'yeux que pour Matignon et s'inquiète de l'entrée en masse des gaullistes de gauche au gouvernement (Capitant, Faure, Lipkowski, Trorial), tandis que Foccart continue de considérer les affaires africaines comme son précarré, au mépris du Premier ministre et de ses équipes. Ces tensions avec le canal historique du parti sont renforcées par le fait qu'après l'expérience du gaullisme libéral de Pompidou, les gaullistes de gauche sont convaincus que l'esprit protestant du Premier ministre et sa tempérance permettront de mettre en œuvre la réforme gaulliste de la participation, en d'autres mots de redonner de l'équilibre à la balance gaulliste[66]. Malgré lui, le nouveau Premier ministre est donc devenu l'homme d'une tendance. En dépit du passage de la loi Faure sur l'enseignement supérieur à l'automne 1968, l'échec du référendum sur la participation d'avril 1969 mine son bref passage aux affaires. Après le départ du pouvoir du Général, il rallie bien Pompidou, comme les autres barons, mais trop marqué politiquement, le nouveau président de la République le remercie simplement et sobrement de ses services.

Un baron de l'après-de Gaulle

Candidat UDR lors d'une élection législative partielle dans les Yvelines, à l'automne 1969, Couve de Murville y est défait par Michel Rocard, secrétaire national du Parti socialiste unifié (PSU). C'est un revers sérieux pour cette grande figure de la droite. La disparition du général de Gaulle, en novembre 1970, achève de bouleverser ce fidèle de l'aventure, qui publie ses Mémoires, *Une politique étrangère, 1958-1969*, chez Plon, en 1971. Est-ce déjà la fin de sa carrière politique ? Au contraire, sans mandat, l'ancien Premier ministre décide de consacrer son temps libre à se réinvestir dans le parti et ses réseaux. En mars 1970, il est ainsi l'invité d'honneur d'un déjeuner du club Nouvelle frontière de Charbonnel[67], puis en mai suivant, il participe aux assises de l'UJP à Royan (où Chaban-Delmas envoie Frey pour représenter le gouvernement), une manière de faire vivre le gaullisme après de Gaulle[68]. Il renouvelle l'exercice avec les jeunes de l'UJP à Strasbourg, en octobre 1971, à l'invitation de Robert Grossmann, un ancien collaborateur de Palewski[69]. Une opération de communication réussie, qui prépare son intervention lors des assises nationales de l'UDR de Strasbourg, en novembre 1971. Ovationné par les membres de l'UJP, il y défend un parti « moralement intact et inattaquable[70] » mais aussi le besoin de sauvegarder l'ADN du gaullisme, un an après la disparition de son meneur historique. Il s'impose donc en gardien vigilant de la mémoire gaulliste, eu égard à son compagnonnage avec l'ancien président de la République.

Lors du bureau exécutif de l'UDR du 24 juin 1972, il exhorte à nouveau ses cadres à faire vivre le gaullisme originel, accusant sa droitisation sous l'influence de certains proches de Pompidou (notamment Juillet et Garaud, qu'il ne nomme pas). Son appel conduit le bureau du parti à voter une motion inscrivant l'UDR dans la fidélité aux principes et objectifs fixés par le général de Gaulle et rappelés par le Président Pompidou. Dans la même veine, à l'occasion du congrès de l'UJP d'Albertville, le 10 octobre 1972, il s'indigne d'un climat affairiste à droite, attaquant Chaban-Delmas, mis en cause dans l'affaire de la Garantie foncière et le scandale de sa feuille d'impôts : « Nous devons être plus rigoureux encore que la loi. Il est vrai que, depuis un an et demi, trop de camaraderie s'était instaurée[71]. »

Redevenu député UDR de Paris lors des législatives de mars 1973, il décroche la présidence de la commission des Affaires étrangères et interpelle vigoureusement le gouvernement Messmer sur la guerre de Kippour en octobre suivant. Ragaillardi, il milite également pour l'élection d'un président du parti au printemps 1973 (dans le prolongement des appels de Chalandon et Sanguinetti), ce qui agace autant Messmer que Pompidou[72]. Alors que Debré s'abstient de voter la réforme du septennat, voulue par le président de la République, il vote carrément contre, ce qui lui vaut la colère de l'Élysée mais l'estime et la sympathie des barons (Chaban-Delmas, Debré, Frey). Lors des assises de Nantes de novembre 1973, il se range d'ailleurs derrière le tandem Chaban-Delmas - Debré, dans leur effort de reconquête[73]. Une offensive stoppée nette par la disparition de Pompidou en avril 1974.

Encouragé à se présenter à l'élection présidentielle par quelques gaullistes de l'UJP, soutien de Chaban-Delmas au premier tour de la présidentielle, rallié à Giscard d'Estaing au second, il est très critique des velléités de Jacques Chirac d'être à la fois Premier ministre et secrétaire général de l'UDR, ce qu'il juge inconcevable[74]. De nouveau, il fait donc front commun avec Debré et Guichard pour préserver l'esprit originel du mouvement quand Fanton dénonce un « musée Grévin du gaullisme[75] » pour écorner le système des barons. Apprenant la composition du gouvernement Chirac, il maugrée : « Ce gouvernement ne devrait pas nous porter à l'hilarité. Pour rester dans l'euphémisme, je dirai plutôt qu'il a tendance à nous agacer[76]. »

Lors du comité central de l'UDR du 8 juin 1974, l'ancien Premier ministre réclame à cor et à cri l'indépendance du parti face au gouvernement, rappelant que le Général avait fait remplacer Frey à son entrée au gouvernement, en 1959. Rebelote lors des journées parlementaires de Cagnes-sur-Mer, le 28 septembre, à l'occasion desquelles il se désole d'une crise interne de l'UDR, désormais guidée par la seule fidélité à Chirac, en dépit de tout sens critique : « Nous ne sommes plus le pouvoir. Nous y participons, et cela est bien différent[77]. »

Il est encore présent lors du dîner des barons, organisé par Frey, au Conseil constitutionnel, le 12 décembre 1974, à l'occasion duquel Chirac impose sa candidature face à Guichard. Preuve qu'il fait désormais partie de leur petit cercle ? Il y est en tout cas invité au même titre que Messmer, ce qui montre la normalisation des rapports entre les anciens Premiers ministres et les barons après le printemps 1974. Le 14 décembre suivant, tandis que Chaban-Delmas s'époumone contre le coup de force et la pantalonnade de Chirac, Couve de Murville fait partie des rares présents à prendre la parole pour le soutenir dans cette dénonciation d'un putsch interne :

> Il ne s'agit plus d'être les godillots du pouvoir, même si l'on soutient loyalement celui-ci. La mutation n'est pas facile, car cela signifie penser par soi-même et acquérir le sens de ses responsabilités propres. Mais c'est une condition nécessaire pour demeurer un grand parti politique et il n'y en a guère en France en dehors de l'UDR et des deux grandes formations de la gauche[78].

« Baron à titre posthume[79] », c'est ainsi que Couve de Murville se considère après la disparition du Général et de Pompidou, s'attribuant lui-même ce titre devant ses pairs, lors du conseil national de l'UDR de février 1975. À l'identique de Foccart, la période le voit se rapprocher de Chirac, qui se réjouit de ce soutien à son opération de chiraquisation du parti. L'ancien diplomate est ainsi au premier rang lors des assises nationales de l'UDR de Nice, en juin 1975, organisées par Charles Pasqua, porte-flingue du Premier ministre. Lors du bureau exécutif de l'UDR du 14 novembre 1975, il redit d'ailleurs son « soutien loyal[80] » à Chirac et Giscard d'Estaing, prenant alors ses distances avec les barons.

Patatras : à peine un an plus tard, après le départ de Chirac de Matignon, il annonce se ranger derrière Chaban-Delmas lors du bureau exécutif de l'UDR du 17 septembre 1976, critiquant les initiatives solitaires de l'ancien Premier ministre au sein la majorité présidentielle et s'inquiétant de la place du parti gaulliste dans les arcanes du pouvoir giscardien[81]. Membre des instances du RPR dès sa création, il intègre le conseil régional d'Île-de-France en 1976 puis le Conseil de Paris en 1977, avant d'être réélu à la députation en 1978. C'est une voix qui compte et qui dérange en même temps. Critique de la politique étrangère de Giscard d'Estaing, notamment de la coopération avec le Zaïre ou de l'inaction de la France au Liban, son désaccord avec le président de la République sert de terreau à une réconciliation avec Chirac, notamment à partir des journées parlementaires des Baux-de-Provence d'avril 1977[82]. Paix des braves de court terme puisque Couve de Murville se désole « d'un malaise entre les parlementaires et l'appareil du mouvement[83] » lors des assises du RPR de la Porte de Champerret en mars 1979. La valse semble sans fin.

Commentateur régulier des dossiers internationaux, l'ancien Premier ministre ne prend pas immédiatement position après l'annonce de la candidature de Debré à l'élection présidentielle de 1981, appelant simplement les gaullistes à se méfier de l'« atlantisme peureux[84] » lors des journées parlementaires du RPR de Strasbourg, début octobre 1980. Une manière de conditionner son soutien à Chirac en échange d'un discours gaulliste sur l'indépendance de la France ? L'ancien Premier ministre fait finalement partie des dix députés et neuf sénateurs RPR à ne choisir aucun camp dans la perspective de la présidentielle. Dès le 2 mai 1981, il appelle néanmoins à faire front face à Mitterrand pour éviter une victoire de la gauche au second tour.

Rescapé de la vague rose au Parlement en juin 1981, il s'impose comme un adversaire féroce de la gauche à l'Assemblée nationale, même s'il s'abstient lors du vote sur l'abolition de la peine de mort. Persuadé que l'affaire Greenpeace va porter « le coup de grâce au pouvoir socialiste[85] » en octobre 1985, il est écarté de la préparation des législatives parisiennes au scrutin proportionnel. Chirac lui propose en effet de conduire, en septembre 1986, la liste RPR aux sénatoriales[86]. C'est un véritable succès. Onze des douze sièges de sénateurs parisiens reviennent au parti chiraquien.

Preuve de son poids encore important au sein du parti, il parvient à persuader Chirac de débaucher Jean-Bernard Raimond, son directeur de cabinet adjoint aux Affaires étrangères puis son conseiller à Matignon, comme ministre des Affaires étrangères du gouvernement de cohabitation[87]. Il faut dire que l'intéressé, devenu conseiller diplomatique de Pompidou, président de la République en 1970, puis directeur de cabinet de Louis de Guiringaud, ministre des Affaires étrangères de Giscard d'Estaing, a plus d'une corde à son arc.

Soutien de la candidature de Chirac à la présidentielle de 1988 (comme Chaban-Delmas et Debré), Couve de Murville se désole de son nouvel échec et abonde donc dans le sens des rénovateurs en juillet 1988. Lors du comité central du 2 juillet, il appuie ainsi l'initiative de Philippe Séguin et propose la mise en sommeil des instances du parti, en attendant qu'une commission spéciale organise la réforme globale des méthodes et de la stratégie du RPR. Opposant résolu de la gauche mais marginalisé au sein du RPR en raison de sa fronde contre Chirac, il oriente désormais ses interventions sur les questions économiques et financières, notamment l'effort de rationalisation des dépenses publiques. Partisan du camp du « non » lors du référendum de Maastricht (avec Pasqua et Séguin), il se range néanmoins dans le camp de Chirac dans la perspective de la présidentielle de 1995.

En avril 1999, il joue un petit rôle, quoique significatif de sa place encore importante dans la famille gaulliste, après la démission de Philippe Séguin de la présidence du RPR. Il adoube en effet le jeune Nicolas Sarkozy, ancien ministre de la cohabitation et député des Hauts-de-Seine, sur le berceau duquel il se penche avec Olivier Guichard. Quelques mois plus tard, le 24 décembre, l'inamovible ministre des Affaires étrangères du Général rend pourtant son dernier souffle, scellant le destin d'un gaulliste unique en son genre, incarnation de la politique étrangère.

Extérieur au clan des barons, Couve de Murville en a subi les foudres et l'opposition en 1968-1969. Son hostilité à Pompidou puis à Chirac l'a cependant rapproché des barons après 1973 (notamment Chaban-Delmas et Debré) dans un effort de retour au gaullisme originel. Ses mains tendues à Chirac, en 1975-1977 et 1985-1986, font cependant que, bien après le club des six, il a continué d'être un poids lourd de la droite française, jusqu'à s'imposer dans le débat des rénovateurs en 1989-1990 et dans la succession de Séguin en 1999.

Pierre Messmer, héros de Bir Hakeim

Le troisième Premier ministre de la période et contemporain des barons est Pierre Messmer. Né le 20 mars 1916 à Vincennes, dans la Seine, il est le fils de Joseph Messmer, apprenti forgeron puis directeur d'une usine de tréfilage et de fabrication d'obus, descendant d'Alsaciens exilés après la défaite de 1870[88], et de Marthe Farcy, vendeuse de chapeaux, issue de la petite bourgeoisie parisienne. Éduqué à domicile jusqu'à ses 9 ans, en raison d'une santé fragile, le jeune Pierre entre à l'école Massillon en 1925, tenue par les prêtres de l'Oratoire, puis au lycée Charlemagne, enfin au lycée Louis-le-Grand, d'où il intègre l'École coloniale en 1934, afin de se former à devenir administrateur des colonies françaises. Remarqué pour sa culture et son intelligence, il séjourne au Cameroun, à l'été 1937, grâce à un prix de l'école[89].

Appelé sous les drapeaux en octobre de la même année, comme élève-officier de réserve de Saint-Cyr puis au sein du 12e régiment de tirailleurs sénégalais, il soutient une thèse de doctorat sur le régime administratif des emprunts coloniaux en juin 1939. Mobilisé comme sous-lieutenant en septembre suivant, il est envoyé en garnison à La Rochelle, avant qu'une mission d'observation en avion, au printemps 1940, le conduise à Breuil-sur-Couze, dans l'Allier, au moment de la défaite. Avec un camarade de combat, le lieutenant Jean Simon, il s'y refuse et se rend alors à Marseille, d'où il entend l'appel du 18 juin du général de Gaulle. Convaincu de la nécessité de résister, il embarque, le 24 juin, à bord du *Capo Olmo*, un cargo italien sous les ordres du commandant Humbert Vuillemin, qui « cherche des hommes sûrs pour poursuivre la lutte[90] ».

Passé par Gibraltar, le bateau arrive à Liverpool le 17 juillet et, au terme d'une rapide rencontre avec le meneur de la France Libre le 26 juillet, Messmer s'engage au sein de la 13e demi-brigade de la Légion d'étrangère (13e DBLE), qui s'était illustrée lors des combats de Narvik, en Norvège. Déterminé à combattre les armes à la main le plus rapidement possible, il participe aux premières expéditions de la France Libre, ainsi celle de Dakar, en septembre 1940, où il est forcé de rebrousser chemin devant l'hostilité des forces vichystes. Débarqué à Douala, au Cameroun, en octobre, il contribue à la campagne du Gabon, en novembre, prenant d'assaut Libreville, sous les ordres du général Leclerc, puis embarquant pour Port-Gentil.

À Noël 1940, le lieutenant Messmer part pour l'Afrique orientale et la campagne d'Érythrée, où sa section emporte le massif du Grand Willy, les 13-14 mars 1941, puis le fort Vittorio Emmanuel, le 14 avril. Fait compagnon de la Libération pour ses faits d'armes, il est décoré par le Général lui-même, le 26 mai 1941, au camp de Qastina, en Palestine britannique. C'est que, débarqué en Égypte après ses exploits en Érythrée, il est envoyé en Syrie et promu capitaine pendant la campagne contre les armées vichystes. Mobilisé en Libye, il participe aux batailles de Bir Hakeim (mai-juin 1942) et El Alamein (octobre-novembre 1942) ; il est de tous les combats. C'est un « soutier de la gloire[91] ».

Envoyé en Tunisie après le débarquement des Alliés en Afrique du Nord, il débauche des soldats de l'armée régulière du général Giraud pour intégrer la 13e DBLE de la France Libre, ce qui lui vaut « un éloignement géographique[92] » et une mission aux Antilles, de juillet à octobre 1943, comme adjoint de Pierre de Chevigné, délégué du CFLN sur place. Revenu à Londres pour un stage parachutiste, il est affecté à l'état-major du général Koenig en janvier 1944 et contribue à la libération de Paris en août suivant. À sa demande, il est cependant transféré au sein de la 13e DBLE, qui combat dans les Vosges et subit de lourdes pertes, décision qui le conduit à être décoré de la Légion d'honneur, toujours par le Général, le 11 novembre suivant, place de l'Étoile, à Paris.

Héros de guerre, Messmer est envoyé commander une mission militaire à Calcutta, au Mexique, en janvier 1945, mais la situation indochinoise bouleverse ses plans. Versé aux sein des équipes du renseignement de la DGER, il est parachuté dans le delta du fleuve Rouge en août. Fait prisonnier par le Viet Minh communiste, il parvient toutefois à s'évader, rejoignant l'amiral d'Argenlieu à Saïgon, en novembre. Rapatrié sanitaire, il est reçu par de Gaulle, président du GPRF, à Paris, en décembre 1945, à qui « il expose sans fard ce qu'il a vu et ce qu'il préconise comme solution pour s'en sortir[93] ». Démobilisé le 1er janvier 1946, il intègre alors le cabinet de Jacques Soustelle, ministre des Colonies, afin de suivre les questions indochinoises.

Le 20 janvier 1946, après le départ du Général, le nouveau ministre, le socialiste Marius Moutet, lui demande de rester en poste comme chef de cabinet, ce qu'il accepte. Il suit en conséquence les négociations de Dalat, en avril 1946, entre Hô Chi Minh et Jean Sainteny, le représentant français, puis est nommé secrétaire général du Comité interministériel de l'Indochine (Comindo) en juillet. Opposé à la politique menée par l'amiral d'Argenlieu en Indochine, il accepte d'accompagner son successeur, Émile Bollaert, en mars 1947, comme directeur de cabinet sur place. Leur recherche d'un compromis avec les indépendantistes indochinois rend cependant la situation intenable, provoquant leur départ conjoint, en octobre 1948.

Tout en étant fidèle au Général, qu'il rencontre lors de ses séjours parisiens, il ne participe pas à l'aventure gaulliste du RPF et, au contraire, il s'attire même l'hostilité de ses cadres dans la colonie. Une note interne du parti, datée du 1er juin 1948, en fait ainsi l'homme à abattre en Indochine : « MM. Messmer et consorts font et défont le gouvernement provisoire, suivant les besoins du moment et finissent par le transformer en un gouvernement fantoche[94]. »

Jean-Pierre Bona, président de l'Amicale corse d'Indochine et membre du Conseil national du RPF, le voue ainsi aux gémonies, quelques mois après son départ, en mai 1949[95]. La parenté de cet adversaire avec Paul Giacobbi, ministre du Général au sein du GPRF et président de l'intergroupe gaulliste à l'Assemblée nationale, n'est donc pas sans poser problème pour le haut fonctionnaire ! De même, le colonel Dominique-Marie Renucci, à l'époque posté en Indochine et proche des réseaux du RPF, futur député UNR d'Algérie française en 1958, tout comme William Bazé, animateur du comité RPF de Saïgon et conseiller de l'Union française, forment une opposition farouche à son encontre au sein du parti[96]. Ni Diethelm, ni Foccart ne semblent cependant lui en teneur rigueur.

Marié avec Gilberte Duprez pendant son séjour dans la colonie, Messmer prend la direction du cabinet de Georges Gorse, sous-secrétaire d'État socialiste à la France d'Outre-mer, en octobre 1949, ce qui aggrave son cas auprès des milieux gaullistes. La démission de son ministre le conduit cependant à être nommé commandant du cercle de l'Adrar, en Mauritanie, en février 1950. Gouverneur par intérim puis gouverneur en titre de la Mauritanie en décembre 1951, il est affecté comme gouverneur de Côte-d'Ivoire en février 1954 auprès du Haut-commissaire gouverneur général de l'Afrique orientale française Bernard Cornut-Gentille, « une étape essentielle dans son cursus » et une manière de se rapprocher des cercles gaullistes[97].

Proche du député ivoirien Félix Houphouët-Boigny, il revient à Paris en janvier 1956 comme directeur de cabinet de Gaston Defferre, député-maire socialiste de Marseille et nouveau ministre de la France d'Outre-mer, dans un contexte de réforme des pouvoirs des assemblées territoriales. Une position qu'il doit à sa bonne connaissance de l'Afrique et à l'amitié d'Houphouët-Boigny, ministre délégué à la présidence du Conseil dans le même gouvernement. La loi-cadre Defferre de juin 1956, inspirée des travaux de Pierre-Henri Teitgen mais co-écrite par Messmer et Wibaux[98] (futur condisciple de Foccart), institue le suffrage universel et le collège unique pour toutes les élections dans les territoires de l'empire, en même temps qu'elle élargit les compétences des assemblées territoriales[99]. C'est une petite révolution. De retour en Afrique en avril 1956, comme Haut-commissaire au Cameroun, Messmer a donc une réputation de réformateur mais surtout d'homme de gauche, « proche de la mouvance socialiste[100] ». Loin d'un baron du gaullisme, donc.

En février 1958, il est nommé Haut-commissaire pour l'Afrique équatoriale française, apogée de sa carrière dans l'administration coloniale mais aussi fonction où il « se refuse catégoriquement à tout putsch ou atteinte à la République » pendant les événements de mai 1958, « donnant des consignes strictes de discipline dans l'armée[101] ». La conversion au gaullisme n'est pas encore survenue. Nommé Haut-commissaire de l'Afrique orientale française en juillet 1958, le Général le tient en haute estime et le charge en conséquence de préparer les colonies à sa formule de l'association. Il organise donc le voyage présidentiel du 20 au 26 août 1958, lors duquel survient l'accident du discours de Sékou Toré en Guinée, prélude à l'indépendance du pays.

Haut fonctionnaire loyal et méthodique, il met en place la Communauté française et ferme définitivement la résidence de Haut-commissaire le 22 décembre 1959. Affecté à sa demande en Algérie française, au sein du 8e régiment parachutiste d'infanterie de marine, la semaine des barricades de janvier 1960 et le départ de Cornut-Gentille et Soustelle du gouvernement provoquent son arrivée au pouvoir. En février 1960, Foccart souffle en effet son nom au Général pour le ministère des Armées (en remplacement de Pierre Guillaumat, nommé ministre délégué auprès du Premier ministre, chargé de l'Énergie atomique)[102]. Modernisateur des armées, il assure un renouvellement complet de son équipement (avions de chasse, chars, navires, sous-marins nucléaires) mais se tient à l'écart du gaullisme. Lors du putsch des généraux d'avril 1961, il organise une répression sévère des cadres de l'armée, ce qui lui vaut l'estime du président de la République. La chronique « La Cour » du *Canard enchaîné* ne l'évoque cependant qu'en « subalterne de petite volée » et *L'Annuaire du gaullisme* de Viansson-Ponté ne lui dédie même pas de portrait[103]. Ses relations avec les grands caciques du régime sont d'ailleurs assez fraîches, ainsi Malraux, avec lequel il se froisse lors d'un déjeuner en novembre 1961 :

> Malraux : On m'a dit que vous nous preniez pour des amateurs [les anciens de la brigade Alsace-Lorraine en 1944].
> Messmer : C'est vrai. Nous avions cinq ans de guerre et vous cinq mois.
> Malraux : Vous oubliez que j'étais colonel dans deux armées.
> Messmer : Oui, mais colonel FFI. Et aucun capitaine de Légion n'aurait accepté d'être sous les ordres d'un colonel FFI[104].

Il n'a pas plus d'atomes crochus avec Foccart, pourtant son interlocuteur dédié sur toutes les questions africaines à l'Élysée, chez qui Messmer voit « un homme des services secrets [...] avec une culture des services secrets[105] ». Les relations sont en conséquence conflictuelles, ainsi dans le dossier biafrais en raison des divergences de vue entre les deux hommes. À la demande de Pompidou, Premier ministre, Messmer se présente lors des législatives de 1967, dans le Morbihan, mais le ministre des Armées est battu au second tour par un adversaire socialiste (comme Charbonnel ou Couve de Murville). Cette première expérience politique est un échec.

Néanmoins maintenu dans ses fonctions par Pompidou, Messmer est surpris par la crise de mai 1968. Il se sent en décalage avec les manifestations. Hubert Germain, à l'époque à son cabinet ministériel, témoigne : « Comme tous les gens de notre génération, nous vivions trop sur les restes de la guerre[106]. »

À nouveau candidat aux législatives de juin 1968, cette fois en Moselle, il est élu député UDR de Sarrebourg. Toujours membre de l'équipe de Couve de Murville en juillet 1968, avec le même portefeuille, il voit cependant son monde s'écrouler en avril 1969, après l'échec du référendum sur la participation. Militant actif de la campagne présidentielle de Pompidou, il est remercié par Chaban-Delmas après neuf années de bons et loyaux services. Le 8 mai, avec Debré et Joxe, il décide en conséquence de créer une association de préservation de l'héritage gaulliste, devenue, le 9 juillet, avec le soutien de Vendroux, une amicale parlementaire sous le nom de Présence et action du gaullisme (PAG), le tout avec l'adoubement du Général, qui le reçoit personnellement le 16 juillet[107].

Un gardien vigilant

Avec l'entrée de Debré dans le gouvernement de Chaban-Delmas, Messmer prend la tête de PAG, tout en confiant formellement la présidence à Germain[108]. Il organise une première réunion à Noisy-le-Roi, le 9 septembre 1969, veille des journées parlementaires UDR d'Amboise. PAG entend en effet peser dans la vie politique du gaullisme, c'est pourquoi Messmer annonce sa volonté de développer des sections départementales de l'association, le 7 janvier 1970. C'est une menace sérieuse pour le parti et pour le système des barons, qui s'indignent de cette annonce. Foccart, le premier, ouvre les hostilités avec PAG, en rappelant à Messmer sa collaboration avec les socialistes sous la Quatrième République[109]. Début janvier 1970, les barons (Chaban-Delmas, Debré, Frey) reçoivent néanmoins Messmer à déjeuner pour signer une trêve : le pouvoir ne critiquera pas PAG, en échange de quoi l'association n'organisera pas de réseau territorial[110]. La participation d'un représentant du gouvernement (Frey) aux assises de l'UJP de Royan, en avril 1970, ouvre cependant le bal des attaques entre les deux camps, en même temps que Juillet et Garaud convainquent Germain et Messmer d'orienter le tir vers Chaban-Delmas, plutôt que vers Pompidou. Au conseil national de l'UDR de Versailles, les 25-27 juillet, Messmer dénonce ainsi l'« auberge espagnole[111] » du gaullisme.

En février 1971, Chaban-Delmas décide d'intégrer Messmer au sein de l'équipe gouvernementale - sous la forme d'une « neutralisation[112] » politique. Garde tes amis près de toi et tes ennemis encore plus près. Nommé ministre d'État chargé des Départements et Territoires d'Outre-mer, le héros de Bir Hakeim ne peut plus critiquer ouvertement le gouvernement mais se frotte à nouveau à Foccart. L'opposition des deux hommes se trouve renforcée par le soutien systématique de Chaban-Delmas à Foccart. Expression d'une certaine solidarité entre barons.

Nommé Premier ministre en juillet 1972, Messmer écarte le chabaniste Frey, en même temps qu'il fait entrer Foyer et Germain au gouvernement, deux critiques sévères de son prédécesseur. Pour Couve de Murville, pourtant mal placé pour le dire, « avec Messmer, le temps des gaullistes historiques est terminé[113] ». Extérieur à l'appareil politique, il s'est fait un nom comme député (1968), conseiller général (1970) puis maire de Sarrebourg (1971). Par ailleurs, le maintien de Debré et Guichard au sein du gouvernement tempère l'hostilité des autres barons. Une forme d'équilibre s'installe donc autour du gaullisme orthodoxe du nouveau Premier ministre.

Dès la rentrée de septembre 1972, il lance une offensive sur l'UDR : nomination d'un nouveau secrétaire général (Alain Peyrefitte[114]), mise en place d'une commission des investitures à Matignon en vue des prochaines élections législatives, sous la double présidence de Pierre Juillet et Philippe Mestre[115], enfin discours fleuve de présentation du programme de la majorité présidentielle à Provins, le 7 janvier 1973. Le nouveau Premier ministre y associe bien entendu les barons. Le 5 janvier 1973, il convie ainsi Chaban-Delmas, Debré, Foccart, Frey et Guichard à déjeuner à Matignon dans un « climat épatant[116] ». Foccart parle d'ailleurs d'un « déjeuner certainement profitable à tous[117] », preuve d'une forme de réconciliation en ce début d'année. Une nouvelle réunion est organisée à Matignon le 1er février suivant, cette fois sans Debré, lors de laquelle les cinq hommes s'entendent pour ne pas attaquer frontalement le Parti communiste, « pour ne pas l'affaiblir par rapport au Parti socialiste, qui deviendrait alors plus dangereux[118] ». La division des gauches reste en effet un des meilleurs atouts du parti gaulliste en réponse à l'élaboration du Programme commun.

La mise en place d'un nouveau gouvernement, en avril 1973, dont Debré est exclu et où les centristes se taillent la part du lion (Marcellin à l'Intérieur, Giscard d'Estaing à l'Économie et aux Finances, Poniatowski à la Santé), de même que la mise à l'écart de Chaban-Delmas de la présidence de l'Assemblée nationale sèment le trouble dans les rangs du parti. Où est passé le gaullisme de Messmer et Pompidou ? Le départ de Foyer, ancien garde des Sceaux du Général, revenu en juillet 1972, produit un effet identique, l'intéressé écrivant à ce propos, non sans une pointe d'amertume :

> Mon élimination, comme celle des ministres du Général en 1973, était un signe du temps. Une nouvelle génération, qui n'avait pas le même sens de l'État, plus attachée à la fortune de Jacques Chirac qu'à l'héritage du général de Gaulle, poussait le personnel du Général vers la sortie[119].

Le bureau exécutif de l'UDR du 11 avril 1973 demande parallèlement à ce que Peyrefitte, entré au gouvernement, quitte ses fonctions de secrétaire général du parti. La séquence voit donc le retour du candidat Debré (poussé par Ribière) et la proposition d'une présidence du parti (soutenue par Chalandon, Couve de Murville et Sanguinetti). Face à une nouvelle tentative du debréiste Fanton, déjà écarté du secrétariat général en septembre 1972, Messmer et Pompidou conviennent de soutenir Sanguinetti, le moins dangereux des deux candidats. Cet ami et ancien conseiller ministériel de Frey est ainsi élu lors du comité central du 6 octobre 1973, dans des conditions néanmoins houleuses.

Absent politiquement de la séquence des assises de Nantes de novembre 1973, qui marquent le grand retour des barons, Messmer est pris à partie personnellement dans *Le Point*, en décembre suivant. La presse évoque en effet son départ. En coulisses, Chaban-Delmas mène une opération médiatique pour miner son successeur et écarter un potentiel rival pour la suite. Il n'a pas complètement tort car, après la mort du président de la République, le Premier ministre pense un moment se présenter à l'élection présidentielle (encouragé en cela par Chirac, Garaud, Juillet, et même Foyer, finalement peu rancunier). Messmer consulte mais décide finalement de se rallier à Chaban-Delmas lors du bureau exécutif de l'UDR du 5 avril 1974.

La fronde d'une partie des cadres du parti contre Chaban-Delmas l'amène cependant à réviser son choix lors du bureau exécutif du 7 avril suivant. Le Premier ministre hésite en effet devant les tensions internes à la famille gaulliste. En conséquence, le 9 avril, il annonce qu'il sera le candidat de l'UDR, si et seulement si l'unité se fait autour de son nom. C'est un pari risqué. Après avoir reçu Chaban-Delmas dans l'après-midi, lequel se dit déterminé à maintenir sa candidature coûte que coûte, Messmer se retire de la course le soir même, n'intervenant qu'une seule fois dans toute la campagne, par un communiqué du 21 avril, par lequel il appelle à faire battre « l'adversaire socialo-communiste[120] ». Son propre suppléant, Maurice Jarrige, figure d'ailleurs parmi les signataires de l'Appel des 43 du 13 avril, réunissant des ministres et parlementaires hostiles à la candidature chabaniste. Avec l'autorisation de Messmer ? Les archives du Premier ministre, comme son biographe, Frédéric

Turpin, n'en disent rien, mais il est peu probable qu'il ait agi sans son assentiment.

Chaban-Delmas battu et Giscard d'Estaing élu, Messmer relance (avec Germain) Présence et action du gaullisme, le 16 mai 1974. Le poids de l'ancien Premier ministre l'amène d'ailleurs à participer au dîner du Conseil constitutionnel, chez Frey, en décembre 1974, lors duquel Guichard, pourtant candidat des barons, s'incline devant Chirac dans la course au secrétariat général du parti. Messmer n'est cependant « pas très actif » dans la séquence et considère que la prise de pouvoir de Chirac est « dans la nature des choses »[121]. S'il tance le nouveau Premier ministre lors des assises de l'UDR de juin 1975, notamment en matière de politique étrangère, il lui est cependant fidèle et participe à la création du RPR, siégeant au premier rang lors du rassemblement de la Porte de Versailles, en décembre 1976.

Élu président du Conseil régional de Lorraine en janvier 1978, réélu député RPR en mars suivant, il entre en dissidence avec le régime giscardien, critiquant la politique économique du gouvernement Barre en juin, refusant de voter le budget des Armées à l'automne, soutenant l'appel de Cochin de Chirac ou encore la liste DIFE aux élections européennes de 1979, grâce à laquelle il entre à l'Assemblée européenne de Strasbourg. En janvier 1981, il annonce carrément à France Inter qu'il ne souhaite pas la réélection de Giscard d'Estaing, dénonçant notamment sa politique étrangère en Libye ou au Tchad[122]. Comme Foccart et Schumann, il soutient en conséquence la candidature de Chirac, au détriment de celle de Debré, et prend la présidence de son comité national de soutien, le 3 février 1981, intervenant de manière passionnée au congrès du RPR de Vincennes le lendemain.

Après la défaite de son poulain, Messmer soutient Giscard d'Estaing au second tour puis se présente, avec succès, dans sa circonscription de Moselle. Mobilisé au sein du Club 89 d'Aurillac et Juppé en 1982, envoyé en Afrique subsaharienne en janvier 1986, avec Kosciusko-Morizet et Pasqua, pour « recueillir leurs appréciations sur la situation [du continent noir] et exposer les vues du RPR[123] », il s'impose comme un spécialiste des questions africaines et étrangères au sein du parti chiraquien. Après la victoire de la droite aux législatives de 1986, Foccart est chargé des dossiers africains à Matignon, tandis que Messmer prend la présidence du groupe RPR à l'Assemblée nationale. « Mammouth[124] » gaulliste, suivant la formule de Maurice Ulrich, il souffle le chaud et le froid, ainsi en critiquant le projet de loi sur l'enseignement supérieur (de Devaquet) lors des journées parlementaires du RPR d'Épinal, à l'automne 1986. Soutien de la première heure de Chirac en 1974 comme en 1981, il annonce lui renouveler sa confiance en vue de la prochaine présidentielle lors des journées parlementaires du RPR de Bordeaux, en septembre 1987 :

> Rarement un gouvernement aura aussi bien et aussi vite travaillé et ce malgré un environnement international tumultueux et la présence à l'Élysée d'un président qui ne cache pas ses opinions socialistes (*sic*)[125].

L'échec de Chirac à l'élection présidentielle de 1988, puis la défaite de Messmer aux législatives en Moselle (battu de 647 voix par un adversaire socialiste) signent cependant la fin de sa carrière. Il achève ainsi son mandat à la mairie de Sarrebourg en 1989 puis au Conseil régional de Lorraine en 1991, sans demander à être réinvesti par sa famille politique. Cette prise de distance marque aussi, pour Frédéric Turpin, « le résultat de prises de position contradictoires avec celles de Jacques Chirac[126] » à partir de 1990. Si Messmer s'oppose en effet à la fronde de Séguin en 1989-1990, il s'insurge de la participation de la France à la coalition internationale au Koweït en 1991 et s'oppose au référendum de Maastricht en 1992, rejoignant, en conséquence, le combat de Pasqua et Séguin.

Élu président de la Fondation Charles-de-Gaulle, temple du gaullisme, en janvier 1992, il accède néanmoins à ces fonctions dans la douleur, après s'être confronté à Lefranc, soutenu par Burin des Roziers et Tricot[127]. La mémoire du Général est devenue un véritable champ de batailles. D'ailleurs, en septembre 1992, lorsque Alain Larcan interroge Messmer pour savoir si Chirac est encore gaulliste, l'ancien Premier ministre lâche de manière abrupte : « Il le croit, mais il ne l'est plus et peut-être ne l'a-t-il jamais été[128]. »

La rupture avec Chirac est finalement consommée pendant la deuxième cohabitation, lorsque Messmer se rapproche de Balladur sur les questions africaines, notamment dans le dossier de la dévaluation du franc CFA en janvier 1994. L'ancien Premier ministre va jusqu'à lui apporter son soutien dans la perspective de l'élection présidentielle de 1995. Une aventure sans lendemain dans laquelle il retrouve le baron Guichard. Relativement discret sur le plan politique après la victoire de Chirac à la présidentielle de 1995, il devient chancelier de l'Institut en 1999 - académie dont il est membre depuis novembre 1988, y remplaçant le gaulliste Léon Noël -, en même temps qu'il entre à l'Académie française - au siège laissé vacant par la disparition de Maurice Schumann. Remarié avec Christiane Bataille en 1999, il consacre ses dernières années à un travail d'histoire et de mémoire, prenant la présidence de la Fondation de la France Libre en 2003, après la mort de son vieux compagnon de route, le général Jean Simon. Membre du Mouvement initiative et liberté (MIL) de Foccart, il y mène quelques derniers combats, avant de s'éteindre, le 29 août 2007, à l'hôpital militaire du Val-de-Grâce.

Héros de l'épopée de la France Libre et haut fonctionnaire de l'administration coloniale, Messmer entre donc en gaullisme sur le tard. De fait, les barons le considèrent d'abord comme un technicien des affaires militaires et un personnage ombrageux, souvent en conflit avec Foccart. Sa prise en main de Présence et action du gaullisme en 1969 change la donne et accroît le poids politique du « Louvois du général de Gaulle[129] ». C'est un adversaire de Chaban-Delmas puis le soldat de plomb de Pompidou, bref l'homme à abattre au moment de la fronde des barons de novembre 1973.

Candidat putatif au moment de l'élection présidentielle de 1974, son compagnonnage avec Chirac en fait un adversaire pour les barons, en particulier Foccart, auquel il dispute la tutelle des questions africaines au sein du RPR. Ce n'est donc vraiment que sur la fin de sa vie, après la présidentielle de 1988, lorsqu'il se rapproche des barons dans le combat de Maastricht en 1992 ou lorsqu'il soutient la candidature de Balladur en 1993, que Messmer prend cette stature de baron du gaullisme, mise en images par sa présidence de la Fondation Charles-de-Gaulle.

*

Dans trois format différents, les Premiers ministres Pompidou, Couve de Murville et Messmer ont donc entretenu des relations étroites avec les barons, sans appartenir formellement à leur cercle. Aux origines de l'aventure gaulliste, fidèle du Général sans être membre du RPF, Pompidou s'affirme en effet comme un incontournable du parti dès la Quatrième République, ce qui l'amène à déjeuner régulièrement avec les barons, soufflant le nom de Debré en 1958 et 1959, protégeant Guichard sous son aile à partir de 1962 ou encore choisissant Chaban-Delmas à Matignon en 1969.

À l'inverse, extérieurs à l'aventure du gaullisme avant 1958, Couve de Murville et Messmer y entrent d'abord par effraction, en spécialistes de leurs sujets, avant de s'imposer ensuite comme des compagnons de route du Général dans la durée, prenant de l'épaisseur politique au fur et à mesure des années. C'est leur épreuve du pouvoir qui les met en contact avec les barons, souvent dans un rapport de forces. Étrangers à leur système, ils le fréquentent, s'y opposent, s'en accommodent puis l'intègrent complètement, notamment après 1974, comme des barons de l'après-gaullisme.

Dans l'aventure de Chirac et du RPR, à partir de 1976, Couve de Murville et Messmer s'imposent ainsi comme des voix fortes du gaullisme et surtout des gardiens du temple, en raison de leur stature d'anciens Premiers ministres. Cette notoriété leur permet d'exister, tout en étant parfois critiques de leur nouveau chef. Leur soutien à Chirac dans son entreprise de captation de la famille gaulliste, à commencer par son accession au secrétariat général de l'UDR en 1974, puis de construction d'un parti néogaulliste, en fait des adversaires de taille pour les barons, de quoi les qualifier, dans les années 1970-1980, d'« anti-barons du gaullisme ».

Conclusion

Il n'est jamais évident de conclure un livre d'histoire, tant la matière est propice à nous entraîner d'un sujet à l'autre, d'un personnage à son voisin, chaque légende ou mystère suscitant des recherches, avec leur lot de découvertes. Après le portrait de cette douzaine de chevaliers du gaullisme, le temps semble néanmoins venu de poser quelques réflexions d'ordre général.

Le système des barons

De 1947 à 1995, la vie politique de la droite française a été indéniablement marquée par l'influence du cercle des barons du gaullisme, soit qu'ils en aient été les organisateurs, les agitateurs, les gardiens du pouvoir, les vieux grognards dont on vient chercher l'adoubement ou encore qu'on pousse d'un siège qu'ils refusent de laisser à la jeune génération. Dans cette aventure, chacun des six barons a joué un rôle particulier. Palewski en doyen d'âge et héros de guerre, Chaban-Delmas et Debré en résistants puis parlementaires de la Quatrième République, mais aussi en Premiers ministres, Frey en bras armé du parti puis du gouvernement, notamment au ministère de l'Intérieur, Foccart en homme de l'ombre et des secrets, enfin Guichard en animateur du petit groupe.

Le club des six barons est cependant un ensemble mouvant en fonction des périodes. Palewski, le plus légitime à l'origine, en raison de son rôle dans l'aventure de la France Libre puis au GPRF, prend progressivement ses distances après 1957, revient dans le jeu politique à l'instigation de Pompidou en 1962, et s'écarte définitivement du gaullisme politique à partir de 1965, avec son entrée au Conseil constitutionnel. À l'identique, Chaban-Delmas et Debré connaissent des creux et des vagues, au gré de leur carrière. Marginaux dans les premières heures du gaullisme, ils s'imposent dans la traversée du désert, à l'URAS et au CNRS pour le premier, au *Courrier de la colère* pour le second. Au sommet de leur gloire après 1958, ils sont progressivement mis à l'écart au fur et à mesure de l'ascension de Pompidou, jusqu'à la rupture en 1972-1973. Enfin, Foccart, Frey et Guichard, personnages à l'origine secondaires, s'imposent progressivement dans l'univers gaulliste par la force de leur travail. Les mains dans le cambouis, ils sont à la peine pour faire vivre le parti, s'acharnent, se débattent, fomentent des coups, structurent les réseaux, jusqu'à devenir les meneurs véritables de ce petit cercle politique.

Reconnaître ces six personnalités comme des barons est évidemment le fruit d'une décision subjective. Elle accepte la définition posée par Jean Daniel dans *Le Nouvel Observateur* en 1963, tout en y apportant quelques précisions. Je ne reviendrai pas sur le choix d'y adjoindre Palewski, déjà justifié à plusieurs reprises au cours des pages précédentes. Trois caractéristiques semblent cependant propres à ces six hommes et justifient leur appartenance à ce groupe fermé : une place centrale dans la vie politique du gaullisme, au sein de ses associations, mouvements, partis et réseaux, une continuité dans le rapport au général de Gaulle et au gaullisme, enfin un réseau de relations avec les autres barons.

La place centrale, ce sont Palewski, Chaban-Delmas ou Debré en organisateurs des réseaux sous la Quatrième République, c'est Frey en maître du parti sous la Cinquième République puis en écurie politique d'une génération gaulliste, c'est Foccart et sa mainmise sur le gaullisme de choc, mais c'est aussi Guichard en chef de la minorité gaulliste dans le gouvernement de Barre sous le septennat de Giscard d'Estaing.

La continuité dans le rapport au Général et au gaullisme, c'est la fidélité de ces six personnages à l'homme du 18 Juin, dès la Seconde Guerre mondiale, envers et contre tout, quand d'autres, à l'exemple de Pompidou ou de Soustelle, ont connu des hésitations, voire des ruptures plus ou moins graves. Malgré leurs mérites, Couve de Murville paye sa distance avec le gaullisme de guerre puis d'opposition jusque dans les années 1970, et Messmer son compagnonnage avec les socialistes sous la Quatrième République.

Le réseau, c'est enfin l'esprit d'entraide des barons. Ce sont Foccart, Frey et Guichard en soutien de Chaban-Delmas en 1958, dans sa candidature à la présidence de l'Assemblée nationale ; c'est Chaban-Delmas recommandant à son tour Guichard pour Matignon en 1972 ; c'est la fronde de Chaban-Delmas et Debré, main dans la main, face à Pompidou en 1973 ; c'est encore l'unité retrouvée autour de Chaban-Delmas en 1974. C'est aussi l'élément d'explosion. Parce qu'ils sont un groupe de personnalités aux appétits politiques féroces et aux visions parfois divergentes, les barons se sont entredéchirés tout au long de leur histoire : en 1956, sur la conduite à suivre dans le dossier de l'Algérie française ; en 1958, dans la conquête de postes de pouvoir ; en 1966-1968, dans leur volonté de succéder à Pompidou ; en 1969-1972, dans leur rapport ambivalent à Chaban-Delmas ; puis, après 1974, dans leurs parcours divergents, en faveur ou contre Jacques Chirac.

L'antipompidolisme, comme l'antichiraquisme, est ainsi une ligne de rupture au sein du cercle des barons, entre d'une part les défenseurs d'un système historique (Chaban-Delmas, Debré) et d'autre part les hommes de l'ouverture à la modernité politique et à de nouveaux représentants de la droite (Foccart, Guichard). Face à l'hésitation, c'est aussi la retraite forcée pour certains d'entre eux, mis sur le banc de touche de la vie politique (Palewski en 1965, Frey en 1974). L'accession de Chirac à Matignon puis sa mainmise sur le secrétariat général du parti en 1974 sont les premiers éléments de la décomposition du cercle des barons. Leur incapacité à imposer Guichard comme secrétaire général puis leur divergence de vue lors de la présidentielle de 1981, dans l'alternative entre Chirac et Debré, scellent leur sort. Le système des barons est en déshérence.

Figures et réseaux

Pour gouverner, les barons ont eu recours à des réseaux du gaullisme. Sous la Quatrième République, ce sont bien entendu les partis, le RPF (Bénouville, Foccart, Guichard, Guy, Juillet, Malraux, Michelet, Noël, Palewski, Soustelle, Terrenoire), dans sa volonté de « refaire la France avec nos mains[1] », puis le CNRS et l'URAS (Chaban-Delmas, Diethelm, Frey, Palewski, Triboulet), y compris les Jeunes républicains sociaux (Anfrol, Kosek, Ribeaud). Ce sont aussi les réseaux du gaullisme de choc, l'Union pour le renouveau et le salut de l'Algérie française (Picard, Soustelle) comme les Volontaires de l'Union française (Biaggi), aux frontières de l'anticommunisme, mais aussi ceux du gaullisme social (Dauer, Lipkowski, Morandat), à la recherche d'une troisième voie française inspirée par l'association capital-travail.

Dans la première moitié des années 1950, l'épuisement des chefs du gaullisme – ainsi Soustelle, remercié de la présidence du groupe parlementaire en 1952 ; Diethelm, disparu au lendemain d'un scandale financier en 1954 ; ou Terrenoire, parti de lui-même du secrétariat général du parti la même année – ouvre la voie à de jeunes pousses politiques. La conjonction de ces événements avec l'instauration des premiers déjeuners des barons, en 1955, parle d'elle-même. La constellation des associations et mouvements du gaullisme renforce en effet mécaniquement le rôle des barons entre 1954 et 1958. C'est Debré agissant, comme Malraux ou Palewski avant lui, en agrégeant les forces vives au sein de son *Courrier de la colère* en 1957-1958 (Arrighi, Blocq-Mascart, Dronne, Fanton, La Malène, Mauricheau-Beaupré, Missoffe), le tout avec l'adoubement de Soustelle.

Lorsque le retour du Général s'organise en 1958, les barons se déchirent d'ailleurs pour mettre la main sur les structures politiques du gaullisme : Association nationale pour le retour du général de Gaulle dans la légalité républicaine (Dupérier, Foccart, Lefranc), Union civique pour le référendum (Chaban-Delmas, Vallery-Radot) puis Union pour la nouvelle république (Frey, Soustelle). L'incapacité de Debré, pourtant Premier ministre, à verrouiller le parti entretient à l'époque l'existence d'un système pentarchique avec les autres barons. La radicalisation de Soustelle, déchu du gaullisme et exilé, de même que le départ de Debré de Matignon en 1962, maintiennent à flot cette organisation, où chacun s'entraide mais surveille également son voisin, en attendant qu'il fasse un faux pas.

Dès le début de l'année 1959, le parti devient donc l'objet de querelles entre les barons. Le banquier Chalandon, soutenu par Debré et Frey pour s'opposer aux centristes du gouvernement, est nommé secrétaire général de l'UNR mais renversé par Soustelle au bout de quelques mois. À lui seul, il parvient encore à tenir tête aux barons. Ses successeurs Richard et Dusseaulx sont, eux aussi, emportés par le débat politique sur l'Algérie française, qui finit d'écarter Terrenoire, malgré un bref retour à la tête du groupe parlementaire puis du parti. Soustelle, baron maudit du gaullisme, aura coché une dernière croix sur sa liste, avant de disparaître de la mémoire de la droite française.

La victoire n'emporte cependant pas la cohésion des barons. Tandis que Debré peine à Matignon, Chaban-Delmas organise ses réseaux parlementaires depuis la présidence de l'Assemblée nationale, Foccart fourbit ses armes à l'appui du Service d'action civique (SAC), un service d'ordre à sa main, et Frey organise une véritable écurie du gaullisme à son cabinet et au secrétariat général du parti (Baumel, Flornoy, Marette). La nomination de Baumel, ancien résistant, historique du gaullisme mais surtout protégé de Frey, apporte une sorte d'équilibre à la situation. Coïncidant avec l'arrivée de Pompidou à Matignon, elle force en effet les barons à serrer les rangs. Une certaine unité se dessine, à l'exception des périodes d'hésitation du Général (en 1965, en vue de l'élection présidentielle, puis en 1967, après les législatives).

Soudés, les barons ne peuvent pour autant pas empêcher l'ascension de Pompidou, laquelle provoque la mise en place d'un secrétariat collégial du parti par des quadras (Charbonnel, Fanton, Poujade, Taittinger) puis la nomination de Poujade, en 1968, sous la forme d'un accord de principe entre les barons et le Premier ministre autour de la personnalité la moins clivante et surtout la moins dangereuse pour leur système !

La nomination de Chaban-Delmas à Matignon en 1969 témoigne de l'importance persistante des barons. La fronde des Affreux de l'Élysée (Juillet-Garaud) et la prise de distance entre les barons et le parti, sous les mandats de Tomasini, Préaumont et Peyrefitte, menacent néanmoins l'équilibre des pouvoirs entre les historiques et le nouveau président de la République. La rupture avec Chaban-Delmas en 1972 met le feu aux poudres. Les barons s'agitent, s'insurgent, pestent et mènent la contre-offensive lors des assises de Nantes de novembre 1973. Même Foccart, fidèle de Pompidou et vigie africaine à l'Élysée, tente d'arrondir les angles entre Chaban-Delmas et Pompidou, en défendant ses amis les barons. La paix des braves est obtenue en février 1974, mais le décès du président de la République, les hésitations présidentielles de Messmer puis la trahison de Chirac fracturent la famille gaulliste.

L'incapacité des barons à imposer Guichard au secrétariat général du parti en décembre 1974, malgré l'aide de Couve de Murville et Messmer, sonne comme un coup de tonnerre. La division des barons et l'hésitation de Chaban-Delmas les empêchent de reprendre le parti en main, en août 1976, après le départ de Chirac de Matignon. L'initiative de Guichard, chef de la minorité gaulliste au sein du gouvernement Barre, paraît ainsi bien solitaire dans la période, devant l'exil volontaire de Chaban-Delmas en Aquitaine. Chirac, Bord puis Guéna procèdent alors à une chiraquisation en règle de l'UDR, dont l'achèvement est le congrès de la porte de Versailles et la création du RPR en décembre 1976. Le ralliement de Debré à Chirac lors des européennes de 1979 ou le soutien inconditionnel de Foccart au maire de Paris finissent de creuser le fossé. L'unité des barons ne sera jamais retrouvée, ni dans la candidature de Debré en 1981, où Foccart fait défaut, ni dans le combat de Maastricht en 1992, ni dans le duel Chirac-Balladur en 1995. Chirac aura donc été l'artisan de la destruction du système des barons, en noyautant puis en réformant le parti gaulliste, et en créant son propre compagnonnage politique (Baroin, Jacob, Juppé, Gaymard, Pons, Villepin).

ILS S'APPELAIENT BARONS

Si ce livre fait le choix de retenir six personnalités au titre des barons, d'autres n'en ont pas fait de même, y compris les principaux intéressés. Ainsi, dans ses *Mémoires pour demain*, Chaban-Delmas efface Foccart et Pompidou de leurs déjeuners hebdomadaires, mais n'oublie pas Palewski et même d'autres anciens compagnons de route comme Corniglion-Molinier, Malraux et Soustelle :

> En place de Table ronde, nous nous réunissions autour de celle de la Maison de l'Amérique latine, boulevard Saint-Germain. Michel Debré, Roger Frey, Olivier Guichard, André Malraux et moi y déjeunions ensemble environ deux fois par mois, à jour fixe.
> Notre hôte était Émilien Amaury, le patron du *Parisien libéré*, un gaulliste d'autant plus méritoire qu'il avait la fibre MRP. Gaston Palewski, Édouard Corniglion-Molinier se sont parfois joints à nous. Soustelle, qui était présent dans les commencements, nous a quittés lorsque sa trajectoire a commencé de se séparer de la nôtre, et Georges Pompidou n'est jamais venu. Malraux d'ailleurs n'avait vraiment admis ni l'un, ni l'autre dans son intimité[2].

De son côté, Lefranc, protégé de Foccart et surtout fondateur de l'Institut Charles-de-Gaulle en 1971, se considère comme un baron :

> Nous avons senti – le petit groupe dont je vous ai parlé –, à partir d'un certain moment, qu'il était utile de nous réunir entre nous. On a appelé cela les barons, peut-être parce qu'Olivier Guichard était baron ou parce que nous étions les grands féaux du Général. C'est vrai que l'on s'est réuni régulièrement. Il y avait Roger Frey, Jacques Foccart, Olivier Guichard, Georges Pompidou, Jacques Chaban-Delmas et moi-même. Cela se passait soit à Matignon, soit chez Chaban à la présidence de l'Assemblée nationale, soit chez Guichard quand il a été ministre[3].

Alain Frèrejean, dans sa biographie de Pompidou, évoque pour sa part un cercle où se réunissaient Chaban-Delmas, Foccart, Guichard, ainsi que Beaulaincourt, Bonneval, Michelet, Soustelle et Terrenoire, une configuration plus proche des grognards de l'aventure du RPF (qui oublie cependant Debré et Frey) que des barons du gaullisme[4]. Jean-Louis Debré y ajoute René Capitant, grande voix du gaullisme de gauche et historique de l'aventure[5]. Édouard Balladur insiste sur le rôle d'André Malraux, barde de l'épopée gaulliste, et, bien sûr, Georges Pompidou[6]. Patrick Ollier, pour sa part, évoque la présence de Robert Galley, gendre de Leclerc, ministre du Général et de Pompidou, justifiant l'appartenance au cercle des barons par l'épreuve commune de la guerre et le souci des affaires du parti[7]. Il semble donc y avoir autant de définitions des barons qu'il y a de contemporains et d'historiens.

La disparition au compte-goutte des derniers compagnons de route du Général complique encore davantage l'exercice, les commentateurs politiques et médiatiques attribuant en effet souvent le qualificatif aux derniers survivants de l'épopée gaulliste : Yvon Bourges, Albin Chalandon, Pierre Lefranc, Alain Peyrefitte, etc. Quitte à parfois créer des contresens, ainsi en désignant Charles Pasqua comme tel, lui qui avait pourtant été le porte-flingue de Chirac dans l'élimination des barons. Au fond, si certains médias ont consacré Pasqua en baron du gaullisme, au moment de sa disparition, en 2015, ce n'est pas tant pour marquer son appartenance à ce petit cercle que pour rappeler sa quête d'un gaullisme des origines, un gaullisme populaire et social. Que dire alors de Philippe Séguin, chantre du gaullisme social et souverainiste, ou de Michèle Alliot-Marie, présidente du Chêne, un club affilié à l'Union pour un mouvement populaire (UMP), dédié au gaullisme de renouveau ?

Avec l'extinction progressive des barons dans le courant des années 1980-1990, l'appellation a été étendue à de nombreux défenseurs d'un gaullisme originel et orthodoxe, face à une droitisation du RPR puis de l'UMP. En cela, Couve de Murville ou Messmer apparaissent bien comme des barons, en garants d'une certaine idée de la France et du gaullisme. Leur statut d'anciens Premiers ministres leur confère en effet une légitimité à défendre cet héritage. C'est dans cet esprit de préservation du gaullisme que plusieurs figures de l'aventure ont créé et développé des clubs et mouvements dans les années 1990, ainsi Jacques Dauer et l'Académie du gaullisme en 1994 ou encore Jean Charbonnel et l'Action pour le renouveau du gaullisme et de ses objectifs sociaux en 1998. La création des Républicains, en 2015, n'a fait qu'accroître cette recherche des origines gaullistes, héritage appelé et défendu par les candidats de la primaire interne de 2016 et de 2021.

Le combat mémoriel en faveur du gaullisme de Lefranc le rend donc tout à fait légitime à être considéré comme un baron au regard de cette nouvelle définition et de ses fonctions de secrétaire général de l'Institut Charles-de-Gaulle. Dès l'automne 1973, Foccart et Guichard l'intègrent d'ailleurs à leurs agapes, de crainte de voir la maison mémorielle du gaullisme atterrir au cœur du champ de bataille entre Chaban-Delmas et Pompidou[8]. Partant de là, les anciens présidents de l'Institut puis de la Fondation Charles-de-Gaulle tiennent une même légitimité à revendiquer ce titre : Chodron de Courcel, Foyer, Guéna, Malraux, Messmer, Palewski, Debray et Simon en contemporains. Comment dès lors considérer la nouvelle génération des présidents, tout autant inspirés par le message du gaullisme, tout en ayant plus de distance avec son œuvre historique ? Ainsi Gaymard, Godfrain ou Mazeaud.

L'œuvre de mémoire de Peyrefitte, auteur d'un magistral *C'était de Gaulle*, qui recense dix ans d'échanges personnels avec le Général, pourrait lui valoir, à lui aussi, le même titre, ne serait-ce l'animosité personnelle des barons à son égard et vice versa. Roger Barberot s'indigne d'ailleurs de « ceux qui épièrent littéralement chacun des faits et gestes du Général, dont ils tirèrent, dans un étrange besoin de renommée posthume, une vision qui n'ajoutait rien à l'histoire et leur ressemblait plus qu'elle ne ressemblait à leur modèle, comme Las Cases, dont Emmanuel d'Astier de La Vigerie avait dit, du *Mémorial de Sainte-Hélène*, l'histoire d'un aigle racontée par un moineau[9] ». N'est-il pas, en effet, à l'image de Malraux, une sorte de barde du gaullisme, dévoué à sauvegarder et même mieux, à faire prospérer, la mémoire de l'action et de la pensée du Général ? Le baron Foccart l'accuse en tout cas de rapporter « des boutades et des propos délibérément excessifs[10] », assurant « qu'il n'a jamais appartenu au petit cercle au sein duquel s'élaboraient les grandes affaires politiques[11] ». Lui dénonce la dérive des barons, notamment lors de la présidentielle de 1981, jugeant en effet la vieille garde gaulliste coupable d'avoir soutenu Mitterrand face à Giscard d'Estaing au second tour de l'élection présidentielle[12].

Albin Chalandon détonne tout autant dans ce paysage politique et mémoriel. Ministre du général de Gaulle puis de Pompidou, trésorier et secrétaire général du parti à ses origines, il rallie Giscard d'Estaing sans ambages après 1974 et Chirac à partir de 1983. Seul ministre du Général dans le gouvernement de cohabitation de 1986, c'est un seigneur du gaullisme, porteur d'une mémoire qui le légitime, à l'image de Couve de Murville ou Messmer, à porter ce titre. Sa parole est d'or lorsqu'il évoque les grandes heures de la droite française. Sa disparition, en juillet 2020, en a fait un des derniers barons à quitter la vie politique française.

Reste une ultime interrogation, peut-être la plus importante et la plus politique. Existe-t-il encore des barons du gaullisme en 2024 ? Qui pourra encore parler au nom du général de Gaulle et du gaullisme lorsque le dernier de ses compagnons d'armes aura quitté ce monde ? Sa mort signera-t-elle d'ailleurs la fin du gaullisme ou d'autres pourront-ils reprendre le bâton de pèlerin et, si oui, dans quelles conditions ? À l'heure d'écrire ces lignes, un seul des ministres du Général est encore en vie. Retiré de la vie publique depuis de nombreuses années, Jacques Trorial continue cependant de faire vivre la mémoire du gaullisme avec conviction et passion, lors de conférences et de débats. Il lui arrive aussi de s'exprimer publiquement, ainsi lors de l'élection présidentielle de 2022, où il s'est emporté contre les usages inappropriés de la mémoire du gaullisme par les candidats d'extrême droite. Peut-on parler de « baron du gaullisme » ? Lui s'y refuse, mais en l'écoutant et en recueillant sa parole, l'historien ne peut s'empêcher d'y entendre comme le son lointain de la voix du Général et comme les airs surannés d'une mélodie bien connue, ces quatre coups de timbales, premières mesures la cinquième symphonie de Beethoven[13]. C'est une sorte de messager et surtout le dernier témoin d'une époque révolue. Son propos résonne pourtant encore à travers le temps et continue de faire vibrer la vie politique française avec intensité, au rythme des combats et des valeurs du général de Gaulle. Lorsqu'il cessera de le transmettre, pourra-t-on écouter avec autant de légitimité les autres défenseurs du gaullisme ? C'est l'incroyable destin de ce courant de pensée, doctrine de dépassement et de grandeur, initialement propre à un homme, mais inspirée après lui à tant de générations. Il faudra continuer de le faire vivre, en veillant, avec les historiens, à éviter les débauchages intellectuels et les récupérations politiques, car le gaullisme n'est la propriété de personne. Il appartient à la France et à tous les Français.

Notes

Introduction

1. Jacques Chaban-Delmas, *Mémoires pour demain*, Paris, Flammarion, 1997, p. 368.
2. Sur ce point, il y a eu des barons du giscardisme (Bonnet, Chinaud, d'Ornano, Poniatowski) et des barons du mitterrandisme, les sabras (Cresson, Jospin, Quilès, Védrine), plus tard les éléphants du Parti socialiste. Le système des barons n'est donc pas une organisation propre au gaullisme, mais l'objet de ce livre est de déterminer son originalité.
3. Alain Peyrefitte, *C'était de Gaulle*, Paris, Gallimard, 2002, p. 1771.
4. Historiquement, le cabinet noir désignait un service de renseignement chargé de l'interception des correspondances sous la monarchie. Il a connu ses grandes heures sous Richelieu. Pratique courante sous l'Empire, le cabinet noir a acquis un nouveau sens au XXe siècle et désigne désormais un système d'écoute et de surveillance des milieux journalistiques ou politiques. Jacques Foccart a ainsi longtemps été désigné comme le chef du cabinet noir du général de Gaulle, notamment après la découverte, en 1969, d'un système d'écoute des conversations tenues dans le palais de l'Élysée.
5. La première mention des « petits barons » apparaît sous la plume de Pierre Viansson-Ponté dans un article intitulé « Le gaullisme à l'épreuve », paru dans *Le Monde*, le 22 juillet 1959. Il la reprend dans un second article, « Crises sèches », également paru dans *Le Monde*, le 8 janvier 1960.
6. Pierre-Henri Teitgen, Intervention à Fougères, cité dans *Le Monde*, 9 juin 1958.
7. André Ribaud, *La Cour. Chronique du royaume*, Paris, Julliard, 1962.
8. Archives de l'Assemblée nationale (AAN), Compte rendu des débats parlementaires, Intervention de Jacques Legendre, 27 avril 1962.
9. Maurice Duverger, « Les gaullistes », *Le Monde*, 13 juillet 1963.
10. Voir notamment Jean Charlot, *Le Gaullisme d'opposition, 1946-1958*, Paris, Fayard, 1983.
11. Charles de Gaulle, *Lettres, notes et carnets*, t. I, *1905-1918*, Paris, Plon, 1973, p. 273-274.
12. Julian Jackson, *De Gaulle. Une certaine idée de la France*, Paris, Seuil, 2019, p. 468.
13. Robert Poujade, *Avec de Gaulle et Pompidou. Mémoires*, Paris, L'Archipel, 2011, p. 96.
14. Julian Jackson, *De Gaulle...*, *op. cit.*, p. 462.
15. Après son départ de Matignon, Maurice Couve de Murville est battu lors d'une élection législative partielle dans les Yvelines en 1969. Il revient cependant à l'Assemblée nationale en 1973 et y demeure pendant une longue décennie.
16. Entretien de l'auteur avec Patrick Ollier, Paris, 7 septembre 2023.
17. Michèle Cotta, *Cahiers secrets de la Ve République*, t. I, *1965-1977*, Paris, Fayard, 2007, p. 202.
18. Ce que nie catégoriquement sa veuve. Entretien de l'auteur avec Sylvie Lefranc, Neuilly-sur-Seine, 12 janvier 2023.

PARTIE I. LE CLUB DES SIX

Chapitre 1. Gaston Palewski, le doyen

1. Georges Fleury, *De Gaulle. De l'enfance à l'appel du 18 juin*, Paris, Flammarion, 2007, p. 250.
2. Mary S. Lovell, *The Mitford Girls. The Biography of an Extraordinary Family*, Londres, Hachette, 2001, p. 356.
3. Jacques Bernot, *Gaston Palewski. Premier baron du gaullisme*, Paris, François-Xavier de Guibert, 2010, p. 13.
4. Gaston Palewski, *Hier et aujourd'hui*, Paris, Plon, 1975, p. 126.
5. Jacques Bernot, *Gaston Palewski*..., *op. cit.*, p. 26.
6. Voir à ce sujet le témoignage qu'il en a fait en 1976 : Marcel Diamant-Berger, « Le capitaine de Gaulle et l'expérience de la captivité », *Espoir*, n° 14, 1976.
7. Jacques Bernot, *Gaston Palewski*..., *op. cit.*, p. 26.
8. Gaston Palewski, *Mémoires d'action. 1924-1974*, Paris, Plon, 1988, p. 22.
9. Cité dans Jean-Paul Palewski, *Prenez, je vous offre ma vie. Mémoires*, t. II, Paris, S. Palewski, 2005, p. 126.
10. Jacques Bernot, *Gaston Palewski*..., *op. cit.*, p. 69.
11. *Ibid.*, p. 84.
12. Gaston Palewski, « De Gaulle, la Grande-Bretagne et la France Libre, 1940-1943 », *Espoir*, n° 43, juin 1983, p. 2.
13. Gaston Palewski, *Mémoires d'action*..., *op. cit.*, p. 144-145.
14. *Ibid.*, p. 133.
15. Gaston Palewski, art. cité, p. 4. Voir aussi, pour un récit plus détaillé, Gaston Palewski, *Mémoires d'action*..., *op. cit.*, p. 137.
16. En septembre 1940, le général de Gaulle lance une offensive sur Dakar, afin de rallier à sa cause l'Afrique occidentale française. Mis en déroute, les Français Libres rebroussent chemin. Le Général est très affecté par cet échec, mais le manifeste de Brazzaville, en octobre, puis le ralliement du Gabon, en novembre, l'installent dans son rôle de chef de la résistance.
17. Jacques Bernot, *Gaston Palewski*..., *op. cit.*, p. 109.
18. *Ibid.*, p. 113.
19. Fondation Charles-de-Gaulle, *Avec de Gaulle*, t. I, Paris, Nouveau Monde, 2003, p. 149.
20. Claude Mauriac, *Un autre de Gaulle. Journal 1944-1954*, Paris, Hachette, 1970, p. 145.
21. Pierre Viansson-Ponté, *Après de Gaulle, qui ?*, Paris, Seuil, 1968, p. 221.
22. Jacques Bernot, *Gaston Palewski*..., *op. cit.*, p. 153.
23. Gaston Palewski, *Mémoires d'action*..., *op. cit.*, p. 296.
24. Georges Pompidou, *Pour rétablir une vérité*, Paris, Flammarion, 1982, p. 48.
25. Jacques Bernot, *Gaston Palewski*..., *op. cit.*, p. 173.
26. Claude Guy, *En écoutant de Gaulle*, Paris, Grasset, 1996, p. 242.
27. Pierre Manenti, *Histoire du gaullisme social*, Paris, Perrin, 2021, p. 46-47.
28. Archives de la Fondation Charles-de-Gaulle (AFCG), RPF 371, Statuts originaux du Rassemblement du peuple français, mai 1947.
29. Pierre Manenti, *Histoire du gaullisme social*, *op. cit.*, p. 63-66.
30. AFCG, RPF 209, Discours de Gaston Palewski aux assises nationales du RPF de Marseille, 16-17 avril 1948.

31. François Audigier, « Une violence militante de faible intensité : le choc gaullistes-communistes dans l'Est », *in* François Audigier, Frédéric Schwindt (dir.), *Gaullisme et gaullistes dans la France de l'Est sous la IVe République*, Rennes, Presses universitaires de Rennes, 2009, p. 329.
32. Claude Guy, *En écoutant de Gaulle, op. cit.*, p. 458.
33. Le comité exécutif du RPF, devenu Conseil de direction du RPF en 1949, réunit à l'origine Jacques Baumel, Pierre Guillain de Bénouville, André Bozel, André Diethelm, Christian Fouchet, André Malraux, Léon Mazeaud, Gaston Palewski, Jean Pompéi, le colonel Rémy, Jacques Soustelle, Louis-Pasteur Vallery-Radot et Louis Vallon.
34. Yves Beauvois, *Léon Noël. De Laval à de Gaulle via Pétain (1888-1987)*, Villeneuve d'Ascq, Presses universitaires du Septentrion, 2001, p. 269.
35. AFCG, RPF 313, Lettre de Gaston Palewski au général de Gaulle au nom du Comité national d'études sur le projet de loi-cadre de redressement des finances publiques, 30 mars 1948. Le courrier de Palewski est annoté par le général de Gaulle.
36. Alain Pompidou, *Georges Pompidou. Lettres notes et carnets*, Paris, Robert Laffont, 2012, p. 200.
37. Claude Guy, *En écoutant de Gaulle, op. cit.*, p. 315.
38. *Ibid.*, p. 382.
39. Il tente pourtant une dernière incartade dans les affaires du RPF en présentant sa vision de la diplomatie française lors du congrès du RPF de Versailles, le 1er octobre 1949 (AFCG, RPF 276, Discours de Gaston Palewski au congrès du RPF de Versailles, 1er octobre 1949).
40. Jacques Bernot, *Gaston Palewski..., op. cit.*, p. 187.
41. AFCG, RPF 228, Discours de clôture de Gaston Palewski aux assises nationales du RPF de Paris, 25 juin 1950.
42. AFCG, RPF 283, Discours de Gaston Palewski au Conseil national du RPF de Bois-Colombes, 22 octobre 1950.
43. Gaston Palewski, *Mémoires d'action..., op. cit.*, p. 259.
44. L'idée est esquissée lors du Conseil national du RPF de Nancy de novembre 1951 (AFCG, RPF 246, Discours de Gaston Palewski sur la sécurité en Europe, Nancy, 23-25 novembre 1951).
45. Christine Manigand, « L'Europe des gaullistes. Essai sur la place des gaullistes au sein des assemblées européennes », *Vingtième siècle. Revue d'histoire*, n° 116, avril 2012, p. 10.
46. Charles de Gaulle, *Discours et messages*, t. II, Paris, Plon, 1970, p. 482-483.
47. Henry Mallez, député RPF du Nord, cité dans *La Voix du Nord*, 15 mars 1952.
48. Julian Jackson, *De Gaulle..., op. cit.*, p. 468.
49. Jean Charlot, *Le Phénomène gaulliste*, Paris, Fayard, 1970, p. 59.
50. Archives de Sciences Po (ASP), Fonds Edmond Barrachin, EBA8, Dossier 2, « Crise du RPF », Lettre au général de Gaulle, mai 1952.
51. Ces quarante-cinq dissidents sont composés des vingt-sept dissidents de janvier 1952, des quatorze signataires supplémentaires du courrier de mai 1952, enfin de quatre députés bretons favorables à leur rassemblement. Voir Christian Bougeard, *L'Évolution des forces politiques en Bretagne*, Rennes, Presses universitaires de Rennes, 2022, p. 67-68.
52. Jacques Bernot, *Gaston Palewski..., op. cit.*, p. 197.
53. Parmi les sept signataires des statuts du RPF de 1947, le colonel Rémy a en effet été écarté en raison de ses positions en faveur de la réhabilitation du maréchal Pétain en 1949-1950, tandis que Vallery-Radot, élu député RPF de la Seine en 1951, démissionne de son mandat pour se consacrer à sa vie professionnelle en 1952.
54. Alain Pompidou, *Georges Pompidou. Lettres notes et carnets, op. cit.*, p. 236.

55. Yves Beauvois, *Léon Noël…, op. cit.*, p. 250.
56. Gaston Palewski, *Mémoires d'action…, op. cit.*, p. 114.
57. Frédérique Dufour, « Colombey et le gaullisme sous la Ve République », *in* François Audigier, Frédéric Schwindt (dir.), *Gaullisme et gaullistes…, op. cit.*, p. 357.
58. L'affaire des piastres est un scandale financier et politique révélé en 1953. Il mettait en cause plusieurs personnalités politiques impliquées dans un trafic autour de la monnaie de l'Indochine française. Des francs étaient en effet échangés contre des piastres sur le marché asiatique au taux de 10 francs pour 1 piastre ; les piastres étaient ensuite transférées en France métropolitaine puis échangées à raison de 17 francs pour 1 piastre. La différence servait à toutes sortes d'activités, parmi lesquelles le financement de certains partis politiques.
59. Dès janvier 1953, Mayer cède notamment sur la question de la création d'une armée européenne, ce qui explique l'abstention de Palewski au moment du vote de l'investiture. D'autres partagent sa position comme le général Koenig ou Soustelle, de même que Vallon, qui quitte le groupe pour manifester son désaccord.
60. Alain Pompidou, *Georges Pompidou. Lettres, notes et portraits…, op. cit.*, p. 247-248.
61. *Ibid.*, p. 250.
62. Frédéric Turpin, « Le général Koenig, une figure historique et nationale du gaullisme », *in* François Audigier, Frédéric Schwindt (dir.), *Gaullisme et gaullistes…, op. cit.*, p. 242-243.
63. Archives nationales (AN), 547AP/122, Gaston Palewski, Discours de Fontenay-sous-Bois, 8 décembre 1953.
64. AN, 547AP/122, Gaston Palewski, Déclaration au Parlement, 10 mai 1953.
65. AN, 547AP/122, Gaston Palewski, Discours de Poitiers, 4 mai 1954.
66. AN, 547AP/122, Gaston Palewski, Déclaration de Clichy, 25 mai 1954.
67. Marc Francioli, *Jacques Soustelle. L'ami qui a défié de Gaulle*, Paris, Rocher, 2015, p. 123.
68. Cité dans Julian Jackson, *De Gaulle…, op. cit.*, p. 476.
69. *Ibid.*
70. Gaston Palewski, *Mémoires d'action…, op. cit.*, p. 266.
71. Cité dans Philippe Vial, « Un ministre paradoxal, le général Koenig (19 juin/14 août 1954 – 23 février/octobre 1955) », *in* Olivier Forcade, Éric Duhamel, Philippe Vial (dir), *Militaires en République, 1870-1962. Les officiers, le pouvoir et la vie publique en France*, Paris, Sorbonne, 1999, p. 255-289.
72. Frédéric Fogacci, Gilles Le Béguec (dir.), *Olivier Guichard*, Paris, Nouveau Monde, 2018, p. 26.
73. Gaston Palewski, *Mémoires d'action…, op. cit.*, p. 263.
74. Gaston Palewski, « Le groupement autour du général de Gaulle », *Le Monde*, 24 mai 1956.
75. En décembre 1956, le général de Gaulle prend ainsi contact avec Joxe, ancien adversaire de Palewski au CFLN puis au GPRF, désormais secrétaire général du ministère des Affaires étrangères. Voir Gaston Palewski, *Mémoires d'action…, op. cit.*, p. 267.
76. AN, 547AP/61, Lettre de Gaston Palewski au général de Gaulle, non datée, v. 1958. « Mon Général, c'est un crève-cœur pour moi, après tant d'années où j'ai appelé de tout mon être ces heures décisives, d'être loin de vous en ce moment. »
77. Élisabeth Yverneau-Glasser, « Un ambassadeur de France en Italie : Gaston Palewski (août 1957-avril 1962) », *Cahiers d'études italiennes*, n° 22, 2016, p. 47-60.
78. Yves Beauvois, *Léon Noël…, op. cit.*, p. 334. L'auteur suggère néanmoins que Noël, bien que peu enthousiaste à l'idée de la candidature de Palewski, préférerait le voir lui succéder plutôt qu'Edmond Michelet.
79. *Ibid.*, p. 253.
80. Pierre Manenti, *Histoire du gaullisme social, op. cit.*, p. 110-111.
81. Jacques Bernot, *Gaston Palewski…, op. cit.*, p. 277.

82. Gaston Palewski, *Le Monde*, 15 mai 1974.
83. Gaston Palewski, *La Revue des Deux Mondes*, 18 décembre 1974.
84. Pierre Viansson-Ponté, « La fin des barons », *Le Monde*, 23 décembre 1974.
85. Patrick Samuel, *Michel Debré. L'architecte du Général*, Paris, Perrin, 2022, p. 40.

Chapitre 2. Michel Debré, l'architecte

1. Jean-Louis Debré, *Une histoire de famille*, Paris, Robert Laffont, 2019, p. 35.
2. Il assiste d'ailleurs au défilé de la victoire de 1919 depuis un des balcons du ministère de la Marine, car son père est le docteur d'un ami de Georges Leygues, le titulaire du poste. Michel Debré, *Mémoires. Trois républiques pour la France*, t. I, Paris, Albin Michel, 1984, p. 18.
3. Patrick Samuel, *Michel Debré...*, *op. cit.*, p. 27-29.
4. AN, 98AJ1/8, Notes et rapports de Michel Debré pour le Comité d'études pour l'adaptation du régime douanier (1935-1936) puis pour le Comité de révision douanière (1936-1937).
5. Michel Debré doit cette proposition à Jean-Marcel Jeanneney, camarade de l'École libre des sciences politiques. La sœur cadette de Michel, Claude Debré, est en effet la meilleure amie de l'avocate Marie-Laure Monod, future Mme Jeanneney. Éric Kocher-Marbœuf, *Le Patricien et le Général. Jean-Marcel Jeanneney et Charles de Gaulle, 1958-1969*, Vincennes, Institut de la gestion publique et du développement économique, Comité pour l'histoire économique et financière de la France, 2003, p. 15.
6. Jérôme Perrier, « Michel Debré et les avatars du libéralisme français (1936-1945) », *Vingtième siècle. Revue d'histoire*, n° 116, avril 2012, p. 83-84.
7. Michel Debré avait d'ailleurs été approché, quelques mois plus tôt, lorsque Paul Reynaud était garde des Sceaux. Patrick Samuel, *Michel Debré...*, *op. cit.*, p. 37.
8. AN, 98AJ1/10, Réunion interministérielle du 5 juillet 1939 sur l'abolition du système des quarante heures.
9. Michel Debré, *Mémoires...*, *op. cit.*, p. 40.
10. *Ibid.*, p. 183.
11. Les gaullistes Gilbert Grandval, Léo Hamon et Raymond Triboulet sont également membres de ce réseau de résistance et croisent, plus tard, la route de Michel Debré.
12. Michel Debré, *Mémoires...*, *op. cit.*, p. 58.
13. Michel Debré y retrouve notamment Jean Donnedieu de Vabres, qu'il a aidé à préparer le concours d'auditeur au Conseil d'État en 1940-1941 à Royat. Il sera par la suite directeur de cabinet de Pierre Guillaumat, ministre des Armées, puis de Georges Pompidou, Premier ministre, avant de devenir secrétaire général du gouvernement.
14. Les cartons 98AJ1/11 et 981J1/12 du fonds Michel Debré aux Archives nationales comportent plusieurs dizaines d'articles et de manuscrits sur la période 1934-1939.
15. Entretien de l'auteur avec Jean-Louis Debré, Paris, 11 avril 2023.
16. AN, 98AJ1/14, Projet de Constitution démocratique avec contrôle du Parlement (1944), avant-projet, brouillons, notes, ainsi qu'une note de Paul Reynaud.
17. Aux origines de l'ENA, le curieux apprendra avec amusement que Michel Debré, commentateur politique prolixe, avait posé les bases de sa réflexion dans une critique du projet d'école nationale d'administration de Jean Zay, sous le Front populaire, en 1937 (voir AN, 98AJ1/12, Note de Michel Debré sur le projet de Jean Zay, 1937).

18. Plusieurs gaullistes figurent parmi les vingt-neuf députés UDSR élus en octobre 1945, comme Jacques Baumel, René Capitant, Alfred Krieger, Étienne de Raulin-Laboureur, etc.
19. Georges Bidault souligne notamment la qualité des travaux marocains de Debré dans un échange avec le résident général à l'été 1946 (Centre des archives diplomatiques de Nantes, 2MI/377, Note du ministre des Affaires étrangères au résident général Mast, 19 juillet 1946), puis salue ses propositions allemandes (AN, 98AJ1/32, Correspondance de Michel Debré avec le ministre des Affaires étrangères, 1947).
20. Michel Debré, *Mémoires...*, *op. cit.*, p. 84.
21. *Ibid.*, p. 88.
22. AN, 98AJ1/34, Brochure *Que fera le général de Gaulle s'il revient au pouvoir ?*, septembre 1947.
23. AFCG, RPF 313, Lettre de Michel Debré au général de Gaulle, 13 mars 1948.
24. *Ibid.*
25. Claude Guy, *En écoutant de Gaulle*, *op. cit.*, p. 93.
26. AN, 98AJ1/35, Discours de Michel Debré au Conseil national du RPF de Vincennes sur la politique française à l'égard de l'Allemagne, mai 1949. Une version annotée est également présente dans les archives de la Fondation Charles-de-Gaulle (AFCG, RPF 275, Rapport sur l'Allemagne, Conseil national du RPF de Versailles, 21 mai 1949).
27. AFCG, RPF 236, Discours de Michel Debré aux assises nationales du RPF de Paris, 25 juin 1950.
28. Il est intéressant de souligner que Michel Debré siège donc, de 1948 à 1951, dans le groupe RGR du radical Charles Brune, alors que d'autres gaullistes siègent dans le groupe d'Action démocratique et républicaine (ADR) du gaulliste André Diethelm, futur député et président du groupe RPF à l'Assemblée nationale.
29. Michel Debré, Propos tenus au congrès de la Mutualité, rapportés par René Puissesseau, *Le Monde*, 16 mars 1951.
30. AN, 98AJ1/35, Documents de soutien et présentation de la candidature d'Edmond Michelet aux élections sénatoriales de 1952.
31. La question de la réforme de l'État irrigue également son propos, notamment lors des assises nationales du RPF de Nancy, les 23-25 novembre 1951. Voir en particulier AFCG, RPF 248, Discours de Michel Debré aux assises nationales du RPF de Nancy, 25 novembre 1951.
32. AN, 97AJ1/48, Correspondance de Christian Fouchet et Yves Perrussel sur la Tunisie, 1951-1954 ; ainsi que AN, 98AJ1/55, Notes de Christian Fouchet et Yves Perrussel à Michel Debré sur la Tunisie, 1951-1952.
33. Trois membres font leur entrée au Conseil de direction du RPF en janvier 1952 : Michel Debré, Francis Le Basser et le général Pierre Koenig.
34. AFCG, RPF 253, Discours de Michel Debré sur l'avenir de l'Europe, 11 novembre 1952.
35. Si Michel Debré est l'incarnation de l'opposition à l'armée européenne et l'homme d'une certaine forme de souverainisme français dans les années 1950, il est intéressant de noter, avec son biographe, qu'il avait signé, en 1949, un appel à la création d'une autorité politique européenne, qu'il qualifiera plus tard de « rêverie de jeunesse ». Voir Patrick Samuel, *Michel Debré...*, *op. cit.*, p. 133-135.
36. Philippe Vial, « Un ministre paradoxal, le général Koenig... », *op. cit.*, p. 258.
37. Dans son intervention du 24 novembre 1954, Michel Debré demande déjà à faire rétablir au plus vite l'ordre et à étudier la question franco-musulmane (AN, 98AJ1/45, Discours au Conseil de la République sur l'Algérie française, 24 novembre 1954).
38. En avril 1955, Debré et Michelet écrivent à Coty pour lui demander d'appeler le général de Gaulle à la tête du pays. Les relations Coty-Debré s'en trouvent positivement marquées

pour la suite. Voir notamment AFCG, AF 4713, Lettre de Michel Debré et Edmond Michelet à René Coty, avril 1955.

39. Pierre Manenti, *Histoire du gaullisme social, op. cit.*, p. 78-79.
40. Michel Debré, Congrès de Bordeaux, février 1957, propos rapportés par Raymond Barrillon, *Le Monde*, 12 février 1957.
41. Michel Debré, « Les ultras contre de Gaulle », *Le Monde*, 15 juin 1957.
42. AFCG, Fonds Républicains sociaux, CA3, Michel Debré, Intervention au Banquet des républicains sociaux au parc de la Tête-d'Or, Lyon, 14 octobre 1957.
43. Michel Debré, *Mémoires..., op. cit.*, p. 133.
44. Jérôme Pozzi, *Les Mouvements gaullistes. Partis, associations, réseaux (1958-1976)*, Rennes, Presses universitaires de Rennes, 2011, p. 21.
45. Entretien de l'auteur avec André Fanton, Paris, 29 janvier 2021.
46. Cité dans *Le Monde*, 26 novembre 1957.
47. Michel Debré, *Le Courrier de la colère*, 24 décembre 1957.
48. Entretien de l'auteur avec Jean-Louis Debré, Paris, 11 avril 2023.
49. Georgette Elgey, *De Gaulle à Matignon. La république des tourmentes*, Paris, Pluriel, 2012, p. 16.
50. *Ibid.*, p. 53.
51. La réunion inaugurale associe les Républicains sociaux (Chaban et Frey), l'USRAF (Soustelle et Picard), la Convention républicaine (Delbecque et Fourcade), les comités ouvriers (Marcenet et Veyssières), le Comité d'information et d'action nationale de l'Algérie et du Sahara (Mallem), enfin le Réseau Action-BCRA (Jarrot).
52. Patrick Samuel, *Michel Debré..., op. cit.*, p. 249.
53. Le général de Gaulle refuse en effet qu'il soit nommé à l'Intérieur, aux Armées ou aux Affaires étrangères, ce qui amène Debré à lui proposer l'Éducation nationale. Refus de l'intéressé, qui annonce partir pour une mission ethnologique au Guatemala dans ces conditions, d'où la création de ce portefeuille de second rang mais au périmètre hétéroclite et large. Patrick Samuel, *Michel Debré..., op. cit.*, p. 251.
54. Constantin Melnik, *1 000 jours à Matignon. De Gaulle, l'Algérie, les services spéciaux*, Paris, Grasset, 1988, p. 26.
55. Entretien de l'auteur avec Pierre Mazeaud, Paris, 27 janvier 2023.
56. Au Sénat, Jean Bertaud est ensuite remplacé par Maurice Bayrou en 1962 (qui avait été remercié de la présidence du groupe UNR à l'Assemblée nationale en 1959), lequel est lui-même remplacé par Jacques Soufflet en 1965.
57. Louis Terrenoire est remplacé par Raymond Schmittlein en 1960, lequel est remplacé par Roger Dusseaulx en 1962 puis Henri Rey en 1963. Ce dernier s'impose dans ces fonctions jusqu'en 1970.
58. Michel Debré, *Entretiens avec Georges Pompidou. 1971-1974*, Paris, Albin Michel, 1996, p. 15.
59. *Ibid.*, p. 17.
60. Pierre Manenti, *Albin Chalandon, Le dernier baron du gaullisme*, Paris, Perrin, 2023, p. 94.
61. En 1962, Jacques Baumel prend la suite de Dusseaulx et devient le nouveau secrétaire général du parti. Il y apporte une forme de stabilité jusqu'en 1967. Dusseaulx devient alors président du groupe UNR à l'Assemblée nationale de 1962 à 1963.
62. Son biographe, Patrick Samuel, reprend la thèse d'Olivier Guichard, qui estime que la rupture avec le général de Gaulle doit davantage au Sahara qu'à Algérie française. Elle éclate également en raison de divergences de vue sur le rôle constitutionnel du Premier ministre.

63. Michel Debré, *Entretiens avec le général de Gaulle. 1961-1969*, Paris, Albin Michel, 1993, p. 56.
64. Patrick Samuel, *Michel Debré...*, *op. cit.*, p. 358.
65. Pierre Manenti, *Histoire du gaullisme social*, *op. cit.*, p. 94.
66. AN, 98AJ4/14, Pétition pour la nomination de Michel Debré à la tête du parti, v. 1963.
67. Michel Debré, *Entretiens avec Georges Pompidou*, *op. cit.*, p. 29.
68. AN, 98AJ5/122, Correspondance et notes manuscrites de Michel Debré sur le Comité d'action pour la Cinquième République, juillet-novembre 1966.
69. Néanmoins, lors de son entretien du 15 mars 1967 avec le général de Gaulle, Debré conseille à son interlocuteur de conserver Pompidou car son départ « constituerait l'aveu d'un échec ». Lors du même entretien, il recommande de garder Frey mais de changer le périmètre de ses attributions. Michel Debré, *Entretiens avec le général de Gaulle*, *op. cit.*, p. 85-86.
70. À Foccart qui cherche le compromis, Pompidou répond : « Dites au Général qu'on m'épargne Debré et ses gémissements et qu'on me laisse négocier ! » Puis, alors qu'on lui fait part de la colère de son ministre : « Je sais, Jacques, je sais toutes les conséquences, je sais que c'est injuste parce que Michel devrait être là, mais que voulez-vous ? Je suis tout à fait sûr également que sur le coup de 1 ou 2 heures du matin, devant une nouvelle revendication, devant une nouvelle nécessité, Michel, parce que c'est son caractère, éclaterait et taperait du poing sur la table et enverrait courir les grévistes. Or nous n'avons pas le droit, en ce moment, avec cette affaire d'étudiants, avec ce climat qui règne, de manquer nos négociations. » Cité dans Patrick Samuel, *Michel Debré...*, *op. cit.*, p. 399.
71. Lors de son entretien du 10 juillet 1968 avec le général de Gaulle, Michel Debré commence néanmoins par refuser. Michel Debré, *Entretiens avec le général de Gaulle...*, *op. cit.*, p. 142.
72. Michel Debré, *Entretiens avec Georges Pompidou...*, *op. cit.*, p. 42.
73. Alain Peyrefitte, *C'était de Gaulle*, *op. cit.*, p. 479.
74. Entretien de Raymond Barre avec Patrick Samuel, 27 janvier 1999, cité dans Patrick Samuel, *Michel Debré...*, *op. cit.*, p. 378.
75. Patrick Samuel, *Michel Debré...*, *op. cit.*, p. 392-393.
76. *Ibid.*, p. 405.
77. Jacques Chaban-Delmas, Premier ministre, porte un projet politique de transformation de la société française, connu sous le nom de « Nouvelle société ». Présenté lors de son discours de politique générale, le 16 septembre 1969, il vise à combattre l'archaïsme des structures sociales, assouplir et moderniser le rôle de l'État, émanciper l'individu mais aussi renforcer le dialogue et la justice sociale.
78. Jacques Foccart, *Journal de l'Élysée*, t. IV, *La France pompidolienne*, Paris, Fayard, 2000, p. 211.
79. Jérôme Pozzi, *Les Mouvements gaullistes...*, *op. cit.*, p. 264.
80. Entretien de l'auteur avec André Fanton, Paris, 29 janvier 2021.
81. Jérôme Pozzi, *Les Mouvements gaullistes...*, *op. cit.*, p. 287.
82. *La Nation*, 19 décembre 1973
83. Jacques Foccart, *Journal de l'Élysée*, t. V, *La Fin du gaullisme, 1973-1974*, Paris, Fayard, 2001, p. 621.
84. Catherine Nay, *Souvenirs, souvenirs...*, Paris, Robert Laffont, 2019, p. 274-275.
85. Jérôme Pozzi, « La famille gaulliste et les élections européennes de juin 1979 », *Les Cahiers IRICE*, n° 4, février 2009, p. 101-112.
86. L'appel de Cochin est un texte signé par Jacques Chirac, le 6 décembre 1978, dans lequel il s'attaque à l'Union pour la démocratie française (UDF) de Valéry Giscard d'Estaing, qu'il

accuse de mener une politique antinationale en faveur d'une Europe fédérale. La paternité de ce texte est souvent attribuée à Marie-France Garaud et Pierre Juillet, Jacques Chirac étant alors alité à l'hôpital au lendemain d'un accident de voiture.

87. Michel Debré, Club de la presse d'Europe 1, 11 janvier 1981, cité dans Patrick Samuel, *Michel Debré..., op. cit.*, p. 486.
88. Patrick Samuel, *Michel Debré..., op. cit.*, p. 486.
89. Bernard Lachaise, « Michel Debré, un "petit candidat" en 1981 ? », *Histoire@Politique*, n° 44, 2021, p. 3.
90. Il s'oppose notamment au projet de loi relatif aux droits et libertés des communes, des départements et des régions (juillet 1981), à l'abolition de la peine de mort (septembre 1981), puis au projet de loi instituant la représentation proportionnelle comme nouveau mode de scrutin pour les législatives (printemps 1985).
91. Il y siège alors, première fois depuis la création de la Cinquième République, en même temps que ses deux fils (Bernard Debré, député d'Indre-et-Loire, et Jean-Louis Debré, député de l'Eure), mais sa position est très marginale au sein du groupe gaulliste, compte tenu de la présence de Pierre Messmer à la présidence du groupe RPR de 1986 à 1988.
92. Entretien de l'auteur avec Pierre Mazeaud, Paris, 27 janvier 2023.

Chapitre 3. Jacques Chaban-Delmas, le fauve

1. Ces déjeuners réunissent notamment Maurice Bourgès-Maunoury et Félix Gaillard, tous les deux anciens camarades de combat pendant la guerre et anciens présidents du Conseil des ministres, mais également d'importants chefs d'entreprise. Claude Angeli, *Les Héritiers du Général*, Paris, Denoël, 1969, p. 75.
2. Julian Jackson, *De Gaulle..., op. cit.*, p. 496.
3. Jacques Chaban-Delmas, *L'Ardeur*, Paris, Stock, 1975, p. 45.
4. *Ibid.*, p. 51.
5. Patrick Chastenet, Philippe Chastenet, *Chaban*, Paris, Seuil, 1991, p. 27.
6. Jacques Chaban-Delmas, *Mémoires pour demain, op. cit.*, p. 43.
7. *Ibid.*, p. 61.
8. Après avoir été dans l'écurie de Christian Chaix de Lavarène en 1941, il intègre l'écurie de Paul Delouvrier en 1942 avec Maurice Bourgès-Maunoury et Lorrain Cruse, ses compagnons d'armes dans la résistance. Voir Nathalie Carré de Malberg, « Chaban-Delmas et l'inspection des Finances, 1943-1946 : une opportunité politique ? », *in* Bernard Lachaise, Gilles Le Béguec, Jean-François Sirinelli (dir.), *Jacques Chaban-Delmas en politique*, Paris, Presses universitaires de France, 2007, p. 12-13.
9. Jacques Chaban-Delmas, *L'Ardeur, op. cit.*, p. 87.
10. *Ibid.*, p. 75.
11. Pendant son séjour londonien, début août 1944, il défend notamment l'idée d'une libération du territoire national par les armées alliées et s'oppose au déclenchement d'une insurrection nationale (qu'il craint de devenir la rampe de lancement politique du Parti communiste).
12. Renvoyé à Paris, mi-août, pour empêcher le déclenchement de l'insurrection parisienne, il ne peut cependant stopper l'élan populaire. Le 20 août, avec Léo Hamon et le consul de Suède Raoul Nordling, ils négocient donc la trêve avec les Allemands ; le 24 août, il

accueille encore l'avant-garde de la 2e division blindée du capitaine Dronne, avant, le 25 août, de recevoir, aux côtés du général Leclerc, la reddition du général von Choltitz.
13. Jacques Chaban-Delmas, *L'Ardeur, op. cit.*, p. 106.
14. *Ibid.*
15. *Ibid.*, p. 119.
16. Saint-Cyrien, aide de camp d'André Diethelm, chef de cabinet adjoint de Pierre Ferri, ministre des PTT de 1953 à 1954, Jacques Richard est attaché au cabinet du général de Gaulle, président du Conseil des ministres, puis sénateur de Seine-et-Oise de 1959 à 1967, enfin député du Val-d'Oise de 1967 à 1973.
17. Jacques Chaban-Delmas, *L'Ardeur, op. cit.*, p. 118.
18. Cité par Guillaume Piketty, « Le résistant », *in* Bernard Lachaise, Gilles Le Béguec, Jean-François Sirinelli (dir.), *Jacques Chaban-Delmas en politique, op. cit.*, p. 26.
19. À la même époque, Chaban-Delmas refuse une nomination comme préfet du Bas-Rhin, elle aussi prise sans que Diethelm en ait été informé (*sic*). Jacques Chaban-Delmas, *L'Ardeur, op. cit.*, p. 122-123.
20. *Ibid.*, p. 392.
21. Jacques Chaban-Delmas, *Mémoires pour demain, op. cit.*, p. 116.
22. *Ibid.*
23. *Ibid.*, p. 121.
24. Jacques Chaban-Delmas, *L'Ardeur..., op. cit.*, p. 133.
25. Son prédécesseur au secrétariat général du ministère de l'Information, Joannès Dupraz, avait d'ailleurs suivi un destin identique en étant élu député MRP d'Indre-et-Loire en octobre 1945.
26. Patrick Troude-Chastenet, « L'entrée en politique de Jacques Chaban-Delmas », *in* Bernard Lachaise, Gilles Le Béguec, Jean-François Sirinelli (dir.), *Jacques Chaban-Delmas en politique, op. cit.*, p. 36.
27. Jacques Chaban-Delmas, *L'Ardeur, op. cit.*, p. 136.
28. *Ibid.*, p. 139.
29. *Ibid.*, p. 192-193.
30. *Ibid.*, p. 144.
31. Patrick Chastenet estime que la candidature girondine de Chaban-Delmas a bénéficié des bons conseils de son ami Bourgès-Maunoury, ancien commissaire de la République à Bordeaux, député radical de Haute-Garonne, ainsi que de ceux de son camarade de combat Guillain de Bénouville. Patrick Chastenet, « La première élection de Jacques Chaban-Delmas », *Annales du Midi*, n° 110-223, 1998, p. 384 et p. 390.
32. Jacques Chaban-Delmas, *L'Ardeur, op. cit.*, p. 145.
33. *Ibid.*, p. 147.
34. *Ibid.*, p. 152.
35. La neuvième place de la liste est également donnée à un membre de l'Union gaulliste : Jacques Veysset.
36. Jacques Chaban-Delmas, *Mémoires pour demain, op. cit.*, p. 151.
37. Sept députés sont présents à Strasbourg en avril 1947 : Patrice Bougrain (Saône-et-Loire), René Capitant (Seine), Jacques Chaban-Delmas (Gironde), Étienne de Raulin (Seine), Eugène Claudius-Petit (Loire), Paul Giacobbi (Corse) et Edmond Michelet (Corrèze). Est également présent le sénateur Antoine Avinin (Seine). Bien que présents, Avinin et Claudius-Petit ne participeront pas à l'aventure du RPF. Éric Duhamel, *L'UDSR ou la genèse de François Mitterrand*, Paris, CNRS, 2007, p. 110.
38. Y figurent Lucien Bégouin (Seine-et-Marne), Paul Giacobbi (Corse), André-Jean Godin (Somme) et Jean Masson (Haute-Marne). Frédéric Fogacci, « Jacques Chaban-Delmas et le

système des partis sous la Quatrième République », *in* Bernard Lachaise, Gilles Le Béguec, Jean-François Sirinelli (dir.), *Jacques Chaban-Delmas en politique, op. cit.*, p. 72.

39. Jacques Fauvet, *Le Monde*, 27 décembre 1948.
40. Fondation Charles-de-Gaulle, *Avec de Gaulle*, t. II, Paris, Nouveau Monde, 2014, p. 267.
41. AFCG, AA1/527, Lettre du colonel Fleuret au général de Gaulle sur les élections municipales en Gironde, 21 octobre 1947 ; AFCG, AA1/528, Lettre de M. Labatut de Bordeaux au général de Gaulle pour se plaindre de Chaban-Delmas, 2 novembre 1948 ; AFCG, AA1/529, Lettre du colonel Fleuret demandant un rendez-vous pour parler de la situation bordelaise, 3 décembre 1948.
42. Cité dans René Puissesseau, *Le Monde*, 16 mars 1951.
43. Le cas du sénateur Camille Héline est traité lors du même comité exécutif. Élu sénateur radical en 1948 sous la double étiquette radical-gaulliste, il est délégué départemental du RPF dans les Deux-Sèvres. Il choisit, pour sa part, de démissionner du RPF afin de demeurer membre du Parti radical.
44. Les députés Pierre de Gaulle (Seine), Jean Legendre (Oise) et René Malbrant (Tchad), ainsi que le sénateur Paul-Jacques Kalb (Haut-Rhin) font également leur entrée au Conseil de direction du RPF en juillet 1951.
45. À partir de 1953, il anime d'ailleurs un petit groupe de travail anti-CED, dit Comité d'action pour l'indépendance nationale, auquel participent des démocrates-chrétiens du MRP (comme Robert Buron) mais aussi des socialistes (comme Robert Lacoste ou François Mitterrand). Jacques Chaban-Delmas, *Mémoires pour demain, op. cit.*, p. 285.
46. Frédéric Fogacci, « Jacques Chaban-Delmas et le système des partis... », art. cité, p. 80.
47. Patrick Chastenet, Philippe Chastenet, *Chaban, op. cit.*, p. 170.
48. Chaban-Delmas et Mayer s'entendent notamment, avec la bénédiction d'Herriot, dans leur opposition à la CED. Jacques Chaban-Delmas, *L'Ardeur, op. cit.*, p. 174.
49. Alors qu'une partie du groupe gaulliste, derrière Soustelle, défend la candidature de Marcel-Edmond Naegelen (Dép., Basses-Alpes), socialiste anti-CED mais surtout ancien gouverneur général d'Algérie française, Chaban-Delmas encourage la candidature de Louis Jacquinot (Dép., Meuse) puis René Coty (Sén., Seine-Inférieure). Témoignage de Michel Habib-Deloncle, *in* Bernard Lachaise, Gilles Le Béguec, Jean-François Sirinelli (dir.), *Jacques Chaban-Delmas en politique, op. cit.*, p. 128.
50. Jacques Dauer, Michel Rodet, *Le 13 mai sans complots*, Paris, La Pensée moderne, 1959, p. 77.
51. Yves Beauvois, *Léon Noël..., op. cit.*, p. 350.
52. Ce propos, souvent attribué à Chaban-Delmas, semble plutôt avoir été tenu par Frey, lors du congrès national du CNRS de Bordeaux, en février 1957.
53. Jacques Chaban-Delmas, *Mémoires pour demain, op. cit.*, p. 189.
54. Frédéric Turpin, « La stratégie participationniste : Jacques Chaban-Delmas, ministre de Pierre Mendès France et Guy Mollet », *in* Bernard Lachaise, Gilles Le Béguec, Jean-François Sirinelli (dir.), *Jacques Chaban-Delmas en politique, op. cit.*, p. 91.
55. Né le 15 novembre 1904 à Alès, René Fillon est agrégé de lettres, fondé de pouvoir chez Rothschild et figure centrale des circuits de financements du RPF de 1947 à 1955. Élu membre de l'Assemblée de l'Union française en 1952, sénateur du Soudan en 1955, président de différentes compagnies de minerais et d'uranium, il est l'oncle de François Fillon, Premier ministre.
56. Jacques Chaban-Delmas, *Mémoires pour demain, op. cit.*, p. 198.
57. *Ibid.*
58. *Ibid.*, p. 234.
59. Raymond Triboulet, *Un gaulliste de la IV*e, Paris, Plon, 1985, p. 185.
60. Jacques Chaban-Delmas, *Mémoires pour demain, op. cit.*, p. 245.

61. Si Philippe Vial estime que le général Koenig se « sentait mal dans sa peau » et « guettait l'occasion favorable pour reprendre sa liberté », Frédéric Turpin juge que reprendre les trois ministres gaullistes aurait été « choquant » et que Koenig et Mendès France n'avaient pas « noué d'entente profonde ». Également écarté, Lemaire fait son retour en novembre, le président du Conseil n'ayant pas trouvé de socialiste pour remplacer Claudius-Petit. Philippe Vial, « Un ministre paradoxal, le général Koenig… », *op. cit.*, p. 258 et Frédéric Turpin, « La stratégie participationniste… », art. cité, p. 89-90.
62. Jacques Chaban-Delmas, *Mémoires pour demain, op. cit.*, p. 252.
63. AFCG, RPF 647, Rapport du Conseil national du Centre national des républicains sociaux, janvier 1956.
64. Raymond Triboulet, *Un gaulliste de la IV*[e], *op. cit.*, p. 254.
65. AFCG, RPF 647, Rapport du Conseil national du Centre national des républicains sociaux, juillet 1956.
66. AFCG, RPF 647, Compte rendu du congrès national de Bordeaux du Centre national des républicains sociaux, février 1957.
67. Jacques Chaban-Delmas, *Mémoires pour demain, op. cit.*, p. 284.
68. Maurice Vaïsse, « Jacques Chaban-Delmas, ministre de la Défense nationale (novembre 1957 – mai 1958) », *in* Bernard Lachaise, Gilles Le Béguec, Jean-François Sirinelli (dir.), *Jacques Chaban-Delmas en politique, op. cit.*, p. 101.
69. En pleine guerre d'Algérie, le commandement de l'armée française ordonne le bombardement d'un village tunisien, où stationnent des troupes de l'Armée algérienne de libération nationale. La décision fait suite à plusieurs accrochages lors desquels des soldats français ont été tués par des combattants algériens passant la frontière de part et d'autre et trouvant refuge en Tunisie. Le bombardement conduit à la mort d'environ soixante-dix personnes, dont une douzaine d'élèves d'une école primaire. En réaction, la Tunisie rompt ses relations diplomatiques et le gouvernement Gaillard tombe sous l'effet de la censure.
70. Jacques Chaban-Delmas, *L'Ardeur, op. cit.*, p. 221.
71. Jean-Paul Thomas, « Jacques Chaban-Delmas et le retour au pouvoir du général de Gaulle », *in* Bernard Lachaise, Gilles Le Béguec, Jean-François Sirinelli (dir.), *Jacques Chaban-Delmas en politique, op. cit.*, p. 116. Chaban-Delmas et Delbecque s'appuient notamment sur les Jeunes républicains sociaux de Guy Ribeaud, étudiant à Sciences Po. Les Jeunes républicains sociaux disposent alors de quatre sièges au comité directeur du parti (Guy Ribeaud, Jean Kosek, Claude-Gérard Marcus et René Couveinhes). Guy Ribeaud fait partie de tous les cabinets Chaban-Delmas de 1954 à 1958.
72. Jean-Paul Thomas, « Jacques Chaban-Delmas et le retour au pouvoir… », art. cité, p. 116.
73. *Ibid.*, p. 123.
74. Maurice Vaïsse, « Jacques Chaban-Delmas, ministre de la Défense nationale… », art. cité, p. 110. Thèse contradictoire avec le récit fait par Chaban-Delmas d'un échange avec le général de Gaulle en juin 1958 : « Alors, Chaban ? Comment voyez-vous votre avenir ? Vous avez bien agi, *en particulier pour ce qui concerne la préparation de la bombe atomique*, mais vous sortez tout juste du gouvernement Gaillard. » Jacques Chaban-Delmas, *Mémoires pour demain, op. cit.*, p. 344. Son fils Jean-Jacques Chaban-Delmas et son petit-fils Guillaume Chaban-Delmas rappellent par ailleurs que c'est avec l'accord du général de Gaulle que Jacques Chaban-Delmas, ministre, « avait convaincu Mollet de dégager les fonds de Matignon pour financer les recherches préalables à l'élaboration de la dissuasion nucléaire, ceci sans avoir à obtenir un vote formel de la majorité parlementaire, qui s'y serait opposée ». Entretien de l'auteur avec Jean-Jacques Chaban-Delmas et Guillaume Chaban-Delmas, Bordeaux, 30 juin 2023.

75. Médiathèque d'agglomération du Grand Dole, 1AP20110, Archives de l'Union civique pour le référendum, Structuration du mouvement, 1958.
76. Soustelle s'oppose néanmoins à l'entrée de Triboulet, représentant de la tendance démocrate-chrétienne du CNRS, au sein des instances de l'UNR, et le sénateur Léo Hamon, ancien de l'Union gaulliste de Capitant, passé par l'UCR de Chaban et Vallery-Radot, refuse de s'y associer en raison de la droitisation du mouvement. Pierre Manenti, *Histoire du gaullisme social, op. cit.*, p. 82-83.
77. Alain Peyrefitte, *C'était de Gaulle, op. cit.*, p. 53.
78. Jacques Chaban-Delmas, *L'Ardeur, op. cit.*, p. 288.
79. Patrick Samuel, *Michel Debré..., op. cit.*, p. 229.
80. Jacques Chaban-Delmas, *Mémoires pour demain, op. cit.*, p. 348.
81. Jacques Chaban-Delmas, *L'Ardeur, op. cit.*, p. 113.
82. Jacques Chaban-Delmas, *Mémoires pour demain, op. cit.*, p. 351.
83. *Ibid.*, p. 424.
84. Pierre Manenti, *Albin Chalandon..., op. cit.*, p. 106-108.
85. Jacqueline Sainclivier, *Les Partis et la République. La recomposition du système partisan, 1956-1967*, Rennes, Presses universitaires de Rennes, 2007, p. 14-15.
86. Jacques Chaban-Delmas, *L'Ardeur, op. cit.*, p. 238.
87. *Ibid.*, p. 240.
88. *Ibid.*, p. 243.
89. *Ibid.*, p. 254.
90. *Ibid.*, p. 276.
91. *Ibid.*, p. 283.
92. Chaban-Delmas évoque même un échange à ce propos avec le général de Gaulle, fin mai 1968, dans l'hypothèse d'une nomination au printemps 1969. *Ibid.*, p. 115.
93. *Ibid.*, p. 308-309.
94. *Ibid.*, p. 311.
95. Chaban-Delmas et Foccart sont même d'ardents défenseurs de son maintien en 1968, plaidant auprès du général de Gaulle et de Pompidou pour la poursuite de ses fonctions malgré leurs différends et sa fatigue. Jacques Chaban-Delmas, *Mémoires pour demain, op. cit.*, p. 416-417.
96. Jacques Chaban-Delmas, *L'Ardeur, op. cit.*, p. 317.
97. *Ibid.*, p. 283.
98. Michel Debré, *Entretiens avec le général de Gaulle, op. cit.*, p. 207.
99. Lucia Bonfreschi, « Le triangle du pouvoir : Jacques Chaban-Delmas, Georges Pompidou et le mouvement gaulliste, 1969-1972 », *in* Bernard Lachaise, Gilles Le Béguec, Jean-François Sirinelli (dir.), *Jacques Chaban-Delmas en politique, op. cit.*, p. 253.
100. *Ibid.*, p. 255.
101. AAN, Jacques Chaban-Delmas, Discours de la Nouvelle société, Assemblée nationale, 16 septembre 1969.
102. Jacques Chaban-Delmas, *L'Ardeur, op. cit.*, p. 372.
103. *Ibid.*, p. 400.
104. *Ibid.*, p. 258.
105. Sébastien, Laurent, « Chaban à trois temps (1943-1944, 1957-1958, 1969-1972), le renseignement dans la politique », *in* Bernard Lachaise, Gilles Le Béguec, Jean-François Sirinelli (dir.), *Jacques Chaban-Delmas en politique, op. cit.*, p. 172
106. Charbonnel se défend d'avoir écrit un texte visant « plutôt Valéry Giscard d'Estaing – qui le trouva "inconvenant" – et même Edgar Faure, dont les clubs, Perspectives et Réalités

et Le Nouveau Contrat social, cherchaient à développer une philosophie plus libérale de l'héritage de la Ve République. » Jean Charbonnel, *in* Bernard Lachaise, Gilles Le Béguec, Jean-François Sirinelli (dir.), *Jacques Chaban-Delmas en politique, op. cit.*, p. 271

107. Si les relations sont tendues avec Joseph Comiti, représentant du Service d'action civique (SAC), Jacques Chaban-Delmas a néanmoins entretenu de bonnes relations avec le service d'ordre du gaullisme en rencontrant, dès 1969, Robert Galley, puis en confiant à son cousin, Claude de Peyron (ancien de l'URC et du cabinet de Frey), la tâche de servir d'officier de liaison avec le SAC. L'obstination de l'entourage du Premier ministre à ne pas reconnaître l'UNI, antenne du SAC dans les universités, et l'arrestation d'un escroc lié au SAC ont cependant dégradé ces relations au fur et à mesure des mois suivants.
108. Lucia Bonfreschi, « Le triangle du pouvoir... », art. cité, p. 265.
109. Jacques Chaban-Delmas, *L'Ardeur, op. cit.*, p. 417
110. Jacques Foccart, *Journal de l'Élysée*, t. III, *Dans les bottes du Général, 1969-1971*, Paris, Fayard, 1999, p. 119.
111. Gilles Le Béguec, « Le départ forcé de Matignon », *in* Bernard Lachaise, Gilles Le Béguec, Jean-François Sirinelli (dir.), *Jacques Chaban-Delmas en politique, op. cit.*, p. 295.
112. Jacques Chaban-Delmas, *L'Ardeur, op. cit.*, p. 425.
113. Pierre Pélissier, *Charles Pasqua*, Paris, Eyrolles, 1987, p. 146.
114. En cas de victoire, Chaban-Delmas envisage d'ailleurs de nommer Guichard, un autre baron, à Matignon, comme il l'explique à Chirac quelques années plus tard. Jacques Chaban-Delmas, *Mémoires pour demain, op. cit.*, p. 471.
115. Thierry Saussez, *Politique séduction*, Paris, JC Lattès, 1986, p. 89.
116. Jean Foyer, *Sur les chemins du droit avec le Général. Mémoires de ma vie politique, 1944-1988*, Paris, Fayard, 2006, p. 394-395.
117. François Audigier, « Jacques Chaban-Delmas et les formations gaullistes (1972-1981) », *in* Bernard Lachaise, Gilles Le Béguec, Jean-François Sirinelli (dir.), *Jacques Chaban-Delmas en politique, op. cit.*, p. 345.
118. Seul Guichard élève alors sa voix pour défendre Chaban-Delmas face à cette exclusion des instances du RPR. François Audigier, « Jacques Chaban-Delmas et les formations gaullistes... », art. cité, p. 378.
119. Mathias Bernard, « L'impossible retour de Chaban à Matignon (1981-1986) », *in* Bernard Lachaise, Gilles Le Béguec, Jean-François Sirinelli (dir.), *Jacques Chaban-Delmas en politique, op. cit.*, p. 353.
120. Cité dans *ibid.*, p. 355.
121. *Ibid.*, p. 364.
122. En 1974, il avait déjà refusé la proposition de ministre d'État dans le gouvernement Chirac, quelques semaines seulement après sa trahison en pleine élection présidentielle.
123. Jacques Chaban-Delmas, Grand Jury RTL-*Le Monde*, 25 mai 1988.
124. À noter que le groupe RPR compte 130 membres ; le groupe UDF, quatre-vingt-dix ; le groupe Union du Centre, quarante-et-un, soit 261 voix, ce qui prouve la capacité de rassemblement de Chaban-Delmas au-delà de la droite et du centre.
125. Jacques Chaban-Delmas, « Appel du monde combattant », *Le Monde*, 10 septembre 1992.
126. Entretien de l'auteur avec Alain Juppé, Paris, 15 février 2022.
127. C'est ce qui explique son refus d'enterrer Chirac en 1976, après son départ de Matignon, puis en 1981, après son échec à l'élection présidentielle.

Notes

Chapitre 4. Roger Frey, l'énigmatique

1. Entretien de l'auteur avec Marianne Giannoli, Paris, 8 février 2023.
2. En 1981, ce lien entre les familles Frey et Rothschild conduit Michel Berson, député PS de l'Essonne, à mettre en cause Roger Frey et, plus généralement, à dénoncer les rapports entre la droite et les grandes familles françaises. Le 4 novembre 1981, François Mitterrand, président de la République, prend la défense du président du Conseil constitutionnel en Conseil des ministres, déjugeant un parlementaire de sa majorité.
3. La Nouvelle-Calédonie a été découverte en 1774 par l'explorateur anglais James Cook. Elle devient française le 24 septembre 1853.
4. Patrick O'Reilly, *Calédoniens. Répertoire bio-bibliographique de la Nouvelle-Calédonie*, Paris, Musée de l'Homme, Société des océanistes, 1980, p. 55.
5. Manuscrit dactylographié de Roger Barberot sur Roger Frey, 1997, aimablement communiqué par Marianne Giannoli.
6. Lise Elina, *Le Micro et moi. De Lisette Duraton à Lise Elina*, Paris, Horay, 1978, p. 24.
7. François Broche, *Le Bataillon des guitaristes. L'épopée inconnue des FFL, de Tahiti à Bir Hakeim, 1940-1942*, Paris, Fayard, 1970, p. 156-157.
8. Yacine Benhalima, « Du lagon au désert. Le bataillon du Pacifique dans la Seconde Guerre mondiale », Mémoire de Master 2 en histoire contemporaine sous la direction de Julien Blanc, École des hautes études en sciences sociales, 2020, p. 12. L'historien caldoche Ismet Kurtovitch évoque des chiffres plus élevés de 394 « Européens » dans les rangs du bataillon au début de l'année 1941.
9. Service historique de la Défense (SHD) de Versailles, GR12/P273, Note de service sur la réorganisation du bataillon du Pacifique, 15 mai 1941.
10. SHD, GR16/P235155, États de services militaires de Roger Frey, réalisés par le commandant Boitte, 6 avril 1954.
11. Archives de Nouvelle-Calédonie, 465W28, Fiche matriculaire de Roger Frey, aimablement communiquée par Ismet Kurtovitch.
12. Bernard Cabiro, *Sous le béret vert*, Paris, Plon, 2001, p. 338.
13. SHD, GR16/P235155, États de services militaires de Roger Frey, réalisés par le commandant Boitte, 6 avril 1954.
14. Guy Forzy, *26 mars 1962. L'ordre règne sur Alger, capitale de la France en guerre*, Paris, Elvézir, 2009, p. 143.
15. Jean Charlot, *L'Union pour la nouvelle république. Étude du pouvoir au sein d'un parti*, Paris, Armand Colin, 1967, p. 354.
16. « Je vous serais toutefois très obligé de bien vouloir compléter cette attestation. En effet, après avoir été affecté au SPA à Alger, j'ai été affecté à la première armée française, ai rejoint celle-ci en Italie et participé aux campagnes de France et d'Allemagne. » SHD, GR16/P235155, Lettre de Roger Frey au commandant Boitte, 16 avril 1954.
17. Philippe Godard, *1940-1953*, Nouméa, Éditions d'art calédoniennes, 2008, p. 259.
18. Henri Daly, *Nouvelle-Calédonie. Porte-avions américain dans les mers du Sud*, Nouméa, Société d'études historiques de la Nouvelle-Calédonie, 2002, p. 243.
19. Daly évoque également son comparse Charles Stehlin, Français Libre, seul pilote américain des Forces aériennes françaises libres, officier de liaison entre l'armée américaine et l'armée française au Moyen-Orient fin 1942-début 1943... mais qui n'a été détaché

auprès du Haut-commissariat de France pour le Pacifique qu'en juillet 1943, ce qui est donc incohérent.

20. SHD, GR16/P235155, Acte d'engagement dans les Forces françaises libres, n° 3869D, 29 avril 1943. René Menguy avait été directeur de l'intendance à Nouméa, où il avait perdu son épouse et falsifié des documents pour rapatrier son corps aux frais de l'État, ce qui lui avait valu une mise à la retraite anticipée. Affecté à l'intendance du corps expéditionnaire de Norvège (à Barry, près de Glasgow), il assure le ralliement des équipements français au général de Gaulle à l'été 1940. A-t-il connu Frey en Nouvelle-Calédonie ? Mystère.
21. Ce séjour anglais est attesté tant dans les archives de Nouvelle-Calédonie (19 mars au 1er avril 1943) que dans les archives du ministère de la Défense (29 mars au 22 mai 1943).
22. SHD, GR16/P235155, Lettre du général Legentilhomme au contre-amiral d'Argenlieu, 20 juillet 1943.
23. SHD, GR16/P235155, Avis de mutation, Londres, 15 mai 1943.
24. James Zobel, responsable des archives du MacArthur Memorial Museum de Norfolk, ne trouve ainsi aucune mention de Roger Frey dans les archives du général américain pour cette période.
25. Dans une version contradictoire, les archives de Nouvelle-Calédonie indiquent qu'il avait été affecté au bureau de liaison de Melbourne du 16 novembre 1942 au 9 février 1943. Le même document le présente ensuite comme affecté au cabinet particulier du général de Gaulle du 1er avril au 15 juillet 1943, comme aspirant, puis renvoyé à Nouméa le 13 octobre 1943, où il demeure avant de partir pour Alger en mars 1944 (Archives de Nouvelle-Calédonie, 465W28, Fiche matriculaire de Roger Frey).
26. Yacine Benhalima, « Du lagon au désert... », Mémoire cité, p. 15.
27. SHD, GR16/P235155, Acte de démobilisation, n° 13279/1er bureau/EFF, signé par le colonel Bavière, commandant l'organe central des FFL, 25 juillet 1945.
28. Les archives de Nouvelle-Calédonie indiquent la date du 25 juin 1944.
29. Patrick O'Reilly, *Calédoniens...*, *op. cit.*, p. 136.
30. Yuichiro Miyashita, « Pechkoff et le Japon, 1946-1949 », *Relations internationales*, n° 158, février 2014, p. 59-74.
31. C'est notamment le cas de sa nécrologie (André Passeron, « Roger Frey », *Le Monde*, 16 septembre 1997). De même, sa fille, Marianne Giannoli, atteste avoir vu des photographies de son père avec les communistes chinois (notamment Mao Zedong) datant de cette période (Entretien de l'auteur avec Marianne Giannoli, Paris, 8 février 2023).
32. Hubert Cuypers, Georges Magloire, *Teilhard de Chardin*, Paris, Éditions universitaires, 1964, p. 48-51.
33. Il évoque notamment leur rencontre lors d'une émission télévisuelle consacrée au père Teilhard de Chardin, en septembre 1965.
34. Patrick O'Reilly, *Calédoniens...*, *op. cit.*, p. 136.
35. À Pierre Desgraupes l'interrogeant pour *Le Point*, en 1972, sur ces voyages asiatiques au sortir de la guerre : « Vous faisiez du renseignement ? », Frey répond de manière énigmatique : « Quel journaliste ne cherche pas des renseignements ? » Pierre Rouanet, *Le Cas Chaban... et de Gaulle à travers lui*, Paris, Robert Laffont, 1974, p. 165.
36. Sylvie Crossmann, *Jean Lacouture. La biographie du biographe*, Paris, Balland, 1993, p. 39.
37. Patrick O'Reilly, *Calédoniens...*, *op. cit.*, p. 136.
38. Jean Charlot, *L'Union pour la nouvelle république...*, *op. cit.*, p. 302.
39. Étonnamment, Frey ne s'engage pas dans la carrière politique calédonienne, contrairement à d'autres anciens du bataillon du Pacifique, comme Roger Gervolino, député

à l'Assemblée consultative d'Alger en 1943, puis député de 1945 à 1951. Voir Yacine Benhalima, « Du lagon au désert... », Mémoire cité, p. 102.

40. Le dossier des comptoirs français en Inde, implantés par la Compagnie des Indes orientales aux XVIIe et XVIIIe siècles, est notamment suivi par le député MRP Maurice Schumann, ancien porte-parole de la France Libre, chargé d'une mission sur la question à l'été 1947. Chandernagor est finalement cédée en 1949, Pondichéry, Yanaon, Karikal et Mahé en 1954.
41. Dominique Venner, *Guide de la politique*, Paris, Balland, 1972, p. 177.
42. Entretien de l'auteur avec Xavier Giannoli, Paris, 18 août 2022.
43. Bernard Lachaise, « L'information politique d'un parti : le Rassemblement du peuple français (RPF) sous la IVe République », *in* Sébastien Laurent (dir.), *Politiques du renseignement*, Bordeaux, Presses universitaires de Bordeaux, 2009, p. 100.
44. AFCG, RPF 464, Rapport de Roger Frey sur la IVe région, avril 1948.
45. François Audigier, *Les Prétoriens du Général. Gaullisme et violence politique de 1947 à 1999*, Rennes, Presses universitaires de Rennes, 2018, p. 95.
46. Les deux sièges du RPF dans la 1re circonscription du Rhône vont finalement à Jacques Soustelle et Édouard Charret.
47. Jacques Soustelle, *Vingt-huit ans de gaullisme*, Paris, La Table ronde, 1968, p. 85.
48. *Ibid.*
49. Julian Jackson, *De Gaulle...*, *op. cit.*, p. 470.
50. Edmond Barrachin (entré en juin 1949), le général Pierre Billotte (entré en juillet 1949) et Jean Legendre (entré en juin 1951, après les élections législatives) quittent le conseil de direction au cours du printemps 1952. Jacques Foccart, Roger Frey, Henri Lespère, Jean Minne, Yvon Morandat et Albert Ollivier y font leur entrée conséquente en mars 1952.
51. Frédéric Turpin, « Jacques Foccart et le RPF en Afrique noire, sous la IVe République », *Cahiers du Centre de recherches historiques*, n° 30, 2002, revue en ligne.
52. Raymond Triboulet, *Un gaulliste de la IVe*, *op. cit.*, p. 288.
53. Les trois autres membres URAS de la commission de la Défense de l'Assemblée de l'Union française sont Jean Audu, William Bazé et Jacques Fleury.
54. AFCG, Fonds Républicains sociaux, CA3, Discours de Roger Frey à la journée d'études des cadres, 5 juin 1955.
55. AFCG, Fonds Républicains sociaux, CA2, Discours de Roger Frey au congrès national d'Asnières, 18 novembre 1955.
56. AFCG, Fonds Républicains sociaux, CA4, Bulletin d'information du CNRS, 5 mai 1956.
57. AFCG, Fonds Républicains sociaux, CA1, Compte rendu du comité directeur du CNRS, 7 mai 1956.
58. AFCG, Fonds Républicains sociaux, CA4, Bulletin d'information du CNRS, 28 mai 1956.
59. AFCG, Fonds Républicains sociaux, CA4, Bulletin d'information du CNRS, 24 décembre 1956.
60. AFCG, Fonds Républicains sociaux, CA4, Bulletin d'information du CNRS, 18 janvier 1957.
61. AFCG, Fonds Républicains sociaux, CA2, Compte rendu du congrès national de Bordeaux, 8-10 février 1957.
62. AFCG, Fonds Républicains sociaux, CA4, Bulletin d'information du CNRS, 19 juin 1957.
63. AFCG, Fonds Républicains sociaux, CA4, Bulletin d'information du CNRS, 23 octobre 1957.
64. Garde des Sceaux du gouvernement Gaillard, Lecourt porte en effet un projet de réforme supposé mettre fin à l'instabilité du pouvoir par un système de contrat de législature et de droit automatique de dissolution. L'hostilité de la classe politique tout entière mine cependant le projet puis conduit à son abandon en février 1958.
65. Roger Frey, *Le Monde*, 11 janvier 1958.

66. AFCG, Fonds Républicains sociaux, CA4, Bulletin d'information du CNRS, 22 février 1958.
67. AGCF, Fonds Républicains sociaux, CA4, Bulletin d'information du CNRS, 28 février 1958.
68. AFCG, Fonds Républicains sociaux, CA3, Discours de Roger Frey au Conseil national du CNRS de Saint-Mandé, 22 mars 1958.
69. François Audigier, *Les Prétoriens du Général..., op. cit.*, p. 312.
70. *Ibid.*
71. D'après la légende, entre autres tissée par Roger Barberot, Frey gagne en effet l'Algérie *via* Palma de Majorque où, n'ayant trouvé ni avion, ni bateau, il fait affréter un navire de contrebandier.
72. Jacques Soustelle, *L'Espérance trahie (1958-1962)*, Paris, Éditions de l'Alma, 1962, p. 42.
73. Léon Delbecque, « Mon 13 mai », *in* Gilbert Guilleminault, *Le Roman vrai de la IVe République, De Bardot à de Gaulle*, Paris, Denoël, 1972, p. 391.
74. Roger Frey, *Le Monde*, 11 juin 1958.
75. Le Comité constitutionnel comptait vingt-six députés, dix sénateurs et treize personnalités qualifiées parmi lesquelles Maxime Blocq-Mascart (conseiller d'État, ancien membre du Conseil national de la résistance et plume au *Courrier de la colère*), Hamza Boubakeur (directeur de l'Institut musulman de la mosquée de Paris), Alfred Bour (ancien vice-président du Conseil supérieur de la magistrature), René Chazelle (membre du Conseil supérieur de la magistrature), Marc Lauriol (professeur à l'École supérieure de commerce d'Alger), André Malterre (président de la Confédération générale des cadres), Léon Noël (ancien ambassadeur et membre fondateur du RPF), Roland Pré (président du Bureau minier d'Outre-mer), Paul Reynaud (ancien président du Conseil) et Marcel Waline (professeur à la faculté de droit de Paris).
76. Yves Beauvois, *Léon Noël..., op. cit.*, p. 365.
77. Ancien responsable de la propagande du RPF, Barbé crée le Centre d'information civique en 1960, un club politique, proche de Jacques Foccart et du SAC, où sévit Raymond Labelle-Rojoux, ancienne plume de la *Lettre à l'Union française* de Foccart. Il est par la suite collaborateur ministériel de Louis Terrenoire, ministre de l'Information, de 1960 à 1962. En 1965, Barbé fonde le Comité national pour la préparation à l'élection présidentielle, chargé de réaliser des études statistiques pour le parti gaulliste.
78. Membre fondateur de la Convention républicaine de Fourcade.
79. Frey est par ailleurs pleinement associé à la composition du gouvernement Debré de janvier 1959. Reçu à l'Élysée le 8 janvier 1959 à 15 h 55, le nouveau Premier ministre est confirmé dans ses fonctions par communiqué à 16 h 30, puis reçoit Pompidou (directeur de cabinet du Général), Frey et Soustelle à 17 heures au ministère de la Justice, rejoints par Chaban-Delmas à 17 h 10. Debré se rend ensuite à l'Élysée avec une proposition de gouvernement à 19 h 30, laquelle liste est rendue publique par un communiqué à 21 heures.
80. Énarque, conseiller d'État, il devient ensuite le directeur du service juridique et technique de l'Information, de 1959 à 1973.
81. Fille du comte Sosthène Claret de Fleurieu, une vielle famille du Rhône.
82. Inspecteur des Finances, ancien conseiller de Bourgès-Maunoury, ministre de la Défense nationale et des Forces Armées puis président du Conseil, il devient ensuite haut fonctionnaire en charge du tourisme, avant de s'orienter vers le secteur bancaire.
83. Préfet, président du Conseil de préfecture de la Martinique de 1947 à 1951, il est nommé préfet de Martinique en novembre 1959, après un an au cabinet Frey.
84. Pierre Manenti, *Albin Chalandon..., op. cit.*, p. 94.
85. *Réalités*, n° 318, juillet 1972, p. 15.

86. Il hésite cependant, pendant quelque temps, avec René Tomasini, député de l'Eure et secrétaire général du Conseil national de l'UNR.
87. Le général Faure, commandant de la zone Est de l'Algérois, avait défrayé la chronique, à la fin des années 1950, après avoir été enregistré, à son insu, évoquant des complots contre la Quatrième République. Candidat poujadiste dans le Rhône aux législatives de 1958, il est appréhendé en même temps qu'une quarantaine de personnalités (parmi lesquelles André Noël, ancien député MRP, et Paul de Méritens, directeur d'un bulletin d'information sur l'Algérie française).
88. Les « affaires » de septembre 1961 concernent respectivement l'arrestation d'un charcutier, la découverte de pains de plastic à Paris, l'arrestation d'un rédacteur de *Rivarol* (M. Bousquet) et de la baronne Boutemy (qui prévoyaient des attentats à Paris), enfin l'arrestation d'un responsable métropolitain du financement de l'OAS (M. Glingembre).
89. *Le Monde*, 12 septembre 1961.
90. Une commission d'enquête parlementaire est d'ailleurs créée, en novembre 1961, à la demande des communistes et des socialistes pour faire la lumière sur la répression.
91. Jacques Chaban-Delmas, *Mémoires pour demain*, *op. cit.*, p. 330-331.
92. Institut national de l'audiovisuel (INA), Allocution télévisée de Roger Frey au journal télévisé de 20 heures, 9 février 1962.
93. Alain Dewerpe, *Charonne, 8 février 1962. Anthropologie historique d'un massacre d'État*, Paris, Gallimard, 2006, p. 283.
94. Entretien de l'auteur avec Jacques Trorial, Paris, 24 mai 2023.
95. Patrice Chairoff, *B comme Barbouzes*, Paris, Alain Moreau, 1975, p. 150.
96. François Audigier, *Histoire du SAC. Les gaullistes de choc*, Paris, Perrin, 2021, p. 64-65.
97. Jean-Pierre Bat, *Les Réseaux Foccart. L'homme des affaires secrètes*, Paris, Nouveau Monde, 2018, p. 149.
98. Roger Frey reprend d'ailleurs cette idée de vice-présidence du pays lors des assises de l'UNR de Nice, en novembre 1963, malgré la tiédeur du général de Gaulle.
99. Raymond Barrillon, « Plusieurs ministres font de sérieuses réserves sur les projets constitutionnels du général de Gaulle », *Le Monde*, 20 septembre 1962.
100. Yves Beauvois, *Léon Noël...*, *op. cit.*, p. 416.
101. Jacques Chaban-Delmas, *L'Ardeur*, *op. cit.*, p. 279-280.
102. Pierre Manenti, *Histoire du gaullisme social*, *op. cit.*, p. 101.
103. Jean-Pierre Bat, *Les Réseaux Foccart...*, *op. cit.*, p. 145-147.
104. Jacques Foccart, *Journal de l'Élysée*, t. I, *Tous les soirs avec de Gaulle, 1965-1967*, Paris, Fayard, 1997, p. 334-335.
105. En février 1967, Frey l'attaque très durement dans *Le Monde*, affirmant : « M. Ligot n'a aucun droit à se référer au général de Gaulle. »
106. Jean-Claude Servan-Schreiber est en effet candidat en Saône-et-Loire. Battu, il se présentera ensuite dans la Nièvre (face à François Mitterrand) en 1968, puis dans le Gard en 1973.
107. Jérôme Pozzi, *Les Mouvements gaullistes...*, *op. cit.*, p. 151.
108. Michel Debré, *Entretiens avec le général de Gaulle*, *op. cit.*, p. 85-86.
109. Jérôme Pozzi, « Georges Pompidou et les mouvements gaullistes en mai 1968 », *in* Bernard Lachaise, Sabrina Tricaud (dir.), *Georges Pompidou et mai 1968*, Bruxelles, P.I.E. Peter Lang, 2009, p. 68.
110. Voir Frédéric Turpin, *Jacques Foccart. Dans l'ombre du pouvoir*, Paris, CNRS, 2015, p. 231.
111. Robert Poujade, *Avec de Gaulle et Pompidou...*, *op. cit.*, p. 151.
112. Lucia Bonfreschi, art. cité, « Le triangle du pouvoir... », p. 258.

113. *Le Monde*, 7 avril 1970.
114. *Le Monde*, 8 avril 1970.
115. Jean Mauriac, *L'Après-de Gaulle. Notes confidentielles, 1969-1989*, Paris, Fayard, 2006, p. 47.
116. Entretien de l'auteur avec Jean-Louis Debré, Paris, 11 avril 2023.
117. Les dix membres du comité central sont : André Bord, 149 523 suffrages ; André Fanton, 141 735 ; Joseph Comiti, 130 993 ; André Pittlon-Rossillon, 125 136 ; Jean Mattéoli, 125 086 ; Michel Vittori, 122 941 ; Marcel Narquin, 99 214 ; Bernard Gouley, 94 413 ; Roger Frey, 92 614 ; Lucien Nelle, 91 492.
118. *Le Monde*, 13 octobre 1973.
119. André Passeron, *Le Monde*, 26 février 1974.
120. Pierre Viansson-Ponté, « La fin des barons », *Le Monde*, 23 décembre 1974.
121. Jean Mauriac, *L'Après-de Gaulle...*, *op. cit.*, p. 210.
122. *Ibid.*, p. 216.
123. *Ibid.*, p. 249.
124. Olivier Guichard, *L'Écho de l'île de Guérande*, 6 octobre 1978.
125. Jean Mauriac, *L'Après-de Gaulle...*, *op. cit.*, p. 378. Jacques Foccart possédait cette même photographie depuis 1965, lorsqu'elle lui avait été remise par son collaborateur Pierre Bas, lequel la tenait lui-même d'un militant du SAC. Informé, le général de Gaulle avait choisi de ne pas en faire usage pendant la campagne présidentielle. Pierre Bas, *Secrets, manœuvres, chocs et volte-face. De Charles de Gaulle à Nicolas Sarkozy*, Perpignan, Alexandra de Saint-Prix, 2012, p. 236.
126. Jean Mauriac, *L'Après-de Gaulle...*, *op. cit.*, p. 386.
127. Cette histoire d'amour avec l'épouse d'un autre des barons du gaullisme (Olivier Guichard, qui l'avait épousée en 1944), lui-même très volage et en couple avec la journaliste Daisy de Galard, ne semble pas avoir entamé leur relation personnelle et politique. Elle était, au demeurant, un secret de polichinelle dans les cercles gaullistes.
128. Jean Mauriac, *L'Après-de Gaulle...*, *op. cit.*, p. 507.
129. André Passeron, *Le Monde*, 16 septembre 1997.

Chapitre 5. Jacques Foccart, l'insondable

1. Voir notamment Pierre Péan, *L'Homme de l'ombre. Éléments d'enquête autour de Jacques Foccart, l'homme le plus mystérieux et le plus puissant de la Ve République*, Paris, Fayard, 1990.
2. Jean-Pierre Bat, *Le Syndrome Foccart. La politique française en Afrique de 1959 à nos jours*, Paris, Gallimard, 2012.
3. Son arrière-grand-mère Victoire Foccart a en effet épousé un Alsacien nommé Louis Koch, huissier à Molsheim, d'où Louis-Guillaume Foccart, maire et conseiller général de la Mayenne, sous le seul patronyme de sa mère. Auguste Griois épouse ensuite Victoire Foccart en secondes noces en 1872 et fait de Louis-Guillaume Foccart son héritier en 1884. Voir à ce propos Philippe Gaillard, *Foccart parle. Entretiens avec Philippe Gaillard*, t. I, Paris, Fayard, 1995, p. 21.
4. Une légende voudrait que Louis-Guillaume Foccart, grand-père de Jacques, n'ait pas été le fils de Victoire Foccart mais de la princesse Marie de Bade. Cette fausse information trouve son origine dans les travaux d'un généalogiste strasbourgeois, Nicolas Stoskopf, dont la thèse a été reprise par Pierre Péan. Jacques Foccart la dément avec véhémence. Philippe Gaillard, *Foccart parle...*, t. I, *op. cit.*, p. 22.

5. Frédéric Turpin, *Jacques Foccart...*, *op. cit.*, p. 12-13.
6. Léon Boulloche fait carrière au Tonkin, en Indochine puis en Guadeloupe. Il est le grand-père d'André Boulloche, gaulliste de gauche et ministre de l'Éducation nationale du général de Gaulle. Voir Pierre Manenti, *Histoire du gaullisme social*, *op. cit.*, p. 86.
7. Frédéric Turpin, *Jacques Foccart...*, *op. cit.*, p. 14.
8. *Ibid.*, p. 9.
9. *Ibid.*, p. 17.
10. L'organisation Todt est un groupe allemand de génie civil et militaire, organisé par Fritz Todt, dans le but de réaliser des ouvrages de construction civile et militaire pour le Troisième Reich.
11. Frédéric Turpin, *Jacques Foccart...*, *op. cit.*, p. 26.
12. *Ibid.*, p. 28.
13. Philippe Gaillard, *Foccart parle...*, t. I, *op. cit.*, p. 30.
14. Stéphane Robine, « Les résistants du bocage ornais. Été-Automne 1944. Second volume », *Le Pays bas-normand*, n° 260, 2004, p. 182.
15. Frédéric Turpin, *Jacques Foccart...*, *op. cit.*, p. 34.
16. Philippe Gaillard, *Foccart parle...*, t. I, *op. cit.*, p. 62-63.
17. Foccart semble bien avoir réalisé une telle mission (AFCG, RPF 8, Dossier C, Missions de Jacques Foccart, 1947), mais les archives du RPF désignent René Dumont, un ancien officier parachutiste, proche de Soustelle et futur cadre de l'USRAF, comme délégué régional pour l'Eure, l'Eure-et-Loir, l'Indre-et-Loire, le Loir-et-Cher, le Maine-et-Loire, l'Orne, la Sarthe et la Seine-Inférieure pour la période 1947-1951. La Mayenne est suivie par un certain M. Bussière en 1947-1948 et n'a pas de délégué « officiel » en 1949-1951, ce qui contribue au flou environnant le « mythe Foccart ».
18. AFCG, AF 34, Notes diverses de Jacques Foccart et Paul Troisgros à Jacques Soustelle, 1945-1948.
19. Philippe Gaillard, *Foccart parle...*, t. I, *op. cit.*, p. 68.
20. AFCG, RPF 80, Dossier de Pierre Lefranc, Commission sur la France d'outremer du RPF, 1948.
21. Frédéric Turpin, *Jacques Foccart...*, *op. cit.*, p. 57.
22. AFCG, RPF 271, Circulaire de Jacques Foccart relative aux travaux de la commission sur la France d'Outremer dans le cadre du Conseil national du RPF de Saint-Maur-des-Fossés, 17-19 décembre 1948.
23. Frédéric Turpin, *Jacques Foccart...*, *op. cit.*, p. 58.
24. AFCG, RPF 276, Circulaire de Jacques Foccart relative aux travaux de la commission sur la France d'Outremer dans le cadre du conseil national du RPF de Vincennes, 20-22 mai 1949, document daté du 31 mai 1949.
25. AFCG, RPF 424, Commentaires de Jacques Foccart sur les élections dans les Antilles et à Madagascar, octobre-décembre 1948.
26. Frédéric Turpin, *Jacques Foccart...*, *op. cit.*, p. 59.
27. AFCG, RPF 104, Dossier personnel de Jacques Foccart sur l'UPANG, 1949-1950, notamment textes de création, statuts et correspondance.
28. Philippe Gaillard, *Foccart parle...*, t. I, *op. cit.*, p. 88-89.
29. AFCG, AF 318, Note du général de Gaulle pour MM. Foccart et Soustelle sur l'Afrique noire, 10 août 1950, évoquant notamment la perspective d'un voyage de Palewski à Djibouti.

30. « René Malbrant et Maurice Bayrou, qui étaient comme des frères pour moi. » Philippe Gaillard, *Foccart parle...*, t. I, *op. cit.*, p. 97.
31. AFCF, AF 327, Note de Jacques Foccart sur Roger Duveau, député MRP de la 2e circonscription de Madagascar, susceptible de se rapprocher du RPF, 24 mai 1950. Annotation manuscrite du Général : « Je veux bien voir M. Duveau, mais pas avant qu'il se soit décidé à nous rallier. Sans quoi, il restera là où il est mais se promènera partout en disant que je l'ai reçu, ce qui créera une équivoque. »
32. AFCG, AF 324, Lettre de Victor Calife, médecin RPF à Karikal, au général de Gaulle sur les élections à l'Assemblée représentative locale, 11 décembre 1951.
33. AFCG, RPF 229, Circulaire de Jacques Foccart sur l'Union française dans le cadre des assises nationales du RPF de Paris des 23-25 juin 1950.
34. AFCG, RPF 241, Correspondance de Jacques Foccart et Jacques Soustelle, 29 octobre 1951 à avril 1952, dans la perspective puis dans le prolongement des assises nationales du RPF de Nancy de novembre 1951.
35. Frédéric Turpin, *Jacques Foccart...*, *op. cit.*, p. 64.
36. AFCG, RPF 634, Voyage de Jacques Foccart en Indochine, notes, rapports et correspondances, 23 novembre au 23 décembre 1952.
37. Frédéric Turpin, *Jacques Foccart...*, *op. cit.*, p. 69.
38. *Ibid.*, p. 41.
39. Philippe Gaillard, *Foccart parle...*, t. I, *op. cit.*, p. 103.
40. *Ibid.*, p. 108.
41. Frédéric Turpin, *Jacques Foccart...*, *op. cit.*, p. 79.
42. Jacques Foccart, cité dans Gilles Le Béguec, Bernard Lachaise, Jean-Paul Thomas (dir.), *Mai 1958. Le retour du général de Gaulle*, Rennes, Presses universitaires de Rennes, 2010, p. 98.
43. *Ibid.*
44. Philippe Gaillard, *Foccart parle...*, t. I, *op. cit.*, p. 132.
45. *Ibid.*, p. 137-138.
46. Charles de Gaulle, Conférence de presse du 19 mai 1958.
47. L'opération Résurrection désigne un complot organisé par plusieurs officiers d'Algérie, visant à prendre Paris d'assaut, grâce à l'atterrissage de parachutistes au Bourget et à Villacoublay. Le coup de force devait permettre de s'emparer du pouvoir pour mettre aux arrêts les membres du gouvernement et provoquer le retour au pouvoir du général de Gaulle.
48. Philippe Gaillard, *Foccart parle...*, t. I, *op. cit.*, p. 139.
49. *Ibid.*, p. 141.
50. Constantin Melnik, cité dans Sébastien Laurent, *De Gaulle, les services secrets et l'Algérie*, Paris, Nouveau Monde, 2010, p. 478.
51. Entretien de l'auteur avec Jean Méo, Paris, 27 novembre 2014.
52. Frédéric Turpin, *Jacques Foccart...*, *op. cit.*, p. 122.
53. *Ibid.*, p. 127.
54. Philippe Gaillard, *Foccart parle...*, t. I, *op. cit.*, p. 156-157.
55. Olivier Guichard, *Un chemin tranquille*, Paris, Eyrolles, 1975, p. 31.
56. Frédéric Turpin, *Jacques Foccart...*, *op. cit.*, p. 139.
57. *Ibid.*, p. 145.
58. Philippe Gaillard, *Foccart parle...*, t. I, *op. cit.*, p. 159.
59. Frédéric Turpin, *Jacques Foccart...*, *op. cit.*, p. 142.
60. *Ibid.*, p. 145.

61. Philippe Gaillard, *Foccart parle...*, t. I, *op. cit.*, p. 213.
62. Voir notamment le chapitre qu'y consacre Frédéric Turpin (*Jacques Foccart..., op. cit.*, p. 185-226).
63. Propos rapporté par Jean Foyer, ancien garde des Sceaux du général de Gaulle, Institut Charles de Gaulle, *La Politique africaine du général de Gaulle. 1958-1969*, Paris, Pedone, 1981, p. 137.
64. Frédéric Turpin, *Jacques Foccart..., op. cit.*, p. 135.
65. Philippe Gaillard, *Foccart parle...*, t. I, *op. cit.*, p. 250.
66. *Ibid.*, p. 252-253.
67. Le véritable patron du SAC reste néanmoins René Tiné, secrétaire général du mouvement de 1962 à 1969, responsable des nombreux désordres de la période. Voir François Audigier, *Histoire du SAC..., op. cit.*, p. 92-98.
68. Frédéric Turpin, *Jacques Foccart..., op. cit.*, p. 167.
69. *Ibid.*
70. Philippe Gaillard, *Foccart parle...*, t. I, *op. cit.*, p. 352.
71. *Ibid.*, p. 354.
72. Pierre Viansson-Ponté, *Les Gaullistes. Rituel et annuaire*, Paris, Seuil, 1963, p. 118.
73. Frédéric Turpin, *Jacques Foccart..., op. cit.*, p. 232-233.
74. *Ibid.*, p. 179.
75. Bob Maloubier, *L'Espion aux pieds palmés*, Paris, Rocher, 2013, p. 174, cité dans Frédéric Turpin, *Jacques Foccart..., op. cit.*, p. 180.
76. Jacques Foccart, *Journal de l'Élysée*, t. I, *op. cit.*, p. 333-335.
77. Frédéric Turpin, *Jacques Foccart..., op. cit.*, p. 231.
78. Philippe Gaillard, *Foccart parle...*, t. I, *op. cit.*, p. 378.
79. *Ibid.*, p. 393.
80. Frédéric Turpin, *Jacques Foccart..., op. cit.*, p. 235.
81. Entretien de l'auteur avec Jacques Godfrain, Paris, 22 février 2022.
82. Frédéric Turpin, *Jacques Foccart..., op. cit.*, p. 235.
83. Philippe Gaillard, *Foccart parle...*, t. I, *op. cit.*, p. 395.
84. *Ibid.*, p. 399.
85. Jacques Foccart, *Journal de l'Élysée*, t. II, *Le Général en mai, 1968-1969*, Paris Arthème Fayard, 1998, p. 16 et p. 22.
86. *Ibid.*, p. 75.
87. *Ibid.*, p. 106.
88. Philippe Gaillard, *Foccart parle...*, t. I, *op. cit.*, p. 402-403.
89. *Ibid.*, p. 403.
90. Frédéric Turpin, *Jacques Foccart..., op. cit.*, p. 245.
91. La question de la présidence des CDR et du remplacement de Lefranc revient régulièrement à l'ordre du jour des échanges entre Foccart et le général de Gaulle au cours des mois suivants. En octobre 1968, le nom de Léon Noël, ancien ambassadeur et président du Conseil constitutionnel, est même évoqué, suscitant l'ire du Général. Jacques Foccart, *Journal de l'Élysée*, t. II, *op. cit.*, p. 386.
92. *Ibid.*, p. 165.
93. Frédéric Turpin, *Jacques Foccart..., op. cit.*, p. 250.
94. Philippe Gaillard, *Foccart parle...*, t. I, *op. cit.*, p. 417.
95. Jacques Foccart, *Journal de l'Élysée*, t. II, *op. cit.*, p. 227.
96. Michel Debré, cité dans Patrick Samuel, *Michel Debré..., op. cit.*, p. 405.
97. Philippe Gaillard, *Foccart parle...*, t. I, *op. cit.*, p. 238-239.

98. *Ibid.*, p. 427. Lors de leur entretien du 5 juillet 1968, le général de Gaulle semble cependant ne pas vouloir garder Couve de Murville aux Finances (évoquant son remplacement par Boulin, Chaban-Delmas ou Chalandon), en même temps qu'il cherche un candidat plus jeune pour Matignon, évoquant notamment Messmer. Jacques Foccart, *Journal de l'Élysée*, t. II, *op. cit.*, p. 264-266.
99. *Ibid.*, p. 327.
100. *Ibid.*, p. 356.
101. *Ibid.*, p. 449.
102. La veille, 1er mai 1969, Foccart est à Colombey-les-Deux-Églises, auprès du général de Gaulle, lequel lui confie son soutien à Pompidou mais aussi le regret que l'annonce ambiguë de sa possible candidature à l'élection présidentielle ait encouragé le vote en faveur du « non » lors du référendum.
103. Frédéric Turpin, *Jacques Foccart...*, *op. cit.*, p. 255.
104. Philippe Gaillard, *Foccart parle...*, t. I, *op. cit.*, p. 452 et 454.
105. Jacques Foccart, *Journal de l'Élysée*, t. II, *op. cit.*, p. 727-728.
106. Philippe Gaillard, *Foccart parle...*, t. I, *op. cit.*, p. 380.
107. *Ibid.*
108. La lettre est reproduite dans Jacques Foccart, *Journal de l'Élysée*, t. III, *op. cit.*, p. 39-40.
109. Frédéric Turpin, *Jacques Foccart...*, *op. cit.*, p. 258.
110. Jacques Foccart, *Journal de l'Élysée*, t. III, *op. cit.*, p. 77.
111. Dans ses Mémoires, Foccart étrille Messmer, « très critique, sans violence mais avec acidité », soulignant le besoin de Pompidou de le faire entrer dans le gouvernement pour mieux maîtriser cet électron libre. Philippe Gaillard, *Foccart parle...*, t. I, *op. cit.*, p. 240.
112. *Ibid.*, p. 264-265.
113. Jacques Foccart, *Journal de l'Élysée*, t. III, *op. cit.*, p. 111.
114. *Ibid.*, p. 248.
115. *Ibid.*, p. 732.
116. Le 20 janvier 1972, il tient pourtant des propos très durs sur Messmer : « Je vois Messmer. C'est étonnant comme il est différent lorsqu'on lui parle et lorsqu'il est dans votre dos ; c'est curieux pour un type sérieux, solide, sympathique comme lui. » Jacques Foccart, *Journal de l'Élysée*, t. IV, *La France pompidolienne, 1971-1972*, Paris, Arthème Fayard, 2000, p. 200.
117. *Ibid.*, p. 419.
118. Jacques Foccart, *Journal de l'Élysée*, t. V, *La Fin du gaullisme, 1973-1974*, Paris, Arthème Fayard, 2001, p. 183-184.
119. Philippe Gaillard, *Foccart parle...*, t. I, *op. cit.*, p. 295.
120. Jacques Foccart, *Journal de l'Élysée*, t. V, *op. cit.*, p. 499.
121. Frédéric Turpin, *Jacques Foccart...*, *op. cit.*, p. 271.
122. La société Lille-Saint-Germain, créée par Foccart et Lefranc, associe de grands financiers du RPF, comme Henri Bizot, Henri Hildebrand et Robert Rigaud. Elle acquiert l'immeuble du 5, rue de Solférino le 27 juillet 1965, au décès de sa propriétaire, Françoise de Curel.
123. Jacques Foccart, *Journal de l'Élysée*, t. II, *op. cit.*, p. 61-62.
124. Foccart déjeune ainsi avec Chaban-Delmas, Debré et Guichard le 3 avril 1974, déjeuner lors duquel les barons adoubent le maire de Bordeaux. Foccart en informe ensuite Messmer, qui reconnaît que bien que certains l'aient déjà encouragé à se présenter, son « image n'est pas nette, n'est pas suffisamment marquée ». Jacques Foccart, *Journal de l'Élysée*, t. V, *op. cit.*, p. 589.
125. Frédéric Turpin, *Jacques Foccart...*, *op. cit.*, p. 301.

126. *Ibid.*, p. 304.
127. Philippe Gaillard, *Foccart parle. Entretiens avec Philippe Gaillard*, t. II, Paris, Fayard, 1997, p. 237.
128. *Ibid.*, p. 306.
129. *Ibid.*, p. 308.
130. Frédéric Turpin, *Jacques Foccart…*, *op. cit.*, p. 319.
131. Robert Boulin, ministre du Travail, est retrouvé mort dans l'étang de Rompu, en forêt de Rambouillet, le 30 octobre 1979. Il menaçait de rendre publiques des révélations sur le financement occulte de plusieurs partis politiques français, parmi lesquels le RPR.
132. *Le Canard enchaîné* révèle, en octobre 1979, que Jean-Bedel Bokassa, président de la République centrafricaine, aurait remis des diamants de grande valeur à Valéry Giscard d'Estaing, alors ministre de l'Économie et des Finances.
133. Pierre Manenti, *Histoire du gaullisme social*, *op. cit.*, p. 198.
134. Frédéric Turpin, *Jacques Foccart…*, *op. cit.*, p. 349.
135. *Ibid.*, p. 476.
136. Jacques Foccart, Entretien avec *Le Point*, 12 novembre 1994.
137. Frédéric Turpin, *Jacques Foccart…*, *op. cit.*, p. 378-379.
138. *Ibid.*, p. 385-386.
139. *Ibid.*
140. Jean-Christophe Mitterrand, *Mémoire meurtrie*, Paris, Plon, 2001, p. 120.
141. Frédéric Turpin, *Jacques Foccart…*, *op. cit.*, p. 395.
142. *Ibid.*, p. 404.

Chapitre 6. Olivier Guichard, le cadet

1. Anthony Rio, *Olivier Guichard. Un baron du gaullisme en Loire-Atlantique*, Saint-Mars-du-Désert, Anna d'Antignac, 2017, p. 9.
2. Olivier Guichard, *Un chemin tranquille*, Paris, Flammarion, 1975, p. 41-42.
3. *Ibid.*, p. 45.
4. *Ibid.*, p. 48.
5. Avant son séjour à La Haye, Louis Guichard a été conseiller juridique du ministère de la Marine puis attaché naval à l'ambassade de France de Lisbonne. Olivier Guichard, *20 ans en 40*, Paris, Fayard, 1999, p. 34.
6. Olivier Guichard, *Un chemin tranquille*, *op. cit.*, p. 52.
7. *Ibid.*, p. 53.
8. Olivier Guichard, *20 ans en 40*, *op. cit.*, p. 96.
9. Olivier Guichard, *Un chemin tranquille*, *op. cit.*, p. 5.
10. Fils du préfet Marcel Ribière, chef de cabinet de Clemenceau, et petit-fils du député puis sénateur Marcel Ribière, grande figure politique de l'Yonne, René Ribière participe à un rassemblement du RPF en Gironde en uniforme de sous-préfet, ce qui lui vaut d'être révoqué par son ministre de tutelle, Jules Moch.
11. Olivier Guichard, *Un chemin tranquille*, *op. cit.*, p. 60.
12. AFCG, RPF 572, Rapport d'Olivier Guichard, novembre 1948.
13. Olivier Guichard, *Un chemin tranquille*, *op. cit.*, p. 61.
14. Laurent Jalabert, *Gaullistes dans l'Ouest atlantique. Dans les élections législatives de 1958 à 1981*, Rennes, Presses universitaires de Rennes, 2019, p. 87.

15. Pierre Guillaume, *Gaullisme et antigaullisme en Aquitaine*, Bordeaux, Presses universitaires de Bordeaux, 1990, p. 36.
16. Fondation Charles-de-Gaulle, *Avec de Gaulle*, t. II, *op. cit.*, p. 268-269.
17. AFCG, AF 27, Notes d'Olivier Guichard et de Marc Jacquet sur la politique agricole, 1947-1951.
18. Olivier Guichard, *20 ans en 40*, *op. cit.*, p. 170.
19. Yves Beauvois, *Léon Noël...*, *op. cit.*, p. 223.
20. Maurice Grassin, *Olivier Guichard*, Laval, Siloë, 1996, p. 59.
21. Yves Beauvois, *Léon Noël...*, *op. cit.*, p. 221.
22. Fondation Charles-de-Gaulle, *Avec de Gaulle*, t. II, *op. cit.*, p. 404.
23. *Ibid.*, p. 275.
24. Christian Bougeard, « Les droites dans les élections cantonales », *in* Gilles Richard, Jacqueline Sainclivier (dir.), *La Recomposition des droites en France à la Libération, 1944-1948*, Rennes, Presses universitaires de Rennes, 2004, p. 267.
25. Olivier Guichard, *Un chemin tranquille*, *op. cit.*, p. 62.
26. Anthony Rio, *Olivier Guichard...*, *op. cit.*, p. 26.
27. AFCG, AA1/3/436-437, Lettres de Monsieur Muy au général de Gaulle, 19 février et 10 mars 1952.
28. AFCG, RPF 54, Dossier B, Liste des personnes licenciées et notes d'Olivier Guichard sur les licenciements.
29. AFCG, AA1/1/19, Note d'Olivier Guichard au général de Gaulle au sujet de l'audience prochaine du Bureau du groupement des cheminots, 23 avril 1952.
30. AFCG, AA1/1/113, Brouillon d'une lettre manuscrite du général de Gaulle, à la signature d'Olivier Guichard, aux quarante parlementaires ayant écrit au Général le 29 mai 1952.
31. AFCG, AA1/1/357-358, Lettres de Jules Castellani, sénateur de Madagascar, au général de Gaulle en vue de son déplacement à Madagascar, avec annotation « Pour M. Guichard », 16 et 17 juin 1953.
32. Guichard y organise l'inauguration par le Général d'une stèle commémorant le ralliement de La Réunion à la France Libre, en lien avec Albert Eggenspiller, secrétaire général de l'Association des Français Libres et en même temps chef de cabinet du général de Larminat, son président de 1945 à 1962.
33. Cité dans Pierre Péan, *L'Homme de l'ombre*, *op. cit.*, p. 204.
34. Frédéric Fogacci, « Une éducation politique, les années du RPF », *in* Frédéric Fogacci, Gilles Le Béguec (dir.), *Olivier Guichard*, *op. cit.*, p. 27.
35. Entretien de l'auteur avec Jean-Louis Debré, Paris, 11 avril 2023.
36. Le curieux peut se référer à sa biographie : Guy Valepied, *Émilien Amaury. La véritable histoire d'un patron de presse du XXe siècle*, Paris, Le Cherche Midi, 2009.
37. Yannick Denoël, Jean Garrigues, *Histoire secrète de la corruption*, Paris, Nouveau Monde, 2014, p. 19.
38. Témoignage de Pierre Lefranc, *in* Bernard Lachaise, Gilles Le Béguec, *Georges Pompidou, directeur de cabinet du général de Gaulle. Juin 1958-janvier 1959*, Bruxelles, P.I.E. Peter Lang, 2006, p. 83.
39. Olivier Guichard, *Un chemin tranquille*, *op. cit.*, p. 72.
40. La légende veut qu'à bord du paquebot les menant à Tahiti, voyant Guichard refuser du potage, le Général se serait exclamé : « Comment peut-on reconstruire un pays avec des gens qui refusent le potage ? »
41. Julian Jackson, *De Gaulle*, *op. cit.*, p. 488-489.

42. AFCG, AF47/4, Compte rendu de l'entrevue entre Roger Barberot et le général de Gaulle du 27 mars 1958, document ronéoté de trois pages et intitulé « Intentions et conceptions ».
43. Jérôme Pozzi, « Les entourages et les initiatives gaullistes... », *in* Gilles Le Béguec, Bernard Lachaise, Jean-Paul Thomas (dir.), *Mai 1958. Le retour du général de Gaulle, op. cit.*, p. 108-109.
44. Dès février 1958, il organise une rencontre entre le général de Gaulle et Mohamed Massoudi, l'ambassadeur de Tunisie en France, après le bombardement de Sakiet Sidi Youssef, lequel entretien a « un large écho dans les médias, qui n'est pas sans avoir eu un impact en faveur du retour au pouvoir du Général ». Sabrina Tricaud, « Olivier Guichard, l'homme de cabinet de De Gaulle à Pompidou », *in* Frédéric Fogacci, Gilles Le Béguec (dir.), *Olivier Guichard, op. cit.*, p. 54.
45. Olivier Guichard, *Un chemin tranquille, op. cit.*, p. 32-33.
46. *Ibid.*, p. 34.
47. Frédéric Fogacci, « Une éducation politique... », *op. cit.*, p. 28.
48. *Ibid.*
49. AFCG, Archives orales, Entretien d'Olivier Guichard réalisé par Daniel Desmarquest, 1992.
50. Cité dans Julian Jackson, *De Gaulle..., op. cit.*, p. 514.
51. Olivier Guichard, *Mon général*, Paris, Grasset, 1980, p. 371.
52. Éric Chiaradia, *L'Entourage du général de Gaulle, juin 1958-avril 1969*, Paris, Publibook Université, 2011, p. 171.
53. *Ibid.*, p. 66.
54. *Ibid.*, p. 67.
55. Maurice Grassin, *Olivier Guichard, op. cit.*, p. 63.
56. Jean Charlot, *L'Union pour la nouvelle république..., op. cit.*, p. 42.
57. Pierre Manenti, *Histoire du gaullisme social, op. cit.*, p. 84.
58. Jérôme Pozzi, *Les Mouvements gaullistes..., op. cit.*, p. 47.
59. *Ibid.*, p. 63.
60. Olivier Guichard, *Mon Général, op. cit.*, p. 382-385.
61. Entretien de l'auteur avec Pierre Mazeaud, Paris, 27 janvier 2023.
62. Michel Debré, *Trois Républiques pour une France*, t. III, *op. cit.*, p. 272.
63. Énarque, posté en ambassade au Luxembourg, en Syrie, au Liban et en Grèce, conseiller diplomatique de Georges Pompidou, Premier ministre de 1962 à 1965, Robert de Souza est nommé ambassadeur de France à Téhéran en 1972.
64. Anthony Rio, *Olivier Guichard..., op. cit.*, p. 19.
65. Député de la Seine, battu lors des législatives de 1962, il retrouve une circonscription, à Paris, en 1967.
66. Alain Peyrefitte, *C'était de Gaulle, op. cit.*, p. 476.
67. Franz-Olivier Giesbert, *Chirac. Une vie*, Paris, Flammarion, 2016, p. 90.
68. Énarque, collaborateur ministériel de Michel Debré et Maurice Schumann, Jérôme Monod rejoint la Datar et Guichard en 1963. Délégué adjoint en 1966 puis délégué en 1968, il est ensuite directeur de cabinet de Jacques Chirac à Matignon en 1975, secrétaire général du RPR en 1976 puis conseiller de Jacques Chirac à l'Élysée en 2000, dans la perspective de l'élection présidentielle de 2002 et de la création de l'Union pour un mouvement populaire (UMP).
69. Michel Debré, *Trois Républiques pour une France*, t. IV, *op. cit.*, p. 35.
70. Anthony Rio, *Olivier Guichard..., op. cit.*, p. 30.
71. Pierre Viansson-Ponté, *Après de Gaulle, qui ?, op. cit.*, p. 231.
72. Olivier Guichard, *Mon Général, op. cit.*, p. 426.

73. Bozzi et Marette sont élus pour la première fois lors des législatives de 1967. La Malène, secrétaire du groupe RPF au Sénat sous la Quatrième République et député de Paris depuis 1958, devient ministre de la Recherche scientifique et des Questions atomiques et spatiales en 1968. Sanguinetti, député de Paris depuis 1962 mais battu lors des législatives de 1967, y perd son poste de ministre des Anciens combattants et Victimes de guerre, tout en demeurant l'une des grandes figures du Service d'action civique (SAC). Il est réélu député de Haute-Garonne en 1968.
74. Olivier Guichard, « Mai 1968 trancha en faveur du cassoulet », *Le Monde*, 6 février 1973.
75. *Ibid.*
76. Anthony Rio, *Olivier Guichard..., op. cit.*, p. 70.
77. Gilles Le Béguec, « Être gaulliste après de Gaulle », *in* Frédéric Fogacci, Gilles Le Béguec (dir.), *Olivier Guichard, op. cit.*, p. 72.
78. Paul Camous, cité dans Anthony Rio, *Olivier Guichard..., op. cit.*, p. 72.
79. Jacques Chaban-Delmas, *L'Ardeur, op. cit.*, p. 342.
80. Michel Debré, *Trois Républiques pour la France*, t. V, *op. cit.*, p. 107.
81. Jacques Foccart, *Foccart parle...*, t. II, *op. cit.*, p. 36.
82. Gilles Le Béguec, « Être gaulliste après de Gaulle », art. cité, p. 69.
83. Jérôme Monod, *Les Vagues du temps*, Paris, Fayard, 2009, p. 89.
84. Frédéric Abadie, Jean-Pierre Corcelette, *Georges Pompidou, 1911-1974. Le désir et le destin*, Paris, Nouveau Monde, 2007, p. 348.
85. Bruno Poucet, « Au ministère de l'Éducation nationale : Olivier Guichard, un réformateur malgré lui ? », *in* Frédéric Fogacci, Gilles Le Béguec (dir.), *Olivier Guichard, op. cit.*, p. 116.
86. Anthony Rio, *Olivier Guichard..., op. cit.*, p. 154.
87. Michel Debré, *Entretiens avec Georges Pompidou, op. cit.*, p. 223.
88. Robert Poujade, *Avec de Gaulle et Pompidou..., op. cit.*, p. 287.
89. Jacques Foccart, *Journal de l'Élysée*, t. V, *op. cit.*, p. 621.
90. Serge Berstein, *Histoire du gaullisme*, Paris, Perrin, 2001, p. 403.
91. Jean Mauriac, *L'Après-de Gaulle..., op. cit.*, p. 147.
92. Michel Rabreau, cité dans Laurent Jalabert, *Gaullistes dans l'Ouest atlantique, op. cit.*, p. 172.
93. Olivier Guichard, cité dans « M. Guichard lance le Club 16 », *Le Monde*, 21 octobre 1974.
94. Cité dans Franz-Olivier Giesbert, *Chirac..., op. cit.*, p. 236.
95. Pierre Pélissier, *Charles Pasqua, op. cit.*, p. 163.
96. Anthony Rio, *Olivier Guichard..., op. cit.*, p. 183.
97. Jean Mauriac, *L'Après-de Gaulle..., op. cit.*, p. 166.
98. *Ibid.*, p. 184.
99. Valéry Giscard d'Estaing, *Le Pouvoir et la Vie*, t. II, *L'Affrontement*, Paris, France-Loisirs, 1992, p. 455.
100. Entretien de l'auteur avec Christian Poncelet, Paris, 16 octobre 2013.
101. Gilles Le Béguec, « Être gaulliste après de Gaulle », *op. cit.*, p. 78.
102. Jean Mauriac, *L'Après-de Gaulle..., op. cit.*, p. 192-193.
103. Anthony Rio, *Olivier Guichard..., op. cit.*, p. 254.
104. Jean Mauriac, *L'Après-de Gaulle..., op. cit.*, p. 253.
105. François Audigier, « Quelle postérité pour Olivier Guichard ? », *in* Frédéric Fogacci, Gilles Le Béguec (dir.), *Olivier Guichard, op. cit.*, p. 208.
106. Yves Guéna, *Mémoires d'outre-Gaulle*, Paris, Flammarion, 2010, p. 143.
107. Olivier Guichard accueille notamment Raymond Barre, en voyage dans la région des Pays-de-la-Loire, en mars 1987.

108. Frédéric Fogacci, Gilles Le Béguec (dir.), *Olivier Guichard, op. cit.*, p. 12.
109. Très marri de cette décision, Guichard mène une délégation parlementaire à Matignon, le 30 novembre 1996, afin d'exprimer son mécontentement à Juppé. Sont également présents Xavier Deniau, Robert Galley, Georges Gorse et Gabriel Kaspereit, concernés au même titre.
110. Jacques Chirac, Communiqué de presse de l'Élysée à la suite de la disparition d'Olivier Guichard, 22 janvier 2004.
111. François Audigier, « Quelle postérité pour Olivier Guichard ? », art. cité, p. 211.

PARTIE II. BARONS, VOUS AVEZ DIT BARONS ?

1. Entretien de l'auteur avec Patrick Ollier, Paris, 7 septembre 2023.

Chapitre 7. Les barons oubliés du RPF

1. AN, 112AJ/21, Ordre de mission de Jacques Soustelle portant signature du général de Gaulle, 31 janvier 1941.
2. Jean-Louis Crémieux-Brilhac, cité dans Denis Rolland, « Jacques Soustelle, De l'ethnologie à la politique », *Revue d'histoire moderne et contemporaine*, n° 49-3, 1996, p. 149.
3. Marc Francioli, *Jacques Soustelle..., op. cit.*, p. 96.
4. Né à Tarbes, en 1909, André Achiary grandit à Alger où, après une licence de droit, il devient commissaire de police en 1934, adjoint au service de la Sûreté en 1935 puis responsable de la Brigade de surveillance du territoire en 1938. Au terme d'une guerre ambiguë et « sale », il est recruté par la DGSS de Soustelle en 1944, puis intègre le corps préfectoral.
5. Né à Sétif, en 1905, René Moatti est avocat au barreau d'Alger en 1927. Gaulliste historique, membre des Corps francs d'Afrique du général de Montsabert, il prend la direction du cabinet de Soustelle au ministère de l'Information puis se fait élire à Paris. Président du Conseil municipal de 1952 à 1953, il est également député RPF de 1951 à 1955 puis député UNR de 1958 à 1961, période pendant laquelle il préside la commission des Lois de l'Assemblée nationale.
6. Jacques Soustelle supervise notamment la réorganisation de l'Action ouvrière en mars-juin 1950, en lien avec Yvon Morandat (AFCG, RPF 13-14, Notes d'Yvon Morandat au général de Gaulle, 3 mars 1950 et 14 juin 1950).
7. AFCG, RPF 315, Note du général de Gaulle à Jacques Soustelle, 23 août 1948, reprenant les conclusions d'un rapport de Pierre Lefranc sur l'organisation du RPF en Afrique et faisant suite à une mission de Soustelle en Afrique du Nord, en juin 1947. Par ailleurs, Soustelle est au cœur des débats sur la crise du RPF au Soudan (AFCG, RPF 320-321, Lettre de M. Layes Keita au général de Gaulle sur les problèmes du RPF au Soudan, 23 août 1950, annotations manuscrites du général de Gaulle à l'attention de Soustelle, ou encore Note de Jacques Soustelle à l'attention du général de Gaulle sur les divisions du RPF au Soudan, 13 mars 1951).
8. AFCG, RPF 354, Note de Jacques Soustelle au général de Gaulle sur l'organisation d'une campagne de tracts « De Gaulle au pouvoir » à l'automne 1950, grâce au financement de l'UPANG, 8 novembre 1950.

9. Après l'avoir envoyé dans le Sud-Ouest, il suggère ainsi au général de Gaulle de l'envoyer à Djibouti, en août 1950 (AFCG, RPF 318, Note du général de Gaulle en réponse à une proposition de Jacques Soustelle et Jacques Foccart, 10 août 1950).
10. AFCG, RPF 209, Discours de Jacques Soustelle aux assises nationales du RPF de Marseille, 17 avril 1948.
11. AFCG, RPF 213, Discours de Jacques Soustelle aux assises nationales du RPF de Lille, 11 février 1949.
12. AFCG, RPF 228, Discours de Jacques Soustelle aux assises nationales du RPF de Paris, 25 juin 1950.
13. Alain Pompidou, *Georges Pompidou. Lettres, notes et portraits…, op. cit.*, p. 211.
14. Jacques Soustelle, *Vingt-huit ans de gaullisme, op. cit.*, p. 69.
15. *Ibid.*
16. *Ibid.*
17. *Ibid.*, p. 76.
18. Marc Francioli, *Jacques Soustelle…, op. cit.*, p. 120.
19. Alain Pompidou, *Georges Pompidou. Lettres, notes et portraits…, op. cit.*, p. 248.
20. *Ibid.*
21. *Ibid.*
22. Mathias Bernard, *La Guerre des droites. De l'affaire Dreyfus à nos jours*, Paris, Odile Jacob, 2007, p. 141.
23. L'intégralité des archives de *Voici pourquoi* figure dans les fonds 112AJ/45 et 112AJ/46 et comprend une correspondance entre Michel Anfrol et Jacques Soustelle.
24. Jérôme Pozzi, *Les Mouvements gaullistes…, op. cit.*, p. 39.
25. Jacques Soustelle, *Vingt-huit ans de gaullisme, op. cit.*, p. 142.
26. Pierre Manenti, *Albin Chalandon…, op. cit.*, p. 85-86.
27. AN, 81AS124, Note d'Olivier Bizot sur la réunion constitutive de l'UNR, 2 octobre 1958, citée dans Jérôme Pozzi, *Les Mouvements gaullistes…, op. cit.*, p. 69.
28. AN, 103AS1, Procès-verbal de l'installation du comité central de l'UNR, 3 octobre 1958.
29. En avril 1958, lors d'une législative partielle à Paris, il soutient notamment un candidat d'extrême droite, décoré de la francisque. Voir Patrick Samuel, *Michel Debré…, op. cit.*, p. 179-180.
30. Jacques Soustelle, *Vingt-huit ans de gaullisme, op. cit.*, p. 181.
31. Le cabinet de Soustelle réunit notamment Charles Béraudier, adjoint au maire de Lyon et compagnon de ses aventures multiples, ainsi que François Bistos, ancien de la DGER puis du SDECE, relais de Foccart au sein des services de renseignement et future personnalité au centre du scandale des avions renifleurs. (AN, 112AJ/23, Composition du cabinet de Jacques Soustelle, ministre délégué auprès du Premier ministre, janvier 1959).
32. AN, 112AJ/36, Notes de Jacques Soustelle prises en Conseil des ministres les 26 août 1959 et 25 janvier 1960.
33. Marc Francioli, *Jacques Soustelle…, op. cit.*, p. 206-207.
34. AN, 112AJ/25, Article de Jacques Soustelle dans *Voici pourquoi*, 11 mars 1960.
35. AN, 103AS/1, Réunion du comité central de l'UNR, 25 avril 1960.
36. Jacques Soustelle, *Vingt-huit ans de gaullisme, op. cit.*, p. 272.
37. *Ibid.*, p. 273.
38. AN, AJ112/37, Note et revue de presse sur le comité de Vincennes du RAF de juin 1960.
39. Jacques Soustelle, *Le Monde*, 21 octobre 1960.
40. Jérôme Pozzi, *Les Mouvements gaullistes…, op. cit.*, p. 111.

41. Jacques Berne, *La Campagne présidentielle de Valéry Giscard d'Estaing en 1974*, Paris, Presses universitaires de France, 1981, p. 193.
42. AN, 112AJ/38, Étude de Paul Bellat sur les relations entre musulmans et chrétiens, envoyée par Jacques Soustelle à Valéry Giscard d'Estaing à la veille de sa visite en Algérie, vers janvier 1975.
43. AN, 112AJ/32, Lettre de soutien de Jacques Soustelle à Jacques Chirac, octobre 1976.
44. Marc Francioli, *Jacques Soustelle…, op. cit.*, p. 217.
45. Pour les thèses, voir Balvet, Dominique, « Jacques Soustelle et l'Algérie française : gaullisme et antigaullisme, du Front populaire aux marges du Front national », Université de Lille III, Thèse soutenue sous la direction de Jean-François Sirinelli, 2003, et Christian Desbordes, « Jacques Soustelle et la défense de l'Occident », Université de Clermont-Ferrand, Thèse soutenue sous la direction de René Chiraoux, 2000.
46. Frédéric Turpin, *Jacques Foccart…, op. cit.*, p. 139.
47. Marc Francioli, *Jacques Soustelle…, op. cit.*, p. 217.
48. Frédéric Turpin, *André Diethelm (1896-1954). De Mandel à de Gaulle*, Paris, Les Indes savantes, 2004, p. 18.
49. Gilles Lambert, *L'Ombre du général de Gaulle. André Diethelm, 1896-1954*, Paris, Philippe Rey, 2010, p. 45.
50. Gaston Palewski, *Mémoires d'action, op. cit.*, p. 114-115.
51. Frédéric Turpin, *André Diethelm…, op. cit.*, p. 52.
52. *Ibid.*, p. 59.
53. *Ibid.*, p. 66.
54. *Ibid.*, p. 102.
55. *Ibid.*, p. 103.
56. David Valence, « Le gaullisme dans les Vosges », *in* François Audigier, Frédéric Schwindt, *Gaullisme et gaullistes…, op. cit.*, p. 95-96.
57. *Ibid.*, p. 174.
58. Frédéric Turpin évoque, à ce propos, un échange entre Capitant et le général de Gaulle, en date du 15 octobre 1946, rapporté par Claude Guy, lors duquel le premier s'émeut de l'absence de grands noms au sein de l'Union gaulliste (citant Diethelm et Soustelle), le second répondant que l'usage de l'épithète « gaulliste » a certainement « choqué la plupart de ceux dont vous venez de citer le nom ». Claude Guy, *En écoutant de Gaulle, op. cit.*, p. 138.
59. Pierre Lefranc, « La création et les grandes étapes du RPF », *in* Fondation Charles-de-Gaulle, *De Gaulle et le Rassemblement du peuple français, 1947-1955*, Paris, Armand Colin, 1998, p. 30.
60. Entretien de Pierre Lefranc avec Frédéric Turpin, cité dans Frédéric Turpin, *André Diethelm…, op. cit.*, p. 179.
61. Claude Guy, *En écoutant de Gaulle, op. cit.*, p. 323-324.
62. AFCG, RPF 209, Discours d'André Diethelm lors des assises nationales du RPF de Marseille, 16 avril 1948.
63. AFCG, RPF 218, Décision du général de Gaulle chargeant Diethelm et Fouchet de l'organisation du premier conseil national du RPF, 28 juin 1948.
64. David Bellamy, « Historique des groupes parlementaires gaullistes », *Parlement[s]. Revue d'histoire politique*, hors-série n° 5, mars 2009, p. 8-21.
65. André Diethelm, *L'Étincelle*, 22 novembre 1947.
66. Frédéric Turpin, *André Diethelm…, op. cit.*, p. 189.

67. ASP, 1DE1/21, Procès-verbal du comité national d'études du 18 février 1948, cité dans Frédéric Turpin, *André Diethelm..., op. cit.*, p. 189.
68. Frédéric Turpin, *André Diethelm..., op. cit.*, p. 189.
69. *Ibid.*, p. 190.
70. Conord, Fabien, *Les Élections sénatoriales en France, 1875-2015*, Rennes, Presses universitaires de Rennes, 2020, p. 185.
71. Michel Debré, *Trois Républiques pour une France*, t. II, *op. cit.*, p. 124.
72. AFCG, RPF 276, Discours d'André Diethelm au conseil national du RPF, 1er octobre 1949.
73. AFCG, RPF 230, Rapport d'André Diethelm sur les problèmes fiscaux, 24 juin 1950.
74. AFCG, RPF 247, Rapport d'André Diethelm sur la situation financière et budgétaire de la France, 23 novembre 1950.
75. Archives du Sénat (AS), Compte rendu des débats, 31 décembre 1948.
76. Frédéric Turpin, *André Diethelm..., op. cit.*, p. 194,
77. La proposition de loi est notamment portée par Francis Caillet et Lucien de Gracia, représentants de l'aile gauche du groupe RPF. Voir Pierre Manenti, *Histoire du gaullisme social, op. cit.*, p. 67.
78. Né le 29 septembre 1907 à Nancy, Pierre Ruais est un polytechnicien, attaché à l'état-major particulier du général de Gaulle pendant la guerre, plus tard capitaine de la brigade de choc de la première armée. Conseiller municipal de Paris de 1947 à 1949, il est également député UNR-UDR de Paris de 1958 à 1973.
79. AFCG, RPF 294, Conseil national de Saint-Maur-des-Fossés, Compte rendu des débats de la section des affaires économiques, financières et sociales, 4-6 juillet 1952.
80. Entretien de Frédéric Turpin avec Michel Habib-Deloncle, septembre 2001, cité dans Frédéric Turpin, *André Diethelm..., op. cit.*, p. 222.
81. Député du Rhône, élu sous l'étiquette du Parti républicain de la liberté en juin puis novembre 1946, Pierre Montel démissionne de l'intergroupe gaulliste en août 1948 pour dénoncer la position du RPF sur le budget de Paul Reynaud et s'opposer à la demande du parti gaulliste d'organiser des élections législatives anticipées.
82. Frédéric Turpin, *André Diethelm..., op. cit.*, p. 202.
83. La démission de Paul Giacobbi intervient au lendemain de l'exclusion de quatre députés et trois sénateurs en rupture avec le RPF dans le cadre d'une élection cantonale partielle en juin 1949.
84. AFCG, RPF 428, Instruction de Jacques Soustelle à André Diethelm, mars 1949.
85. AFCG, RPF 440, Répartition des déplacements des membres du Conseil de direction, 20 septembre 1950.
86. Vincent Auriol, *Mon septennat, 1947-1954*, Paris, Gallimard, 1970, p. 403-404.
87. AAS, Compte rendu des débats, 6 mars 1952.
88. André Diethelm, *Le Monde*, 8 avril 1952.
89. AFCG, RPF 294, Conseil national de Saint-Maur-des-Fossés, Compte rendu des débats de la section des affaires économiques, financières et sociales, 4-6 juillet 1952.
90. AAN, Compte rendu des débats, 21 mai 1953.
91. André Diethelm, *Le Monde*, 9 janvier 1953.
92. Entretien de Frédéric Turpin avec Michel Habib-Deloncle, septembre 2001, cité dans Frédéric Turpin, *André Diethelm..., op. cit.*, p. 222.
93. Alain Pompidou, *Georges Pompidou. Lettres, notes et portraits..., op. cit.*, p. 249.
94. Frédéric Turpin, *André Diethelm..., op. cit.*, p. 232-233.
95. AFCG, RPF 412, Lettre d'André Diethelm aux membres du groupe RPF, 8 mai 1953.
96. Entretien de l'auteur avec Alain Terrenoire, Paris, 3 décembre 2013.

97. Directeur de société et chargé de mission pour le RPF au Maroc, Paul-Étienne Torre est le père d'Henri Torre, député UDR-RPR de 1968 à 1980 puis sénateur RPR de 1980 à 2008. AFCG, RPF 654, Correspondance de Louis Terrenoire avec Paul-Étienne Torre, 1949-1949. Voir également les mentions de Terrenoire dans la correspondance entre Christian Fouchet, ministre des Affaires marocaines et tunisiennes, et Paul-Étienne Torre en 1954-1955, mentionnant l'implication de Terrenoire (AN, 97AJ/19).
98. AFCG, RPF 208, Instruction de Louis Terrenoire concernant les élections cantonales, avec corrections manuscrites du général de Gaulle, avril 1951.
99. AFCG, RPF 227, Lettre de Léon Mazeaud au général de Gaulle au sujet de l'élection des conseillers nationaux du RPF, avec mention manuscrite du général de Gaulle, 27 novembre 1951, « Pour M. Terrenoire, me rapporter cette lettre avec tout le dossier des choix à faire. »
100. AFCG, RPF 305, Note de Georges Pompidou à Olivier Guichard sur les délégués régionaux, 12 novembre 1951.
101. Christian Bougeard, *L'Évolution des forces politiques en Bretagne*, *op. cit.*, p. 61.
102. AFCG, RPF, 650, Lettre de Marius Durbet, maire de Nevers, au général de Gaulle, au sujet de la création d'un Comité politique gaulliste dans la Nièvre, avec annotation manuscrite du Général. « Communiquer ceci à M. Terrenoire. Assez de Comité politique. Durbet et Doussot ne font pas partie pas de la délégation de la Nièvre. C'est le monde à l'envers ! Que fait Lespiat ? »
103. Le département de l'Allier est confié à un certain M. Lespiat, qui semble avoir fait rire jaune le général de Gaulle à plus d'une reprise : « Lespiat expose des problèmes. Il ne dit pas ce qu'il faut faire pour les résoudre. Un délégué régional n'est pas un observateur ! » (AFCG, AA1/382, Annotation du général de Gaulle sur un rapport de Lespiat du 31 mars 1952) ; ou encore : « C'est le monde à l'envers, que fait Lespiat ? » (AFCG, AA1/650, Annotation du général de Gaulle sur une lettre du président du Conseil départemental de la Nièvre, 14 mars 1952.)
104. AFCG, RPF 585, Lettre de Jean Nocher, député de la Loire, au général de Gaulle, au sujet de la désunion des dirigeants du RPF de la Loire, 8 avril 1953.
105. AFCG, RPF 246, Discours de Louis Terrenoire lors de la séance d'ouverture des assises du RPF de Nancy, 23 novembre 1951.
106. AFCG, RPF 251, Discours d'André Diethelm lors des assises nationales du RPF de Paris, 9 novembre 1952.
107. Il refuse notamment que Terrenoire accompagne Pompidou et Soustelle à Colombey-les-Deux-Églises, lors de la réunion de crise du 23 juin 1952. Alain Pompidou, *Georges Pompidou. Lettres, notes et portraits...*, *op. cit.*, p. 234.
108. AFCG, RPF 294, Lettre de Terrenoire aux délégués régionaux, 8 septembre 1952.
109. AFCG, RPF 594, Discours de Louis Terrenoire à Fribourg, 8 mai 1953.
110. Jérôme Pozzi, *Les Mouvements gaullistes...*, *op. cit.*, p. 34.
111. Seuls vingt-sept des 206 députés du groupe UNR ont eu des responsabilités au sein du RPF.
112. Ses nouvelles fonctions le conduisent également à participer au comité central du parti, ainsi la réunion du 23 juin 1959, lors de laquelle Chalandon et Soustelle s'opposent sur l'élargissement de l'UNR à un certain nombre d'alliés. Terrenoire, d'habitude partisan de l'ouverture, s'y fait le défenseur de « ceux qui ont pris tous les risques pour fonder l'UNR » (AN, 103AS/1, Procès-verbal du comité central de l'UNR du 23 juin 1959).
113. Jérôme Pozzi, *Les Mouvements gaullistes...*, *op. cit.*, p. 100.
114. Entretien de l'auteur avec Alain Terrenoire, Paris, 3 décembre 2013.

115. Jérôme Pozzi, *Les Mouvements gaullistes..., op. cit.*, p. 87.
116. Alain Terrenoire, « Entretien avec François Audigier, 1er et 15 décembre 2008 », *Parlement[s]. Revue d'histoire politique*, hors-série n° 5, mars 2009, p. 98.
117. AN, 588AP/17, Note de la préfecture de police reprenant les interventions publiques d'un certain nombre de personnalités, 21 mai 1968, citée dans Jérome Pozzi, *Les Mouvements gaullistes..., op. cit.*, p. 228.
118. Pierre Manenti, *Histoire du gaullisme social, op. cit.*, p. 141.
119. L'aventure réunit également le député Raymond Offroy, l'ancien secrétaire de l'Élysée Bernard Tricot, des membres de l'Union des jeunes pour le progrès (Bernard Loth, Jean Guion, Bernard Fournier), ainsi que les gaullistes de gauche Dominique Chagnolland, Jacques Debû-Bridel, Dominique Gallet ou encore Olivier Germain-Thomas, neveu de Pierre Lefranc.
120. Louis Terrenoire, « Parce que nous sommes attachés à l'indépendance nationale... », *Le Monde*, 9 mars 1978.
121. Voir à ce propos la thèse d'Hélène Boivin, « Louis Terrenoire, un fidèle à l'ombre du général de Gaulle, 1908-1992 », Thèse sous la direction d'Olivier Dard, Sorbonne Université, novembre 2019.
122. Exilé au Portugal, le colonel Rémy tente de revenir dans l'aventure gaulliste en 1956, en vain. Il prend ensuite parti pour l'Algérie française sous la Cinquième République et rompt définitivement avec le général de Gaulle après les accords d'Évian de 1962. Il soutient Jean Royer lors de la présidentielle de 1974.
123. Léon Noël ne sollicite pas le renouvellement de son mandat parlementaire lors des législatives de 1956. Membre du Comité constitutionnel de 1958 puis président du Conseil constitutionnel en 1959, ses relations deviennent distantes avec le général de Gaulle après le référendum de 1962, dont il est très critique. Il est remplacé par Gaston Palewski en 1965.
124. Georges Pompidou, *Pour rétablir une vérité, op. cit.*, p. 86.
125. Dans le cadre de ses fonctions, Louis-Pasteur Vallery-Radot participe à la décision de condamner le général Salan à la prison à perpétuité (au lieu de l'exécution, souhaitée par le général de Gaulle). Ce verdict « clément » lui vaut de se brouiller avec le président de la République.

Chapitre 8. Premiers ministres et barons

1. Frédéric Abadie, Jean-Pierre Corcelette, *Georges Pompidou..., op. cit.*, p. 27.
2. Georges Pompidou, *Pour rétablir une vérité, op. cit.*, p. 50-51.
3. Alain Pompidou, *Georges Pompidou. Lettres, notes et portraits..., op. cit.*, p. 168.
4. Georges Pompidou, *Pour rétablir une vérité, op. cit.*, p. 148.
5. Gaston Palewski, *Mémoires..., op. cit.*, p. 296.
6. AFCG, RPF 254, Note de Georges Pompidou au général de Gaulle sur les candidatures au Conseil national du parti en vue des assises nationales des 11-12 février 1949, 7 octobre 1948.
7. AFCG, RPF 609, Note d'Yvon Morandat à Georges Pompidou, 22 décembre 1949.
8. AFCG, RPF 345, Note de Jacques Soustelle au général de Gaulle sur le financement d'un million de papillons RPF au titre de l'UPANG, 8 novembre 1950, mais aussi AFCG, RPF 346, Lettre de Mme Éboué-Tell au général de Gaulle demandant la tenue d'une réunion du comité de l'UPANG pour installer Roger Frey en successeur de Claude Guy, 14 novembre 1951.

9. AFCG, RPF 82, Mise en place du comité de la carte, comptes rendus et notes, 1951-1952.
10. Alain Pompidou, *Georges Pompidou. Lettres, notes et portraits..., op. cit.*, p. 217-218.
11. Alain Frèrejean, *C'était Georges Pompidou*, Paris, Fayard, 2011, p. 82.
12. Merry Bromberger, *Le Destin secret de Georges Pompidou*, Paris, Fayard, 1965, p. 110.
13. Claudia Hiepel, *Willy Brandt et Georges Pompidou. La politique européenne de la France et de l'Allemagne, entre crise et renouveau*, Villeneuve d'Ascq, Presses universitaires du Septentrion, 2017, p. 32.
14. Institut Georges-Pompidou, *Georges Pompidou. Vingt ans après*, Paris, La Table ronde, 1994, p. 30.
15. Michel Debré, *Entretiens avec Georges Pompidou, op. cit.*, p. 14.
16. Les biographes de Pompidou sont cependant en désaccord sur ce point, Jean Charlot évoquant un visiteur « plus ou moins régulier » mais Éric Roussel, des entretiens « chaque semaine », rue de Solférino. De même, sa participation aux déjeuners des barons fait l'objet de débats, Merry Bromberger affirmant qu'il « ne manque pas un seul déjeuner mensuel », tandis qu'Éric Roussel, qui a pu avoir accès à ses agendas et carnets, évoque simplement une présence « à intervalles réguliers ».
17. Patrick Samuel, *Michel Debré..., op. cit.*, p. 457.
18. Jacques Chaban-Delmas, *Mémoires pour demain, op. cit.*, p. 414.
19. Alain Pompidou, *Georges Pompidou. Lettres, notes et portraits..., op. cit.*, p. 338-339.
20. Jacques Chaban-Delmas, *Mémoires pour demain, op. cit.*, p. 367.
21. AAN, Compte rendu des débats parlementaires, Intervention de Jacques Legendre, 27 avril 1962.
22. Pierre Rouannet, *Pompidou*, Paris, Grasset, 1969, p. 101.
23. Cité dans Violaine Chatelain, « La télévision publique française : une fabrique politique ? Les interventions de Georges Pompidou, Premier ministre, 1962-1968 », *Revue d'histoire moderne et contemporaine*, n° 47-4, avril 2000, p. 781.
24. Tenu en dehors de la confidence pendant plusieurs mois, Pompidou vit cette période comme une « fêlure » dans sa relation avec le général de Gaulle et en « a beaucoup souffert ». Frédéric Abadie, Jean-Pierre Corcelette, *Georges Pompidou..., op. cit.*, p. 212.
25. Thierry Desjardins, *Pasqua. Portrait étonnant d'un ministre surprenant*, Paris, Éditions n° 1, 1994, p. 173.
26. Lors des législatives de 1967, le groupe UD-V^e n'obtient « que » 200 sièges (– 13 sièges), ce qui force les gaullistes à composer avec d'autres alliés, afin de former une majorité parlementaire de 247 sièges (contre 240 pour l'opposition).
27. Bernard Lachaise, « Le temps des barons », *in* Frédéric Fogacci, Gilles Le Béguec (dir.), *Olivier Guichard, op. cit.*, p. 41-42.
28. Jean Foyer, *Sur les chemins du droit avec le Général. Mémoires de ma vie politique, 1944-1988*, Paris, Fayard, 2006, p. 336-337.
29. Frédéric Abadie, Jean-Pierre Corcelette, *Georges Pompidou..., op. cit.*, p. 306-308.
30. Georges Pompidou est néanmoins réélu député du Cantal en juin 1968.
31. Jacques Foccart, *Journal de l'Élysée*, t. II, *op. cit.*, p. 585.
32. Hervé Gattegno, « Pompidou et la conjuration des barons », *in* Jean Garrigues, *La République des traîtres. De 1958 à nos jours*, Paris, Tallandier, 2020, p. 31.
33. René Tomasini, *Le Monde*, 30 avril 1971.
34. André Passeron, « De l'organisation à la politique », *Le Monde*, 15 janvier 1971.
35. Michel Debré, *Entretiens avec Georges Pompidou..., op. cit.*, p. 5 juillet 1972.
36. *Ibid.*

37. Alain Pompidou, *Georges Pompidou. Lettres, notes et portraits..., op. cit.*, p. 481-482.
38. *Ibid.*, p. 483.
39. Michèle Cotta, *Cahiers secrets de la Ve République*, t. I, *1965-1977*, *op. cit.*, p. 434.
40. *Ibid.*, p. 406.
41. Né le 31 mai 1907 à Paris, Hervé Alphand est le fils d'un ambassadeur et inspecteur des Finances. Directeur des Affaires économiques de la France Libre de 1941 à 1943, il est chargé des négociations de Bretton Woods en 1944 puis du plan Marshall en 1947. Il sert comme ambassadeur de France auprès des Nations unies de 1952 à 1954, aux États-Unis de 1956 à 1965, enfin en tant que secrétaire général du ministère des Affaires étrangères de 1965 à 1972.
42. Né le 19 octobre 1905 à Genève, en Suisse, Jean Filippi est inspecteur des Finances et directeur général de l'économie et des finances du gouvernement militaire de la zone d'occupation française en Allemagne en 1945. Directeur de cabinet de Maurice Petsche, ministre des Finances, en 1949, il est élu conseiller général de Vescovato en Corse, en 1950, puis sénateur de Corse en 1955. Secrétaire d'État au Budget en 1956, il siège sans discontinuité au Conseil de la République puis au Sénat jusqu'en 1980.
43. Né le 3 janvier 1904 à Molines-en-Queyras, dans les Hautes-Alpes, Ludovic Tron est inspecteur des Finances. Engagé volontaire dans la première armée française en 1943, il est directeur de cabinet d'André Philip, ministre de l'Économie nationale et des Finances en 1946, puis élu conseiller général socialiste en 1951, sénateur des Hautes-Alpes en 1957, enfin président du conseil général des Hautes-Alpes en 1959.
44. Georges-Raymond Clément, *Avec l'Alsace en guerre (1940-1944)*, Strasbourg, Istra, 1945, p. 27.
45. Claude Paillat, *Dossiers secrets de la France contemporaine : l'occupation. Le pillage de la France, 25 juin 1940-8 novembre 1942*, Paris, Robert Laffont, 1987, p. 394.
46. Les Allemands prennent notamment possession de la Compagnie des mines de cuivre de Bor, en Yougoslavie, ainsi que des sociétés minières et métallurgiques françaises en Pologne. Couve de Murville joue un rôle important dans ce dossier en s'opposant à l'acquisition de participations allemandes dans les sociétés françaises d'aluminium ou de pétrole. Voir Dominique Destrem, Pauline Destrem, *À la botte. La Bourse sous l'Occupation*, Lausanne, L'Âge d'homme, 2003, p. 8-9, ainsi que Michel Margairaz, *L'État, les finances et l'économie. Histoire d'une conversion*, t. I, *1932-1952*, Paris, Comité pour l'histoire économique et financière de la France, 2013, p. 51.
47. Geoffrey Adams, *Political Ecumenism. Catholics, Jews and Protestants in de Gaulle's Free France, 1940-1945*, Colette (Québec), McGill-Queen's University Press, 2006, p. 113.
48. Nathalie Carré de Malberg, *Le Grand État-major financier. Les inspecteurs des Finances, 1918-1946*, Paris, Comité pour l'histoire économique et financière de la France, 2011, p. 435.
49. Il convient d'y ajouter Jean Saltes, écarté de la direction du Mouvement des fonds par le régime de Vichy, en contact avec la résistance mais arrêté pour être retenu comme otage le 10 août 1943.
50. AN, 6AV943, Entretien de Maurice Couve de Murville avec Olivier Wieviorka, vers 1990.
51. Carine Germond, *Partenaires de raison ? Le couple France-Allemagne et l'unification de l'Europe (1963-1969)*, Munich, De Gruyter / Oldenbourg, 2014, p. 33.
52. AN, 98AJ1/114, Correspondance entre Maurice Couve de Murville et Michel Debré, 1956. Par ailleurs, les sympathies gaullistes de Couve de Murville sont bien connues au Quai d'Orsay, dès son séjour égyptien, qu'il précède d'une rencontre avec le général de Gaulle

(30 mars 1950) et de deux rencontres avec Michel Debré (29 mars et 3 avril 1950). Henri Froment-Meurice, *Vu du Quai. Mémoires 1945-1983*, Paris, Fayard, 1998, p. 197.
53. Pierre Lefranc, *Gouverner selon de Gaulle*, Paris, Fayard, 2008, p. 79.
54. Olivier Guichard, *Un chemin tranquille*, *op. cit.*, p. 12.
55. Cité dans Jean-Philippe Garate, *Couve de Murville (1907-1999)*, Paris, L'Harmattan, 2007, p. 99.
56. Cité dans André Passeron, *Le Monde*, 26 décembre 1999.
57. Philippe Gaillard, *Foccart parle...*, t. I, *op. cit.*, p. 384.
58. Charles de Gaulle, *Mémoires de guerre et Mémoires d'espoir*, Paris, Plon, 2016, p. 1021.
59. Entretien de Thomas Gomart et Maurice Couve de Murville, 31 mars 1995, cité dans Thomas Gomart, *Double détente. Les relations franco-soviétiques de 1958 à 1964*, Paris, Presses universitaires de la Sorbonne, 2003, p. 37.
60. *Ibid.*, p. 38.
61. ASP, Fonds Couve de Murville, Carton CM7, Lettre de Maurice Couve de Murville à Michel Debré, 27 janvier 1962 et Réponse de Michel Debré à Maurice Couve de Murville, non datée.
62. Entretien de Thomas Gomart et Robert de Souza, 18 novembre 1998, cité dans Thomas Gomart, *op. cit.*, p. 40.
63. Alain Pompidou, *Georges Pompidou. Lettres, notes et portraits...*, *op. cit.*, p. 452.
64. François Audigier, *Histoire du SAC...*, *op. cit.*, p. 165.
65. *Ibid.*
66. Jean-Philippe Garate, *Couve de Murville...*, *op. cit.*, p. 41.
67. ASP, Fonds Jean Charbonnel, CHA49/1, Déjeuner du club Nouvelle frontière en présence de Maurice Couve de Murville, 19 mars 1970.
68. AFCG, UJP 13, Programme des assises nationales de l'UJP de Royan, mai 1970.
69. AFCG, UJP 13, Programme des assises nationales de l'UJP de Strasbourg, octobre 1971.
70. ASP, Fonds Léo Hamon, 2HA9/7, Discours de Maurice Schumann aux assises nationales de l'UDR de Strasbourg, novembre 1971.
71. AFCG, UJP 13, Discours de Maurice Schumann aux assises nationales de l'UJP d'Albertville, octobre 1972.
72. Pierre Manenti, *Albin Chalandon...*, *op. cit.*, p. 184-185.
73. Il est amusant de noter, avec Thomas Ferenczi, envoyé du *Monde* sur place, que tout en ayant attisé les braises, les barons du gaullisme laissent leurs troupes monter à l'assaut lors des assises de Nantes : « Or les enfants se sont, cette fois, révoltés contre le père, accusé de laisser à l'abandon sa propre famille. Et ce sont les petits, les humbles, les obscurs, qui ont donné le signal. Les Debré, les Couve de Murville, les Chaban-Delmas se sont tus. » (*Le Monde*, 15 novembre 1973.)
74. La revue gaulliste *L'Appel*, animée par Olivier Germain-Thomas, gaulliste de gauche et premier délégué général de l'Institut Charles-de-Gaulle, diffusée dans le réseau de l'UJP, encourage sa candidature à l'élection présidentielle le 5 avril 1974, sans suite. Couve de Murville se rallie d'ailleurs à Chaban-Delmas lors du bureau exécutif de l'UDR du 8 avril 1974. AFCG, UJP14, *L'Appel*, 5 avril 1974.
75. Entretien de Jérôme Pozzi avec André Fanton, 9 juin 2004, cité dans Jérôme Pozzi, *Les Mouvements gaullistes...*, *op. cit.*, p. 301.
76. Patrick Girard, *Chirac. Petits meurtres en famille*, Paris, L'Archipel, 2003, p. 72.
77. Cité dans *Le Monde*, 26 septembre 1974.
78. Cité dans *Le Monde*, 14 décembre 1974.
79. Pierre Crisol, Jean-Yves Lhomeau, *La Machine RPR*, Paris, Fayolle, 1977, p. 22.

80. Entretien de l'auteur avec André Fanton, Paris, 29 janvier 2021.
81. ASP, Fonds Jean Sainteny, 4SA9/2, Compte rendu du bureau exécutif de l'UDR du 17 septembre 1976 et discours de Maurice Couve de Murville lors des Journées parlementaires de l'UDR de Rocamadour du 30 septembre 1976.
82. Entretien de l'auteur avec Jean-Bernard Raimond, Paris, 26 juin 2014.
83. *Ibid.*
84. *Ibid.*
85. *Le Monde*, 5 octobre 1985.
86. L'opération de transfert de députés RPR vers la liste des sénatoriales concerne également les députés Pierre-Charles Krieg et Nicole de Hauteclocque.
87. Entretien de l'auteur avec Jean-Bernard Raimond, Paris, 26 juin 2014.
88. Le grand-père Léopold-Joseph Messmer, paysan alsacien, sert pendant trois ans en Algérie, au sein des chasseurs d'Afrique, avant de s'installer à Paris, comme cocher.
89. Pierre Messmer, *Après tant de batailles ; Mémoires*, Paris, Albin Michel, 1992, p. 218.
90. Frédéric Turpin, *Pierre Messmer. Le dernier gaulliste*, Perrin, 2020, p. 14.
91. *Ibid.*, p. 30.
92. *Ibid.*, p. 41.
93. *Ibid.*, p. 54.
94. AFCG, RPF 637, Note interne sur la situation de la Cochinchine française, 1er juin 1948.
95. AFCG, RPF 219, Rapport de Jean-Pierre Bona sur le problème indochinois, 11-12 février 1949.
96. Frédéric Turpin, *Pierre Messmer..., op. cit.*, p. 73.
97. Bernard Cornut-Gentille se rapproche en effet du général de Gaulle après son voyage en Afrique noire en mars 1953. L'ancien chef de la France Libre le reçoit à sept reprises entre 1953 et 1957. David Valence, « Une prise en main rigoureuse de l'appareil de l'État ? Le pouvoir gaulliste face aux hauts fonctionnaires (1958-1962) », *Histoire@Politique*, n° 12, mars 2010, p. 11.
98. Né le 21 juillet 1921 à Paris, Fernand Wibaux est chef de cabinet de Gaston Defferre, ministre de la France d'Outre-mer en 1956. Ambassadeur au Mali de 1961 à 1964, puis ambassadeur au Tchad de 1968 à 1974, il dirige le cabinet de Jean de Lipkowski, ministre de la Coopération, en 1976.
99. Philippe Bonnichon, Pierre Gény, Jean Nemo (dir.), *Présences françaises d'outre-mer (XVIe-XXIe siècles)*, t. I, *Histoire : périodes et continents*, Paris, ASOM / Karthala, 2012, p. 597.
100. Frédéric Turpin, *Pierre Messmer..., op. cit.*, p. 99.
101. *Ibid.*, p. 120.
102. D'après Jean Lacouture, Messmer bénéficie également de la recommandation du général Jacques de Guillebon, compagnon de la Libération, héros de la prise du Berchtesgaden en mai 1945, passé par l'Indochine. Jean Lacouture, *Charles de Gaulle. Le souverain (1959-1970)*, Paris, Seuil, 1984, p. 104-105.
103. *Ibid.*, p. 188.
104. *Ibid.*
105. Pierre Messmer, « Foccart entre France et Afrique », *Cahiers du centre de recherches historiques*, n° 30, octobre 2002, p. 14, cité dans Frédéric Turpin, *Pierre Messmer..., op. cit.*, p. 203.
106. Entretien de Frédéric Turpin et Hubert Germain, le 29 octobre 2018, cité dans Frédéric Turpin, *Pierre Messmer..., op. cit.*, p. 191.
107. Frédéric Turpin, *Pierre Messmer..., op. cit.*, p. 218.

108. Présence et action du gaullisme compte alors trois vice-présidents, Marcel Béraud, Pierre Clostermann et Maurice Plantier, ainsi qu'un secrétaire général, Michel de Grailly (qui remplace Roger Stéphane). La réorganisation de l'association procède ainsi à la mise à l'écart des gaullistes de gauche, en tête desquels Louis Vallon.
109. Jacques Foccart, *Journal de l'Élysée*, t. III, *op. cit.*, p. 171-172.
110. Jean Mauriac, *L'Après-de Gaulle...*, *op. cit.*, p. 46.
111. AN, 1AV/751, Entretien de Pierre Messmer avec Noëlline Castagnez-Ruggiu, 12 avril 2000.
112. Lucia Bonfreschi, « Le triangle du pouvoir : Jacques Chaban-Delmas, Georges Pompidou et le mouvement gaulliste, 1969-1972 », *in* Bernard Lachaise, Gilles Le Béguec, Jean-François Sirinelli (dir.), *Jacques Chaban-Delmas en politique*, *op. cit.*, p. 255.
113. Jean Mauriac, *L'Après-de Gaulle...*, *op. cit.*, p. 126.
114. Initialement, Fanton et Sanguinetti sont candidats, mais Pompidou reproche au premier d'être trop proche de Debré et au second d'être mêlé à des scandales financiers. Messmer recommande donc Peyrefitte, président de la commission des Affaires culturelles, dont Foccart considère que « son gaullisme est tiède », tout en reconnaissant que « c'est un homme qui [lui] est dévoué ». Jacques Foccart, *Journal de l'Élysée*, t. IV, *op. cit.*, p. 459.
115. Né en 1927, diplômé de l'ENFOM, Philippe Mestre est collaborateur de Pierre Messmer, ministre des Armées, puis de Jacques Chaban-Delmas, Premier ministre, et directeur de cabinet de Raymond Barre, Premier ministre. Député UDF de Vendée de 1981 à 1993, il fut ministre des Anciens combattants et Victimes de guerre de 1993 à 1995.
116. Jacques Foccart, *Journal de l'Élysée*, t. V, *op. cit.*, p. 27.
117. *Ibid.*
118. *Ibid.*, p. 59.
119. Jean Foyer, *Sur les chemins du droit avec le Général...*, *op. cit.*, p. 455.
120. Frédéric Turpin, *Pierre Messmer...*, *op. cit.*, p. 280.
121. *Ibid.*, p. 297.
122. *Ibid.*, p. 307.
123. *Ibid.*, p. 313.
124. Simone Ulrich, *Maurice Ulrich. Témoin et acteur de l'histoire de 1945 à 2007*, Paris, France-Empire, 2015, p. 291.
125. Cité dans Frédéric Turpin, *Pierre Messmer...*, *op. cit.*, p. 335.
126. *Ibid.*, p. 342.
127. De multiples tensions entourent, à l'époque, la transformation de l'Institut Charles-de-Gaulle en Fondation Charles-de-Gaulle, à laquelle sont opposés certains gaullistes historiques comme Henri Duvillard ou Olivier Germain-Thomas. L'aboutissement du projet, avec la coexistence de la fondation et de l'institut pendant une période donnée, intervient alors que Geoffroy Chodron de Courcel, président depuis 1984, est malade et souhaite quitter la présidence.
128. Alain Larcan, « Pierre Messmer, hommes de lettres », *in* François Audigier, François Cochet, Bernard Lachaise, Maurice Vaïsse (dir.), *Pierre Messmer. Au croisement du militaire, du colonial et du politique*, Paris, Riveneuve, 2012, p. 473.
129. Frédéric Turpin, *Pierre Messmer...*, *op. cit.*, p. 169.

Conclusion

1. André Malraux, Discours au Vélodrome d'hiver, 2 juillet 1947, cité dans Jacques Soustelle, *28 ans de gaullisme, op. cit.*, p. 42.
2. Jacques Chaban-Delmas, *Mémoires pour demain, op. cit.*, p. 369.
3. Pierre Lefranc, cité dans Bernard Lachaise, Gilles Le Béguec, Frédéric Turpin (dir.), *Georges Pompidou, directeur de cabinet du général de Gaulle, juillet 1958 - janvier 1959*, Bruxelles, P.I.E. Peter Lang, 2006, p. 83.
4. Alain Frèrejean, *C'était Georges Pompidou, op. cit.*, p. 93.
5. Entretien de l'auteur avec Jean-Louis Debré, Paris, 11 avril 2023.
6. Entretien de l'auteur avec Édouard Balladur, Paris, 16 juin 2023.
7. Entretien de l'auteur avec Patrick Ollier, Paris, 7 septembre 2023.
8. Frédéric Turpin, *Jacques Foccart..., op. cit.*, p. 268.
9. Manuscrit de Roger Barberot sur Roger Frey, 1997, aimablement communiqué par Marianne Giannoli.
10. Philippe Gaillard, *Foccart parle...*, t. I, *op. cit.*, p. 154.
11. *Ibid.*, p. 373.
12. Michèle Cotta, *Cahiers secrets de la Ve République*, t. II, *1977-1986*, Paris, Fayard, 2008, p. 492.
13. Entretien de Jacques Trorial avec l'auteur, Paris, 19 octobre 2022.

Sigles

AN : Association nationale pour le retour du général de Gaulle dans la légalité républicaine
BCRA : Bureau central de renseignements et d'action
CFLN : Comité français de libération nationale
CGE : Comité général d'études
CNE : Conseil national d'études
CNR : Conseil national de la résistance
CNRS : Centre national des républicains sociaux
FFI : Forces françaises de l'intérieur
GPRF : Gouvernement provisoire de la République française
MIL : Mouvement initiative et liberté
MRP : Mouvement républicain populaire
PAG : Présence et action du gaullisme
PRL : Parti républicain de la liberté
RAF : Rassemblement pour l'Algérie française
RPF : Rassemblement du peuple français
RPR : Rassemblement pour la République
SAC : Service d'action civique
SO/RPF : Service d'ordre du Rassemblement du peuple français
UCR : Union civique pour le référendum en vue de l'avènement de la Cinquième République
UD-V^{e} : Union des démocrates pour la Cinquième République
UDT : Union démocratique du travail
UJP : Union des jeunes pour le progrès
UNR : Union pour la nouvelle république
UPANG : Union privée pour l'aide à l'action du général de Gaulle
URAS : Union des républicains d'action sociale
USARF : Union pour le salut et le renouveau de l'Algérie française

Bibliographie

Autobiographies et mémoires

Chaban-Delmas, Jacques, *L'Ardeur*, Paris, Stock, 1975.

Chaban-Delmas, Jacques, *Mémoires pour demain*, Paris, Flammarion, 1997.

Chirac, Jacques, *Mémoires. Chaque pas doit être un but*, Paris, Nil, 2009.

Debré, Michel, *Mémoires. Trois Républiques pour la France*, t. I, *Combattre*, Paris, Albin Michel, 1984.

Debré, Michel, *Trois républiques pour une France*, t. II, *1946-1958 : Agir*, Paris, Albin Michel, 1988.

Debré, Michel, *Trois républiques pour une France*, t. III, *1958-1962 : Gouverner*, Paris, Albin Michel, 1988.

Debré, Michel, *Trois républiques pour une France*, t. IV, *1962-1969 : Gouverner autrement*, Paris, Albin Michel, 1993.

Debré, Michel, *Trois républiques pour une France*, t. V, *1969-1993 : Combattre toujours*, Paris, Albin Michel, 1994.

Debré, Michel, *Entretiens avec le général de Gaulle. 1961-1969*, Paris, Albin Michel, 1993.

Debré, Michel, *Entretiens avec Georges Pompidou. 1971-1974*, Paris, Albin Michel, 1996.

De Gaulle, Charles, *Lettres, notes et carnets*, t. I, *1905-1941*, Paris, Robert Laffont, « Bouquins », 2010.

De Gaulle, Charles, *Lettres, notes et carnets*, t. II, *1942 - mai 1958*, Paris, Robert Laffont, « Bouquins », 2010.

De Gaulle, Charles, *Lettres, notes et carnets*, t. III, *juin 1958 - novembre 1970*, Paris, Robert Laffont, « Bouquins », 2010.

De Gaulle, Charles, *Mémoires d'espoir*, t. I, *Le Renouveau, 1958-1962*, Paris, Plon.

De Gaulle, Charles, *Mémoires d'espoir*, t. II, *L'Effort, 1962 -*, Paris, Plon, 1971.

Foccart, Jacques, *Journal de l'Élysée*, t. I, *Tous les soirs avec de Gaulle, 1965-1967*, Paris, Fayard, 1997.

Foccart, Jacques, *Journal de l'Élysée*, t. II, *Le Général en mai, 1968-1969*, Paris Fayard, 1998.

Foccart, Jacques, *Journal de l'Élysée*, t. III, *Dans les bottes du Général, 1969-1971*, Paris, Fayard, 1999.

Foccart, Jacques, *Journal de l'Élysée*, t. IV, *La France pompidolienne*, Paris, Fayard, 2000.
Foccart, Jacques, *Journal de l'Élysée*, t. V, *La Fin du gaullisme, 1973-1974*, Paris, Fayard, 2001.
Foyer, Jean, *Sur les chemins du droit avec le Général. Mémoires de ma vie politique, 1944-1988*, Paris, Fayard, 2006.
Lefranc, Pierre, *Gouverner selon de Gaulle*, Paris, Fayard, 2008.
Gaillard, Philippe, *Foccart parle. Entretiens avec Philippe Gaillard*, t. I, Paris, Fayard, 1995.
Gaillard, Philippe, *Foccart parle. Entretiens avec Philippe Gaillard*, t. II, Paris, Fayard, 1997.
Guéna, Yves, *Mémoires d'outre-Gaulle*, Paris, Flammarion, 2010.
Guichard, Olivier, *Vingt ans en 40*, Paris, Fayard, 1999.
Guichard, Olivier, *Mon Général*, Paris, Grasset, 1980.
Guichard, Olivier, *Un chemin tranquille*, Paris, Flammarion, 1975.
Guy, Claude, *En écoutant de Gaulle. Journal, 1946-1949*, Paris, Grasset, 1996.
Messmer, Pierre, *Après tant de batailles. Mémoires*, Paris, Albin Michel, 1992.
Messmer, Pierre, *Ma part de France. Entretiens avec Philippe de Saint Robert*, Paris, François-Xavier de Guibert, 2003.
Palewski, Gaston, *Hier et aujourd'hui*, Paris, Plon, 1975.
Palewski, Gaston, *Mémoires d'action, 1924-1974*, Paris, Plon, 1988.
Palewski, Jean-Paul, *Prenez, je vous offre ma vie. Mémoires*, Paris, S. Palewski, 2005, 5 tomes.
Peyrefitte, Alain, *C'était de Gaulle*, Paris, Gallimard, 2002.
Pompidou, Alain, *Georges Pompidou. Lettres notes et carnets*, Paris, Robert Laffont, 2012.
Pompidou, Georges, *Pour rétablir une vérité*, Paris, Flammarion, 1982.
Poujade, Robert, *Avec de Gaulle et Pompidou*, Paris, L'Archipel, 2011.
Soustelle, Jacques, *L'Espérance trahie (1958-1961)*, Paris, Éditions de l'Alma.
Soustelle, Jacques, *Vingt-huit ans de gaullisme*, Paris, La Table ronde, 1968.
Triboulet, Raymond, *Un gaulliste de la IV*^e^, Paris, Plon, 1985.
Triboulet, Raymond, *Un ministre du Général*, Paris, Plon, 1985.

Ouvrages de contemporains

Angeli, Claude, *Les Héritiers du Général*, Paris, Denoël, 1969.
Auriol, Vincent, *Mon septennat. 1947-1954*, Paris, Gallimard, 1970.
Cabiro, Bernard, *Sous le béret vert*, Paris, Plon, 2001.
Chairoff, Patrice, *Dossier b… comme barbouzes*, Paris, Alain Moreau, 1975.
Cotta, Michèle, *Cahiers secrets de la Cinquième République*, t. I, *1965-1977*, Paris, Fayard, 2007.

COTTA, Michèle, *Cahiers secrets de la Cinquième République*, t. II, *1977-1986*, Paris, Fayard, 2008.

DAUER, Jacques, RODET, Michel, *Le 13 mai sans complots*, Paris, La Pensée moderne, 1959.

GISCARD D'ESTAING, Valéry, *Le Pouvoir et la Vie*, t. I, *La Rencontre*, Paris, Compagnie 12, 1988.

GISCARD D'ESTAING, Valéry, *Le Pouvoir et la Vie*, t. II, *L'Affrontement*, Paris, Compagnie 12, 1991.

GISCARD D'ESTAING, Valéry, *Le Pouvoir et la Vie*, t. III, *Choisir*, Paris, Compagnie 12, 2006.

MAURIAC, Claude, *Un autre de Gaulle. Journal, 1944-1954*, Paris, Hachette, 1970.

MAURIAC, Jean, *L'Après-de Gaulle. Notes confidentielles, 1969-1989*, Paris, Fayard, 2006.

MELNIK, Constantin, *1 000 jours à Matignon. De Gaulle, l'Algérie, les services spéciaux*, Paris, Grasset, 1988.

NAY, Catherine, *Souvenirs, souvenirs...*, t. I, Paris, Robert Laffont, 2019.

NAY, Catherine, *Souvenirs, souvenirs...*, t. II, *Tu le sais bien, le temps passe*, Paris, Bouquins, 2021.

RIBAUD, André, *La Cour. Chronique du Royaume*, Paris, Julliard, 1962.

ULRICH, Simone, *Maurice Ulrich. Témoin et acteur de l'histoire de 1945 à 2007*, Paris, France-Empire, 2015.

VIANSSON-PONTÉ, Pierre, *Après de Gaulle, qui ?*, Paris, Seuil, 1968.

SUR LE GAULLISME

AMOUROUX, Henri, *Trois fins de règne*, Paris, Metvox Histoire, 2018.

AUDIGIER, François (dir.), *De Gaulle et le Rassemblement du peuple français. Actes du colloque de Bordeaux des 12-14 novembre 1997*, Paris, Armand Colin, 1998.

AUDIGIER, François, *Histoire du SAC. Les gaullistes de choc, 1958-1969*, Paris, Perrin, 2021.

AUDIGIER, François, LACHAISE, Bernard, LAURENT, Sébastien, *Les Gaullistes. Hommes et réseaux*, Paris, Nouveau Monde, 2013.

AUDIGIER, François, SCHWINDT, Frédéric (dir.), *Gaullisme et gaullistes dans la France de l'Est sous la IVe République*, Rennes, Presses universitaires de Rennes, 2009.

BEAUVOIS, Yves, *Léon Noël. De Laval à de Gaulle via Pétain (1888-1987)*, Villeneuve d'Ascq, Presses universitaires du Septentrion, 2001.

BERSTEIN, Serge, *Histoire du gaullisme*, Paris, Perrin, 2002.

CHARLOT, Jean, *Le Gaullisme d'opposition, 1946-1958. Histoire politique du gaullisme*, Paris, Fayard, 1983.

CHARLOT, Jean, *Le Phénomène gaulliste*, Paris, Fayard, 1970.

CHARLOT, Jean, *L'UNR. Étude du pouvoir au sein d'un parti politique*, Paris, Armand Colin, 1973.

COLLOVALD, Annie, *Jacques Chirac et le gaullisme*, Paris, Belin, 1999.

CRISOL, Pierre, LHOMEAU, Jean-Yves, *La Machine RPR*, Paris, Fayol, 1991.

FLEURY, Georges, *De Gaulle. De l'enfance à l'appel du 18 Juin*, Paris, Flammarion, 2007.

FONDATION CHARLES-DE-GAULLE, *De Gaulle et le Rassemblement du peuple français. 1947-1955*, Paris, Armand Colin, 1998.

FONDATION CHARLES-DE-GAULLE, *Avec de Gaulle*, t. I, *La Guerre et la Reconstruction*, Paris, Nouveau Monde, 2003.

FONDATION CHARLES-DE-GAULLE, *Avec de Gaulle*, t. II, *Le Temps du rassemblement, 1946-1958*, Paris, Nouveau Monde, 2005.

GIRARD, Patrick, *Chirac. Petits meurtres en famille*, Paris, L'Archipel, 2003.

GUILLAUME, Pierre, *Gaullisme et antigaullisme en Aquitaine*, Bordeaux, Presses universitaires de Bordeaux, 1990.

GUÉRY, Louis, *Les Maîtres de l'UNR*, Paris, Éditions du monde ouvrier, 1959.

JACKSON, Julian, *De Gaulle. Une certaine idée de la France*, Paris, Seuil, 2019.

JALABERT, Laurent, *Gaullistes dans l'Ouest atlantique. Dans les élections législatives de 1958 à 1981*, Rennes, Presses universitaires de Rennes, 2019.

KOCHER-MARBŒUF, Éric, *Le Patricien et le Général. Jean-Marcel Jeanneney et Charles de Gaulle, 1958-1969*, Vincennes, Institut de la gestion publique et du développement économique, Comité pour l'histoire économique et financière de la France, 2003.

LACHAISE, Bernard, TRICAUD, Sabrina (dir.), *Georges Pompidou et mai 1968*, Bruxelles, P.I.E. Peter Lang, 2009.

LE BÉGUEC, Gilles, LACHAISE, Bernard (dir.), *Georges Pompidou, directeur de cabinet du général de Gaulle. Juin 1958 – janvier 1959*, Bruxelles, P.I.E. Peter Lang, 2006.

LE BÉGUEC, Gilles, LACHAISE, Bernard, THOMAS, Jean-Paul (dir.), *Mai 1958. Le retour du général de Gaulle*, Rennes, Presses universitaires de Rennes, 2010.

LACOUTURE, Jean, *Charles de Gaulle*, t. III, *Le Souverain (1959-1970)*, Paris, Seuil, 1984.

MADELIN, Philippe, *Les Gaullistes et l'Argent*, Paris, L'Archipel, 2001.

MANENTI, Pierre, *Histoire du gaullisme social*, Paris, Perrin, 2021.

MANENTI, Pierre, *Albin Chalandon. Le dernier baron du gaullisme*, Paris, Perrin, 2023.

POZZI, Jérôme, *Les Mouvements gaullistes. Partis, associations et réseaux*, Rennes, Presses universitaires de rennes, 2019.

PURTSCHET, Christian, *Le Rassemblement du peuple français, 1947-1953*, Paris, Cujas, 1965.

VALEPIED, Guy, *Émilien Amaury. La véritable histoire d'un patron de presse du XXe siècle*, Paris, Le Cherche Midi, 2009.

Bibliographie

Sur la vie politique française

Bas, Pierre, *Secrets, manœuvres, chocs et volte-face. De Charles de Gaulle à Nicolas Sarkozy*, Perpignan, Alexandra de Saint-Prix, 2012.

Bernard, Mathias, *La Guerre des droites. De l'affaire Dreyfus à nos jours*, Paris, Odile Jacob, 2007.

Bougeard, Christian, *L'Évolution des forces politiques en Bretagne*, Rennes, Presses universitaires de Rennes, 2022.

Conord, Fabien, *Les Élections sénatoriales en France. 1875-2015*, Rennes, Presses universitaires de Rennes, 2020.

Denoël, Yvonnick, Garrigues, Jean, *Histoire secrète de la corruption*, Paris, Nouveau Monde, 2014.

Elgey, Georgette, *De Gaulle à Matignon. La république des tourmentes*, Paris, Pluriel, 2012.

Elgey, Georgette, *Histoire de la Quatrième République. La république des contradictions, 1951-1954*, Paris, Fayard, 2014.

Elgey, Georgette, Colombani, Jean-Marie, *La Cinquième ou la république des phratries*, Paris, Fayard, 1999.

Forcade, Olivier, Duhamel, Éric, Vial, Philippe (dir.), *Militaires en République, 1870-1962. Les officiers, le pouvoir et la vie publique*, Paris, Éditions de la Sorbonne, 1999.

Garrigues, Jean, *La République des traîtres. De 1958 à nos jours*, Paris, Tallandier, 2020.

Rémond, René, *Les Droites en France*, Paris, Aubier, 1954.

Richard, Gilles, Sainclivier, Jacqueline, *La Recomposition des droites en France à la Libération, 1944-1948*, Rennes, Presses universitaires de Rennes, 2004.

Sainclivier, Jacqueline, *Les Partis et la République. La recomposition du système partisan, 1956-1967*, Rennes, Presses universitaires de Rennes, 2007.

Gaston Palewski

Bernot, Jacques, *Gaston Palewski. Premier baron du gaullisme*, Paris, François-Xavier de Guibert, 2010.

Yverneau-Glasser, Élisabeth, « Un ambassadeur de France en Italie : Gaston Palewski (août 1957 - avril 1962) », *Cahiers d'études italiennes*, n° 22, 2016 [en ligne].

Michel Debré

Debré, Jean-Louis, *Une histoire de famille*, Paris, Robert Laffont, 2019.
Perrier, Jérôme, *Michel Debré*, Paris, Ellipses, 2010.
Samuel, Patrick, *Michel Debré. L'architecte du Général*, Paris, Perrin, 2022.

Jacques Chaban-Delmas

Chastenet, Patrick, Chastenet, Philippe, *Chaban*, Paris, Seuil, 1991.
Claisse, Guy, *Jacques Chaban-Delmas*, Paris, Epida, 1974.
Lachaise, Bernard, Le Béguec, Gilles, Sirinelli, Jean-François (dir.), *Jacques Chaban-Delmas en politique*, Paris, Presses universitaires de France, 2007.
Mousseau, Jacques, *Jacques Chaban-Delmas*, Paris, Perrin, 2010.
Rouanet, Pierre, *Le Cas Chaban... et de Gaulle à travers lui*, Paris, Robert Laffont, 1974.

Roger Frey

O'Reilly, Patrick, *Calédoniens. Répertoire bio-bibliographique de la Nouvelle-Calédonie*, Paris, Musée de l'Homme, Société des océanistes, 1980.

Jacques Foccart

Bat, Jean-Pierre, *Le Syndrome Foccart. La politique française en Afrique, de 1959 à nos jours*, Paris, Gallimard, 2012.
Bat, Jean-Pierre, *Les Réseaux Foccart. L'homme des affaires secrètes*, Paris, Nouveau Monde, 2018.
Péan, Pierre, *L'Homme de l'ombre. Éléments d'enquête autour de Jacques Foccart, l'homme le plus mystérieux et le plus puissant de la Ve République*, Paris, Fayard, 1990.
Turpin, Frédéric, *Jacques Foccart. Dans l'ombre du pouvoir*, Paris, CNRS, 2015.

Olivier Guichard

Fogacci, Frédéric, Le Béguec, Gilles (dir.), *Olivier Guichard*, Paris, Nouveau Monde, 2018.

GRASSIN, Maurice, *Olivier Guichard*, Laval, Siloë, 1996.
RIO, Anthony, *Olivier Guichard. Un baron du gaullisme en Loire-Atlantique*, Saint-Mars-du-Désert, Anna d'Antignac, 2017.

JACQUES SOUSTELLE

FRANCIOLI, Marc, *Jacques Soustelle*, Paris, Rocher, 2015.
HERBETH, Alain, *Jacques Soustelle. L'homme de l'intégration*, Paris, L'Harmattan, 2015.
ULMANN, Bernard, *Jacques Soustelle. Le mal-aimé*, Paris, Plon, 1995.

ANDRÉ DIETHELM

LAMBERT, Gilles, *L'Ombre du général de Gaulle. André Diethelm, 1896-1954*, Paris, Philippe Rey, 2010.
TURPIN, Frédéric, *André Diethelm (1896-1954). De Mandel à de Gaulle*, Paris, Les Indes savantes, 2004.

LOUIS TERRENOIRE

BOIVIN, Hélène, « Louis Terrenoire, un fidèle à l'ombre du général de Gaulle, 1908-1992 », Thèse sous la direction d'Olivier Dard, Sorbonne Université, novembre 2019.

GEORGES POMPIDOU

ABADIE, Frédéric, CORCELETTE, Jean-Pierre, *Georges Pompidou, 1911-1974. Le désir et le destin*, Paris, Nouveau Monde, 2007.
BROMBERGER, Merry, *Le Destin secret de Georges Pompidou*, Paris, Fayard, 1965.
ÉSAMBERT, Bernard, *Georges Pompidou, capitaine d'industrie*, Paris, Odile Jacob, 1994.
FRÈREJEAN, Alain, *C'était Georges Pompidou*, Paris, Fayard, 2011.
INSTITUT GEORGES-POMPIDOU, *Georges Pompidou. Vingt ans après*, Paris, La Table ronde, 1994.
ROUANET, Pierre, *Pompidou*, Paris, Grasset, 1969.
ROUSSEL, Éric, *Georges Pompidou*, Paris, Perrin, 2004.
TEYSSIER, Arnaud, *L'Énigme Pompidou-de Gaulle*, Paris, Perrin, 2021.

Maurice Couve de Murville

Garate, Jean-Philippe de, *Couve de Murville. 1907-1999*, Paris, L'Harmattan, 2007.

Pierre Messmer

Audigier, François, Cochet, François, Lachaise, Bernard, Vaïsse, Maurice (dir.), *Pierre Messmer. Au croisement du militaire, du colonial et du politique*, Paris, Riveneuve, 2012.

Turpin, Frédéric, *Pierre Messmer. Le dernier gaulliste*, Perrin, 2020.

Remerciements

Cette nouvelle enquête historique est le fruit de plus de dix années de recherches, débutées à la Fondation Charles-de-Gaulle, rue de Solférino, en 2013. Elle n'aurait jamais pu voir le jour sans l'amitié et le soutien, dès l'origine, de Michel Anfrol (†) et Gilles Le Béguec (†), qui m'ont accueilli dans cette grande maison du gaullisme et ne m'en ont jamais vraiment laissé repartir.

Je voudrais commencer en adressant mes remerciements sincères à l'ensemble des personnes ayant accepté de témoigner pour les besoins de ce livre : Édouard Balladur, Guillaume et Jean-Jacques Chaban-Delmas, Hervé de Charrette, Jean-Louis Debré, André Fanton, Hervé Gaymard, Marianne et Xavier Giannoli, Valéry Giscard d'Estaing (†), Jacques Godfrain, Alain Juppé, Sylvie Lefranc, Gérard Longuet, Pierre Mazeaud, Jean Méo, Catherine Nay, Patrick Ollier, Alain et Nicole Pompidou, Christian Poncelet (†), Jean-Bernard Raimond (†), Nicolas Sarkozy, Alain Terrenoire, Jacques Trorial, Jacques Vernier et Dominique de Villepin.

Cette aventure dans les pas du général de Gaulle a bien sûr bénéficié des conseils et de la relecture de confrères historiens, qui ont toute ma reconnaissance : Adrien Arnaud, François Broche, Frédéric Fogacci, Julian Jackson, Ismet Kurtovitch, Mathieu Geagea, Jean-Marc Regnault, Eric Roussel, Patrick Samuel, Aline Szewczyk, Arnaud Teyssier, David Valence et James Zobel.

Ce livre doit également beaucoup à l'œil attentif de mes relecteurs, aussi patients que passionnés : Thomas Douglas, Éric Freysselinard, Martin Fourdrignier, Cassandra Garreau, Paul Manenti, Alexandre Neymann, Christian, Monique et Mathieu Ougier.

De même, il n'aurait pu voir le jour sans l'enthousiasme de mon éditeur, Arthur Chevallier, qui n'a cessé de me renouveler sa confiance face à ce travail titanesque.

Enfin, les derniers mots vont évidemment à mon épouse, Léa, et à mon fils, Jules, soutiens de tous les instants, embarqués malgré eux dans cette nouvelle aventure gaulliste et sans lesquels je ne serais rien. Je leur dédie ce nouveau livre.

Table des matières

Composition et mise en pages
Nord Compo à Villeneuve-d'Ascq

Achevé d'imprimer en décembre 2023
sur les presses de Normandie Roto Impression s.a.s.
61250 Lonrai
N° d'impression : 2304993

Imprimé en France

IMPRIM'VERT
Votre imprimeur agit pour l'environnement

PEFC
10-31-2541
Promouvoir la gestion durable de la forêt
www.pefc-france.org